중국 100년을 읽고, 미국 240년을 읽다

G2시대, 중국과 미국을 이끈 지도자들

중국 100년을 읽고, 미국 240년을 읽다

G2시대, 중국과 미국을 이끈 지도자들

공봉진·김혜진 지음

　이 책은 G2시대라 불리는 시대에 중국과 미국의 역대 최고 지도자에 관한 내용을 담고 있다. 소련이 붕괴한 뒤 미국 중심의 세계질서 속에서 중국은 경제력을 바탕으로 부상하였다. 이러한 중국과 미국 사이에 낀 한국은 양국으로부터 많은 영향을 받고 있다. 두 나라의 대립이 심해질수록 한국은 양국으로부터 피해를 보는 결과가 초래되고 있다.

　이러한 국제 환경 속에서 한국은 중국과 미국을 지탱하는 힘이 무엇인지, 중국과 미국을 세계 강대국으로 이끈 힘이 무엇인지를 알 필요가 있다. 한국의 많은 사람들은 중국과 미국을 잘 안다고 여긴다. 또 한국에 중국과 미국을 전공하는 학자들도 매우 많다. 그렇다고 국가 차원에서 과연 중국과 미국을 잘 안다고 할 수 있을까?

　이 책은 중국과 미국이 세계를 이끄는 힘은 어디에서 왔는가라는 질문을 던지면서 양국의 지도자들에게 초점을 맞추었다. 강대국이 되기에는 많은 이유가 있겠지만, 지도자들의 역할도 매우 중요한 이유 중 하나라 할 수 있다.

　중국과 미국의 국가체제가 본질적으로 다르다 보니, 국가 지도자 시스템도 다르다. 그렇기 때문에 두 나라의 지도자를 정리할 때 중국과 미국의 특색에 맞게 접근하는 것도 필요하다.

사실, 중국과 미국은 한국 근·현대사에 빼놓을 수 없을 만큼 중대한 나라이다. 특정의 역사 사건을 보면 중국과 미국의 의존도를 낮추어야 하고 한국의 국력이 강해야만 한국을 보존할 수 있다. 두 나라는 모두 자국의 이익을 우선시하기 때문이다. 중국은 중화민족주의를 강조하면서 한국의 역사와 문화 및 민족을 부정하거나 왜곡하려 하고, 미국은 미국 우선주의를 내세우며 한국을 압박하고 있다.

현재의 시점도 중요하지만, 과거의 역사를 되돌아봐야 한다. 과거를 알고 현재를 알면 미래를 전망할 수 있는 통찰력을 갖게 된다. 그러나 과거를 부정하고 잊으려한다면 미래의 전망은 밝지 않을 것이다.

이 책에서 중국의 지도자를 정리할 때, 중국공산당 창당부터 시작하여 현재까지의 지도자를 포함한다. 하지만 단지 국가주석만을 정리하는 것이 아니라 중국공산당 총서기와 국무원 총리까지도 포함한다. 그리고 이러한 직위를 갖고 있지는 않았지만 중국의 실질적인 지도자로서의 역할을 했던 인물도 포함하였다. 이는 중국만의 특색을 지닌 리더십 때문이다.

그리고 미국의 지도자는 대통령을 중심으로 정리하였다. 특히 주요 대통령의 연설문을 정리했다. 과거 한국 학교교육에서 영어를 가르칠 때, 미국 대통령의 연설문을 암기하도록 한 경우도 많았다.

미국 대통령에 관한 공부를 하다 보면, 조선과 대한제국 및 식민지 시대, 광복과 대한민국 정부 출범의 역사 속에서 미국을 빼놓을 수 없다는 것을 알 수 있다. 미국은 한국에게 도움을 준 나라이기도 하지만 많은 아픔을 준 나라이기도 하다.

2022년은 한국이 중국과 수교를 맺은 지 30주년 되는 해이자 한국이 미국과 수교를 맺은 지 140주년이 되는 해이다. 1982년 때 한·미수교 기념 100주년 때 기념행사를 크게 치렀다. 1882(고종 19)년 조선은 미국과 수호통상조약을 맺었다. 당시 청나라 이홍장(李鴻章)의 알선으로 조선의 전권대신 신헌(申櫶)과 미국의 해군 제독 슈펠트(R. W. Shufeldt) 간에 조약을 체결하였다. 이 조약은 조선이 구미 제국과 맺은 최초의 수호통상조약으로, 이후 영국·독일·이탈리아·러시아·프랑스 등과 차례로 통상조약을 맺었다. 이 조약에 따라 1883년 초대 미국 전권 공사가 인천에 도착하였다. 또 조선 정부에서도 민영익(閔泳翊)을 전권대사로 임명하여 부관 홍영식(洪英植), 서광범(徐光範) 등과 함께 미국에 파견하였다.

이 책을 통해 많은 사람들이 중국과 미국의 지도자에 대해 알게 되는 계기가 되었으면 한다. 그리고 지도자를 통해 양국의 역사를 알 수 있고, G2시대에서 한국이 알아야 할 두 나라의 국가 목표와 방향을 알 수 있다.

끝으로 출판을 할 수 있게 도움을 주신 경진출판 양정섭 대표님께 감사드린다.

2021년 4월 11일
저자 일동

차례

제2부 '240년의 미국', '100년의 세계 최강'을 이끈 지도자들

중국과 미국의 역대 최고 지도자

1. 중국의 역대 최고 지도자

1) 중국공산당

시기	이름	직위	공산당 회의	비고
1921.7	천두슈 (陳獨秀)	중앙국 서기	1대	
1922.7	천두슈	중앙집행위원회 위원장	2대	
1923.6	천두슈	중앙집행위원회 위원장	3대	
1925.1	천두슈	중앙집행위원회 총서기	4대	위원장에서 총서기로 개명
1927.4~5	천두슈	중앙위원회 총서기	5대	

시기	이름	직위	공산당 회의	비고
1927.8	취츄바이 (瞿秋白)	중앙위원회 총서기	우한 8·7회의	천두슈를 교체하고, 임시 중앙정치국 성립
1928.6~7	샹중파 (向忠發)	중앙위원회 총서기	6대	실권은 리리싼(李立三)이 장악. 1929년부터 1930년까지 임시 총서기를 지냄.
1930.9	샹중파	중앙위원회 총서기	제6차 3중전회	
1931.1	샹중파	중앙위원회 총서기	제6차 4중전회	실권은 천샤오위(陳紹禹) 등이 장악. 리리싼의 중앙위원을 면직하고, 취츄바이도 중앙 직무에서 면직.
1931.	왕밍(王明)	중앙위원회 총서기 대리		
1931.6	천샤오위 (陳紹禹)	중앙위원회 총서기		샹중파 체포되어 사형당함
1931.9	보구(博古, 秦邦憲)	중앙위원회 총서기		
1934.1	보구	중앙위원회 총서기	제6차 5중전회	
1935.2	뤄푸(洛甫, 張文天)	중앙위원회 총서기	쭌이 회의	마오쩌둥은 정치국상무위원이 되었고, 뤄푸는 마오쩌둥이 총서기가 되어야 한다고 제안.
1945.6	마오쩌둥 (毛澤東)	중앙위원회 주석	제7차 1중전회	총서기를 중앙 주석으로 개명
1956.9	마오쩌둥	중앙위원회 주석	제8차 1중전회	
1966.8	마오쩌둥	중앙위원회 주석	제8차 11중전회	
1969.4	마오쩌둥	중앙위원회 주석	제9차 1중전회	
1973.8	마오쩌둥	중앙위원회 주석	제10차 1중전회	
1976.10	화궈펑 (華國鋒)	중앙위원회 주석		1976.9.9. 마오쩌둥 사망. 1976.10. 사인방 체포
1977	화궈펑	중앙위원회 주석	제11차 1중전회	
1980.2	후야오방 (胡耀邦)	중앙위원회 총서기	제11차 5중전회	

시기	이름	직위	공산당 회의	비고
1981.6	후야오방	중앙위원회 주석	제11차 6중전회	덩샤오핑 중앙군사위원회 주석. 덩샤오핑이 실질적인 지도자로 평가됨.
1982.9	후야오방	중앙위원회 총서기	제12차 1중전회	당주석 직위 폐지
1987.1	자오쯔양 (趙紫陽)	중앙위원회 총서기 대리	중앙정치국 확대회의	후야오방 사임
1987.11	자오쯔양	중앙위원회 총서기	제13차 1중전회	
1989.6	장쩌민 (江澤民)	중앙위원회 총서기	제13차 4중전회	자오쯔양 사임
1992.10	장쩌민	중앙위원회 총서기	제14차 1중전회	
1997.9	장쩌민	중앙위원회 총서기	제15차 1중전회	
2002.11	후진타오 (胡錦濤)	중앙위원회 총서기	제16차 1중전회	장쩌민이 중앙군사위원회 주석 연임.
2007.10	후진타오	중앙위원회 총서기	제17차 1중전회	
2012.11	시진핑 (習近平)	중앙위원회 총서기	제18차 1중전회	
2017.10	시진핑	중앙위원회 총서기	제19차 1중전회	

2) 국가기구: 국가주석, 국무원 총리, 전인대 위원장

시기	전인대(정협)	국가주석	총리	전인대 위원장
1949.9	정협 1차	마오쩌둥	저우언라이(周恩來)	
	중국 건국 전후에는 정협이 직권 당시 마오쩌둥은 중공 인민정부위원회 주석 1949년 10월 인민정부위원회 제1차 회의에서 저우언라이를 정무원 총리로 임명			
1954.9	제1기	마오쩌둥	저우언라이	류샤오치
1959.4	제2기	류샤오치(劉少奇)	저우언라이	주더(朱德)
1965.1	제3기	류샤오치	저우언라이	주더
	1968년 10월 류샤오치가 국가주석 등 직무에서 물러남			

시기	전인대(정협)	국가주석	총리	전인대 위원장
1975.1	제4기	취소	저우언라이 화궈펑	주더
	1975년 1월 전인대가 헌법을 개정하여 국가주석 배치를 취소. 1982년 12월 회복 1976년 1월 저우언라이 사망, 화궈펑이 인계 1976년 7월 주더 사망			
1978.3	제5기	없음	화궈펑 자오쯔양	예젠잉(葉劍英)
	1980년 7월 화궈펑 사임, 자오쯔양이 인계 쑹칭링(宋慶齡), 중화인민공화국 명예주석(1981년 5월 16일~1981년 5월 29일)			
1983.6	제6기	리셴녠(李先念)	자오쯔양 리펑(李鵬)	펑전(彭眞)
	1987년 11월 자오쯔양 사임, 리펑 직무대리			
1988.4	제7기	양상쿤(楊尙昆)	리펑	완리(萬里)
1993.3	제8기	장쩌민	리펑	차오스(喬石)
1998.3	제9기	장쩌민	주룽지(朱鎔基)	리펑
2003.3	제10기	후진타오	원자바오(溫家寶)	우방궈(吳邦國)
2008.3	제11기	후진타오	원자바오	우방궈
2013.3	제12기	시진핑	리커창	장더장(張德江)
2018.3	제13기	시진핑	리커창	리잔수(栗戰書)

2. 미국의 역대 대통령

대	대통령	출생지	정당	재임 기간
1	조지 워싱턴	버지니아	연방파	1789~1797
2	존 애덤스	매사추세츠	연방주의자	1797~1801
3	토머스 제퍼슨	버지니아	공화파	1801~1809
4	제임스 매디슨	버지니아	민주공화당	1809~1817
5	제임스 먼로	버지니아	민주공화당	1817~1825
6	존 퀸시 애덤스	매사추세츠	민주공화당	1825~1829
7	앤드루 잭슨	사우스캐롤라이나	민주당	1829~1837
8	마틴 밴 뷰런	뉴욕	민주당	1837~1841
9	윌리엄 헨리 해리슨	버지니아	휘그당	1841
10	존 타일러	버지니아	휘그당	1841~1845

대	대통령	출생지	정당	재임 기간
11	제임스 K.포크	노스캐롤라이나	민주당	1845~1849
12	재커리 테일러	버지니아	휘그당	1849~1850
13	밀러드 필모어	뉴욕	휘그당	1850~1853
14	프랭클린 피어스	뉴햄프셔	민주당	1853~1857
15	제임스 뷰캐넌	펜실베이니아	민주당	1857~1861
16	에이브러햄 링컨	켄터키	공화당	1861~1865
17	앤드루 존슨	노스캐롤라이나	공화당	1865~1869
18	율리시스 그랜트	오하이오	공화당	1869~1877
19	러더퍼드 B.헤이스	오하이오	공화당	1877~1881
20	제임스 A.가필드	오하이오	공화당	1881
21	체스터 A.아서	버몬트	공화당	1881~1885
22	그로버 클리블랜드	뉴저지	민주당	1885~1889
23	벤저민 해리슨	오하이오	공화당	1889~1893
24	그로버 클리블랜드	뉴저지	민주당	1893~1897
25	윌리엄 매킨리	오하이오	공화당	1897~1901
26	시어도어 루즈벨트	뉴욕	공화당	1901~1909
27	윌리엄 하워드 태프트	오하이오	공화당	1909~1913
28	우드로 윌슨	버지니아	민주당	1913~1921
29	워런 G.하딩	오하이오	공화당	1921~1923
30	캘빈 쿨리지	버몬트	공화당	1923~1929
31	허버트 후버	아이오와	공화당	1929~1933
32	프랭클린 D.루즈벨트	뉴욕	민주당	1933~1945
33	해리 S.트루먼	미주리	민주당	1945~1953
34	드와이트 D.아이젠하워	텍사스	공화당	1953~1961
35	존 F.케네디	매사추세츠	민주당	1961~1963
36	린든 B.존슨	텍사스	민주당	1963~1969
37	리처드 M.닉슨	캘리포니아	공화당	1969~1974
38	제럴드 R.포드	네브래스카	공화당	1974~1977
39	지미 카터	조지아	민주당	1977~1981
40	로널드 W.레이건	일리노이	공화당	1981~1989
41	조지 H.W.부시	매사추세츠	공화당	1989~1993
42	빌 클린턴	아칸소	민주당	1993~2001
43	조지 W.부시	코네티컷	공화당	2001~2009
44	버락 오바마	하와이	민주당	2009~2017

대	대통령	출생지	정당	재임 기간
45	도널드 트럼프	뉴욕	공화당	2017~2021
46	조 바이든	펜실베니아	민주당	2021~

(2021년 조 바이든이 제46대 대통령으로 미국의 새로운 대통령이 되었다. 미국 대통령 역사에서 그로버 클리블랜드가 22대와 24대 대통령을 역임하였기 때문에 현재까지 역임한 미국 대통령은 총 45명이다.)

가족 관계에 있는 대통령

제2대 대통령 존 애덤스: 제6대 대통령 존 퀸시 애덤스
    (부자(父子) 관계)
제9대 대통령 윌리엄 헨리 해리슨: 제23대 대통령 벤저민 해리슨
    (조손(祖孫) 관계)
제26대 대통령 시어도어 루즈벨트: 제32대 대통령 프랭클린 루즈벨트
    (숙질(叔姪) 관계)

임기 중 암살된 대통령

제16대 대통령 에이브러햄 링컨
제20대 대통령 제임스 가필드
제25대 대통령 윌리엄 매킨리
제35대 대통령 존 F. 케네디

임기 중 암살된 뻔했던 대통령

제38대 대통령 제럴드 포드
제40대 대통령 로널드 레이건

임기 중 사임한 대통령

제37대 대통령 리처드 닉슨

제1부
'100년의 중국'을 이끈 지도자

중국공산당 명칭의 탄생!

1920년 8월, 프랑스로 근공검학(勤工儉學)을 갔던 차이허선(蔡和森)은 중국에 있던 마오쩌둥에게 쓴 편지에서 "나는 먼저 당을 조직해야 한다고 여긴다. 공산당! 왜냐하면 공산당은 혁명운동의 발동자이고 선전자이며 선봉대이고 작전부라고 여기기 때문이다"라고 하였다.

또한 동년 9월에 마오쩌둥에게 보낸 편지에서 "대담하게 정식으로 중국공산당을 성립해야 한다"라고 말하였다. 이때 '중국공산당'이라는 명칭이 최초로 등장하였다.

마오쩌둥은 1920년 12월부터 1921년 1월까지 차이허선에게 2통의 편지를 썼는데, 두 번째 편지에서 "당신의 말은 지극히 당당하다. 나는 한 글자도 반대하지 않는다"라고 회신하였다.

2021년은 중국공산당이 창당된 지 100주년이 되는 해이다. 중국공산당이 창당되기까지의 주요 지도자, 중국공산당을 창당한 이후부터 중화인민공화국 건국까지의 주요 지도자, 중국 건국 이후부터 1978년 개혁개방을 천명하기까지의 주요 지도자, 개혁개방 이후 중국의 체제 변화를 이끈 지도자, 21세기 시대의 G2 위치까지 오르게 한 지도자, 그리고 중국의 꿈을 실현하기 위한 미래를 꿈꾸는 지도자!

나라를 잃고 중국으로 건너간 조선 사람들이 중국 공산당과 국민당 내에서 항일운동을 지속적으로 하였다는 부분을 상기해야 할 것이다. 특히 중국공산당 역사에서 주요 역할을 하였던 조선 사람들을 잊어서는 안 될 것이다. 그들은 조선의 독립을 위해 낯선 땅, 낯선 사람들 속에서 많은 노력을 하였다. 현대 중국 역사 속에 항일운동을 위해 힘쓴 한국인이 있다.

2021년에도 중국에서는 여전히 한국의 역사와 문화 및 민족정체성을 왜곡하고 있다. 특히 '분청(憤靑: 憤怒靑年)' 혹은 '소분홍(小粉紅)'이라 불리는 '인터넷 애국주의 청년집단'들의 심각한 맹목적인 민족주의는 '21세기형 홍위병'이라 불린다. 한국은 중국의 중화민족주의를 항상 경계해야 함을 잊어서는 안 된다. 특히 중국에서 진행되고 있는 신시대 애국주의교육은 '소분홍' 집단을 더욱 많이 양성할 가능성이 있기 때문에, 중국의 애국주의교육에 대한 관심을 더욱 높여야 한다.

후진타오 때부터 실시된 동북공정은 시진핑 시기에 들어와서 더욱 심각해지고 있다. 시진핑은 '부강한 중국'을 건설하자는 슬로건으로 애국주의와 중화민족주의를 강조하고 있다. 시진핑이 목표로 삼는 '중화민족의 위대한 부흥'이라는 구호 속에 담긴 의미를 꼭 알아야 한다.

중국을 알기 위해서는 중국 지도자들의 사상과 정책 등을 알아야 할 것이다. 특히 중국공산당 창당 이전의 지도자들은 새로운 중국 사회를 만들기 위한 노력의 산물이었다.

저우언라이와 류샤오치는 다른 지도자들에 비해 한국 역사와 한글에 대한 관심이 높았고, 한국의 역사와 문화를 존중한 점도 알고 있으면 좋을 듯하다.

孫中山讓中國人民 醒過來!
毛澤東讓中國人民 站起來!
鄧小平讓中國人民 富起來!

쑨원은 중국 인민을 깨어나게 했고
마오쩌둥은 중국 인민을 일어나게 했고
덩샤오핑은 중국 인민을 부유하게 하였다.

중국 최고 직위와 지도자

1. 시진핑의 두 번째 정부의 시작 2018년! 2050년을 향하다

1) 헌법 선서

2018년 3월 17일 오전 2,980명의 인민대표가 2020년대를 이끌 새로운 국가주석을 선출하였다. 오전 10시 38분 제13차 전국인민대표대회 제1차 회의 제5차 전체회의에서 시진핑은 중국 국가주석과 국가 중앙군사위원회 주석으로 선출되었다. 10시 54분 시진핑은 엄숙하게 헌법 선서를 하였다. 이는 중국 최고 지도자가 헌법 선서를 한 역사적인 순간이었다.

"나는 선서한다: 중화인민공화국 헌법에 충성하고, 헌법의 권위를 수호하고, 법정의 직무상 의무를 이행하며, 조국에 충성하고, 인민에 충성하고, 직무를 끝까지 수행하며, 청렴하게 공무를 수행하며, 인민의 감독을 받으며, 부강민주문명과 화합하고 아름다운 사회주의 현대화 강국의 건설을 위하여 열심히 분투한다!(我宣誓: 忠於中華人民共和國憲法, 維護憲法權威, 履行法定職責, 忠於祖國、忠於人民, 恪盡職守、廉洁奉公, 接受人民監督, 爲建設富强民主文明和諧美麗的社會主義現代化强國努力奮鬪!)"

많은 인민이 주목하는 가운데, 새롭게 국가주석으로 선출된 시진핑은 왼손은 헌법 위에 올려두고, 오른손으로 주먹을 들어올리며, 전체 인민대표를 바라보며, 헌법선서를 하였다. 이는 헌법에 대해 엄중한 선서이며 인민에 대한 가장 신성한 승낙이다.

2) 헌법 서약의 과정

2014년 10월에 개최된 제18차 4중전회에서 전인대 위원으로 뽑히거나 국가공무원으로 임명된 경우 정식 취임 때 공개 헌법 서약을 추진키로 하는 내용을 담은 '중대 결정'을 채택하였다.

이와 관련하여, 시진핑은 '중대 결정'에 대해 "헌법선서 제도는 142개 성문헌법국가 중 이미 97개국이 채택하고 있다"며 "이는 헌법의 권위를 분명하게 하고 공직자의 헌법 관념을 강화시키는 한편 헌법 수호에 대한 충성도도 높일 것"이라고 밝혔다.

2015년 6월 24일, 제12차 전인대 상무위원회 제15차 회의에서 전인대 상무위원회의 '헌법선서제도 실행에 관한 결정 초안'을 심의하였다. 결정된 초안의 65자로 된 선서 내용은 모든 선서를 할 사람에게 적용된다. 내용은 "我宣誓, 擁護中華人民共和國憲法, 維護憲法權威, 履行憲法職責, 恪盡職守、廉洁奉公, 忠於祖國、忠於人民, 自覺接受監督, 爲中國特色社會主義偉大事業努力奮鬪!"이다.

동년 7월 1일 제12차 전국인민대표대회 상무위원회 제15차 회의는 헌법선서제도의 결정을 통과 실행하기로 표결하였다. 70자로 된 선서 내용은 "我宣誓: 忠於中華人民共和國憲法, 維護憲法權威, 履行法定職責, 忠於祖國、忠於人民, 恪盡職守、廉洁奉公, 接受人民監督, 爲建設富强、民主、文明、和諧的社會主義國家努力奮鬪!"이다. 2016년 1월 1일부터 정식 시행하였다.

2016년 1월 15일, 중국『청년보(靑年報)』에 따르면 신임 푸젠(福建)성 위웨이궈(於偉國)는 푸젠성 제12차 인민대표대회 제4차 회의 폐막식에서 왼손을 '중화인민공화국 헌법' 법전에 놓고 오른손 주먹을 쥐고 선언문을 낭독하였다. 위 성장이 낭독한 선언문은 "나는 중화인민공화국 헌법에 충성하고 헌법의 권위를 수호하며 법적 책임을 이행할 것을 선언한다. 아울러 조국과 인민에 충성하고 자신의 책임을 다하고 청렴할 것을 약속하며 인민의 감독을 받아들인다. 중국을 부강하고 민주주의적이고 문명하고 조화로운 사회주의 국가로 건설하기 위해 노력할 것임을 선언한다"이다. 위 성장은 이 규정의 첫 적용 대상자이자 전국에서 최초로 헌법 법전에 손을 얹고 취임선서를 한 성장으로 기록됐다.

2018년 2월 24일 제12차 전인대 상무위원회 제33차 회의에서 헌법선서에 대한 수정을 하였다. 새로운 선서 내용은 "我宣誓: 忠於中華人民共和國憲法, 維護憲法權威, 履行法定職責, 忠於祖國、忠於人民, 恪盡職守、廉洁奉公, 接受人民監督, 爲建設富强民主文明和諧美麗的社會主義現代化强國努力奮鬪!"이다.

위원회는 헌법선언문에서 "부강, 민주, 문명, 조화로운 사회주의 국가를 건설하기 위해 노력한다"는 기존 내용을 "부강, 민주, 문명, 조화롭고 아름다운 사회주의 현대화 강국을 건설하기 위해 노력한다"고 수정한다고 밝혔다.

2018년 3월 11일, 제13차 전인대 제1차 회의에서 통과된 헌법 수정안은, 헌법 제27조에 1항을 추가하여, 제3항으로 만들었고, 3항에 "국가 업무를 보는 사람은 곧 직책을 볼 때 법률 규정에 따라 헌법선서를 공개적으로 진행해야 한다(國家工作人員就職時應當依照法律規定公開進行憲法宣誓)"라고 되어 있다. 2018년 3월 12일부터 시행하였다.

2018년 11월 20일 국무원은 중남해(中南海)에서 헌법선서의식을 거행하였다. 국무원 리커창 총리가 감독하였다. 선서의식은 상황에 따라 단독선서, 집체(단체)선서 형식으로 하고 단독선서를 할 때에는 선서자가 왼손을 중화인민공화국 헌법에 얹고 오른손은 주먹을 쥐어 들고 선서사를 낭독한다. 단체 선서 시에는 한 명이 대표 선서(領誓)를 하고 대표 선서자는 왼손을 중화인민공화국 헌법에 얹고 오른손 주먹을 쥐어 들고 선서사를 낭독하고 다른 선서자들은 정렬하여 역시 오른손 주먹을 쥐어 들고 선서사를 따라 낭독한다.

선서장소는 의회 혹은 법원이다. 선서장소는 장중, 엄숙해야 하며 중화인민공화국 국기 또는 휘장을 게양한다. 선서의식에서는 중화인민공화국 국가를 제창해야 한다.

선서의식 조직을 담당하는 기관은 본 결정에 실제 상황을 참고하여 선서에 관한 구체적인 사항을 규정한다.

2. 중국 최고 지도자 직위는 무엇인가?

2021년은 중국공산당이 창당된 지 100주년이 되는 해이다. 1921년 7월 중국공산당이 창당되기까지, 그리고 중국공산당이 창당된 뒤, 국민당과의 전쟁, 항일전쟁을 거쳐 1949년 10월 중화인민공화국이 건국되기까지, 2021년 현재 G2로 불리기까지, 100년의 중국을 이끌었던 지도자를 살펴본다.

오늘날 중국의 최고 지도자라고 지칭하는 직위는 대외적으로는 '국가주석'이다. 그러나 역사적으로 보면, 중국공산당 총서기직이나 당 주석직을 누가 맡고 있느냐, 혹은 당 중앙군사위원회 주석직을 누가 맡고 있느냐에 따라 최고 권력자가 누구인지 알 수 있다. 특히 1949년 중국 건국 이후의 중국 최고 지도자라고 하면, 시기에 따라 직위가 달라질 수 있다. 때로는 직위보다는 인물에 따라 최고 지도자라고 할 수 있다. 중국 정치에서는 '핵심'이라는 용어로써 명실상부한 최고 지도자라는 것을 표현하기도 한다.

중국은 다른 국가의 대통령이나 총리 및 수상에 해당되는 최고 직위는 국가주석이다. 그러나 실질적인 최고 지도자는 중국공산당 총서기나 당 중앙군사위원회 주석직이다. 그러나 그 이전으로 가면 '당주석' 제도도 있다. 그래서 중국 최고 지도자를 언급할 때, 당 총서기,

당 중앙군사위원회 주석, 국가주석, 국무원 총리, 전국인민대표대회 상무위원회 위원장까지 거론되기도 한다. 이는 중국의 정치 상황과 관련이 있다.

3. 중국 최고 지도자 명칭의 변천

중국공산당 중앙위원회 총서기는 1982년 제12차 전국대표대회 이후 중국공산당 최고 영도인의 직무를 지칭한다. 역사적으로는 서기(書記), 위원장(委員長), 총서기(總書記), 주석(主席) 등의 명칭이 있다.

1921년 중국공산당 제1차 전국대표대회가 개최되었을 당시 당원의 수가 적고, 지방조직도 아직 완전하지 않았다. 당시에 3인으로 구성된 중앙국(中央局)으로 천두슈(陳獨秀)가 서기를 맡았다. 2대와 3대에서 선출된 영도인을 '중앙집행위원회 위원장'이라 지칭하였고, 4대는 중국공산당 역사상 처음으로 최고 영도인을 '중앙집행위원회 총서기'라고 칭하였다. 당시의 당장 규정을 보면 총서기의 직책은 전국 당 업무 전체를 관리하였다.

5대와 6대에서는 중앙위원회에서 선거하여 최고 영도인을 구분하여 '총서기'와 '주석'으로 불렀다. 1945년 7대부터 1977년 11대까지 최고 영도인은 '중앙위원회 주석'이었다. 1956년 덩샤오핑이 총서기 직을 맡았지만, 당시 당주석이 마오쩌둥이었기 때문에, 실질적인 최고 책임자는 마오쩌둥이다. 단지 총서기 직함 때문에 덩샤오핑이 최고 책임자로 생각해서는 안 된다.

1982년 제12차 전국대표대회에서 통과된 새로운 당장에서 다시 중앙위원회 총서기의 칭호를 사용하였고, 더 이상 주석직을 설치하지 않았다. 당 주석직을 설치하지 않은 이유는 1인에게 절대적인 권력이 집중되지 않도록 하기 위함이다. 중앙위원회 총서기가 다시 중국공산당 최고 영도인의 직무 칭호가 되었고 지금까지 사용되고 있다.

역사상 상당한 기간 동안 중공은 중앙에서 지방의 각급 조직에 모두 서기제를 시행하였고, 주요 책임자를 '서기'라고 불렀다. 많은 중국공산당사 연구자는 1846년 마르크스, 엥겔스가 공산주의 조직의 책임자의 칭호에 대해 토론하였는데, 마르크스가 서기라는 칭호를 주장하였다. 당시 유럽에서는 서기는 심부름꾼이다. 제1차 전국대표대회가 소집되었을 때, 새로 탄생한 중국공산당은 마르크스와 엥겔스에 찬동하여 당의 책임자를 서기라고 칭하였고, 인민을 위해 복종하겠다는 결심을 표현한 것이다.

4. 2021년 '전인대 조직법 개정안'

1982년 이후 단 한 차례도 개정된 적이 없던 전인대 조직법이 2021년 제13차 전인대 제4차 회의에서 개정되었다. 39년 만에 개정된 전인대 조직법은 총 37개 조항이 수정되거나 추가되었다.

여기서 주목할 부분은 전인대 상무위원회의 권한 강화이다. 이를 다른 시각으로 보면, 명목상의 권력 2위였던 전인대 상무위원회 위원장의 권력 강화로 볼 수 있다. 한동안 국무원 총리에게 밀렸던 실질적인 권력이 이번 계기로 전인대 상무위원회 위원장의 권력이 강화될 수 있음을 알 수 있다. 최고 권력기관으로서 전인대가 국무원 주요 간부를 선출하고 감독하는 기본 지위에는 변함이 없지만 권한 일부가 전인대 상임위원장에게 넘어갔다는 것이다. 앞으로 상무위원회 위원장의 정치적 행보에 관심을 두어야 할 것으로 보인다.

수정안 25조에 따르면 상무위원회는 전인대 폐회 기간에 국무원(정부) 총리의 지명에 따라 국무원 구성원의 임면을 결정할 수 있다. 여기에는 부총리를 비롯하여 국무위원 등이 포함된다. 이는 부총리 중에서 차기 총리로 지명되는 경우가 많은데, 이후 시진핑 계열의 사람들이 부총리직에 오를 가능성이 높고, 국무원 총리도 시진핑 계열이 될 가능성도 배제할 수 없다.

법 개정으로 2개월 정도에 한번 소집하는 전인대 상무위원회에서 부총리와 부처 수장을 선임하거나 경질할 수 있게 되었다. 그리고 국가 중앙군사위원회 부주석과 군사위원 임면권도 부여하였다. 결국, 고위직의 임명과 해임이 상대적으로 쉬워졌음을 의미한다. 이는 2022년 제20차 전국대표대회를 앞두고 장기집권을 노리는 시진핑 국가주석이 후계구도를 주도적으로 구성할 수 있게 만든 것으로 보인다.

2021년에 개정된 전인대 조직법은 총리의 권한을 축소시켰다. 현재 리커창 총리의 권한을 축소할 뿐만 아니라 차기 총리 선출에도 영향을 주게 된다. 총리는 국무원에서 경력을 쌓은 부총리 가운데 선임하는 것이 관례다. 현재 부총리 중 나이가 가장 어린 후춘화(胡春華)는 공청단 계열이기 때문에 교체의 가능성도 전망되고 있다. 은퇴를 앞둔 부총리와 후춘화를 교체하여 시진핑 계열의 사람들로 부총리직에 임명하면 차기 총리도 시진핑 계열이 차지할 수 있다. 그렇게 되면, 전인대 상무위원회 위원장, 국무원 총리 모두 시진핑 계열이 차지하게 된다. 이미 차기 국가주석으로 연임될 가능성이 높은 상황 속에서 2023년 이후의 중국 정치 지도자는 시진핑을 핵심으로 하는 시진핑 계열이 차지할 것으로 보인다.

중국공산당 창당과 중국 건국 이전의 지도자

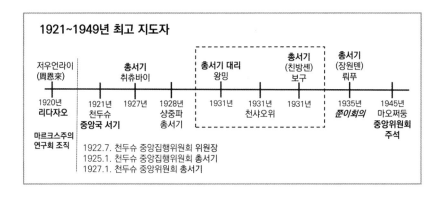

중국공산당은 1921년 7월에 창당되었다. 엄격히 따지면 1921년 7월 23일부터 상하이에서 개최된 제1차 전국대표대회에서 중국공산당을 창당하였는데, 이후 1941년 6월, 당 성립 20주년 때 7월 1일을 중국공산당 창당일로 결정하였다.

중국공산당이 창당되기 이전부터 중국에는 마르크스주의를 강조한 인물들이 있다. 중국공산당 창당과 밀접한 관련이 있는 인물은 리다자오(李大釗)를 비롯하여 천두슈, 마오쩌둥 등이 있다. 그 밖에 노동자운동과 농민운동의 주요 지도자, 프랑스 내 중국공산주의와 관련된 조직을 이끈 지도자, 여권을 부르짖은 지도자도 있다.

신해혁명 이후 혼탁한 사회를 목도하고 있던 청년 지식인들은 새로운 중국을 만들기 위해 러시아, 유럽, 일본, 미국 등으로 건너가 유학을 하며 새로운 문물과 사상을 접하였다. 또 중국으로 들어 온 서구 문명과 사상은 중국 내 젊은 지식인들에게 영향을 주었다. 특히 프랑스로 간 근공검학(勤工儉學) 청년 지식인들은 중국공산당 창당에 영향을 주었고, 중국으로 돌아온 이후에는 새로운 중국을 건설하는데 많은 역할을 하였다.

1. 중국공산당 최고 지도자

리다자오(李大釗, 1889~1927, 이대쇠)

리다자오는 중국 최초의 마르크스주의자라고 불린다. 한국에서는 '이대교', '이대소', '이대조' 등 다양하게 불리지만, '이대쇠'라고 불러야 정확하다. 물론 요즘에는 중국식 발음으로 부르다 보니, 이대쇠라고 부르는 경우에는 드물지만, 우리 발음으로 해야 한다면 '이대쇠'라 불러야 한다.

리다자오는 1889년 10월 29일 허베이성 러팅(樂亭)현 후쟈퉈(胡家坨)향 다헤이퉈(大黑坨)촌에서 태어났다. 리다자오의 자는 셔우창(守常)이다.

일본 유학

1915년 1월 일본은 위안스카이(袁世凱, 1859~1916) 중화민국 총통에게 '21개조'로 된 요구 사항을 제출하였다. 이러한 사건이 발생하자 리다자오는 일본에서 유학을 하던 학생들에게 일본에 대한 투쟁에 적극적으로 참가하라고 호소하였다. 리다자오가 기초한 "전국 부로(父老)에게 경고하는 글"의 내용이 전국으로 퍼지면서, 리다자오는 저명한 애국지사가 되었다.

신문화운동과 마르크스주의

1916년 일본에서 돌아온 리다자오는 베이징 대학에서 도서관 주임 겸 경제학 교수가 되었다. 당시 중국에는 신문화운동이 일어나고 있던 시기였고, 리다자오는 적극적으로 신문화운동에 참여하였다. 1917년 10월 러시아에서 혁명이 발발한 후, 리다자오는 마르크스레닌주의를 중국으로 가져왔는데, 러시아의 사회주의 혁명의 성공은 리다자오

일본의 산둥 반도 점령과 21개조 요구는 중국의 지식인과 해외의 화교, 중국인 유학생들을 크게 자극했다. 이들은 중국 정부에 대해 연약 외교, 매국 외교라고 강하게 비판했다. 5월 9일을 국치기념일로 정했다.

제1차 세계대전에 참전해 승전국이 된 중국은 1919년 종전 후 파리 평화회의에 대표단을 파견해 21개조 요구의 철회를 요구했다. 1919년 1월 18일 개최되어 1920년 1월 21일까지 간격을 두고 지속되었다. 회의에서 영국 및 프랑스와 일본은 중국에 대한 여러 이권을 상호 승인하기로 합의했고 일본은 21개조 철회를 거부했다. 1919년 4월 21일 파리 강화 회의에서는 장래 '중국으로 반환하는 것을 전제로' 산둥 이권을 일본에 양도하기로 결정했다. 그 뒤 산둥 이권과 21개조 요구 문제는 1922년 워싱턴 회의에서 다시 논의되었다. 이때 21개조 가운데 산둥 이권 부분들은 이미 실효가 없는 상태였기 때문에 일본이 포기했다. 한편, 1919년 4월 3일, 김규식은 파리강화회의에 13개조를 제출하였다. 김규식이 1919년 8월 21일 뉴욕 항을 통해 입국한 서류에서, 김중문이란 중국인으로 가장한 위조여권을 사용했음이 확인된다.

를 고무시키고 계몽시켰다.

리다자오는『신청년(新青年)』과『매주평론(每周評論)』등에서『프랑스 러시아 혁명의 비교관』(1918),『서민의 승리』(1918),『나의 마르크스주의관』(1919),『문제와 주의의 재론』(1919) 등을 발표하였다. 리다자오는 이러한 책들을 통해 러시아의 10월 혁명과 마르크스레닌주의의 저명한 문장과 연설을 선전하였고, 10월 혁명의 의의를 설명하며 혁명의 승리를 찬양하였다. 그리고 개량주의를 비판하고, 5·4운동의 발전을 주도하고 추진하였다. 리다자오는 중국공산주의의 선구자가 되었고, 중국 최초로 마르크스주의를 전파한 사람이 되었다.

1920년 초 리다자오와 천두슈는 베이징과 상하이에서 각각 활동하기로 약속하였다. 동년 3월 리다자오는 베이징대학에서 중국 최초로 마르크스주의 연구회를 조직하였고, 덩중샤(鄧中夏), 가오쥔위(高君宇),

---

중국 특색의 사회주의 신시대에, 중국공산당원은 "리다자오 등의 무산계급혁명가가 중국공산당을 창당한 초심을 잊어서는 안 된다. 그들이 중국공산당원에 부여한 사명을 기억해야 한다. 인민군중들이 아름다운 생활에 대한 동경을 분투의 목표로 삼고, 끊임없이 중화민족의 위대한 부흥을 실현하기 위해 강대한 정신을 응집해야 하고, 시진핑 신시대 중국 특색의 사회주의 사상을 지도로 삼아, '4개 의식(정치의식, 대국의식, 핵심의식, 정렬의식)'을 증가시켜 위대한 투쟁을 하고 위대한 공정을 건설하며 위대한 사업을 진행하여, 위대한 꿈을 실현해야 한다"고 하였다.

"인민군중들이 아름다운 생활에 대한 동경을 분투의 목표로 삼은 것은, 리다자오 등의 노선배 무산계급혁명의 건당사상(建黨思想)과 일맥상통한다"고 하였다.

"시진핑 신시대 중국 특색의 사회주의 사상과 당의 19대 정신을 잘 학습하고 이해하여, 반드시 리다자오 등의 당의 초기 창신의 건당사상의 초심을 기억해야 한다"고 하였다.

장궈타오(張國燾), 황르퀘이(黃日葵), 허멍슝(何孟雄), 뤄장롱(羅章龍) 등의 공산주의 사상을 갖춘 청년지식인을 모집하였고, 모임에서 중국공산당 창건을 토론하였다. 동년 가을, 리다자오는 베이징의 공산당 초기 조직 건립과 베이징 사회주의청년단 건립을 주도하였다. 그리고 상하이의 천두슈와 서로 호응하면서 적극적으로 활동하며 마르크스주의에 관한 선전을 확대하였고, 조직을 발전시키며 전국에 공산당 조직 건립을 적극적으로 추진하였다. 두 사람의 업적을 가리켜 "남쪽의 천두슈와 북쪽의 리다자오가 서로 당을 건립하기로 약속하다"라고 하면서 중국혁명 역사상의 미담이 되었다.

중국공산당

1921년 7월 중국공산당 제1차 전국대표대회가 상하이에서 개최되어 중국공산당 성립을 선포하였다. 리다자오와 천두슈는 중국공산당의 주요 창시인이 되었다. 중국공산당이 성립한 후, 리다자오는 당의 북방 지역을 맡았고, 중국노동조합서기부 북방 지역의 주임을 맡았다. 당의 3대와 4대에서 리다자오는 중앙위원으로 선출되었다.

1922년부터 1924년 초까지 리다자오는 장강 남북을 다니며 공산당 대표로 손중산과 여러 차례 회담을 가졌다. 1924년 1월 리다자오는 대회 주석단 5명 중의 1명이 되었고, 국공합작의 국민당 제1차 전국대표대회에 출석하였다. 리다자오는 대회 선언 기초 등을 만드는 데 참가하였고, 국공합작을 실현하는 데 주요 역할을 하였다.

1925년 5·30운동이 폭발한 후 리다자오는 자오스옌(趙世炎) 등과 베이징에서 5만여 명의 시위대를 조직하였고, 상하이 인민의 반제국주의 투쟁을 지지하였다. 1926년 3월 리다자오는 베이징에서 제국주의와 북양군벌을 반대하는 '3·18운동'에 직접 참가하였고, 사람들에게 5·4운동의 정신과 5·30운동의 뜨거운 피로써 호소하였다.

리다자오의 혁명운동은 북양군벌의 눈엣가시가 되었고, 북양군벌은 리다자오 수배령을 내렸다. 1927년 4월 6일에 리다자오는 군벌 장쒀린(張作霖)에게 체포되었고, 4월 28일 오전 10시에 특별 형사법정이 열려 리다자오 등 20여 명에게 사형을 선도하였다. 오후 2시 전후에 시자오민샹(西交民巷) 징스(京師)구치소에서 교수형을 당하였다.

마르크스주의 이론가

리다자오는 1919년 5월부터 1921년 7월 중국공산당 성립까지 논문·강연·잡문(雜文)·강의 등 140편을 발표하였고, 평균 6일마다 1편을 발

돤치루이(段祺瑞) 3·18 참안(三·一八慘案)

1926년 3월 12일, 펑위샹(馮玉祥)의 국민군과 봉계군벌(奉系軍閥)의 전쟁 시기에 일본 군함이 봉계군벌의 군함을 엄폐하여, 톈진 대고구(大沽口)에 들어와 국민군을 포격하였고 10여 명의 사상자를 냈다. 국민군은 반격하여 일본 군함을 대고구 밖으로 쫓아냈다. 일본은 영국 미국 등 8개국과 연합하여 돤치루이 정부에 최후 통첩을 날려 항구의 국방시설 철수를 요구하였다. 3월 18일, 베이징 군중 5천 여 명은 리다자오를 중심으로 천안문에 모여 8국의 통첩 거절을 요구하는 집회를 열었다. 이때 돤치루이가 발포 명령을 내렸는데, 현장에서는 47명이 사망하였고 200여 명이 부상을 입었다. 리다자오와 천챠오녠(陳喬年)은 항거 중에 부상을 입었다. 어떤 사람은 돤치루이는 집정부에 없었다고 하고 발포를 명령한 사람도 돤치루이가 아니라고도 한다.

"먹물로 쓴 거짓말로는 결코 피로 쓴 사실을 덮을 수 없다"(1926년에 봄에 일어난 3·18참사 후에 쓴 루쉰(魯迅)의 『꽃 없는 장미2(無花の薔薇之二)』 중에서)

표하였다. 이는 당시 중국이 어디로 가야 할지 명확하지 않았는데, 중국이 가야 할 사상의 길을 밝혀 주었다. 리다자오는 당 지도자라기보다는 당내 이론가였다.

리다자오는 『갑인(甲寅)』, 『신청년』, 『매주평론』 등 당시의 대표적인 문화와 사상 잡지를 통해 구중국의 전통 타파와 서구 근대민주사상을 전파하는 데 선구자적인 역할을 하였다. 또 민족주의에 바탕을 둔 중국 사상과 서양 근대 사상을 융합한 독특한 사상을 제시하였다. 리다자오는 제1차 세계대전 이후에 마르크스주의를 중국 최초로 체계적으로 소개하였다. 그리고 중화민족이라는 용어를 현대 민족주의 관점에서 해석하여 사용하였다.

리다자오의 딸인 리싱화(李星華)가 쓴 『나의 아빠』에는 리다자오가 딸에게 "학교는 아름다운 화원과 같고, 아이들은 정말 행복하다. 이는 허튼 소리가 아닌가? 지주와 자본가가 농민과 노동자를 잔혹하게 착취하고, 많은 아이들이 밥을 먹지 못한다. 어떻게 아름다움과 행복이 있는가!"라고 말한 내용이 있다.

『갑인(甲寅)』

『갑인(甲寅)』은 1914년 동경에서 창간되었고, 1915년 5월에 상하이에서 출판을 하다가 제10기에서 정간을 당하였다. 1914년은 중국 음력으로 갑인년이었기 때문에 잡지명을 '갑인'이라고 지었다. 장스자오(章士釗, 1881~1973)가 주편이었고, 천두슈와 양용타이(楊永泰) 등이 도와주었다. 중국 국민의 자각을 강조하였다. 국민의 자각이 중국을 재생시킬 수 있으며 거국 일치를 위하여 전제정치를 비판해야 한다고 주장하였다.

역사적 평가

리다자오는 사형을 당하기 전에 격앙된 어조로 "오늘 비록 내가 교수형을 당할지라도 공산주의를 교수형시킬 수는 없다. 우리는 이미 중국에 많은 공산주의자를 양성하였고, 그들은 혁명의 불씨처럼, 중국 도처에 씨앗을 뿌리게 된다! 우리는 믿는다! 공산주의가 세계에 중국에 반드시 영광의 승리를 얻을 것이다!"라고 말하였다.

리다자오가 죽은 후 1933년 당은 비밀리에 만안(萬安) 공원묘지 내에 안장하였다. 신중국이 건국된 후, 리다자오의 생활과 전투를 한 허베이성 러팅, 베이징 등지에 리다자오의 기념관이 세워졌다. 리다자오를 기념하고, 그의 공산주의 혁명정신을 발양하기 위해 중공 중앙은 1983년 3월 18일 그와 부인 자오런란(趙紉蘭)의 관을 새롭게 건립된 리다자오열사릉원에 이장하기로 결정하였다. 동년 10월 리다자오 열사릉원이 베이징 만안공원묘지에 건립되었고, 중공중앙 지도자가 친히 참가하여 엄중한 예식을 진행하였다.

천두슈(陳獨秀, 1879~1942, 진독수)

천두슈는 중국공산당이 창당될 때 중대한 역할을 하였고, 초대 중앙국 서기를 지냈다. 천두슈를 '중국의 레닌'이라고 부르기도 하였다. 또 리다자오와 천두슈를 가리켜, '베이리난천(北李南陳, 북이남진)'이라는 말이 만들어질 정도로 중국공산당 창당 시기의 주요 인물이다.

천두슈는 신문화운동의 창도자이고 발기자로 '5·4운동의 총사령'

마오쩌둥은 1940년대 두 차례 정도 천두슈를 '5·4운동의 총사령'과 '5·4운동시기의 총사령'이라고 명확하게 언급하였다.

1942년 3월 30일, 마오쩌둥은 "어떻게 중국공산당사를 학습할 것인가"라는 연설에서 "천두슈는 5·4운동의 총사령이다"라고 말하였다(『마오쩌둥문집』 제2권, 인민출판사, 1993, 403쪽).

1945년 4월 21일, 마오쩌둥은 "중국공산당 제7차 전국대표대회의 공작방침"이라는 보고에서 또 천두슈를 가리켜 "그는 노동을 한 적이 있는 사람이다. 그는 5·4운동 시기의 총사령이다. 모든 운동은 실질적으로 그가 영도한 것이다. 그는 리다자오 동지 등의 주위 사람들과 커다란 역할을 하였던 사람이다"라고 말하였다(『마오쩌둥문집』 제3권, 인민출판사, 1995, 294쪽).

이라고도 불린다. 이와 관련하여 마오쩌둥은 "천두슈는 5·4운동의 총사령이며 전체 운동을 실제로 영도하였다"고 말한 적이 있다.

천두슈는 1879년 안후이성 화이닝(懷寧)에서 태어났다. 원명은 천칭퉁(陳慶同)이고, 천간성(陳乾生)이라고 하며, 자는 중푸(仲甫)이고 호는 스안(實庵)이다. 1927년 중공 5대에서 부자 3명(아버지 천두슈, 장남 천옌녠(陳延年), 차남 천챠오녠(陳喬年))이 동시에 중앙위원으로 선출되었다. 이렇게 부자 3명이 동시에 중앙으로 들어간 것은 중국공산당사에서 처음 있는 일이었다.

일본 유학

1901년 천두슈는 반청 선전 활동을 하였다가 청 정부로부터 지명수배를 받았다. 안칭(安慶)에서 일본으로 도망을 갔고, 동경고등사범대학교 속성과(速成科)에 입학하였다. 1902년에 동경청년회 성립에 참여하였고, 1902년부터 1903년까지 세 차례의 애국 연설회를 열었다. 1907년 일본 동경으로 가서 영어학교에 입학하였다가 후에 와세다대학으로 갔다.

귀국 후 천두슈는 저장 육군학당에 교사로 임용되었다. 1913년 위안스카이를 토벌하는 '2차혁명'에 참가하였다가 실패 후 체포되어 투옥되었다. 1914년 출옥 후 다시 일본으로 갔고, 장스자오를 도와 『갑인』 잡지가 창간될 수 있게 하였다. 그는 글을 쓸 때 '두슈(獨秀)'라는 필명을 사용하였는데, 그의 고향에 있는 '두슈산(獨秀山, 독수산)'에 기원한다.

언론 활동

1903년 천두슈는 일본에서 돌아온 후 안칭에서 안후이애국회를 만들었다가 청 조정에 발각되어 상하이로 갔다. 1903년 7월 상하이에서 장스자오 주편의 『국민일일보(國民日日報)』를 도왔다.

1904년 안후이로 돌아가 『안후이속화보(安徽俗話報)』를 만들었는데, 이 신문은 최초로 백화문을 사용하여 대중에게 홍보한 신문 중의 하나이다.

1911년 신해혁명 후 천두슈는 안후이부 도독 비서장이 되었고, 1913년 위안스카이를 반대하는 '2차 혁명'에 참가하였다. 천두슈는 손중산이 이끄는 동맹회에 가입하지 않았지만, 신해혁명에 적극적으로 참가하였다. 이는 그에게 급진민주주의자에서 마르크스주의자로 바뀌는 중요한 의미를 지닌다.

1915년 9월 상하이에서 『청년잡지』(이후 『신청년』으로 바뀜)를 창간하였는데, 중국의 신문화운동이 여기에서 발단되었다. 1917년 1월에는 베이징대 차이위안페이(蔡元培)의 초대로 천두슈는 문과학장이 되

『국민일일보(國民日日報)』

『국민일일보』는 청말 저명한 혁명 신문이다. 1903년 8월 7일 상하이에서 창간되었다. 건물은 조계지에 있었고, 장스자오가 주편이었다. 허미스(何靡施)와 천취빙(陳去病), 천두슈 등이 편집에 참가하였다. 『소보(蘇報)』를 이은 신문으로 혁명입장을 숨기지 않고, 반만반청(反滿反淸)을 선전하였다. 하지만 『소보』보다 선전 책략을 더 중시하였다. 신문사는 혁명인사의 비밀 활동 장소였다. 청정부는 판매금지와 구독금지를 명령하였으나, 목적을 달성하지 못하였다. 1903년에 내부의견이 엇갈려 정간되었다.

었다. 이에 따라『신청년』편집부가 베이징으로 옮겨졌고, 개인이 주편하는 것에서 동인 간행물로 바뀌었으며 편집위원회가 성립하였다. 편집위원회가 항상 모이는 곳은 '젠간후퉁(箭杆胡同)' 9호로 천두슈가 머무는 곳이었다. 이곳은 신문화운동의 지휘부가 되었다. 또 베이징 대학도 당시 중국사상계에서 가장 활약이 좋은 기지가 되었다.

한편, 러시아에서 10월 혁명이 일어났을 때 천두슈는 이를 매우 찬양하였다. 1918년 3월 천두슈는 "20세기의 러시아의 공화는 전도가 원대하고, 인류의 행복과 문명에 영향을 주었다. 18세기의 프랑스 혁명에서는 아직 정치적 현상이 더할 나위 없이 박하다"라고 하였다.

1918년 천두슈는 베이징대의 학생 잡지『신조(新潮)』가 창간하는 데 도움을 주었다. 그리고 1918년 12월 천두슈와 리다자오는『매주평론』을 창간하였고, 봉건적 군벌통치를 맹렬하게 공격하였으며, 일본의 중국동북과 산둥에서 권익을 탈취하여 침략하는 행동을 폭로하였다. 인민들에게 항쟁을 호소하였고, 신문화운동의 선전기지가 되었

『안후이속화보(安徽俗話報)』

『안후이속화보』는 잡지 이름이다. 청 광서(光緖) 30년 2월 15일(1904년 3월 31일) 우후(蕪湖)에서 창간하였는데, 반월간이었다. 천두슈가 주편이었다. 팡즈우(房秩五), 우셔우이(吳守一), 왕멍저우(汪孟鄒) 등이 편집하였다. 국민을 계몽하고, 죽음에서 벗어나 살길을 찾는 것을 중심으로 삼았다. 이권을 되찾는 것을 고취시키고, 공업광업실업을 발전시키며, 국민교육을 보급하고, 중매결혼을 반대하였으며, 희곡개혁을 제창하였다.

천두슈는 '삼애(三愛)'라는 필명으로『국가를 말하다』,『망국편』,『중국을 분할해서 먹다』,『악속편(惡俗篇)』등 20편의 논설을 발표하였다. 매 기 마다 40쪽 정도로 사이사이에 그림을 넣었다. 광서 31년 7월에 정간하였는데, 총 22기(혹은 23기)가 출간되었다.

다. 1919년 4월 천두슈는 "20세기 러시아의 혁명"이라는 글을 발표하였는데, 18세기 프랑스의 정치혁명, 20세기 러시아의 사회혁명이 모두 "인류사회 변동과 진화의 대관건"이라고 여겼다.

1919년 5월 4일 중국의 5·4운동은 러시아의 10월 혁명의 영향으로 발생하였다. 이에 천두슈는 10월 혁명 이후, "중국인도 두 개의 교훈을 얻었다. 하나는 남북은 물론이고 군벌은 모두 존재하지 않는다. 또 다른 하나는 인민이 직접 행동을 하는 희망이 있다"라고 하였다.

『신조(新潮)』

『신조』월간은 1919년 1월에 창간되었다. 베이징대학교 신조사(新潮社)가 편집을 하였고, 편집부는 푸스녠(傅斯年), 뤄자룬(羅家倫), 양전성(楊振聲) 3명으로 구성되었다. 푸스녠이 편집 주임으로, 1919년말 유럽으로 유학을 갈 때까지 맡았다.

천두슈, 「조선독립운동의 느낌」(『신조』 4호, 1919.04.01)

조선민족의 영광스런 활동이 일어난 뒤, 중국민족이 위축되어 있다는 치욕을 더욱 잘 알게 되었다. 공화정을 실행한지 8년이 되었지만 일반 국민들은 하루도 명료하고 정확한 의식을 갖고 활동한 적이 없었다.

국민과 정치 서로 아주 멀리멀리 떨어져 있다. 자기 나라와 외국의 군벌들이 연합하여 억압하도록 내버려두고 조금도 반항하지 못한다. 서남호법군(西南護法軍, 1917년 쑨원이 광동에서 군벌들과 연합하여 베이징정부를 토벌하려고 조직한 군대)도 결국에는 국민과 둘로 갈라졌다. 시골에 사는 농민 백성들도 아무 소리도 내지 못하지만, 청산유수처럼 말 잘하는 유명인사, 신사(紳士), 정객, 상인, 교육계 모두 공공연히 주인이 되는 국민의 자격을 스스로 버리고, 제3자로 떨어져서 정국을 조정하려고만 한다. 조선인들의 활동을 봐라! 무기가 없기 때문에 반항하지 못하거나 주인이 되는 자격을 버리고 제3자가 되었단 말인가? 우리들은 조선인들과 비교하면 정말로 부끄럽기 짝이 없다.

1919년 6월 『베이징시민선언』을 발표하였다가 체포되었고 동년 9월에 풀려났다.

중국공산당 창당

1920년 초 천두슈는 상하이로 가서 공산당 초기 조직인 공산주의 소조를 만들었고, 중국공산당 성립을 발기하였다. 1921년 7월에는 코민테른(제3인터내셔널)의 지도하에 상하이에서 중국공산당 제1차 전국

중국공산당 창당

중국공산당 창당일을 7월 1일로 정하여 기념하고 있지만, 실질적으로는 1921년 7월 23일부터 상하이와 자싱(嘉興)에서 개최되었던 중국공산당 제1차 전국대표대회에서 창당되었다. 이 대회에 공산당 대표 13명과 코민테른 대표 2명이 참석하였고, 57명의 당원으로 출발하였다. 참석한 대표를 살펴보면 다음과 같다.

상하이 대표: 리한쥔(李漢俊), 리다(李達)
베이징 대표: 장궈타오(張國燾), 류런징(劉仁靜)
광저우 대표: 천궁보(陳公博)
무한 대표: 둥비우(董必武), 천탄츄(陳潭秋),
장사 대표: 마오쩌둥(毛澤東), 허수헝(何叔衡)
제남 대표: 왕진메이(王盡美), 덩언밍(鄧恩銘)
일본 대표: 저우포하이(周佛海)
천두슈 좋에서 파견: 바오후이썽(包惠僧)
코민테른 대표: 마링(Marling, 馬林)과 니콜스키(Nikolsky, 블라디미르 네이만, 1898
　　~1938)

중국이 건국되었을 때, 중국공산당에 남은 사람은 마오쩌둥과 둥비우 2명분이었다. 나머지는 그 이전에 사망하거나 중국공산당을 떠났다.

대표대회를 개최하여 중국공산당을 창당하였다.

제1차 전국대표대회에서 천두슈는 중앙국서기로 선출되었고, 후에 중앙국 집행위원회 위원장(2대와 3대)을 역임하였으며, 중앙총서기(4

중국공산당 제1차 전국대표대회 참석자 15인의 부조

둥비우(董必武, 1886~1975)

중국공산당 창당인 중의 한 명인 둥비우는 1911년 신해혁명에 참가했으며 쑨원이 이끄는 중국동맹회에 가입하였다. 러시아 10월 혁명과 중국 5·4운동의 영향으로 마르크스주의를 받아들여 선전하였다. 1920년 우한(武漢)에서 공산주의 조직을 만들고, 1921년 제1차 중국공산당 전국대표대회에 참석하였다. 이어 중국공산당 우한 지방위원회 서기직과 중국공산당 후베이성 성위원(省委員)을 맡았다.

1927년 공산당의 무장혁명이 실패로 돌아간 후 비밀 활동을 시작하였고, 1928년 소련으로 유학을 떠났다. 1934년 10월 장정에 참가하여 1935년 산시성(섬서성) 북부에 도달한 후 중국공산당 중앙당교의 교장직을 맡았다. 1941년 환남사변이 일어난 후에 덩잉차오 등과 함께 참정회에 대한 출석을 거부하였다. 1945년 샌프란시스코에서 열린 국제연합 제헌회의에 참석했으며, 항일전쟁에서 승리한 후에 중국공산당 측 대표의 일원으로서 국민정부와 담판을 진행했고, 1946년 충칭에서 열린 정치협상회의에 참석하였다.

대와 5대) 등을 지내고, 제1대에서 5대까지 중앙위원이었다.

마일사변(馬日事變, 1927.5.21) 등 공산당원에 대한 학살이 자행되었을 때, 천두슈는 농민운동이 너무 지나쳤기 때문에 발생하였다고 단정하였다. 그리고 천두슈는 우한 국민정부가 기율을 위반한 노동자를 제재하라는 통보를 하였고, 후베이에 있는 2개 현의 농민협회를 해산하라는 모든 조치에 동의하였다.

천두슈는 『중국식 무정부주의』에서 "나는 대담하게 선언한다. 정치상으로뿐만 아니라 교육상 엄격한 간섭주의를 실시해야 한다"고 하였다. 1927년 6월 28일, 우한의 노동자 규찰대를 해산하였고, 규찰대의 총기와 탄약을 국민정부에 위임한다고 선포하면서, 천두슈는 국민당에게 투항하는 자세를 보였다. 이러한 이유로, 1927년 제5차 전국대표대회에서 천두슈는 국내외로부터 '우경 투항주의자'라는 거센 비판을 받았다. 천두슈는 트로츠키주의자로 비난받으면서 1927년에 총서기직에서 물러났고 1929년 11월에는 중동로 사건(中東路事件)에 동의하지 않는다는 의견을 발표하여 중국공산당 중앙으로부터 당적을 박탈당하였다.

마일사변(馬日事變, 1927.5.21)

5월 21일 쉬커샹(許克祥)의 제35군 제33독립 연대, 교도연대 등 창사에 주둔한 여러 부대가 국민당 후난성 당부와 후난성 총공회, 농민협회 등을 공격하였다. 이때 노동자, 농민들의 무기가 몰수되었고 백여 명의 공산당원들이 처형되었다. 이 사건을 역사적으로 '마일사변'이라 말한다. 여기서 '마(馬)'란 당시 전보문에서 21일을 가리키는 약호이다. 당시 반란의 일으킨 이유는 후난성에서 현지 공산당이 지도부와 논의 없이 토지 몰수를 일방적으로 강행했기 때문이었다.

1932년 10월 상하이에서 국민당 당국에 체포되었는데, "민국을 위해하는 죄"로 13년형을 선고받았다. 이는 다섯 번째 감옥에 갇히는 것이었다. 이때 천두슈는 "나는 원래 죄가 없다. 죄라면 중국 민족이익을 옹호하고, 대다수의 고생하는 인민을 옹호한 게 국민당에 죄일 따름이다"라고 말하였다. 이는 천두슈가 자신에게 가장 좋은 변호였고, 국가와 인민을 걱정한 심정을 표출한 것이다. 감옥에 있을 때 국민당 정부의 국방부 부장 허잉친(許應欽)이 그에게 글을 부탁하였는데, 천두슈는 "삼군의 장수를 빼앗을 수는 있어도, 필부의 뜻을 빼앗을 수는 없다"라고 적어 주었다. 이 말은 『논어』〈자한편(子罕篇)〉에 나오는 문구로 공자가 한 말이다.

1937년까지 천두슈는 난징 감옥에서 보냈으며, 항일전쟁이 폭발한 후인 1937년 8월에 출옥하였다. 출옥 후 항일을 하자는 연설을 하였고, 항일관련 글을 많이 썼다. 장제스(蔣介石)는 천두슈를 국민당 정부 노동부 부장으로 청했으나 천두슈는 거절하였다.

1938년 8월, 천두슈가 병상에 누워 있을 때 중공 주충칭 국민정부대표 저우언라이, 신해혁명의 원로 안후이 사람 주원산(朱蘊山)과 함께 천두슈를 방문하였다. 저우언라이는 친히 "두슈 선생, 오래간만입니다. 안녕하세요!"라고 인사하였고, 이어 주원산도 "두슈 선생, 언라이가 바쁜 중에 특별히 충칭에 당신을 보러 왔습니다"라고 말하였다. 이에 천두슈는 "언라이, 윈산, 안녕하세요! 당신들이 나를 보러 오니, 감사해 마지않습니다"라고 말하였다. 저우언라이가 계속해서 천두슈에게 말하기를 개인적인 고정관념과 고집을 포기하기를 바란다. 반성문을 쓰고 옌안(延安)으로 돌아가자고 하였다. 이에 천두슈는 "리다자오가 죽었고, 옌녠(陳延年, 천두슈의 아들)도 죽었습니다.—저우언라이, 마오쩌둥을 제외하고 당 중앙에 내가 의지할 만한 사람이 없습니다.

나도 낙후되었고 나이도 많습니다. 중앙이 회의를 하면 나는 어떻게 합니까? 나는 다른 사람에게 끌려가길 원하지 않습니다. 내가 어떻게 모두를 결과 없이 흩어지게 하겠습니까."라고 하였다. 여기서 천두슈가 여전히 성격이 있고 솔직함을 알 수 있다. 천두슈는 1942년 5월 27일에 사망하였다.

잡지 『신청년』

천두슈는 『청년잡지』의 발간사격인 '경고청년(敬告靑年)'에서 중국 사회가 처한 위기를 해결할 수 있는 방법을 제시하였다. 위안스카이에게 신해혁명의 성과를 탈취당해 암흑 시기를 맞고 있는 중국의 위기를 어떻게 해결할 것인가라는 물음을 던졌다. 그리고 '자각된' 개인, 특히 자각하고 분투하는 청년에게 기대하였다. 천두슈는 "중국이 처한 위기는 보수적인 중국 전통사상에 있고, 이를 지양하기 위해서는 서구의 자주적이고 진취적인 사상을 습득해야 한다"고 주장하였다. 천두슈는 "본지 범죄 사건의 답변서(本志罪案之答辯書)"(1919.1.15, 『신청년』 제6권 제1호)라는 글에서 서구의 '민주(德先生)'와 '과학(賽先生)'을 인정해야만 중국이 처한 정치·도덕·학술·사상의 모든 암흑을 치료할 수 있다고 말하였다.

천두슈, 「아일랜드와 조선(愛爾蘭與朝鮮)」(1919.3.16)

유럽에 아일랜드 문제가 있다면 아시아에는 조선 문제가 있다. 두 민족의 자결운동의 정신은 충분히 발휘되었다. 동서양을 대조하면 둘도 없는 짝이다. 그런데 미국 중의원은 아일랜드 독립을 돕는 결의안을 다수로 통과시켜서 아일랜드 문제는 어느 정도 해결되었다. 조선은 어떻게 될지를 두고 봐야 한다.

취츄바이(瞿秋白, 1899~1935, 구추백)

1927년 우한 8·7회의에서 퇴출당한 천두슈를 대신해 총서기가 된 취츄바이(총서기, 1927~1928)는 중국공산당 초기 지도자 중의 한 명이다. 마르크스주의자이고, 무산계급혁명가이자 이론가이다. 중국혁명 문학 사업의 중요한 기초를 다진 사람 중의 한 명이다.

1899년 1월 29일 장쑤성 창저우(常州)에서 태어났다. 취츄바이의 본명은 슈앙(雙)이고 후에 취슈앙(瞿爽), 취슈앙(瞿霜)으로 바꾸었다. 자는 츄바이(秋白)이고, 필명은 '송양(宋陽)'이다.

소련 유학

1917년 가을 취츄바이는 베이징 러시아 전공에 입학하였다. 리다자오의 권유로 1919년에 조직된 마르크스주의 연구회에 참가하였다. 1920년에는 베이징에 있던 신문사 『신보(晨報)』의 모스크바 특파원이 되어 소련에 갔다. 소련의 생활에 대해 기고한 글들은 1921년 『아향기정(餓鄉紀程)』이라는 책으로 출간되었다. 이 책은 『적도심사(赤都心史)』

(1924)와 함께 중국 지식인들에게 상당한 반향을 불러일으켰다. 특히 『적도심사』는 10월 혁명 직후의 러시아 사회생활 속의 새로운 생기를 묘사하였고, 적지 않은 저명한 인물들의 활동을 소개하였으며, 자신의 사상변화를 기록한 책이다.

중국공산당 활동

취츄바이는 1922년에 중국공산당에 가입하였다. 1922년 말 천두슈가 중국공산당 대표로 모스크바에 갔을 때 취츄바이는 통역을 맡았다. 1922년 12월 21일 천두슈의 요청으로 모스크바에서 1923년 1월 13일 베이징으로 왔다.

1923년 2월 취츄바이는 『레닌주의 기초를 논하다』를 부분 번역하였고, 스탈린의 『레닌주의 기초를 논하다』 중의 『레닌주의 개설』 부분을 일부 번역하여, 4월 22일 『신청년』 제1호에 발표하였다.

1923년 취츄바이는 중공중앙의 다른 기관 간행물인 『선봉(前鋒)』을 주편하였고, 『향도(向導)』 편집에 참여하였다. 그해 6월 그는 중국공산당 제3차 전국대표대회에 참석하여 당의 강령 초안 작성에 참석하였

『신보(晨報)』

『신보』의 처음 이름은 『신종보(晨鐘報)』이다. 1916년 8월 15일에 창간하였다. 리다자오가 첫 번째 총편을 맡았다. 1918년 9월, 정부가 일본에게 차관을 하였다는 소식을 실었다가 폐간되었다. 동년 12월, 이름을 『신보(晨報)』로 바꾼 후 다시 출간하였다. 이후 정간을 또 당하였다가 1928년 8월 5일 옌시산(閻錫山)이 출판을 다시 하면서 이름을 『신신보(新晨報)』로 바꾸었다. 옌시산이 베이징으로 철수한 이후 『신보』라는 이름을 회복하였다.

다. 1923년 말 취츄바이는 국민당 제1차 전국대표대회 선언 초안의 기초에 참여하였고, 선언에서 연러(聯俄, 러시아와의 연합), 연공(聯共, 공산당과의 연합), 부조공농(扶助工農, 노동자와 농민을 원조한다)의 신삼민주의 정책을 확립하였다.

1924년 7월 손중산의 건의로 국민당 중앙은 정치위원회를 설립하였는데, 손중산이 주석, 취츄바이는 5인 위원에 선출되었다. 이 시기에 취츄바이는 중앙후보집행위원 신분으로 국민당의 상하이 집행부의 지도공작에 참가하였다. 그리고 상하이 국민당 기관보인 『민국일보(民國日報)』의 편집일을 맡았다.

1925년 취츄바이는 중공 제4, 5, 6차 전국대표대회에서 중앙위원으로 선출되었고, 중앙국위원과 중앙정치국 위원으로 선출되었다. 동년 5월 30일 '5·30운동'이 발생하였을 때, 천두슈, 차이허선(蔡和森), 리리싼(李立三), 윈다이잉(惲代英), 류샤오치(劉少奇) 등과 애국반제운동을 이끌었다. 동년 6월 14일 공산당 첫 번째 일간지 『열혈일보(熱血日報)』를 편집 발간하였다. 신문에서 상하이와 전국 인민이 반제 투쟁 소식을 보도하였다. 1926년 봄 병으로 입원하였을 때, 『러시아 자산계급혁명과 농민 문제』라는 글을 썼다. 1927년 2월 7일 『취츄바이논문집』을 펴내었다.

1930년 봄 연공중앙과 공산국제의 지지 하에 중국공산당 주 모스크바 대표의 직무가 폐지되었고, 취츄바이는 상하이로 돌아왔다. 1931년 1월 미프(米夫)의 명령 하에 상하이에서 중공 제6차 4중전회가 소집되었고, 리리싼의 중앙위원을 면직하였고, 취츄바이도 중앙 영도직무에서 면직되었다. 취츄바이는 '조화주의자(調和主義者)'라는 비판을 받고 권력핵심인 정치국에서 밀려났다.

홍군이 장정을 할 때 취츄바이는 병으로 장시성 루이진(瑞金)에서 유격항쟁을 하였고, 중공중앙국 선전부장을 맡았다. 1934년에 중화소비에트공화국 중앙집행위원회 위원, 인민교육위원회 위원, 중화소비에트공화국 중앙정부 교육부 부장 등에 임명되었다. 1935년 2월 푸젠성 창팅(長汀)현에서 국민당에 체포되었고, 6월 18일 사망하였는데, 그때 나이가 36세였다.

역사적 평가

취츄바이는 문화대혁명 기간에는 홍위병에게 부관참시까지 당하였다. 문화대혁명이 끝나고, 1980년에 취츄바이의 지위는 정식으로 복권되었다. 1980년 10월 19일 중공중앙 판공청은 중앙기율검사위원회의 "취츄바이동지 체포 문제 재검사에 관한 보고"를 발표하였다. '재검사 보고'에서 "취츄바이 동지는 국민당에게 체포된 후 당의 입장을 견지하였고, 혁명의 정조를 유지하였다. 죽음도 두려워하지 않고 의로운 영웅 기개를 보여주었다. 문화대혁명 중에 취츄바이동지를 '반역자'라고 비방하였는데, 이는 완전히 잘못된 것이다. 취츄바이를 위해 오류를 바로 잡고, 명예를 회복한다"라고 하였다.

취츄바이의 고택은 1982년 3월 25일 장쑤성 인민정부에 의해 장쑤성 성문물보호단위가 되었고, 중공 중앙선전부의 비준을 얻었다. 1985년 6월 18일 취츄바이 의거(就義) 50주년 기념일에 정식으로 개방되었다. 기념관 문루 아래에는 덩샤오핑이 쓴 금으로 새겨진 "취츄바이기념관"이 있다. 1985년에 성문물보호단위가 되었고, 1987년에 전국중점 열사기념건축물보호단위가 되었으며, 2001년에 제2차 전국애국주의 교육기지가 되었다.

취츄바이열사기념관은 2006년 10월 17일 창팅에서 개관하였다. 전국애국주의 교육시범기지가 되어, 취츄바이열사기념비와 함께 취츄바이의 일생을 집중적으로 전시하였다. 기념관에 "인생에 진정한 지기가 한 명만 있어도 족하다"라는 글이 있다. 이는 루쉰이 친히 대련을 쓰고 적은 것으로, '인생지기 동회형제'라고 한 사람은 바로 취츄바이이다.

취츄바이는 공산당의 승리는 도시들을 점령함으로써만 가능하다는 주장을 하였다. 공산당 요원들이 일으킨 광저우봉기가 사흘 만에 국민당에 의해 패퇴하였다. 1928년 중공 제6차 전국대표대회에서 '좌경 모험주의자(좌경맹동 노선)'라는 비판을 받고 직위를 박탈당한 후 소련으로 소환되었다. 그가 모스크바에 머물면서 고안해 낸 중국어를 로마자로 표기하는 방식은 광범위하게 이용되었다.

취츄바이는 루쉰과 함께 좌익작가연맹을 이끌며 문예평론, 보고문학(報告文學) 분야에 뛰어난 업적을 남기기도 하였다. 그리고 1935년 초 국민당에 체포되어 수감되었다. 수감되었을 때, 국민당은 취츄바이의 전향서를 요구하였지만 취츄바이는 동지들을 배반할 수 없다고 거부하였고 결국 처형되었다. 수감 중에 집필하였던 『다여적화(多餘的話, 부질없는 이야기)』가 유명하다. 알려진 내용은 "가시덤불 길을 개척하다가 죽는 것이 인생의 가장 큰 행복이다"이다.

머리말은 아래와 같이 시작한다.

나를 아는 이는 내 마음에 근심이 많구나 말할 테고,
(知我者, 謂我心懮)
나를 모르는 이는 내가 무언가를 바라는구나 말할 테지.
(不知我者, 謂我何求)

구태여 말할 필요가 있을까?

(何必說?)

마지막 맺음말은 아래와 같다.

중국의 두부도 아주 맛있는 음식이고, 세계 제일이다.

(中國的豆腐也是很好吃的東西, 世界第一)

영원히 안녕!

(永別了!)

　마오쩌둥은 취츄바이를 "혁명의 어려움 속에서도 영웅의 입장을 견지하였고, 원흉들의 칼날이 향할지언정 굴복하지 않았다. 그의 이러한 인민을 위한 정신은, 이러한 어려운 닥쳐도 굴복하지 않는 의지와 그의 글 속에 보존되어 오는 사상은 영원 살아있고 죽지 않을 것이다"라고 극찬하였다.

샹중파(向忠發, 1880~1931, 향충발)

샹중파(총서기, 1928~1931)는 1928년에 모스크바에서 열린 중국공산당 제6차 전국대표대회에서 취츄바이를 대신하여 총서기직에 올랐다. 하지만 샹중파는 외형적인 지도자였고, 실질적인 지도자는 리리싼(李立三)이었다. 샹중파는 1880년 후베이성 한촨(漢川)에서 태어났다. 샹중파의 다른 이름은 중파(仲發)이며, 노동자 출신이다.

노동자로서의 생활

샹중파는 14살에 첫 근대식 무기 공장인 한양(漢陽)병공창에서 견습노동자로 지내다가 16살 때 한양 조폐공장으로 옮겨 공부하며 일을 하였다. 공장이 망한 다음 쟝시성에서 하인 노릇을 하다가 능력을 인정한 주인의 소개로 기선(輪船)회사에 들어갔다.

　샹중파는 4개월 만에 이등항해사로, 2년 뒤에는 일등 항해사로 승진하였다. 1922년 8월 한양 제련소 공회의 부위원장을 맡았고, 12월 한야평공사(漢冶萍公司) 총공회 부위원장을 맡았다.

중국공산당

샹중파는 1922년 중국공산당에 가입하였고, 후에는 부두 노동자운동을 하였다. 1923년 2월, 징한철로(京漢鐵路) 노동자의 대파업에 참가하였고, 3월에는 중공 우한구(武漢區)집행위원회 위원이 되었다. 1925년 중공 4대에 참가하였고, 동년 개인 신분으로 중국국민당에 가입하였다. 1926년 국민당 제2차 전국대표대회에서 후베이성 총공회 위원장, 국민당 한커우시 당부 공인부(黨部工人部) 부장을 맡았다.

1926년 샹중파는 지식인을 중시하고 노동자 출신을 무시하는 천두슈의 수정주의적 노선에 노골적으로 불만을 표시하였다. 이러한 샹중파의 태도에 코민테른은 샹중파를 이용하여 코민테른 노선을 중국공산당에 주입하려 하였다. 1927년 5월 중공 제5차 전국대표대회에서 샹중파는 중앙위원으로 선출되었고, 동년 6월 제4차 전국노동대회에서 중화전국총공회 집행위원회 위원으로 선출되었다.

샹중파는 8·7회의에 출석하지 않았지만 임시중앙정치국 위원으로 선출되었다. 10월에는 리전잉(李震瀛)과 함께 중국 공농대표단과 학생단을 이끌고 소련으로 갔다. 그는 대표단의 주석이 되었고, 동시에 중공 주공산 국제 대표를 맡았다.

1928년 2월 샹중파는 공산국제집행위원회 제9차 확대회의에 참석하여 공산국제집행위원회 위원과 주석단 위원으로 선출되었다. 그는 리전잉과 소련대표단 스탈린, 니콜라이 부하린(Nikolai Bukharin)과 함께 『공산국제의 중국 문제에 관한 결의안』(초안)을 기초하였고 대회에서 통과되었다.

샹중파는 적색노동자(赤色職工) 국제 제4차 대표대회에 출석하였다. 동년 6월 모스크바에서 개최된 중공 제6차 전국대표대회 대회주석단 구성원 중의 1명이 되었다. 또, 중공 6대 정치위원회, 조직위원회, 소비에트운동위원회, 부녀위원회, 재정심사위원회, 군사위원회의 구성원과 노동자 노동위원회의 소집인이 되었다. 당시의 공산국제는 지나치게 "영도간부성분의 노동자화"를 강조하였기 때문에, 샹중파는 7월에 소집된 중공 제6차 1중전회에서 중앙정치국 주석과 중앙정치국 상무위원회 주석으로 선출되었다.

샹중파는 1928년 말 소련에서 귀국하였다. 1930년 6월 리리싼이 주관하여 중앙정치국 회의를 열었고, "새로운 혁명고조와 하나의 성 혹은 몇 개 성의 우선적 승리"라는 결의안이 통과되었다. 이후 리리싼은 몇몇 도시 중심으로 봉기를 시도하여 혁명을 이루려다가 실패하여 좌경모험주의로 낙인찍혔다. 이를 지지하던 샹중파도 비난을 받았다. 1931년 1월에 개최된 제6차 4중전회 이후 샹중파는 여전히 당의 지도자였지만, 왕밍 등 소련 유학생이 주도권을 잡고 있었다. 1931년 6월 샹중파는 저우언라이와 함께 루이진 소비에트지구로 떠나기로 했으나 연인과 함께 호텔방에서 하룻밤을 지체하다가 체포되었다. 공산당의 비밀경호원 대장이었던 구순장(顧順章)의 밀고로 국민당에게 체포된 샹중파는 6월 22일 처형당하였다.

노동자운동 지도자 샹중파는 변절자인가?

중국공산당의 초기 지도자들은 글이나 기록을 많이 남겼는데, 샹중파는 자료를 남긴 게 적어서 연구의 어려움이 있다.

1931년 8월 24일 루이진 당국이 "샹중파 동지 피난 2주월 기념일"로 한 이유는 "8월 24일부터 8월 30일까지 샹중파 동지를 위한 기념주"의 긴급통지 때문이었다. 이 말은 샹중파가 희생된 지 2개월이 되었고,

반역자로 지목되지 않았기 때문이다.

1931년 6월 22일 샹중파는 체포되었고, 이틀 뒤 죽임을 당하였는데, 이와 관련하여 의문점이 몇 가지가 있다. 체포경과가 조금씩 다르고 체포시간도 몇 시간 차이가 난다. 또 변절 여부에 대해서는 사람에 따라 의견이 다르다. 그러나 확실한 것은 샹중파가 22일에 체포되었다가 24일에 사망하였다는 점이다.

샹중파에 대해 저우언라이는 "그의 지조가 기생보다도 못하였다"고 악평하였다. 샹중파가 체포된 다음날 루산에서 피서를 하던 장제스는 샹중파를 즉시 처결하라는 명령을 내렸고, 6월 24일 샹중파는 죽임을 당하였다.

며칠 후 캉성(康生)과 판한녠(潘漢年)이 저우언라이의 비밀 주소로 황모란(黄慕蘭)을 맞이하러 갔을 때, 저우언라이는 황모란이 중앙에 즉시 샹중파의 체포된 소식을 전해주었다. 황모란은 몇 년 후 회상을 하며, "문을 들어서자마자 저우언라이가 나의 손을 꽉 잡으며, '모란, 모란 당신 정말 맞았어!"라고 말하였다는 것이다.

샹중파의 정치적 영향력이 매우 컸기 때문에 중공중앙은 그가 이미 배반하였다는 의심을 할 수 없었다. 동시에 가장 커다란 의문점이 있었다. 바로 샹중파가 알고 있던 많은 중공중앙의 지하 기관 주소와 사람을 그가 폭로한 것이 없었기 때문이다.

샹중파 이후 체포된 런비스(任弼時)의 애인 처충잉(陳琮英)은 샹중파는 적에게 그녀의 당원신분을 제공하지 않았고, 결국 그녀는 무죄를 판결 받아 보석으로 나왔다. 중앙문건처 공작의 부부가 체포된 후 샹중파는 그들의 신분을 확인하지 않았다. 적은 결국 "공산당의 은신처를 발설하지 않다"의 죄명으로, 한 명은 유기 5년을 판결 받았고, 한 명은 무죄로 풀려났다. 샹중파는 체포되기 전 여러 차례 저우언라이와 이미 체포된 중앙정치국 위원 관샹잉(關向應) 등의 사람을 구출할 계획을 세웠다.

샹중파는 체포된 후 그들을 폭로하지 않았고, 관샹잉은 무죄로 풀려났다. 게다가 신속하게 처형당해 중공중앙은 샹중파가 배반하였는지의 여부를 판단하기 어려웠다.

1931년 8월 24일 중앙소비에트는 "샹중파동지 체포된 2주월 기념일"의 이유로, "8월 24일부터 8월 30일까지 샹중파동지를 기념하기 위한 주의 통지"를 발표하였다. 샹중파가 처형당한 지 반 년이 지난 1931년 12월 10일 중화소비에트공화국 주석 마오쩌둥, 부주석 장궈타오와 샹잉, 중공중앙 상하이에서 발행하는 기관보인 『홍기주보(紅旗周報)』 제27기에 배신자 구순장을 지명 수배하였다. 지명수배령에 "중공 총서기 샹중파 동지가 체포되어 사망한 것은 불행이다. 구순장은 혁명에 반역을 하였다. (샹중파는) 반혁명에 투항한 최대의 공헌이다"라고 하였다.

리리싼(李立三, 1899~1967)

리리싼은 1927년 난창(南昌)기의 이후 중국공산당의 선전부장이 되었다가 1929년부터 1930년까지 임시 총서기를 지냈다. 그밖에 리리싼은 중공중앙정치국 상무위원 겸 비서장, 선전부장, 전국인민방공위원회 비서장, 전중화국총공회 부주석을 역임하였다. 1967년 문화대혁명이 발발하였을 때, 리리싼은 린뱌오와 장칭 등으로부터 모함을 받았고, 1967년 6월 22일 베이징에서 사망하였다. 1980년 3월 20일 중공중앙은 리리싼을 위한 오류를 바로 잡고 명예를 회복시켰다.

　리리싼은 후난성 리링(醴陵) 출신으로, 본명은 리룽즈(李隆郅)이다. 하지만, 리리싼은 리능즈(李能至), 리청(李成), 바이산(柏山), 리밍(李明), 리민란(李敏然)이라는 이름을 사용하였다.

프랑스 근공검학

리리싼은 서당 훈장이었던 아버지의 영향으로 전통교육을 받았다. 1915년 고등교육을 위해 창사(長沙)로 갔다가 마오쩌둥과 친구가 되었다.

1919년 3월 17일부터 중국에서 많은 청년지식인들이 프랑스로 근공검학을 떠났는데, 리리싼도 9월에 프랑스로 근공검학을 갔다. 1920년 근공검학 학생으로 프랑스에서 유학하면서 공산주의를 접하였고 노동운동에 참가하였다가 프랑스 당국에 체포되어 1921년 추방되었다.

중국공산당

1921년 프랑스에서 중국으로 돌아와 상하이에서 천두슈를 만나 중국공산당에 가입하였다. 1922년 9월, 리리싼은 류샤오치와 함께 안위안(安源) 탄광 파업을 주도하였다. 이를 계기로 하여 탄광에서 일하는 많은 노동자들이 중국공산당에 가입하였다. 파업 2년 후인 1924년 말, 중국공산당 전체 당원의 1/3이 안위안 탄광 출신이었다.

리리싼은 러시아 혁명을 모방하여 도시 지역을 중심으로 노동계급이 주도하는 무장봉기를 하여 사회주의 혁명을 달성하려 하였다. 리리싼은 "무장으로 무장을 제압해야 한다. 중국 혁명은 발로 한번만 걷어차도 성공할 단계에 이르렀다"며 대도시에서 노동계급이 주도하는 무장폭동을 주장하였다.

하지만 리리싼은 마오쩌둥의 "농촌을 근거지로 해야 한다"는 주장을 등한시하였다. 리리싼은 "농촌은 통치계급의 사지(四肢)에 불과하다. 도시야말로 저들의 두뇌이며 심장이다. 사지를 절단 내더라도 두뇌와 심장을 날려 버리지 않으면 숨통을 끊는 것은 불가능하다"고 하였다. 그리고 리리싼은 마오쩌둥의 공농무장할거론은 기회주의적 발상이라고 비판하였다. 공농무장할거는 농민과 노동자를 따로 무장시켜 봉기하자는 의미이다.

1929년 말 리리싼이 당 중앙 업무를 주관하는 기간에 중공중앙기관의 첫 번째 유아원이 설립되었다. 중공중앙은 상하이에 유아원을 만들어 고아가 된 열사의 자녀와 상하이 당의 지도자들의 자녀를 돌보기로 결정하였다. 후에 '홍색요람'의 상하이 대동유치원(大同幼稚園)으로 불렸다.

1930년 중국공산당 중앙정치국은 리리싼이 주장한 '도시폭동'에 관한 결의안을 통과시켰다. 그리고 난징(南京), 우한, 상하이 등 대도시에서 폭동을 일으켰다. 하지만 리리싼의 도시 중심의 무장봉기는 실패하였고, 1930년 비판을 받고 실각하였다. 이러한 리리싼의 혁명 방식을 '리리싼 노선'이라 부르며, 상황을 충분하게 고려하지 않고, 극좌모험주의나 외국의 예를 무비판적으로 따르는 교조주의를 지칭하는 말이 되었다.

1930년대 리리싼은 노선의 착오를 범했지만 곧 개정을 하였다. 리리싼은 소련에 머물다가 중국 건국 후 노동부장에 임명되기도 하였다. 하지만 중·소 분쟁과 문화대혁명이 시작되자 비판을 받고는 자살하였다.

중국 내에서 '백마 탄 여장군'으로 불리던 조선인 김명시(1907~1949)가 항일운동을 하고 있었다. 김명시는 1930년 5월 중국공산당 리리싼의 좌경주의 노선에 따라 대규모 폭동을 준비하여, 300여 명의 조선인 무장대와 함께 하얼빈 시내의 기차역과 경찰서, 일본영사관을 공격하여 큰 타격을 주었다.

3번의 추모식

리리싼은 지방과 중앙에서 노동운동의 지도자가 되었고, 중앙의 실질적인 권력을 장악하였다. 투쟁을 하는 중에 리리싼은 세 차례의 죽음을 경험하고 조직과 동지들은 그를 위해 3차례의 추도식을 하였다. 첫 번째 추도식은 프랑스에서 거행되었다. 1922년 5월, 프랑스 근검공학지부에 리롱즈(李隆郅, 리리싼)가 노동운동을 하다가 죽임을 당하였다는 소식이 보도되었고, 프랑스 근검공학 책임자, 저우언라이, 덩샤오핑, 왕뤄페이(王若飛) 등이 추도식을 거행하였다. 추도식을 한 얼마 후 중국에서 리리싼이 안위안에서 노동자 운동을 매우 열정적으로 하고 있다는 소식을 들었다.

제2차 추도식은 8·1 난창기의가 일어난 후 1927년 8월 7일 리리싼은 보위처장(保衛處長)이 되었다. 부대가 난창을 떠났는데 리리싼은 갑자기 적군의 상황을 듣고 곧 파병하여 출격하였고 자신이 직접 출발하였다. 적군을 물리치고, 돌아오는 길에 시간이 너무 늦어 방향을 잘못 잡았고, 바깥은 밤이 되었다. 기의총본부는 상황을 듣고 급히 행군을 하였다. 리리싼이 전날에 돌아오지 않자 죽었다고 여기고 추도식을 하기로 결정하였다. 회의가 막 시작할 때 리리싼이 돌아왔다.

제3차 추도식은 1980년 3월 20일 베이징 중산당(中山堂)에서 거행하였고, 추도회에 참가한 사람은 당과 국가의 주요 지도자였다. 후야오방(胡耀邦), 덩샤오핑, 펑전(彭真), 왕전(王震) 등이었다. 펑전이 주관하였고 왕전이 추도사를 하였다. 위대한 무산계급혁명가이자 우수한 공산당원, 중국노동자운동 지도자인 리리싼을 추모하였다.

이름을 여러 번 바꾸다

리리싼의 이름은 여러 번 바뀌었다. 리리싼의 형은 4세에 당시(唐詩)를 외웠는데, 5세가 되기 전에 요절을 하였다. 리리싼이 태어나자 당지의 수재들이 아버지인 리창꾸이(李昌圭) 집에 와 축하를 해 주었는데, 이 때 나이든 수재가 리리싼에게 리펑성(李鳳生)이라는 이름을 주었고, 소명은 꺼우메이즈(狗妹仔)라 하였다. 후에 리리싼의 회고록에 "나의 부모가 내가 요절할까 봐 두려워 나의 어릴 때 저 이름을 취하였다. 성별(性別)도 바꾸었다. 나를 축생이라고 불렀다"라고 적었다. 1906년 7세의 리리싼은 공부를 하기 시작하였는데, 아버지 리창꾸이는 리리싼에게 리펑성을 리롱즈(李隆郅)라고 바꾸어 불렀다.

1921년 리롱즈가 귀국하여 당시 중국공산당 영도인인 천두슈를 찾아갔고, 중국공산당에 가입하였다. 중국노동조합서기부 후난분부가 리롱즈를 상구위원회(湘區委員會)에 보내어 안위안의 노동운동을 하도록 하였다. 파견 전에 마오쩌둥은 그의 이름이 매우 난해하기 때문에 이름을 바꾸라고 건의하였다. 리리싼은 안위안으로 간 후 자신의 이름을 능즈(能至)로 바꾸었다.

1924년 11월 전후, 리리싼과 덩중샤(鄧中夏)가 우송(吳淞)으로 가려고 기차를 탔는데, 덩중샤가 또 리리싼의 이름을 쓰기가 좋지 않으니 바꾸라고 하였다. 마침 기차 입구에 3명이 서 있는 것을 보고, 덩중샤는 리싼(立三)이라 부르자고 하였다. 이후부터 리리싼이라고 바꾸게 되었다. 이후부터 리리싼 이름이 많이 사용되다 보니, 원래의 이름을 아는 사람은 매우 드물었다. 1930년 리리싼은 노선착오를 일으켰는데, 당 중앙은 리리싼에게 소련으로 가도록 결정했고, 리리싼은 개명하였는데, 다섯 번째 알렉산드르 라빈(alexandre rabin)으로 바꾸게 되었다.

역사적 평가

1999년 11월 16일 리리싼 탄생 100주년을 기념하는 좌담회가 열렸다. 웨이젠싱(尉健行)은 "리리싼 동지의 일생은 중국노동운동과 연계되어 있다. 시종 당과 인민에 충성하였다. 그는 장기간의 국민당 점거 지역과 국외에서 혁명을 하며 용감하게 투쟁하며 혁명 진리를 탐색하였다. 사회주의 혁명과 사회주의 건설에서 마르크스의 저작과 마오쩌둥 동지의 저작 학습을 견지하였다"라고 하였다.

2019년 11월 18일 "충성의 무산계급혁명전사―리리싼 동지 탄생 120주년을 기념하다"에서 "리리싼 동지는 중국공산당의 우수당원이고 무산계급혁명가이자 중국노동자운동의 걸출한 지도자이다. 리리싼 동지의 일생은 혁명의 일생이고 전투의 일생이다. 그는 중국인민해방과 위대한 공산주의 사업을 위해 자신의 평생 에너지를 쏟아 부었다. 리리싼 동지가 우리를 떠난 지 52년이 지났다. 그는 생전에 '광명의 찬란한 신세계를 만들고, 매우 행복하고 뛰어난 신국민이 되는' 바람을 한걸음씩 현실화되도록 하였다. 우리는 리리싼 동지 등 혁명가들의 혁명정신과 숭고한 풍모와 재능을 발양해야 하고, 시진핑 동지를 핵심으로 하는 당 중앙 주위를 긴밀하게 단결하여 초심을 잃지 않고 사명을 다해서, '2개의 100년'이라는 목표를 실현하고 '중화민족의 위대한 부흥'이라는 '중국의 꿈'을 실현하기 위해 어려움을 극복하고 용감하게 앞으로 전진해야 한다"고 하였다.

왕밍(王明, 1904~1974, 왕명, 본명 천샤오위(陳紹禹))

1931년 6월 총서기이던 샹중파가 체포되었을 때, 소련 스탈린은 미프에게 국제명의로 지시하여 왕밍을 대리서기로 지명하였다. 왕밍이 소련으로 가기 전에 중앙에 보구(博古)를 책임자로 지명하였다.

왕밍의 본명은 천샤오위(陳紹禹)이고, 자는 루칭(露淸)이다. 안후이 진쟈이(金寨)현 쑤앙스(雙石)향(현재 안후이성 루안(六安)시에 속함) 마터우(碼頭)촌 사람이다.

소련 유학과 중국공산당 활동

1924년 왕밍은 우창(武昌)대학에 입학한 뒤 1925년 6월 5·30운동에 참여하였고, 우창학생연합회 간사와 후베이 청년단체연합회 집행위원으로 선출되었다. 동년 10월에 중국공산당과 국민당에 가입하였고, 국민당 후베이성 당 선전 간사를 맡았다. 11월 당의 주선으로 소련으로 유학을 떠나 모스크바 중산대학교에서 공부하였다. 러시아어를 유창하게 말할 수 있어서 미프에게 깊은 인상을 주었으며, 스탈린의 소단체에 들어갔다. 소련에서의 4년간의 유학생활은 왕밍의 성장 과정에서 가장 중요한 시기였다.

1929년 10월 왕밍은 소련에서 돌아온 후에 『홍기(紅旗)』 편집을 맡으며 극단적인 친러시아 사상의 글을 발표하였다. 1930년 말, 왕밍이 앞장을 서서, 뤄장룽, 왕커취안(王克全), 허멍슝(何孟雄) 등과 함께 제6차 3중전회와 취츄바이를 집중적으로 공격하였다. 이때 미프가 중국으로 파견되었는데, 공산국제 주중국 대표를 맡았다. 미프의 지시로, 1931년 1월 7일 상하이에서 제6차 4중전회가 비밀리에 열렸다. 회의는 미프의 의도에 따라 취츄바이와 리리싼의 정치국 위원을 취소하였다. 왕밍은 소련의 지원 하에 정치국에 진입하였고, 정치국 위원과 정치국 상무위원이 되었으며 중앙의 영도지위를 차지하였다. 미프는 중공중앙을 장악하고 통제할 목적이었다. 동년 9월 왕밍은 모스크바로 가서 중공 주공산국제대표가 되었다. 이 시기에 친방셴(秦邦憲)이 임시중앙의 총 책임을 맡았다. 1930년 말, 리싼 노선을 비판하며, 리싼 노선보다 더욱더 '좌'의 정치강령을 제안하였다.

1931년 10월 왕밍은 백색공포의 상하이를 떠나 모스크바로 가 중공 주공산국제대표단 단장이 되었다. 중앙정치국은 저우언라이를 중앙 소비에트구로 보내 소비에트 중앙국 서기로 임명하였다. 그들은 상하이로 떠나기 전 9월 하순에 공산국제 요동국의 건의에 의거하여 상하

모스크바 중산대학교

쑨원은 1925년 소비에트 연방과의 결속 정책을 펼치면서 모스크바에 자신의 이름을 딴 중산대학교를 설립하였다. 이 학교로 유학을 온 많은 유학생들이 졸업 후 코민테른의 지시에 충실히 따르는 이른바 '친소련파'로 중국으로 돌아와 활동하였다.

이에 임시중앙정치국을 성립하였다. 이때 임시중앙정치국은 보구, 장원톈(張聞天), 캉성, 천원(陳雲), 루푸단(盧福坦), 리주성(李竹聲) 6인으로 구성되었다. 보구, 장원톈, 루푸단 3인은 중앙정치국 상무위원이 되었다. 이 중앙임시영도기구는 공산국제의 지지를 받았다. 보구를 최고로 한 임시중앙은 계속해서 왕밍의 '좌경교조주의 노선'을 집행하였다. 왕밍이 소련으로 떠나기 전에 좌의 장애를 제거하였다. 9월 1일 왕밍은 중앙에게 1만 2천 자의 "소비에트중앙구과 홍군총전위의 지시에 보내는 편지"의 긴 글을 보냈고, 마오쩌둥을 최고 지도자로 하는 소비에트 중앙국에 대해 비판하였다. 10월에 왕밍은 중앙 명의로 전보를 보내어 마오쩌둥을 "소비에트구의 엄중한 착오는 명확한 계급노선과 충분한 군중공작이 결집하였다"며 마오쩌둥을 비판하였다.

11월 1일부터 5일까지 임시중앙의 지시에 따라 중앙대표단, 즉 '3인단'은 루이진에서 예핑(葉坪)이 주관하여 소비에트구의 당 제1차 대표대회를 개최하였는데, 역사적으로는 '공남회의(贛南會議)'라고 칭한다. 이 회의에서 근거지 문제, 군사 문제, 토지혁명 노선 문제에 대해 논쟁을 하였다.

1931년 중국공산당 제6차 4중전회에서 소련과 공산국제대표 미프의 지지 하에 왕밍은 중앙정치국에 진입하며 중앙지도권을 장악하였다. 1931년 6월 총서기 샹중파가 체포되어, 스탈린은 미프에게 국제명의로 지시하여 왕밍을 대리서기로 지명하였다. 동년 9월 당 중앙기관이 파괴되었고 왕밍은 미프를 따라 소련으로 갔으며 중공 주국제대표가 되었다. 왕밍이 소련으로 가기 전에 중앙에 보구를 책임자로 지명하였고, 보구가 집행하는 것은 여전히 왕밍의 '좌'경모험주의였다.

제2차 국내혁명전쟁 시기에 왕밍의 '좌'경모험주의 착오는 혁명에 커다란 위해를 가져왔다. 항일전쟁이 시작된 후 왕밍은 국내로 돌아와 우경투항주의 착오를 범하였다. 항일통일전선 중의 독립자주 원칙을 부인하였고, 항일민족통일전선 중의 "모든 것은 통일전선을 통한다. 모든 것은 통일전선에 복종한다"를 주장하며, 당의 통일전선에 대한 지도권을 포기하였다. 항전 초기에 우한에서 장강국(長江局) 서기를 맡을 때 당에 커다란 손실을 초래하였다.

회의에서 왕밍이 장악한 임시 중앙의 지시에 근거하여 마오쩌둥의 중공소비에트구 중앙국 대리 서기직무를 취소하였다. 회의에서는 중앙혁명군사위원회를 설립하고, 홍1방명군의 총사령과 총정위(總政委), 총전위(總前委) 서기의 명칭을 취소하기로 결정하였다. 마오쩌둥은 중앙소비에트구의 최고 지도자의 직위를 잃게 되었다. 후에 군사지휘 문제를 해결하기 위해 1932년 8월 상순 중공소비에트구 중앙국은 흥국(興國)에서 회의를 진행하였다. 저우언라이의 주장으로 마오쩌둥의 홍1방면군 총정위 직위를 회복하기로 결정하였다.

왕밍은 1931년부터 1937년까지 모스크바에서 코민테른에 파견된 중국공산당의 대표를 맡았고 코민테른에서도 고위직에 올랐다. 왕밍은 '28인의 볼셰비키'를 구성하였고, 스스로 정통 마르크스레닌주의자를 자처하였다. 1934년까지 당내 교조주의와 소련에 순종한다는 특징을 가진 좌경모험주의 노선을 걸었고, 혁명 사업에 커다란 위해를 가하였다.

1941년 왕밍은 병으로 오랫동안 쉬었다. 1942년 옌안정풍운동에서 왕밍은 캉성의 사람들로부터 비판을 받았다. 1945년 4월 중공중앙의 확대된 제6차 7중전회에서 "약간의 역사 문제에 관한 결정"이 확정되었다. 왕밍의 당 통치 4년을 철저하게 선고하였다. 당시 왕밍은 전체회의에 편지를 써 결의에 대해 "완전히 동의하고 옹호한다"라고 적었다. 1942년 당의 정풍운동 때 왕밍은 정풍에 참가하는 것을 거절하였다.

제7차 전국대표대회가 열리기 전날인 1945년 4월 20일 마오쩌둥, 류샤오치, 주더, 저우언라이, 런비스의 도움으로, 왕밍은 제6차 7중전회 주석단에게 장편의 글을 보내었다. 이때 자신에 대한 모든 비판인 '역사결의'를 받아들일 것이라고 하였다. 게다가 마오쩌둥의 사상을 학습하고, 마오쩌둥의 영도에 복종할 것을 노력하겠다고 공언하였다.

1946년 6월, 중앙은 법제문제연구위원회를 설립하였다. 이 연구위원회는 1948년 12월에 법제위원회로 바뀌었다. 중앙은 왕밍을 위원회 주임으로 임명하였다. 해방전쟁 시기에 왕밍은 위원회를 영도하여 섬감녕변구 헌법 초안, 전국적 성격을 띤 헌법 초안 등의 업무 제정을 완성하였다. 또 산시(산서)로 가 토지개혁에 참여하였다.

건국 후의 활동

1950년 9월 상순, 왕밍은 갑자기 소련으로 가 병을 치료할 수 있도록 중앙에 요구하였다. 당 중앙과 마오쩌둥은 왕밍이 실제 병이 있다고 여겼다. 소련으로부터 허가를 얻은 후 그의 요구를 받아들였다. 1950년 10월 25일 왕밍과 그의 부인, 2명의 자녀, 중앙에서 파견한 의사와 보모 6명은 경찰의 호위를 받으며 베이징에서 기차를 타고 동북을 거쳐 소련으로 갔다. 왕밍은 3년간 소련에 머물며 치료를 하였고, 건강을 찾은 후 1953년 12월 9일 중국으로 돌아와 법제위원회 일을 계속하였다. 1954년 4월 병이 재발하여 베이징 병원에 입원하였다. 이후 병을 치료하기 위해 더 이상 업무를 보지 않았다.

1954년 9월 제1차 전국인민대표대회에서 정무원을 국무원으로 명칭 변경을 결정하면서 법제위원회 등 일부 위원회를 없앴다. 이때부터 왕밍은 정부의 어떠한 직무도 맡지 않았다. 1956년 1월 30일 왕밍의 병세가 좋지 않아 가족들과 함께 비행기를 타고 모스크바로 갔다. 중앙은 보건 간호사, 경비원과 보모를 보냈고, 후에는 2명의 침술 의사를 보내 약 반년간 왕밍의 치료를 도왔다.

왕밍은 제8차 전국대표대회에서 중앙위원으로 선출되었으나, 뽑힌 97명 중 표가 가장 적었다. 이때부터 왕밍은 장기간 소련에 머물렀다. 1960년대부터 왕밍은 소련에서 당시의 정치적 상황에 따라 이름을 마마비치, 포포비치 등으로 불렀다. 이후 『중국 사건을 논하다』, 『레닌, 레닌주의와 중국 혁명』 등을 집필하였고, 마오쩌둥을 공격하며 중국공산당의 역사를 왜곡하였다.

1966년 문화대혁명이 발발하면서 왕밍은 "기회주의 우두머리, 소련 수정주의 대리인, 대역적 무리"라고 비판을 받았다. 이후 중앙과 왕밍은 서로 연락을 하지 않았고, 중앙은 왕밍에게 어떠한 결의를 하지 않았고, 당적에서 제명하지도 않았다.

문화대혁명 때 왕밍이 비판을 받을 때 소련의 지지를 받은 왕밍은 해외에서 글을 발표하며 당과 마오쩌둥을 비판하여, 점차적으로 당과 완전히 대립되는 길을 걸었다. 1970년대 이후, 왕밍은 병이 심해졌지만 병상에 누워서도 집필을 계속하였다. 1971년 그는 계속해서 『중국공산당 50년』, 『'정풍운동'은 '문화혁명'의 연습이다』 등을 썼다. 그리고 『중국공산당 50년과 마오쩌둥의 반역 행위』는 왕밍이 병중에 집필한 마지막 작품으로, 약 20만 자로 되어 있다. 이러한 책은 문혁 전개를 둘러싸고 마오쩌둥 사상을 부정하였다. 왕밍은 1974년 3월 27일 모스크바에서 병사하였다.

한편, 중국 건국 후 중앙은 여성 업무를 매우 중시하였다. 중국은 중국여자대학을 설립하였고, 『중국부녀(中國婦女)』 잡지를 창간하였는데, 이 두 가지 일을 왕밍에게 맡겼다. 마오쩌둥은 부녀에 대한 공작을 왕밍이 해야 한다고 여겼다.

왕밍은 혼인법 초안을 기초하였다. 왕밍은 학원파(學院派)에 속하는 이론가로, 어떤 일을 하든 먼저 이론에 근거하였다. 혼인법 문제를 중시하여 관련 법규와 조례를 제정하였다. 이러한 것은 왕밍이 기초한 신중국 혼입법의 기초가 되었다. 왕밍은 혼인법 초안을 기초할 때 소련과 동부유럽 등 사회주의 국가의 혼인법을 참조하였다. 왕밍이 구술한 것을 비서가 기록하였다고 전해진다. 왕밍은 17시간 동안 구술하였고, 구술하면서 수정을 하였다. 17시간 동안 23,000자의 초고를 만들었다. 41고를 거쳐 신중국의 첫 번째 혼인법을 반포하였다.

1950년 4월 1일 중앙인민정부 제7차 회의에서 왕밍을 대표로 하는 법제위원회는 『중화인민공화국 혼인법 초안』을 제출하였다. 그리고 초안을 기초한 경과와 기초 이유를 보고하였다. 회의에서 8장 27조의 혼인법이 통과되었고, 마오쩌둥 주석은 중앙정부 주석령으로 반포하였다. 혼인법은 1950년 5월 1일 전국에 시행되었다. 이 혼인법은 30년간 사용되었고, 1980년에야 수정되었다.

중국이 건국한 후, 왕밍은 전국정협 위원으로 선출되었다. 중국이 건국한 후, 왕밍은 정무원 정치법률위원회 부주임, 중앙인민정부법제위원회 주임, 최고인민법원위원, 정협전국위원회 위원 등에 임명되었다. 이 시기에 왕밍은 법률심의 작업에 참여하였다. 이러한 이유로 왕밍이 주관하여 초안한 '혼인법'에 대한 유언비어가 생겨났다. 이러한 주장은 뤄치옹(羅琼)의 질의를 받았고, 후에 중공중앙문헌연구실 심의를 거쳐, 왕밍이 참여하지만 혼인법 초안을 주재하지 않기로 확정하였다.

28인의 볼셰비키(二十八個布爾什維克, 28 Bolsheviks)

일반적으로 28인의 볼셰비키라고 하지만, 사실은 28.5인의 볼셰비키이다. "28.5명의 볼셰비키는 1929년 여름에 소집된 중산대학 '10일대회'에서 생겨났다. 중국공산당 역사상 "28.5명의 볼셰비키(二十八個半布爾什維克)"라고 칭해진다. 이는 당시 모스크바 중산대학의 서로 다른 의견일 따름이다. 후에 왕밍은 중국공산당 착오 노선의 대표적인 인물이라 부정되고 비판을 받았다. 이러한 이유로 29명은 왕밍종파집단이 되었고, '28.5명의 볼셰비키라는 말이 사용되었다. 이에 대한 설은 다양하다. 비교적 통일된 주장은 다음과 같은 29명이다. 왕밍(王明, 진소우), 보구(博古, 秦邦憲), 장원톈(張聞天, 洛甫), 왕자샹(王稼祥), 성중량(盛忠亮, 盛嶽), 션쩌민(沈澤民), 천창하오(陳昌浩), 장진츄(張琴秋, 여), 허즈슈(何子述), 허커첸(何克全, 凱豊), 양상쿤(楊尚昆), 샤시(夏曦), 멍칭슈(孟慶樹 혹은 孟慶緒, 여), 왕바오리(王保禮, 王寶禮), 왕성롱(王盛榮), 왕윈청(王雲程), 주아끈(朱阿根), 주즈슌(朱自舜, 朱子純, 여), 순지민(孫濟民, 孫際明), 두줘샹(杜作祥, 여), 송판민(宋潘民, 혹은 宋盤民), 천위안다오(陳原道, 혹은 陳源道), 리주성(李竹聲), 리위안제(李元傑), 왕성디(汪盛荻), 샤오터푸(肖特甫), 인젠(殷鑒), 위안쟈용(袁家鏞, 혹은 袁孟超), 쉬이신(徐以新, 혹은 徐一新).

쉬이신을 왜 '반쪽 볼셰비키'라고 부르는가? 이에 대해 몇 개의 주장이 있다. 하나는 쉬이신이 공청단 단원이라 '반'으로 계산하였다는 것이다. 다른 하나는 당시 정치관점이 부정확하여 반으로 계산하였다는 것이다. 당시 찬성표에 투표를 한 29명은 모두 왕밍종파의 충실한 지지자는 아니다. 이들은 1920년대 말에서 1935년까지 모스크바 중산대학교에 유학한 중국 유학생 집단을 가리킨다. 중산대학교의 교장이던 파벨 미프(Pavel Mif)의 지원을 받았으며 중국공산당 제6차 대회에서 당권을 장악하였다. 1930년 이들은 당시 중국공산당을 장악하고 있던 리리싼과 그 연합파에 반대하여 당권을 장악하였다. 이들은 마오쩌둥의 '농민 노선' 정책을 비판하였다. 보구 등은 코민테른을 등에 업고 1933년 말 마오쩌둥을 정치국에서 실각시키고 당의 정치국을 장악하였다. 이들은 철저한 비타협 노선으로 당을 이끌었고 독일인 오토 브라운과 함께 정규전으로 장제스에 맞섰다. 이러한 군사전술로 인해 중국공산당은 패배하였고, 결국 장시 소비에트를 포기하고 서북방면으로 후퇴하게 되었다.

장정 도중 쭌이에서 개최된 회의에서 마오쩌둥은 28인의 볼셰비키의 노선이 홍군의 파멸을 초래하였다고 비판하였고, 소련 유학파를 실각시키면서 당권을 다시 장악하였다. 쭌이회의에서 뤄푸, 왕자샹, 양상쿤 등의 주요 멤버들이 마오쩌둥의 편에 서서 28인이 그룹이 붕괴되었다. 이후 28인의 볼셰비키는 영향력을 급속히 상실하였다. 28명의 볼셰비키 중 대체적으로 귀국 후 중국공산당원으로 활동하기도 하였지만, 또 많은 사람들은 국민당에 잡힌 후 변절하였거나, 장정 중 사망하였거나, 평범하게 살아간 사람들도 많다.

보구(博古, 1907~1946, 박고, 본명 친방셴(秦邦憲))

왕밍이 모스코바로 떠나 중국공산당 코민테른 대표가 됨에 따라 1931 년 9월 중공중앙은 임시 중앙정치국을 구성하여 보구를 총서기로 임명하였다. 보구라는 이름은 모스크바 유학을 할 때 '신'을 뜻하는 러시아어 'Бог bog'에서 이름을 따왔다. 보구는 『해방일보(解放日報)』 창간을 이끌었다. 보구는 장쑤성 우시(無錫) 사람이다. 본명은 친방셴이고, 아명은 창린(長林)이며, 자는 저민(則民)이다.

소련 유학과 중국공산당 활동

1924년부터 1926년까지 보구는 고향 장쑤 우시에서 『우시평론(無錫評論)』 편집을 맡았다. 1925년 10월에 중국공산당에 가입하였다. 보구는 소련 유학 기간에 왕밍, 장원톈 등과 함께 공부 하였다. 그들과 동일한 기간에 함께 공부한 사람을 합쳐 '28인의 볼셰비키'라고 일컫는다. 1926년 소련 모스크바 중산대학교에서 공부를 하였고 졸업 후에도 학교에 남아 일을 하였다.

1930년 보구는 귀국 후에 전국총공회 선전 간사 공청단 중앙조직부장을 맡았다. 1930년대 초반 '28인의 볼셰비키' 그룹의 수장으로서 당을 이끌었다. 보구는 마르크스-레닌주의의 교조적 입장에서 중국 혁명을 지도하려고 하였다.

1931년 4월 보구는 사회주의 청년단 서기가 되었고, 이후 중공임시 중앙국 구성원, 임시중앙정치국 서기와 책임자를 맡았다. 1934년 1월 중공 제6차 5중전회에서 중앙위원, 중앙정치국 상무위원으로 선출되었고, 중공중앙 책임자가 되었다. 1931년 9월부터 1935년 1월까지 중공임시중앙 주요 책임자였고, 왕밍의 '좌'경모험주의 노선을 적극적으로 추진하였다.

1935년 보구는 쭌이회의에서 최고 영도의 직무를 박탈당하였다. 이후 중공 중앙정치국 상무위원, 홍군야전부대정치부 주임을 맡았다. 1936년 보구는 저우언라이·예젠잉(葉劍英) 등과 중공 중앙 대표의 자격으로 시안(西安) 사건의 평화적 해결을 위한 협상에 참가하였다. 1938년 중공중앙 장강국(長江局) 조직부 부장과 남방국(南方局) 조직부 부장을 맡았다.

1941년 이후 보구는 옌안에서 『해방일보』와 신화사 일을 하였고, 신화통신사 사장이 되어, 당의 신문 사업과 해방 지역 신문기구의 건설을 위해 중대한 일을 하였다. 1942년 정풍운동이 진행될 때 마오 쩌둥에게 비판을 받았고. 중공 7대정치국에서 퇴출당하였다. 1945년 제7차 전국대표대회에서 중앙위원회 위원으로 남았으나 왕밍과 함께 배열이 맨 뒤쪽이었다.

1946년 2월 중공대표는 충칭으로 가서 정치협상회의 헌장 심의 소조 일에 참가하였다. 4월 8일 보구, 왕뤄페이(王若飛) 등은 미국 운송기를 타고 옌안으로 가다가 산시(山西)성 싱(興)현 흑다산(黑茶山)에서 추락하였고, 예팅(葉挺), 왕뤄페이, 덩파(鄧發) 등 17명 모두 사망하였다. 역사적으로 이들을 "48열사(四八烈士)"라고 칭한다.

48열사(四八烈士)

'48열사'는 왕뤄페이, 보구 등 13명이 비행기를 타고, 충칭에서 옌안으로 돌아가던 도중에 4월 8일에 비행기 사고로 사망을 한 데서 명명되었다. 1946년 4월 8일 왕뤄페이 등은 충칭에서 옌안으로 비행기를 타고 가다가 구름이 자욱하고 비가 내려 진서북(晋西北) 싱(興)현 동남 80리에서 해발 2000미터의 흑다산과 충돌하였다. 옌안에 '48열사릉원'이 건립되어 있다. 이곳에는 왕뤄페이, 보구, 덩파, 예팅, 황치성(黃齊生), 리샤오화(李少華), 리셔우원(李秀文), 예양메이(葉揚眉), 예아지우(葉阿九), 자오덩쥔(趙登俊), 웨이완지(魏萬吉), 가오충(高琼), 황샤오좡(黃曉庄) 등 13명의 '48열사'가 안장되어 있다.

건국 후 1957년 당 중앙은 '48열사능원'을 재건하기로 결정하였다. 새롭게 건립된 능원은 위안빠루(原八路) 군총부(軍總部) 왕쟈핑(王家坪) 북측에 위치하고 있다. '48열사능원'은 중국공산당 최초로 높은 규모의 열사를 모신 곳이다. 1986년 10월 15일 국무원으로부터 "전국중점열사 기념건축물 유지단위"로 확정되었다. 1995년 1월에는 민정부로부터 "전국 애국주의 교육기지"로 명명되었다. 2006년 10월, 섬서성 정부로부터 "섬서성국방교육기지"로 명명되었다. 2016년 12월에는 전국홍색여유경전경구명록에 들어갔다.

1946년 4월 11일 중공 중앙의 옌안 각계 조직에서 마오쩌둥, 주더, 류샤오치, 런비스, 린보취(林伯渠), 시중쉰(習仲勛), 리딩밍(李鼎銘) 등 26명이 참가한 장례위원회가 구성되었다. 마오쩌둥은 제사(題詞)로 "인민을 위해 죽었다. 죽었으나 영광이로다"라고 하였다. 저우언라이는 제사로 "흑다산 정상, 옌안 강변, 인민영웅, 영원 불멸"이라고 하였다.

예팅(葉挺, 1896~1946, 공산당 첫 번째 사령관)

본명은 예쉰(葉洵)이고, 자는 시이(希夷)이며, 광둥 사람이다. 북벌 때 명장이며, 8·1난창기의 때 총지휘관이다. 중국인민해방군 창시자 중의 한 명으로 신사군 군장(軍長)을 지냈다. 1919년 손중산 영도의 민주혁명에 가담하였다가 같은 해 중국국민당에 가입하였다. 1924년 12월에 중국공산당에 가입하였고, 1928년에 광저우기의 실패 후 유럽으로 떠났다. 항일전쟁 이후, 예팅은 1938년 1월 국민혁명 신편 제4군 군장이 되었다. 국민혁명군에게서 중장(中將) 직위를 받았다. 1946년 3월 4일 다시 중국공산당에 가입하였다. 1946년 4월 8일 그는 비행기를 타고 충칭에서 옌안으로 가다가 비행기 사고로 사망하였다. 마오쩌둥은 예팅을 "공산당 첫 번째 사령관이다. 인민군대의 전쟁사는 그에게서 시작되었다"라고 일컬었다. 1988년 10월, 예팅은 중앙군사위원회에서 확정한 중공 33명 군사가 중의 한 명이 되었다.

『해방일보』와 보구

1942년 9월, 중앙은 『해방일보』가 서북국기관보임을 결정하였다. 이후 보구는 사설 "당과 당보"를 쓴 후, 처음으로 당보가 "당의 대변자"임을 제기하였다.

1944년 2월 16일 보구가 집필한 사설 "본 신문 창간 1천기"에서 "우리의 중요한 경험, 한마디로 말하면, 바로 '전 당의 신문을 창간하는 것'"이라고 말하였다. 덧붙여 "신문을 창간하는 것은 전 당의 커다란 일이다. 인민 대중의 커다란 일이다. 나라를 다스리는 기술의 하나이다"라고 말하였다. 이로부터 『해방일보』는 완전히 당보라고 여기게 되었다.

뤄푸(洛甫, 1900~1976, 낙포, 본명은 장원텐(張聞天))

뤄푸는 1934년 1월 제6차 5중전회에서 중앙정치국위원 중앙서기처 서기로 선출되었고, 2월 중화소비에트 제2차 대표대회에서 중앙정부 인민위원회 주석으로 선출되었다. 중국 문헌을 찾다보면 뤄푸보다 장원텐이라는 이름이 더욱 많이 사용되고 있음을 알 수 있다. 1935년 2월 장원텐은 보구를 대신해 당내 총책임자가 되었다. 이때부터 1938년 제6차 6중전회 회의가 소집될 때까지 당 중앙의 일상 업무는 장원텐이 주관하였다.

장원텐의 본명은 장잉가오(張應皋)인데, 후에 뤄푸(洛甫)로 바꿨다. 1900년 장쑤성 난후이(南汇)현 장쟈자이(張家宅, 오늘날 상하이) 푸둥신구(浦東新區) 지창(機場)진에서 태어났다. 장원텐의 이름은 『시경』 "학이 먼 못가에서 우니 그 소리 하늘에 들리는 도다(鶴鳴於九皋, 聲聞於天)"라는 시구에서 따왔다.

일본에서의 유학

1919년 5·4운동이 일어났을 때 장원톈은 학생운동에 참가하였고, 문예창작과 번역작업을 시작하였으며, 외국문학 명저를 비평 소개하였다. 후에 난징의 '소년중국학회'에 가입하였다.

1919년 상하이 유법근공검학예비과에 들어갔다. 상하이에서 청년학생들이 프랑스·일본·미국으로 근공검학을 하러 가는 학생이 증가할 때, 장원톈은 1920년 7월 14일 일본으로 갔고, 동경에서 일본어를 공부하고 철학, 문학과 사회과학의 서적을 탐독하였다. 일본에 있는 동안, 그는 톈한(田漢)과 정보치(鄭伯奇) 등의 문학청년과 왕래를 하였다. 톈한이 쓴 『바이올린과 장미』, 『영빛(靈光)』, 『커피점의 한 밤』 등의 문학 작품은 그에게 많은 영향을 주었다. 장원톈은 문학에 많은 관심을 갖게 되면서 철학공부를 포기하였고, 점점 문학번역과 비평 및 창작으로 바꾸었다.

문학 작품 활동

1921년 1월 장원톈은 일본 동경에서 상하이로 돌아왔고, 외국 문학 작품에 대한 흥미를 갖기 시작하였다. 장원톈은 톨스토이, 타고르 등의 작품을 읽기 시작하였고, 톨스토이의 작품 및 관련 평론과 연구글을 번역하고 비평하였다. 9월에는 장원톈이 번역한 『톨스토이의 예술관』이라는 글을 『소설월보(小說月報)』 제12권 호외의 『러시아 문학 연구』에 발표하여, 문학계에 매우 큰 반향을 일으켰다.

1921년 9월부터 1924년 1월까지 장원톈은 주로 외국문학 번역과 평론을 주로 하였다. 예를 들면, 『원시문명의 유래 및 그 영향』, 『웃음의 연구』,『개의 춤』,『문화와 행복』 등은 문학 번역과 평론이다. 이 기간 동안 장원톈이 번역한 작품은 50만 자 이상이 된다.

1922년 초기부터 장원톈은 외국문학의 번역과 평론에 더욱 열중하였다. 그는 외국문학 이론을 소개하고 외국작가의 작품을 평론 하였다. 멀리 미국에 있는 중국 학생회 학생들에게도 알려지게 되었고, 이러한 학생들은 장원톈이 샌프란시스코에 와서 함께 사회 활동을 하길 희망하였다. 이것이 계기가 되어 장원톈은 미국으로 갔다.

1924년 1월 장원톈은 미국에서의 근공검학 생활을 마치고 상하이로 돌아왔고, 중화서국의 편집을 맡았다. 1920년 7월부터 1924년 10월까지, 장원톈은『이혼 문제』,『무저항주의에서 나를 보다』,『일본러시아 회의의 파열』,『배상금과 전쟁에 사용할 채권』 등을 발표하였다. 1924년 2월 장원톈은 소설『여정』의 창작을 착수하였고, 5월 6일에 완성하였다. 9월 4일에는『도망자』 작업을 마쳤고, 10월 10일『소설월보』 제15권 제10호에 발표하였다.

1924년 10월 장원톈은 충칭 쓰촨성 제2여자사범학교 영어교사로 임명되었다. 그는 강의를 할 때 새로운 사상을 선전하였고, 남녀자유연애를 선양하였고, 봉건적인 이론 도덕을 비난하였다. 그는 새로운 사고에 자각한 학생들을 모아『신사회관』,『공산주의 ABC』를 가르쳤고, 학생들이 마르크스주의의 계몽교육을 받을 수 있게 하였다. 그의 학생 중 리보자오(李伯釗), 양리쥔(楊麗君) 등은 쓰촨 부녀해방의 선구자가 되었다.

1925년 3월 그는 학교를 떠나 천둥(川東) 연합현이 세운 사범학교에서 국문학 교사가 되었고,『난홍(南鴻)』 주간을 편집하였다.『손중산 선생을 기념하다』,『생명의 급류』 등의 글을 발표하였다. 동년 5월 장원톈은 충칭에서 상하이로 돌아갔다. 6월 25일『동방잡지』 제

22권 제12호에 장원톈의 소설『우수수 떨어지는 낙엽: 창훙이 어머니에게 보낸 편지』가 발표되었다. 이 소설은 6,300여 자이고, 25세 때 자신이 마음속에 갖고 있던 독백을 썼다. 1942년 2월 5일『중국 청년』제3권 제4기에 장원톈의 소설이 특별히 기재되었다. 장원톈은 문학번역과 평론 및 창작을 하는 많이 하였는데, 이때 중국사회 문제에 주목하였다.

미국에서의 근공검학

1922년 8월 22일 장원톈은 상하이에서부터 샌프란시스코로 갔다. 미국에서 근공검학을 하는 동안에 비교적 영어 기초가 좋아 샌프란시스코 캘리포니아 대학의 버클리 분교의 도서관에서 공부를 하였다.

버클리분교의 도서관에는 장서가 매우 많았고 설비도 잘 갖춰져 있었다. 그는 오전에는 도서관에 앉아 있거나 독서를 하거나 잡지를 번역하거나 책을 번역하였다. 그리고 장원톈은 샌프란시스코 화교의 중국어 신문인『대동신보(大同晨報)』의 편집일을 하였다.

중국공산당 내 활동

1925년 6월 장원톈은 상하이에서 중국공산당에 가입하였고, 동년 10월 겨울에 모스크바 중산대학, 홍색교수학원(紅色敎授學院)에서 유학을 하였고, 조교일을 하였다. 그리고 번역을 하였고, 공산당 국제동방부 보도원을 하였다. 그는 러시아어의 이름으로 이스마 이로프(Ismailov)라고 하였다. 이후론 번역음으로 '뤄푸(洛夫)', '뤄푸(洛甫)'를 사용하였는데, 이는 필명이 되었다.

1931년 초 장원톈은 소련에서 돌아와 중공중앙선전부 부장, 중앙당 보위원회 서기를 맡았다. 동년 9월 중공임시중앙정치국이 상하이에서 성립하였을 때, 장원톈은 중공중앙위원 겸 임시중앙 정치국원과 상무위원이 되었다. 1933년 상황이 변해지자 중앙혁명 근거지에 들어갔다. 1934년 1월 제6차 5중전회에서 중앙정치국위원 중앙서기처 서기로 선출되었고, 2월 중화소비에트 제2차 대회에서 중앙정부인민위원회 주석으로 선출되었다.

1934년 10월 장원톈은 당 중앙 중앙홍군 주력을 따라 장정을 시작하였다. 쭌이회의 전날 마오쩌둥의 주장을 옹호하였고, 쭌이회의에서 마오쩌둥의 의견에 따라 좌경군사 노선을 비판하는 보고를 하였다. 쭌이회의 후 1935년 2월 상순 중앙정치국 상무위원회의 결정에 따라 장원톈은 보구를 대신해 당내 총책임자가 되었다. 이때부터 1938년 중공 확대된 제6차 6중전회 회의가 소집될 때까지 당 중앙의 일상 업무는 장원톈이 주관하였다.

1935년 4월 홍군이 북반강(北盤江)을 건넌 후, 중앙책임자가 국민당 통치지구로 가 공작하기를 원했을 때, 장원톈이 이직을 하여 가기를 원하였다. 마오쩌둥 등은 동의하지 않고 천윈(陳雲)을 파견하려 하였다. 동년 여름, 홍1, 4방면군이 모인 후 단결을 표시하기 위하여 그는 자신의 직무를 이양할 것을 제안하였으나 마오쩌둥에 의해 중지되었다.

1938년 가을 제6차 6중전회가 열리기 전에 공산국제는 마오쩌둥이 중국공산당의 영수임을 확인하였으나 직무는 명확하지 않았다. 그래서 장원톈은 회의 기간에 간곡하게 마오쩌둥이 중앙총서기가 되어야 함을 제안하였다. 마오쩌둥은 고심한 끝에 장원톈에게 "뤄푸, 당신은 명군입니다. 당 중앙 총서기는 계속해서 당신이 맡아야죠!"라고 말하였다. 하지만, 회의 후, 장원톈은 스스로 "양현(讓賢, 직위를 능력 있는 자에게 물려주다)"을 원하였고, 업무를 점점 마오쩌둥에게 넘겼다. 중앙정치국 회의 장소도 과거의 동굴에서 양자링(楊家岭)의 마오쩌둥이 머무는 곳으로 옮겼다. 이때 장원톈은 주로 당의 선전교육방면의 업무를 하였다.

장원톈은 마오쩌둥을 존중하였지만 맹목적으로 따르지 않았다. 독립적인 견해가 있었고 탐색이 중단되지 않기를 원하였다. 총책임자의 직위를 내려놓은 후 그는 실제경험이 부족함을 느끼고 농촌조사를 하러 갔다. 앞으로 어떻게 하면 농민들이 부유한 생활 방식을 할 것인지에 대한 구상을 드러내었다. 당시의 환경은 이러한 구상을 실현할 수 없었는데, 몇 십 년 후 사람들은 장원톈의 원대한 식견에 탄복하였다. 1938년 5월 장원톈은 옌안 마르크스레닌학원 원장을 겸임하였다. 중공 확대 제6차 6중전회 이후 장원톈은 당내 '총책임자'의 직위를 그만 두었고, 선전과 간부교육 및 이론 연구 등의 업무를 책임지었다.

1940년 1월에 적은 "항전 이래로 중화민족의 신문화운동과 앞으로의 임무"라는 글에서, 중화민족의 신문화는 당연히 "민족적, 민주적, 과학적, 대중적"이라는 4개의 특징과 요구를 개괄하였다. 마오쩌둥의 『신민주주의론』에서 개괄한 기본과 일치하였다. 또 '민주적'이라는 특징을 두드러지게 강조하였다.

1942년 장원톈은 섬북(陝北)과 진서북(晋西北) 농촌으로 가서 1년여 동안 농촌 조사를 하였다. 오랫동안 중앙선전부장과 서북공작위원회 주임을 맡았다. 『해방』 주간의 주요 책임자, 『공산당인』 편집을 맡으며 선전교육공작을 많이 하였다.

1945년 중공 제7차 1중전회에서 장원톈은 중공중앙위원과 중앙정치국 위원으로 선출되었다. 1946년 봄에는 허장성(合江省, 오늘날 헤이룽장성 내에 있음) 성위 서기를 맡았다. 1948년 봄 중공중앙 동북국 상무위원 겸 조직부장을 맡았고, 동북재정경제위원회의 부주임을 맡았다. 1949년 랴오둥성(오늘날 랴오닝성과 지린성 내에 있음)성위 서기를 맡았고, 동북 근거지의 개척과 건설에 중대한 공헌을 하였다. 동북에 있는 기간에 장원톈은 중앙의 노선 방침 정책을 집행하였고, 근거지 건립, 군중발동, 토비숙청, 토지개혁, 도시와 농촌의 경제 등의 회복과 발전 등에 있어서 중대한 공헌을 하였다.

건국 후의 활동

신중국이 건국한 후 장원톈은 외교부문의 업무를 맡았다. 1951년 4월 주소련대사를 맡았고, 1954년 말, 귀국 후 외교부 제1 부부장을 맡았다. 1956년 제8차 전국대표대회가 개최되었을 때 중공 중앙위원과 중앙정치국 후보위원으로 선출되었다. 1959년 루산회의(廬山會議)에서, 장원톈은 당시의 대약진과 인민공사운동 전개에서의 착오를 솔직하게 비판하였다가, 반당집단으로 몰렸다. 문화대혁명 기간에 장원톈은 원칙을 견지하였고, 린뱌오와 장칭 반혁명 음모집단에게 투쟁을 전개하다가 핍박을 받았다. 당시 장원톈의 성명 공개를 허락하지 않았기 때문에, 그의 부인 류잉(劉英)이 화환에 "장동지에게 바치다"라고 적었다.

신중국 성립 이후, 장원톈의 문화공작 중시는 문화 건설사업에 있어서 중요한 역할을 하였다. 그는 문화 건설의 임무를 경제 건설의 임무와 동시에 제기하였다. 문화공작을 강화하기 위해서는 인민교사의 지위를 높여야 하고, 도시가 문화적으로 농촌의 문제를 도와야 한다고 하였다. 장원톈은 지식인의 역할의 중시와 문화공작 중시를 연계하였다.

쭌이회의에서의 역할과 평가

중국공산당 사료에 의하면 쭌이회의에 대한 중대한 역할을 한 사람으로 마오쩌둥, 장원톈, 저우언라이, 왕자샹(王稼祥) 4명 중 장원톈에게 주목하였다. 현재 샤오산(韶山)마오쩌둥기념관과 푸둥(浦東)장원톈진열관의 '쭌이회의' 부분에 모두 4명의 소조상이 있다. 그러나 샤오산의 소조상 뒷면에는 매우 흥미로운 이야기가 있다.

2003년 마오쩌둥 탄신 110주년을 기념하기 위해 이 기념관의 진열에 대해 개조를 하였는데, 새롭게 설계된 소조상에는 마오쩌둥, 저우언라이, 왕자샹 3명만이 있었다. 새로운 기념관이 개방되기 전에 후진타오 총서기가 시찰을 왔었고, 소조상을 본 후 기념관 책임자에게 물었다. "그 당시는 장원톈이 총서기였는데, 이곳에는 어떻게 없습니까? 소조상을 가리키며 이곳에는 당연히 장원톈이 있어야 합니다"라고 말하였다.

쭌이회의 과정에서 장원톈은 준비와 소집은 물론이고 관철과 실천에서 매우 중요한 역할을 하였다. 장원톈은 쭌이회의 전에 제일 중요한 일을 하였던 것이다. 1935년 1월 쭌이회의에서 장원톈은 좌경착오 군사 노선을 반대하는 '반보고'를 발표하였다. 이후 중앙정치국이 초안한 『쭌이회의 결의』가 통과되었다. 쭌이회의에서 마오쩌둥은 정치국상무위원이 되었고, 저우언라이를 협조하여 홍군을 지휘하였다.

중국공산당 역사상, 장원톈은 단기간 내에 당의 총책임자가 되었다. 쭌이회의 후 3년 여간 '뤄마오합작(洛毛合作)'의 영도체제가 존재하였다. 그런데 '홍색교수'라는 명예로운 학자형 인물인 장원톈은 심도 깊은 이론 연구를 하길 원하였고, 짧은 기간에 구체적인 사무를 보길 원하였다. 세 차례의 "양현"은 아름다운 이야기로 전해진다. 그는 총

책임자로 추천된 후 스스로 최고 직위에 적합하지 않다고 여겼다.

1976년 7월 1일 장원톈은 장쑤성 우시에서 병사하였다. 1978년 12월 제11차 3중전회에서 과거 장원톈 등이 일으킨 착오에 대한 결론을 규정하였다. 1979년 8월 중공중앙은 그에 대한 잘못된 평가를 바로잡았다. 동년 8월 25일 중공중앙은 베이징 인민대회당에서 장원톈을 위한 중대한 추모대회를 개최하였다.

덩샤오핑은 직접 추모사를 하였고, 장원톈의 일생을 "혁명의 일생, 당에 충성하고 인민에게 충성한 일생이다"며 칭송하였다. 1981년 7월 1일 중국공산당 창당 50주년 대회에서 후야오방은 장원톈의 이름을 마오쩌둥과 함께 중국혁명의 승리, 마오쩌둥사상 형성과 발전에 중대한 공헌을 한 당의 걸출한 영도자의 배열에 열거하여, 장원톈의 역사적 지위를 주었다.

2. 노동운동과 농민운동 지도자

덩중샤(鄧中夏, 1894~1933)

1894년 후난에서 태어난 덩중샤는 자가 중해(仲澥)이고, 이름은 덩캉 (鄧康)이다. 덩중샤는 1919년 5·4운동에 참가하였고, 1920년 3월 리다 자오의 지도 하에 베이징대학 마르크스주의연구회를 발기하였다. 그리고 같은 해 10월 마르크스주의연구회 구성원을 핵심으로 한 베이징 공산당조기조직을 발기하였다.

1922년 5월 1일 덩중샤는 장신점(長辛店) 노동자 대표로 당선되었고, 광저우에서 열린 제1차 전국노동대회에 참석하여 중국노동조합 서기부 주임으로 선출되었다. 1927년 8·7회의에 참가하였고, 임시중 앙정치국후보위원으로 선출되었다. 1928년 2월 광둥성당위 서기로 임명되었고, 동년 3월 모스크바에서 적색노동자 국제 제4차 대표대회 가 개최되었을 때, 덩중샤는 쑤자오정(蘇兆征)과 함께 중화전국총공회 를 이끌고 참석하였다. 6월에는 저우언라이·취츄바이 등과 함께 모스 크바에서 개최된 중국공산당 제6차 전국대표대회에서 중앙후보위원으로 선출되었다.

왕밍이 정권을 장악한 이후 덩중샤는 해임되었다. 1932년 가을 국민당통치 지역에서 지하 활동을 하다가 1933년 5월 체포되었다. 9월 21일, 난징 우화대(雨花台) 사형장에서 "국민당을 타도하자!", "중국공산당 만세!"를 외치면서 죽었다.

덩중샤는 1923년부터 1924년 사이에 『중국청년』, 『평민』 주간, 『중국 노동자』에 "혁명주력의 3개 군중", "노동자 운동을 논하다", "중국 노동자 상황 및 우리 운동의 방침", "노동운동을 논하다", "우리의 역량" 등의 글을 발표하였다. 덩중샤는 대체적으로 무산계급의 민주혁명에서 영도권 문제를 논하였다. 덩중샤는 중국사회계층의 특징을 분석한 후, "오직 무산계급만이 위대한 집중을 가진 군중이며, 혁명을 끝까지 하는 정신을 갖고 있고, 오직 국민혁명을 받쳐 주는 지도자이다"라고 하였다.

1994년 10월 5일, 덩중샤 탄신 100주년을 기념하기 위해 중샤공원(中夏公園)을 세웠다. 그리고 덩중샤의 동상을 세웠는데, 이때 장쩌민 국가주석이 '덩중샤동지(鄧中夏同志)'라는 동상 제명을 썼다.

쑤자오정(蘇兆征, 1885~1929)

광둥성 출신인 쑤자오정은 중국 초기 노동운동 지도자 중의 한 명이다. 1908년 동맹회에 가입하여 청왕조 전복운동에 적극적으로 참여하였다. 1917년 러시아 10월 혁명의 영향을 받아 노동자운동에 참여하기 시작하였다. 1920년에는 린웨이민(林偉民) 등과 해원(선원)공회조직(海員工會組織)을 설립하였고, 1921년 3월에는 홍콩에서 중화해원공업연합총회(中華海員工業聯合總會)를 설립하였다.

1922년 1월 쑤자오정은 홍콩선원 대파업을 벌였는데, 이는 중국공산당이 성립한 이후에 최초의 파업고조의 출발점이 되었다. 1925년에 중국공산당에 가입하였고, 1921년 5월 광저우에서 제2차 전국노동대회에 참가하여 중화전국총공회 집행위원이 되었다.

1925년 6월 19일 성항(省港, Guangdong-Hong Kong) 대파업이 발생하였다. 근로자들은 쑤자오정을 파업위원회 위원장으로 추대하였고, 쑤자오정은 재정위원회위원장을 겸하였다. 광둥-홍콩 대파업은 1년 4개월간 진행되었는데, 중국노동운동사에서 한 획을 그을 정도였다.

1926년 1월 쑤자오정은 전국 해원(海員) 제1차 대표대회에서 총공회 집행위원회 위원장이 되었다. 동년 5월 1일 제3차 전국노동대회가 광저우에서 열렸을 때, 쑤자오정은 전국총공회 집행위원회 위원장이 되었다. 전국노동자가 추대한 지도자가 된 것이다.

1927년에 개최된 8·7회의에서 쑤자오정은 중앙임시정치국위원이 되었고, 취츄바이·리웨이한과 함께 중앙정치국 상무위원이 되어 당의 핵심 지도자가 되었다. 1927년 12월 11일에 광저우에서 동방에서의 첫 번째 소비에트가 세워졌는데, 이때 쑤자오정이 소비에트정부의 주석이 되었다. 쑤자오정은 모스크바에 있는 동안에 제6차 전국대표대회에서 중앙정치국위원 상무위원이 되었다. 1929년 2월 25일 쑤자오정은 병으로 사망하였다.

쑤자오정은 일생에 두 개의 중요한 직위를 가졌었다. 하나는 홍콩–광둥 대파업 위원회 위원장이고 다른 하나는 소비에트 정부의 주석이다. 두 직위는 모두 결석을 하였지만 선출되었다. 이를 보면, 쑤자오정이 노동자와 혁명 대열에서의 명성과 인망이 높았음을 알 수 있다.

1929년 2월 26일, 중공중앙정치국은 전 당에 쑤자오정의 죽음을 추모하는 제32호 통고(通告)를 보내었다. 통고에서 "쑤자오정 동지는 공작 중에서 충분히 무산계급의 간고탁절(艱苦卓絶)의 정신, 굳건한 정치의식을 보여주었다. 그의 혁명정신은 전 당의 모범이다"라고 하였다.

방즈민(方志敏, 1899~1935)

방즈민은 장시성 꺼양현(弋陽縣) 출신으로 장시 당 조직 창시자 중의 한 명이며, 민(閩)·절(浙)·환(皖)·공(贛) 혁명 근거지 창건자이기도 하다. 현위서기(縣委書記), 특위서기(特委書記), 성위서기(省委書記), 군구사령원(軍區司令員), 홍10군 정위(政委), 민절공성소비에트정부(閩浙贛省蘇維埃政府) 주석, 중화소비에트공화국 중앙주석단 위원, 당 중앙위원을 역임하였다.

1922년 봄, 방즈민은 비기독교대동맹에 가입하였고, 7월에는 상하이로 갔으며 중국 사회주의 청년단에 가입하였다. 그리고 1924년 3월 중국공산당에 가입하였다. 국민당장시성당부집행위원 겸 농민부부장을 맡았다. 그는 꺼양으로 돌아가 중공칠공진소조(中共漆工鎭小組)를 창건하였고, 꺼양청년사(弋陽靑年社)를 설립하였으며, 『촌철(寸鐵)』을 출간하였다.

방즈민은 농민협회를 건립하였으며, 농민운동을 일으켰다. 1926년 12월, 장시성농민협회주비처(江西省農民協會籌備處) 비서장에 임명되었다. 1927년 난창기의 이후 꺼양에 들어가서 중공 꺼양구위(弋陽區委)

서기, 중공 횡봉구위(橫峰區委) 서기를 맡았다. 1928년 1월, 꺼양폭동을 이끌었고, 공동북소비에트구(贛東北蘇區)를 창건하였다.

1931년 중공 공동북성위(贛東北省委) 상무위원에 선출되었고, 1931년에는 중화소비에트공화국 임시중앙정부 집행위원, 주석단 위원으로 선출되었다. 1935년 1월 24일 방즈민은 체포되었고, 옥중에서 『사랑스러운 중국』·『청빈(淸貧)』 등의 저서를 집필하였다. 1935년 8월 6일 난창에서 죽었다.

방즈민은 마르크스주의와 공동북(贛東北) 지역의 실제와 결합시켜 건당(建黨), 건군(建軍) 및 홍색정권 건립의 경험을 만들었다. 마오쩌둥은 이를 두고, '방즈민식 근거지'라고 불렀다.

1925년 3월, 마오쩌둥은 『중국사회계급의 분석』에서 "중국 무산계급의 가장 광대하고 가장 충실한 동맹군은 농민이다. 방즈민이 농민운동을 종사한 지 펑파이(彭湃)보다 몇 개월 늦지만, 나보다는 몇 개월 이르다"라고 하였다. 방즈민은 마오쩌둥, 펑파이와 함께 '농민대왕'이라고 불린다. 마오쩌둥은 방즈민을 "몸을 던져 순직하였으니 어찌 위대하지 아니한가!"라며 '인민 영웅'이라고 칭찬하였다. 예젠잉(葉劍英)은 "방즈민은 고대 농민영웅인 문천상(文天祥)이후의 또 한 명의 민족 영웅이다"라고 하였다.

난창시에 세워진 방즈민 열사능원은 2001년에 전국애국주의교육 시범기지로 비준되었다. 2005년에는 전국중점 홍색여유(관광) 명소로 지정되었다.

3. 프랑스 중국공산주의 소조 지도자

자오스옌(趙世炎, 1901~1927)

1901년 충칭시 유양토가족묘족자치현(酉陽土家族苗族自治县)에서 태어났다. 자오스옌의 자는 친성(琴生)이고, 호는 꿔푸(國富)이며, 필명은 스잉(施英)이다. 중국 백과사전에는 한족(漢族)으로 표기되어 있으나 여동생인 자오쥔타오(趙君陶)를 토가족으로 소개하고 있다. 토가족 자치지역에서 태어난 것으로 보면 토가족이 맞아야 하는데, 자오스옌과 누나인 자오스란(趙世蘭)은 한족으로 표기되어 있다. 대부분의 책에서는 토가족으로 표기되고 있으니, 자오스옌과 자오스란도 한족이 아닌 토가족이 맞다.

자오스옌은 천두슈의 『신청년』 영향을 받아 신문화운동에 뛰어 들었다. 1919년 리다자오의 소개로 소년중국학회에 가입하였고, 5·4운동에 참가하였다.

1920년 5월, 자오스옌은 프랑스로 유학을 떠났고, 1921년 봄, 장신부, 저우언라이 등과 함께 프랑스 중국공산당조기조직을 조직하였다.

10월 자오스옌은 베트남 친구 호찌민(阮愛國, 胡志明)과 함께 프랑스 공산당에 입당하였다. 1921년 프랑스에서 일어난 학생운동을 주도하였다.

1922년 자오스옌은 저우언라이 등과 함께 파리의 블로뉴 숲(Bois de Boulogne)에서 유럽중국소년공산당을 조직하였고, 중앙집정위원회 서기를 맡았다. 이후 중공 유럽총지부위원과 중공프랑스조직서기를 맡았다.

중국에서 제1, 2차 무장봉기가 실패한 후 자오스옌은 1927년 3월 21일 천두슈·저우언라이·루오이농(羅亦農) 등과 함께 상하이 노동자 제3차 무장봉기를 일으켰다. 30여 시간의 전투를 하며 군벌부대를 격퇴하였고 상하이를 점령하였다. 동년 장제스가 4·12반혁명정변을 일으켰을 때, 자오스옌은 백색공포로 휩싸인 상하이로 돌아와 혁명투쟁을 계속하였다. 1927년 7월 2일 자오스옌은 반역자의 배반으로 체포되었고, 그 해 사망하였다. 자오스옌은 리펑(李鵬) 전 총리의 외삼촌이다.

자오스옌의 누나인 자오스란, 여동생인 자쥔타오, 자오스옌의 장모인 '혁명 어머니(革命母亲)'라 불리는 샤냥냥(夏娘娘, 원명 황여우메이(黃友梅))도 중국 혁명에서 주요 역할을 하였다.

2011년 유양(酉陽)현 정부는 1907년에 세워진 롱탄씨왕소학(龍潭希望小學)의 5학년 5반을 '자오스옌반(趙世炎班)'이라고 명명하였다.

차이허선(蔡和森, 1895~1931)

1895년 상하이에서 태어난 차이허선은 1913년 후난성립 제1사범학교
에 입학하였다. 1918년 마오쩌둥 등과 함께 신민학회를 조직하였고
'상강평론'을 설립하였다.

1919년 말 차이허선은 프랑스에 근공검학을 갔다가 마르크스주의
를 접하게 된다. 차이허선은 국내에 있던 마오쩌둥 등과 서신을 주고
받으며 공산당 창당을 제안하였다. 차이허선은 1920년 6월 13일『프
랑스 최근의 운동』이라는 글에서 프랑스의 노동운동을 소개하였다.
동년 7월 6일부터 10일까지 신민학회 회원인 차이허선, 샹징위(向警
予), 리웨이한 등과 일부 공학여진회(工學勵進會) 회원 20여 명은 몽따
르지에서 회의를 소집하였다. 이 회의를 역사적으로 '몽따르지회의
(Montargis Conference)'라고 부른다. 회의에서 차이허선은 러시아식 공
산당을 조직할 것을 주장하였고, 러시아의 10월 혁명의 길을 걸어
중국을 개조해야 한다고 주장하였다. 회의가 끝난 뒤 얼마 지나지
않아, 차이허선은 마오쩌둥에게 보낸 편지 속에서 "두려워하지 않고
용기를 내어 중국공산당을 정식으로 성립하자"고 제안하였다. 이는

중국혁명청년이 제일 처음으로 '중국공산당'이라는 명칭을 제기한 것이다. 이와 관련된 내용은 『신민학회회원통신집』에 실려 있다. 1920년 8월 13일 마오쩌둥에게 보낸 편지에서 차이허선은 "나는 먼저 당을 조직해야 한다고 여긴다. 공산당!"이라고 제안하였다. 9월 16일에 보낸 편지에는 '구체적인 당 건설 단계'를 제안하였다. 1920년 12월과 1921년 1월 마오쩌둥이 차이허선에게 보낸 편지에서 "나는 한 글자도 반대가 없다"라고 하였다.

차이허선이 마오쩌둥에게 보낸 편지 내용에는 공산당의 필요성을 설명하면서, 중국공산당을 정식으로 성립시키자고 주장하였다. 당에 대한 성질, 지도사상 등의 문제에 대해 주장을 펼쳤다. 내용은 "첫째는 이 당은 반드시 무산계급혁명 정당이어야 하고, 무산계급의 '선봉대, 작전부'여야 한다. 둘째, 이 당은 반드시 마르크스주의를 지도사상으로 삼아야 한다. 셋째, 이 당은 반드시 철저한 혁명 방법을 얻어야 하고, 개량주의를 반대한다. 넷째, 이 당은 반드시 군중과 밀접하게 연계해야 하고, 군중운동의 조직자와 지도자가 되어야 한다. 다섯째, 이 당은 반드시 철저한 기율이 있어야 한다"고 하였다.

차이허선은 유럽 각국의 공산당 이론과 경험을 연구하였고, 『러시아 공산당 대강(大綱)』, 레닌의 『국가와 혁명』 등의 주요 문헌을 번역하였다. 그리고 프랑스 공산당의 기관지인 『뤼마니테(L'Humanité, 人道報)』 등의 잡지에 실린 프랑스어로 된 레닌이 기초한 『공산 국제 가입의 조건』 등의 문헌을 읽었다. 1921년 2월에는 천두슈에게 편지를 적어, "마르크스 학설과 중국 무산계급"의 문제를 토론하였다.

한편, 프랑스에서 근공검학 학생들의 제1차 투쟁은 역사적으로 '28운동'이라 칭해진다. 1921년 2월 28일 400여 명의 근공검학 학생들은 차이허선, 샹징위 등의 인솔 하에 파리 중국공사관에 청원하였다. 당시 주프랑스 공사 천루(陳篆)는 학생들의 요구를 받아들이지 않았고, 프랑스 경찰을 불러 학생들을 강제로 해산시켰다. 이를 가리켜 '구학운동(求學運動)'이라고 부르기도 하고, '2·28사건'이라고 칭한다.

1921년 10월, 차이허선은 귀국한 뒤 중국공산당에 가입하였다. 1922년 9월 중공 중앙기관보 『향도』 주보의 주필을 맡았다. 당의 제3차, 4차 회의에서 차이허선은 중앙국 위원으로 선출되었고, 1925년 5·30운동에 참여하였다. 8·7회의에서 차이허선은 마오쩌둥의 의견을 지지하고 토지개혁과 무장투쟁을 독립적으로 전개할 것을 주장하였다. 1931년 6월, 차이허선은 구순장의 배반으로 홍콩에서 체포되었다가 광둥 군벌에게 인도되었고, 8월 광저우에서 사망하였다.

마오쩌둥은 일찍이 "한 명의 공산당원이 마땅히 해야 할 것을 허선 동지는 이미 하였다"라고 하였다. 저우언라이는 "허선동지는 우리가 영원히 기억할 만하다"라고 하였다.

차이허선에게는 '최초'라는 단어가 뒤따른다. 중국에서 '중국 공산당'이라는 명칭과 '공산당 조직'이라는 주장을 최초로 제기하였다. 그리고 차이허선은 중국 공산당이 공산 국제에 가입해야 한다는 주장을 최초로 제기하였다. 또 차이허선은 레닌의 건당(建黨)학설을 근거로 하여, 건당 사상을 체계적이면서 전면적으로 제기하였다.

그리고 1921년 2월 차이허선은 프랑스 내에서 근공검학을 하는 학생들의 "밥 먹을 권리, 배움을 구할 권리, 일을 할 권리"에 관한 운동을 전개한 후, 자오스옌과 리리싼과 함께 공산주의동맹회 성립 준비를 위한 혁명조직에 대해 토론하면서 처음으로 '중국소년공산당'이라는 이름을 제기하였다.

리웨이한(李維漢, 1896~1984)

리웨이한은 후난 사람으로 중국공산당 초기 주요지도자 중의 한명이다. 1919년 프랑스로 근공검학을 갔다. 1921년 리웨이한은 저우언라이, 자오스옌 등과 함께 유럽중국소년공산당을 조직하는 것에 대해 상의를 하였다. 1922년 유럽중국소년공산당이 성립하였을 때 리웨이한은 조직공작을 맡았다. 같은 해에 귀국하여 중국 사회주의 청년단에 가입하였으며, 연말에는 마오쩌둥과 차이허선의 소개로 중국공산당에 가입하였다. '8·7회의' 이후 중국공산당 정치국 상무위원이 되었고, 통전부 부장을 역임하였다.

리웨이한은 덩샤오핑의 두 번째 부인이었던 진웨이잉(金維映)과 1934년에 결혼하였다. 리톄잉(李鐵映)과 리톄린(李鐵林)이 그의 아들이다. 진웨이잉은 리톄잉(李铁映)의 생모이다.

1942년 9월부터 1946년 4월까지 리웨이한은 중공서북국위원, 섬감녕변구정부(陝甘寧邊區政府) 비서장이었다. 이 기간에 섬감녕변구는 생산이 발전하기 시작하였고, 문화와 교육 및 위생공작과 소수민족공작을 전개하기 시작하였으며, 삼삼제(三三制)를 실시하였다.

리웨이한이 중앙서북공작위원회 비서장으로 재임하던 시절에,『회회민족문제제강(回回民族問題提綱)』과『몽고민족문제제강(蒙古民族問題提綱)』을 기초하였고, 중공중앙의 토론을 거쳐 비준되었다. 이것은 중국공산당의 체계적인 소수민족 문제 연구의 시작이었다. 섬북공학(陝北公學)은 대혁명 동안 많은 지식청년을 배양하였다.

리웨이한은 중국에서 민족구역자치 실행을 창시하고 기초를 닦은 사람이다. 민족구역자치의 이론을 확립하였고, 제도를 추진하는데 주요 역할을 하였다. 1961년 9월에 발표한 리웨이한의 "신장(新疆)의 연설", 1983년 덩샤오핑에게 보낸 "만주족 자치지방 건립에 관한 문제"라는 제목의 편지 속에서 중국은 소련이 실행하는 연방제를 모방해서는 안 된다고 주장하였다. 리웨이한은 중국이 소련과 다른 점을 몇 가지 제기하면서 소련 연방제를 모방해서는 안 된다고 하였다. 리웨이한은 "소련과 역사가 다르고, 민족 분포가 다르며 혁명발전 방식이 다르다"고 하였다. 그러면서 중국의 소수민족구역 자치 이론과 실행에 대한 구체적인 방안을 제시하였다.

천옌녠(陳延年, 1898~1927, 노동자농민 무장혁명의 기초를 다지다)

천두슈의 장남인 천옌녠의 다른 이름은 씨아옌(遐延)이다. 안후이성 화이닝(懷寧)현 청(城)향(오늘날 安慶에 속함) 사람이다. 중국공산당 초기의 지도자 중 한 명인 천옌녠은 1924년 러시아에서 귀국하여 중공 광둥구위 서기에 임명되었고, 광둥－홍콩 대파업을 이끌었다. 1927년 6월 상하이에서 체포되어 수감되었고, 7월 4일 사망하였다. 2009년 9월 천옌녠은 중앙선전부와 중앙조직부 등 11개 부서로부터 "100명의 신중국 성립에 지대한 공헌을 한 영웅모범인물"로 뽑혔다.

프랑스로의 근공검학

1915년에 천옌녠은 동생 천챠오녠(陳喬年)과 상하이로 가서 처음엔 퉁지대학(同濟大學)에서 프랑스어를 배우다가, 뒤에 진단대학(震旦大學)에 입학하였다. 1919년 1월 황링슈앙(黃凌霜) 등과 무정부주의 진화사(進化社)를 조직하여 『진화(進化)』 잡지를 창간하였다.

화법교육회 책임자인 무정부주의자 우즈후이(吳稚辉)의 소개로, 천옌녠 형제는 1919년 12월에 프랑스로 근공검학을 떠났다. 다음해 2월 3일 파리에 도착하였으며, 파리대학이 설립한 학교에서 공부를 하였다. 무정부주의가 조직한 "공여사(工余社)"에 참가하여 『공여(工余)』 잡지 주편을 맡았다.

당시 근공검학을 하던 차이허선, 자오스옌, 저우언라이 등은 마르크스주의 이론을 선전하고 있었는데, 천옌녠도 토론회에 참여하였다가 마르크스주의를 이해하게 되었다.

1921년 프랑스에서 근공검학을 하던 학생들의 3대 투쟁이 발생하였을 때, 천옌녠은 투쟁 과정에서 무정부주의에 대한 회의와 실망을 하고, 점차적으로 마르크스주의자가 되었다. 특히 공산주의 청년단을 창설하려고 바쁘게 활동하는 자오스옌을 관찰하면서 더욱 더 커다란 변화를 일으켰고, 이후 청년단에 가입하였다.

1922년 6월 천옌녠은 파리 교외에서 거행된 중국소년공산당 성립대회에 참여하였다. 중국소년공산당은 이후 중국 사회주의 청년단 유럽지부로 이름이 바뀌었다. 이후 집행위원으로 선출되었고, 자오스옌과 함께 잡지 『소년(少年)』을 편집하였다. 10월 전후, 천옌녠과 자오스옌, 샤오싼(蕭三) 등은 프랑스공산당원인 베트남 호찌민의 소개로 프랑스 공산당에 가입하였다. 동년 겨울에, 중공유럽총지부가 성립하였고, 천옌녠 등은 중공 당원으로 전환되었다. 1923년 3월 천옌녠과 자오스옌 등 12명은 러시아 모스크바로 보내어졌고, 동방노동대학에서 공부하였다.

광둥에서 중국공산당 기반을 다지다

1924년 9월 천옌녠은 상하이로 돌아왔고, 10월 광저우로 가서 단광둥구대표회의(團粤區代表會議)에 참가하였고, 단광둥구집행위원회 개조 작업을 주관하였다. 11월 중공 광둥구위 위원장인 저우언라이는 황포군교 정치부 주임을 겸하였고, 천옌녠은 구위 비서에 임명되었다.

1925년 1월 중공 제4차 전국대표대회 이후 광둥구위는 집행위원 내에 천옌녠, 저우언라이, 펑파이, 류얼송(劉爾崧) 등으로 하는 주석단을 구성하였고, 천옌녠이 서기를 맡았다. 광둥은 대혁명의 중심과 근거지가 되었고, 광둥구의 결책과 공작은 전국 형세에 영향을 주었다. 천옌녠과 구위는 당의 건설을 특히 중시하였다.

천옌녠은 당의 사상 건설에 주력하였다. 그는 『동지에게 알림』『우리의 생활』 발간사에서 "당의 교육과 훈련을 추진하자", "당의 정확한 정책이 아래로 내려가 매우 견고한 단결을 해야 한다"라고 하였다. 광둥구위는 당과 제도를 건립하였고, 학습반·훈련반·당교 등을 열었다. 당원, 간부가 마르크스주의 이론과 당의 기초 지식을 학습할 수 있도록 조직하였다.

공농운동의 신속한 발전에 따라 광둥 당조직도 신속하게 발전하였는데, 1927년 당원이 9,000여 명이 되었다. 응집력이 있고, 전투력이 있으며, 단의 강한 조직으로 만들었다. 천옌녠은 '양광왕(兩廣王)'이라 불렸다.

천옌녠은 공농군중의 관점에 의거하여 명확하게 정하였다. 그는 『민족혁명과 공농계급』에서 "혁명운동에는 자본제국주의와 군벌로부터 가장 많이 압박을 받은 계급이 혁명을 가장 잘 할 수 있는 계급이다. 혁명을 가장 잘 할 수 있는 계급은 바로 노동자와 농민이다"라고 하였다. 천옌녠은 노동자의 활동에 참여하면서 지도공작을 이해하게 되었고, 공농연맹을 강조하여 공농운동의 발전을 추진하였다.

천옌녠과 구위는 청년단과 신학생사의 강화를 하며, 광둥부녀해방협회를 설립하였고, 저우언라이가 청년군인연합회를 만드는 것을 협조하였다. 천옌녠은 혁명무장의 건립과 장악을 매우 중시하였으며, 청년들을 황포군관에 보내어 공부하게 하면서 군사간부 양성에 힘썼다.

1924년 11월 천옌녠은 저우언라이와 함께 쉬청장(徐成章)을 대장으로 하는 철갑차대(鐵甲車隊)를 조직하였다. 1925년 철갑차대를 기초로 하여, 예팅을 단장으로 하는 독립단을 조직하였다. 구위는 군사지식을 갖춘 간부를 선발하여 만든 부동회를 농민자위대로 확대하여 정비하였다.

광저우공업군을 노동자자위대로 개편하였고, 광둥 홍콩파업 노동자규찰대를 조직하였다. 이러한 당이 직접 지휘하는 혁명무장은 노동자농민 혁명운동을 지원하였고, 노동자 농민의 이익을 보호하였다. 이후 예팅의 독립단을 북벌 선봉대로 파견하였고 노동자규찰대와 자위대는 광저우 기의 때 적위자위대의 중대한 역량을 발휘하였다. 1925년 6월, 천옌녠과 덩중샤, 수자오정 등은 사람들이 놀랄 만한 광둥-홍콩대파업을 이끌었다.

국민당과의 갈등

1926년 1월 국민당 '2대' 전에, 좌파와 우파의 투쟁은 이미 매우 첨예하게 대립하였다. 천옌녠과 저우언라이 등은 "우파를 공격하고, 중파를 고립시키며 좌파를 확대한다"라는 방침을 세우고, 국민당의 '2대' 회의에서 철저하게 우파를 공격할 계획을 세웠다. 그러나 천두슈의 반대에 부닥쳤다. 장제스가 '중산함 사건(中山艦事件)'을 일으켜 공산당에게 갑자기 공격을 하였다. 천옌녠와 저우언라이는 장제스를 반격하자는 마오쩌둥의 주장을 지지하였다. 그러나 천두슈와 장궈타오가 반대하고 저지하였다. 두 달 사이에 장제스는 국민당 제2차 2중전회에서 공산당을 배척하였고 국공합작을 분열시키는 "정리당무안(整理黨務案)"을 제안하였다. 당시 회의에 참가한 공산당원 및 천옌녠과 광둥 구위는 모두 반대를 하였지만, 장궈타오는 공산당원들에게 받아들이라고 압박하였다.

천두슈 등은 우파에 대한 타협을 두 번 연속 받아들였는데 세 번째에도 양보하였다. 이는 대혁명의 실패원인이 되었다. 천두슈의 우경기회주의 착오에 대한 주장은 천옌녠은 다시 반대하였다. 그는 천두슈의 "노동자농민의 군중 역량을 믿지 않는다, 국민당우경파와의 투쟁을 하지 않으면 혁명을 상실할 것이다"라는 것을 비판하였다. 1927년 6월 26일 천옌녠은 국민당 군경에게 체포를 당하였다. 양후(楊虎)는 중공 당 조직의 비판을 얻기 위하여, 천옌녠을 고문하였지만 천옌녠은 온갖 고문을 이겨내었다. 1927년 7월4일 밤, 천옌녠은 참형 당하였다. 당시 천옌녠의 나이는 29세에 불과하였다.

역사적 평가

마오쩌둥은 "중국에서 본래 각종 인재들 모두 매우 부족하다. 특히 공산당 당내에서는 그렇다. 공산당이 성립하고 아직 몇 년이 지나지 않았기 때문에 인재가 매우 부족하다. 천옌녠과 같은 인재가 매우 드문 것은 확실하다"라고 하였다.

저우언라이는 천옌녠의 공작에 대해 매우 높은 평가를 하였다. 저우언라이는 "광둥의 당의 단결은 매우 좋았고, 당내 생활도 매우 좋았다. 옌녠은 이곳에서의 공로는 매우 크다"라고 하였다. 동비우는 "옌녠은 당내 매우 드문 정치가이다"라고 칭송하였다. 자오스옌은 "옌녠 동지의 생활은 매우 소박하고 검소하였다 그는 다른 사람과는 상관없이 일을 아는 사람이다"라고 하였다.

천두슈의 손녀인 천창푸(陳長璞)는 "나의 백부 천옌녠과 천챠오녠은 젊은 나이에 혁명을 위해 목숨을 바쳤다. 하지만 두 분은 정신의 부를 남겼고, 등대처럼 우리의 앞길을 밝혀주고 있다"라고 하였다. 중국공산당 성립 90주년을 경축하기 위해 중국 우정부는 『중국공산당 초기 영도인(3)』 기념우표 5세트를 발행하였는데, 그 중 첫 번째가 "천옌녠"이었다.

4. 무산계급 여성운동 지도자

샹징위(向警予, 1895~1928)

중국여성운동의 지도자인 샹징위는 1895년 후난성에서 태어났다. 본명은 샹쥔셴(向俊賢)이다. 중국 지도자 중에서 소수민족이 드문 편인데, 샹징위는 토가족이다.

샹징위는 중국공산당 초기 지도자 중의 한 명이다. 여권주의의 지도자이고, 무산계급혁명가이자 부녀해방운동 지도자 중의 한 명이다. 마오쩌둥은 옌안에서 미국 작가 스노우와 중국공산당의 창건 역사를 얘기할 때, "샹징위는 '유일한 여성 창시인'이다"라고 하였다.

2009년 9월 10일 중앙선전부, 중앙조직부, 중앙통전부, 중앙문헌연구실, 중앙당사연구실, 민정부, 인력자원사회보장부, 전국총공회, 공청단중앙, 전국부련(全國婦聯), 해방군총정치부 등 11개 부서에서 연합 조직한 '100명의 신중국 성립을 위해 지대한 공헌을 한 영웅모범인물'과 '100명의 신중국 성립 이래로 중국에 감동을 준 인물'을 평가할 때, 샹징위는 "100명의 신중국 성립을 위한 걸출한 공헌을 한 영웅모범인물"이라고 평가 받았다.

1914년 샹징위는 '여성혁명가의 요람'이라 불리는 창사(長沙) 저우난(周南)여자학교에서 공부를 하였다. 1919년 가을, 샹징위는 마오쩌둥·차이허선 등이 창건한 혁명단체 신민학회에 참여하였다. 그해 12월, 샹징위와 차이허선은 함께 프랑스로 근검공학을 갔고, 이듬해 두 사람은 프랑스에서 결혼을 하였다.

1920년부터 1921년까지 샹징위는 차이허선과 함께 '중국공산당'이라는 명칭과 계획을 제안하였다. 동시에 여러 곳에 선전을 하며 중국공산당 창건이 매우 급함을 호소하였다. 이후, 샹징위는 저우언라이, 리리싼과 함께 프랑스에서 중국공산당을 성립시켰는데, 중국 내 중국공산당 성립과 거의 동시에 건립하였다.

이러한 이유로 후에 마오쩌둥으로부터 "그녀는 당의 유일한 여성 창시인이다"라고 불렸다. 샹징위는 1922년에 귀국한 후 정식으로 중국공산당에 가입하였다. 당의 2대에서 5대까지 참석하였는데, 2, 3, 4대에서 중앙위원으로 선출되었으며, 연속으로 중앙부녀부 부장을 맡았다. 1925년 5월에는 중앙국 위원으로 선출되었다.

샹징위는 중국 최초의 무산계급여성운동을 영도하기 시작하였다. 그래서 '중국 부녀운동의 선구자'라고 불린다. 1919년 차이창(蔡暢) 등과 후난여자유법근공검학회를 조직하였고, 후난여성근공검학운동의 창시자가 되었다.

1923년 6월 12일에 중공 3대가 광저우에서 개최되었는데, 샹징위가 기초한 "중국공산당 제3차 전국대표대회 부녀운동결의안"이 통과되었고, 결의안에서 '여자는 유산승계권이 있다', '남녀 사교의 자유', '결혼 이혼의 자유', '남녀 임금 평등', '모성보호', '남녀 교육평등', '남녀 직업평등' 등을 주장하였다. 그리고 '전국부녀운동대연합'을 명확하게 밝혔다. 샹징위는 중앙위원으로 선출되었고, 부녀운동위원회의 제1서기에 임명되었다.

1925년 10월, 모스크바에 가서 동방노동자공산주의대학에서 공부하였고, 1927년 귀국한 뒤에는 중국공산당 한커우시위 선전부, 시총공회 선전부에서 일을 하였다. 1928년 3월 20일, 반역자의 밀고로 프랑스 조계지 싼더리(三德里)에서 체포되었다. 1928년 5월 1일, 전세계노동자의 날에 국민당에 의해 살해당하였다.

차이허선과 샹징위는 함께 '중국공산당'이라는 명칭과 계획을 함께하였다. 샹징위와 차이허선은 '샹차이동맹(向蔡同盟)' 후 얼마 지나지 않아, 1920년 7월 6일부터 10일까지, 두 사람은 프랑스 몽따르지 교외 블로뉴 숲에서 유법신민학회 회원 회의를 열었다. 샤오즈성(蕭子升)을 대표로 하는 무정부주의자들을 제각각 갈 길을 가게 하였다. 회의의 중심의제는 중국과 세계를 어떻게 개조하는 가였다. 차이허선은 "프랑스러시아의 모델로 삼아, 곧 진행해야 한다"고 하였다.

"꽃다운 나이의 소녀를 위해 전족베를 없애고, 광대한 부녀의 참정권을 쟁취하기 위해, 창기의 독립된 인격을 찾기 위해, 내 평생 여권을 말하지 않았다고 누가 말했는가?"(샹징위)

___

샹징위와 차이허선의 결혼을 '샹상동맹/샹차이동맹(向上同盟/向蔡同盟)'이라 부른다. 생활습관 등이 맞지 않았기에 1926년 두 사람은 모스크바에서 헤어졌다. 생활에서 '동맹'은 더 이상 없지만, 혁명 이상의 동맹은 여전히 있었다. 샹징위의 죽음을 알고는 차이허선은 매우 비통해 하였다. '나의 아내'라는 글로 추도하였다. 추도문에는 "위대한 징위, 영특하고 용맹한 징위, 당신은 죽지 않았고, 영원히 죽지 않았어! 당신은 허선 개인의 애인이 아니라, 중국 무산계급의 영원한 애인이야!"라고 적었다.

샹징위는 당 중앙 부녀부의 '부녀운동에 관한 결의' 등 많은 주요 지도문건을 기초하였다. 그리고 '중국 최근 부녀운동', '중국 부녀선전 운동의 신기원', '부녀운동의 기초', '중국 지식 부녀의 3파' 등 부녀해방과 운동의 글을 발표하였다. 그리고 많은 여성공작 간부를 배양하였고, 여권운동사에 중대한 공헌을 하였다.

1924년 10월 평위샹(馮玉祥)이 베이징 정변을 일으켰을 때, 11월 17일 손중산은 평위샹에게 중공의 '국민회의' 주장을 받아들이라고 요구하였다. 손중산은 각 실업단체, 상회, 공회, 농회, 학생회 등 9개 단체 대표의 국민회의의 예비회에 참가해 달라고 호소하였다. 그러나 여성단체는 포함되지 않았다. 이러한 일이 발생하자 여성계에서는 참정권을 요구하는 운동이 시작되었다. 같은 달 중공중앙은 전국에 국민회의 소집을 제창하는 것을 호소하였고, 부녀단체가 국민회의에 참가하도록 재촉하였다.

1924년 12월 21일 샹징위가 주최한 상하이여권운동위원회 등 21개 부녀단체는 '상하이여성계국민회의촉진회'를 성립시켰다. 국민회의에 부녀단체가 참가해야 함을 명확하게 선언하였고, 모든 공사 법률에서 여권발전에 장애가 되는 모든 것을 폐지해야 한다고 발표하였다. 남녀평등과 여권발전에 도움이 되는 헌법과 법률을 별도로 요구하였다. 샹징위는 『부녀주보(婦女周報)』에 발표한 "국민회의와 부녀"라는 글에서 "본회의 목적은 국민회의를 빨리 이루어지도록 하는 것이고, 국민회의에 독립된 여성단체가 참가하는 것이다"라고 하였다. 또 "부녀와 남자는 성의 구별에 지나지 않는다. 국민의 신분은 다를 바가 없다"라고 하였다.

1925년 3월 21일에 상하이 여성계국민회의 촉성회는 조례를 수정하였다. 쓰촨루 중앙대회당에서 개최된 상하이 여성 국민대회는 40여

단체의 200여 명이 참가하였다. 대회 주석인 샹징위는 보고에서 "부녀는 한 쪽 어깨엔 여권을 위한 투쟁을 하는 막중한 임무가 있고, 다른 어깨엔 민권을 위한 투쟁을 하는 막중한 임무가 있다. 대회는 전보를 쳐야 하는데, 손중산과 국민당 중앙위원회에 전보를 쳐서 여성계 권리를 위한 투쟁을 요구해야 한다"라고 하였다. 돤치루이는 '선후회의(善后會議)'에서 조례 초안 등의 수정을 요구하였다.

전국 각계 부녀자들이 항쟁의 압력 하에, 국민회의 전문위원회는 특히 14조 "무릇 중화민국 남자는 만 25세 이상" 속의 '남자'를 심의하여 두 글자를 '국민(國民)'으로 바꾸었다. 그러나 결국에는 선후회의에서 정한 국민대표대회 조례 제14조에서는 종전대로 '남자' 두 글자를 따랐다.

상하이 국민당 부녀부는 4월 24일에 '전국부녀에게 고하는 서와 선언'을 발표하였다. 부녀에게 고하는 서(書) 속에는 "특권계급과 모든 보수반동의 구세력이 모두 모여 하루 존재하니, 부녀운동은 하루 고개를 들 수 없다"라고 하였다. 그리고 선언에서는 "만약 여권운동에 종사하는 자매가 일반시민에게 협동할 수 없다면, 특권계급과 모든 보수반동의 구세력을 근본적으로 전복시켜, 부녀운동의 목적이 영원히 도달할 수 없는 하루이다"라고 하였다. 그리고 "우리는 주저하지 않고 국민혁명전선에 참가하여, 일반인민과 협동하여 특권계급과 모

선후회의(善后會議)

1925년 2월 1일, 중화민국 임시집정 돤치루이가 2차 직봉전쟁 이후 중국의 정세를 토론하기 위해 소집한 회의이다. 1925년 4월 20일까지 총 22차례 대회가 열렸으며 4월 21일에 폐막되었다. 이 기간에 쑨원이 3월 12일 간암으로 사망하였다. 4월 21일 별다른 성과 없이 흐지부지하게 끝났다.

든 보수반동의 세력을 전복하자"라고 하였다.

샹징위는 "중국 지식 부녀의 3파"(1923.11.28)라는 글에서 "인생의 가치의 크고 작음, 사람들이 사회에 공헌하는 크고 작음으로 판단하는 것이다"라고 하였다. 샹징위는 여자지식인 운동에 대해서 3가지 유형으로 분류하였다. 지식여성은 소가정파, 직업파, 낭만파로 구분할 수 있다.

샹징위는 소가정파가 일반사회와 부녀는 오히려 절대 저들의 장점을 받아들일 수 없다고 비판하였다. 그리고 소가정을 대가정과 비교하면 당연히 다른 역사가치가 있지만, 이러한 안락한 곳은 극단적인 개인의 쾌락에서의 가사분담이고, 영원히 여자의 무덤을 파는 것이라고 비판하였다. 행복한 소가정은 어떻게 부녀의 질곡한 해방을 즐기겠는가라고 비판하였다. 소가정파는 개인적 쾌락주의를 기반으로 하여 일부일처제의 소가정을 추구하였다. 그리고 위생적인 의식주, 양호한 아동양육, 교육을 통해 가정의 행복을 증진시키는 것을 목적으로 하며, 서양에서 유학한 여성 다수가 이에 속하였다.

직업파는 가정에서 나와 사회로 들어가, 부녀 지위의 변화에 일정한 의의가 있더라도 여전히 보수성을 갖고 있다. 직업파는 사업 발달을 위하고 순조롭게 하기 위해 현실사회에 좋고 나쁨을 막론하고 단지 복종할 따름이다. 이러한 이유로 매우 쉽게 보수적 성질을 형성하고 있다. 직업파는 독립적인 생활과 사회봉사를 목적으로 하여, 교육 실업 종교 세 방면에 분포하였다.

샹징위는 낭만파가 좋아하는 것은 자신의 절대 자유와 쾌락이라고 비판하였다. 그리고 이들 사이에 가장 유행하는 구호는 사교의 공개이고, 그들의 궁극적인 목표는 자유연애였다.

샹징위는 세 유형의 특징이 그들이 처한 환경의 차이에서 비롯된 것으로 보았다. 즉 소가정파와 낭만파는 경제적으로 안락한 지위가 보장되어 있고, 직업파는 하고 싶어서 일을 하는 극소수 외에 대부분은 실제 생활이 절박하기 때문이라는 것이다. 사회공헌도를 기준으로 직업파, 소가정파, 낭만파 순으로 의미를 부여한 샹징위는 소가정파, 직업파, 낭만파의 여자 지식인이 수행한 운동을 참정, 여권운동, 기독교 여성운동으로 나누어 실태를 파악한 후 문제점을 지적하고 여성운동의 방향을 모색해 나갔다.

1939년, 옌안에서 '38'부녀절을 기념하는 대회에서 마오쩌둥은 샹징위의 일생을 평가하였다. 마오쩌둥은 "혁명 시대에 희생된 모범적인 여성 지도자이며 공산당원인 샹징위를 학습해야 한다. 그녀는 부녀해방을 위해, 노동대중해방을 위해, 공산주의 사업을 위해 일생을 분투하였다"라고 말하였다.

1941년 마오쩌둥은 옌안에서 미국 기자 스노우의 담화에서 "프랑

중국에서는 1924년 광저우에서 처음 부녀절(婦女節)을 기념했고 지금까지도 이 날은 뜻 깊은 날이다. 1922년 6월까지만 해도 여성 당원은 4명에 불과했고, 이듬해에도 13명까지 늘지 못하였다. 이에 1922년 7월 중국공산당 제2차 전국대표대회에서 여성 문제에 관심을 두기 시작하였다. 당시 중공 중앙 지도부는 여성해방은 노동해방과 같이 진행되어야 한다고 생각하고, 샹징위를 첫 번째 여성부 부장으로 임명하였다. 1923년 6월 중국공산당 제3차 전국대표대회에서는 "여성운동에 관한 결의안"을 제시하고, 여성 당원이 나서서 여성 운동을 지도해야 한다고 하였다. 여성 운동의 주요 슬로건으로 '남녀 교육평등' '남녀 임금평등', '결혼과 이혼의 자유' 등이 있다.

1924년 국공 양당 합작으로 광저우에서 처음 38부녀절 행사가 열렸다. 3월 7일 총 12명의 인원이 광저우시 주요 길을 다니면서 38부녀절 선전 포스터를 배부하였다. 3월 8일 오전 11시 광저우시 중심에 위치한 제일공원에서 광둥성 교육청, 광저우시 교육국, 학생들이 참가한 시위행사가 열렸다.

스에서 많은 근공검학의 사람들도 중국공산당을 조직하였다. 거의 국내의 조직과 동시에 건립되었다. 거기에는 당의 창시자 중의 한 명인 저우언라이, 리리싼과 샹징위가 있다. 샹징위는 차이허선의 부인이다. 유일한 여성 창시인이다. 뤄마이(羅邁), 리웨이한과 차이허선도 프랑스 지부의 창시인이다"라고 하였다.

1981년 후야오방은 "중국공산당 창당 60주년 경축 대회에서의 연설"에서 "샹징위는 당 창건 시기의 주요 영도인 중의 한 명이다"라고 인정하였다. 저우언라이는 일찍이 "샹징위는 첫 번째 여성 중앙위원이고, 첫 번째 부녀부(여성부) 부장이다"라고 하였다.

류룽화(劉蓉華)는 샹징위에 대해 "샹징위와 마오쩌둥, 차이허선 등의 초기 무산계급혁명가는 중국혁명의 승리와 부녀 해방을 위해 일생을 바쳤다. 샹징위의 일생은 분투, 전투의 일생이라고 할 수 있고, 그녀의 헌신과 희생은 영원이 우리가 배울 가치가 있다"라고 여겼다.

쌍백(雙百)인물

신중국 성립 이래 애국주의 교육 활동이 진행되면서, 신중국 성립 60주년을 맞이하여, 중앙 비준을 통해 중앙선전부·중앙조직부·중앙통전부·중앙문헌연구실·중앙당사연구실·민정부·인력자원사회보장부·전국총공회·공청단중앙·전국부련(全國婦聯)·해방군총정치부 11개 부서에서 협력하여 100명의 신중국 성립을 위해 공헌을 한 모범인물과 신중국 성립 이래로 감동을 준 중국인물 100명을 선정하기 위해 노력하였고 2009년 9월 10일 전국"쌍백"평선활동조위회(全國"雙百"評選活動組委會)에서 공포하였다.

신중국 성립에 지대한 공헌을 한 영웅 100명

팔녀투강(八女投江), 화호(於化虎), 소엽단(小葉丹), 마본재(馬本齋), 마립훈(馬立訓), 방지민, 모택민(毛澤民), 모택담(毛澤覃), 왕이탁(王爾琢), 왕진미, 왕극근(王克勤), 왕약비, 등평(鄧萍), 등중하, 등은명, 위발군(韋拔群), 풍평(馮平), 로덕명(盧德銘), 섭정, 섭성환(葉成煥), 좌권(左權), 백구은(白求恩), 임상륜(任常倫), 관향응, 류로장련(劉老莊連), 류백견(劉伯堅), 류지단, 류호란(劉胡蘭), 길홍창(吉鴻昌), 향경여(向警予), 심회주(尋淮洲), 융관수(戎冠秀), 주서(朱瑞), 강상청(江上青), 강죽균(江竹筠), 허계신(許繼慎), 완소선(阮嘯仙), 하숙형, 동린각(佟麟閣), 오운탁(吳運鐸), 오환선(吳煥先), 장태뢰, 장자충(張自忠), 장학량, 장사덕(張思德), 광계훈(曠繼勳), 이백(李白), 이림(李林), 이대쇠(李大釗), 이공박(李公樸), 이조린, 이석훈(李碩勳), 양은, 양자영(楊子榮), 양개혜(楊開慧), 양호성(楊虎城), 양정우(楊靖宇), 양암공(楊闇公), 초초녀(肖楚女), 소조정(蘇兆征), 추도분(鄒韜奮), 진연년(陳延年), 진수상(陳樹湘)), 진가경(陳嘉庚), 진담추, 승성해(冼星海), 주문옹과 진철군부부(周文雍和陳鐵軍夫婦), 주일군, 명덕영(明德英), 임상겸, 라역농, 라충의(羅忠毅), 라병휘, 정률성(鄭律成), 운대영(惲代英), 단덕창(段德昌), 하영(賀英), 조일만(趙一曼), 조세염, 조상지, 조박생(趙博生), 조등우(趙登禹), 문일다(聞一多), 애덕가·사낙(埃德加·斯諾), 하명한(夏明翰), 격리과리·고리신과(格裏戈裏·庫裏申科), 랑아산 다섯 장사(狼牙山五壯士), 섭이(聶耳), 곽준경(郭俊卿), 전장비(錢壯飛), 황공략, 팽배, 팽설풍(彭雪楓), 동존서(董存瑞), 동진당(董振堂), 사자장(謝子長), 로신(魯迅), 채화삼, 대안란(戴安瀾), 구추백

신중국 성립 이래로 중국에 감동을 준 인물 100명

정효병(丁曉兵), 마만수(馬萬水), 마영순(馬永順), 마항창(馬恒昌), 마해덕(馬海德), 중국여자배구 올림픽팀(中國女排五連冠群體), 공상서(孔祥瑞), 공번삼(孔繁森), 문화지(文花枝), 방영강(方永剛), 방홍소(方紅霄), 모안영(毛岸英), 왕걸(王傑), 왕선(王選), 왕영(王瑛), 왕악의(王樂義), 왕유덕(王有德), 왕계민(王啟民), 왕진희(王進喜), 왕순우(王順友), 등평수(鄧平壽), 등건군(鄧建軍), 등가선(鄧稼先), 총비(叢飛), 포기범(包起帆), 사광주(史光柱), 사래하(史來賀), 섭흔(葉欣), 감원지(甘遠志), 신기란(申紀蘭), 백방례(白芳禮), 임장하(任長霞), 류문학(劉文學), 류영준(劉英俊), 화라경(華羅庚), 향수려(向秀麗), 정·파특이(廷·巴特爾), 허진초(許振超), 달오제·아서목(達吾提·阿西木), 형연자(邢燕子), 오대관(吳大觀), 오인보(吳仁寶), 오천상(吳天祥), 오금인(吳金印), 오등운(吳登雲), 송어수(宋魚水), 장화(張華), 장운천(張雲泉), 장병귀(張秉貴), 장해적(張海迪), 시전상(時傳祥), 이사광(李四光), 이춘연(李春燕), 이계림과 륙건분 부부(李桂林和陸建芬夫婦), 이소지(李素芝), 이몽도(李夢桃), 이등해(李登海), 양리위(楊利偉), 양부원(楊懷遠), 양근사(楊根思), 소저(蘇寧), 곡문창(穀文昌), 태려화(邰麗華), 구소운(邱少雲), 구광화(邱光華), 구아국(邱娥國), 진경윤(陳景潤), 맥현득(麥賢得), 맹태(孟泰), 맹이동(孟二冬), 임호(林浩), 임교치(林巧稚), 임수정(林秀貞), 구양해(歐陽海), 라영진(羅映珍), 라건부(羅健夫), 라성교(羅盛教), 초원영웅 자매(草原英雄小姐妹), 조몽도(趙夢桃), 종남산(鍾南山), 당산13농민(唐山十三農民), 용국단(容國團), 서호(徐虎), 진문귀(秦文貴), 원륭평(袁隆平), 전학삼(錢學森), 상향옥(常香玉), 황계광(黃繼光), 팽가목(彭加木), 초유록(焦裕祿), 장축영(蔣築英), 사연신(謝延信), 한소운(韓素雲), 두철성(竇鐵成), 뢰저(賴寧), 뢰봉, 담언(譚彦), 담천추(譚千秋), 담죽청(譚竹青), 번금시(樊錦詩)

건국 이후~개혁개방 이전의 지도자

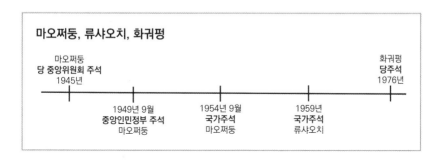

마오쩌둥, 류샤오치, 화궈펑

마오쩌둥
당 중앙위원회 주석
1945년

1949년 9월
중앙인민정부 주석
마오쩌둥

1954년 9월
국가주석
마오쩌둥

1959년
국가주석
류샤오치

화궈펑
당주석
1976년

중국 건국 이후의 주요 지도자는 중국공산당 창당 이후부터 중화인민
공화국 건국 이전까지도 중요한 역사적 활동을 하였던 인물이다. 여
기에서는 중국 건국 이후부터 개혁개방 이전까지의 지도자를 살펴본
다. 대표적인 지도자는 마오쩌둥(1893~1976), 저우언라이(1898~1976),
류샤오치(1898~1969), 화궈펑(1921~2008)인데, 이 중 저우언라이를 제

외한 3명을 소개하고, 저우언라이는 국무원 총리 부분에서 소개한다.

　중국 지도자 중에는 당 주석, 당 총서기, 국무원 총리에는 임명되지 않았지만, 주더와 펑더화이처럼 중국 건국에 중대한 역할을 한 인물도 있다. 특히 주더는 마오쩌둥과 함께 홍군(인민해방군)을 창설한 인물이다.

　중국공산당이 세운 중국은 사회주의 체제였고, 한국전쟁에 개입하여 한국의 통일을 방해하고, 분단을 가져다 준 국가였다. 한국에서는 한때 '중공'이라 불렸고, 공산국가인 중국에 대한 정보를 쉽게 얻지 못하였다. 지금도 중국은 항미원조라고 하며 한국전쟁 개입을 중국공산당의 주요 성과라고 가르치고 있기 때문에, 한국에서는 중국의 역사관과 민족관을 정확하게 파악해야 한다. 특히 장쩌민 정부 때부터 애국주의 교육이 시작되었고, 시진핑 정부에 들어와서도 신시대 애국주의 교육을 실시하고 있다. 이러한 교육을 받은 사람들은 한국의 역사와 문화를 왜곡하거나 부정할 가능성이 매우 높다. 최근 한국의 김치와 한복이 중국의 것이라고 주장하는 중국 네티즌들이 많다. 이들 중에는 중국의 애국주의 교육을 받은 세대들이 많다. 이처럼 맹목적인 애국주의를 표출하는 사람들을 '분노청년(憤怒靑年·분청)', '소분홍(小粉紅, 당과 국가, 지도자를 사랑한다는 의미)'이라고 지칭하는데, 21세기 홍위병이라고도 부른다. 신시대 애국주의 교육이 실시되면 '소분홍'이라 불리는 사람들이 더욱 증가할 것으로 보인다. 그렇기 때문에 한국에서는 중국의 애국주의와 중화민족주의가 담고 있는 함의가 무엇이고 구체적인 실천 과정이 무엇인지 정확하게 알고 있어야 한다. 중국에서는 진행하는 역사와 문화에 대한 교육이지만, 한국에 미치는 영향은 너무나도 심각하다.

마오쩌둥(毛澤東, 1893.12.26~1976.9.9)

마오쩌둥은 1945년 제7차 1중전회에서 1976년 9월 9일 사망할 때까지 줄곧 중공중앙의 주석을 맡았다. 마오쩌둥은 중국의 최고 지도자였다. 마오쩌둥이 역임하였던 주요 직무는 거의 '주석'으로 칭해졌기 때문에, 사람들로부터 '마오주석(毛主席)'이라 불린다. 최근 한국에서 마오쩌둥을 '중국의 국부'라고 칭하는 사람들이 등장하였다. 중국에서는 마오쩌둥을 '중국의 국부'라고 부르지는 않는다. 그렇게 때문에 한국에서 굳이 마오쩌둥을 '중국의 국부'라고 부를 필요는 없다.

　마오쩌둥은 농민 문제가 중국혁명 중의 중요한 지위를 차지하고 있고, 무산계급이 농민투쟁에서 매우 중요함을 강조하였다. 마오쩌둥은 1931년 11월에 장시 중화소비에트의 주석이 되었다. 일반적으로 1935년 쭌이회의 이후 마오쩌둥을 중심으로 한 새로운 지도부가 형성되었다고 말하지만, 1935년 2월 중앙정치국 상무위원회의 결정에 따라 장원텐이 보구를 대신해 당내 총책임자가 되었다. 직무상으로는 장원텐이 총서기로 선출되어 최고 지도자가 되었지만, 실질적으로 중국공산당을 이끈 사람은 마오쩌둥이라고 평가하고 있다.

동년 3월 마오쩌둥은 홍1방면군의 전적사령부 정치위원이 되었고, '3인 군사지휘소조'에 들어갔다. 동년 11월 3일 중공중앙은 마오쩌둥을 서북혁명군사위원회 주석과 홍1방면군의 정치위원으로 임명하였다. 이후 마오쩌둥은 중국을 건국하는 데 주도적인 역할을 하였고, 건국 이후에는 당과 군, 정부의 전권을 행사하였다.

마오쩌둥은 현대 세계 역사 중에서 가장 중요한 인물 중의 한 명으로 평가받고 있다. 『TIME』 잡지에도 마오쩌둥을 20세기의 구체적인 영향을 준 100명 중의 1명으로 평가하였다.

생애

마오쩌둥은 1893년 12월 26일 후난성 샹탄(湘潭)에서 태어났다. 오늘날 중국에서는 마오쩌둥이 태어난 12월 26일을 '마오마스'라고 부른다. 1976년 9월 9일 마오쩌둥이 사망하면서 문화대혁명의 끝이 보이기 시작하였다.

마오쩌둥의 자는 룬즈(潤之)이다. 원래는 용즈(咏芝)였으나 후에 룬즈(潤芝)로 바꾸었다. 필명은 즈런(子任)이다. 마오쩌둥은 가명으로 리더성(李德勝)이라는 이름을 사용하였다. 마오쩌둥은 평생 결혼을 네 번 하였다. 그런데 첫 번째 결혼은 아버지가 강제로 시킨 것이라 마오쩌둥은 이 결혼을 인정하지 않았다. 그래서 마오쩌둥의 공식적인 결혼은 세 번이라 할 수 있다. 첫 번째 부인은 혁명전사 양카이후이(楊開慧)이고, 두 번째 부인은 혁명 소녀라 불리는 허쯔전(賀子珍)이며, 세 번째 부인은 4인방 중의 1명인 장칭(江青)이다. 마오쩌둥에게는 딸이 두 명이 있다. 당시 마오쩌둥은 딸이 공산 비적의 딸이라는 사실이 알려지면 죽임을 당할 것이라는 생각을 하였다. 그래서 평소 리더성이라는 이름을 사용하였던 마오쩌둥은 딸들에게 리(李)씨 성을 주었다. 마오쩌둥은 허쯔전과의 사이에 낳은 딸을 리민(李敏)과 장칭과의 사이에서 낳은 딸을 리나(李訥)라고 이름을 지었다.

마오쩌둥은 중국 혁명가 중의 한 명이지만, 문학적 기질도 있어 시(詩)와 사(詞)도 많이 남겼다.

신해혁명 이후

1911년 신해혁명이 발발하였을 때 마오쩌둥은 기의(起義)를 일으킨 신군(新軍)에 반년간 있었다. 1913년 봄, 후난정부가 세운 제4사범학교 예과(預科)에 입학하였고, 1914년 가을, 후난정부가 세운 제1사범학교 본과 제8반에 편입하였다. 이 기간에 양창지(楊昌濟) 등 진보적인 교사의 영향을 받았고, 『신청년』을 즐겨 읽으면서 천두슈와 후스(胡適) 등을 존경하게 되었다.

1918년 4월 14일, 마오쩌둥은 샤오즈성, 허수헝, 차이허선 등과 신민학회(新民學會)를 조직하였다. 신민학회는 처음엔 "학술혁신, 품행연마, 사람 마음 속 풍속 개선"을 종지로 삼았고, 후에는 "중국과 세계

마오쩌둥의 심원춘(沁園春)·설(雪)

강산이 이렇듯 아름다울진대, 수많은 영웅들 다투어 허리를 굽혔더라. 애석하게도 진시황 한무제는 문채가 좀 모자랐고, 당 태종 송 태조는 시문이 미진하였으며, 일대천교 칭기즈칸은 그저 활 당겨 독수리 쏠 줄밖에 몰랐어라. 하지만 모두 지나간 일, 진정한 풍류인물을 세려면 역시 오늘을 보아야 하리라(江山如此多嬌, 引無數英雄競折腰. 惜秦皇漢武, 略輸文采; 唐宗宋祖, 稍遜風騷. 一代天驕. 成吉思汗, 只識彎弓射大雕. 俱往矣, 數風流人物, 還看今朝).

를 개조하다"를 종지로 삼았다. 동년 6월에 후난성립 제1사범학교를 졸업하였고, 동년 8월에 프랑스로 갈 근검공학운동 조직을 위해 처음으로 베이징에 갔다.

베이징 대학 도서관에서 관리원으로 일을 하며, 리다자오 등의 도움을 받았다. 1917년 러시아에서 발생한 10월 혁명의 사상적 영향을 받았고, 1918년 천두슈와 리다자오가 주도하던 마르크스주의연구회에 가입하였다.

1919년 3월 상하이에서 프랑스로 근공검학을 떠나던 학생들을 배웅하러 가기도 하였고, 프랑스 유학생들과 지속적으로 연락을 하며 서구 문명을 접하였다. 동년 4월 6일, 상하이에서 후난성 창사로 갔다. 동년 5월 4일에 발생한 5·4운동의 영향을 받아, 후난학생연합회를 조직하고 후난 학생들에게 반제국주의의 애국운동을 지도하였다. 동년 7월 14일, 후난학생연합회의 간행물인『상강평론(湘江評論)』을 창사에서 창간하였고, 8월까지 투고하며, "민중의 대연합"이라는 글을 발표하였다.

1920년 8월 초, 마오쩌둥은 창사에서 이리룽(易禮容) 등과 문화서사(文化書社)를 조직하여, 마르크스주의와 신문화를 전파하였다. 8월과 9월 사이에 러시아연구회 설립을 위한 준비 작업에 참여하였고, 동년 11월 허수형 등과 함께 창사 공산주의 소조를 조직하였다. 11월 25일 마오쩌둥은 뤄장룽에게 편지를 보내 신민학회에 "변하고자 하면 이념과 결합하는 게 좋다. 이념은 깃발과 같아, 깃발을 세우면 모두가 비로소 기대를 갖고 되고, 가야 할 곳을 알게 된다"를 제출하였다.

1920년 12월 1일, 마오쩌둥은 프랑스에 있는 차이허선과 샤오즈승 등에게 편지를 보내어, 자신이 마르크스주의를 받아들였음을 표명하였고, 러시아에서 일어난 10월 혁명의 길을 걸어가야 함을 표명하였다. 마오쩌둥은 창사에서 사회주의 청년단을 조직하였는데, 이 시기에 양카이후이와 결혼하였다.

1921년 1월 1~3일, 허수형, 펑황(彭璜), 저우스자오(周世釗), 슝진딩(熊瑾玎) 등 10명과 창사 차오종(潮宗)이 문화서사에서 신민학회 회원과 신년대회를 열었다. 회의에서 신민학회는 "중국과 세계를 개조하다가 공동의 목적이고, 러시아식 방법으로 중국을 개조하는 데 찬성한다"고 밝혔다.

중국공산당 창당과 농민운동

1921년 7월 23일부터 8월 초까지, 허수형과 함께 창사 공산주의 소조의 대표 자격으로 상하이에서 개최한 중국공산당 제1차 전국대표대회에 참석하였다. 동년 8월, 창사로 돌아와 중국노동조합 서기부 후난분부 주임을 맡았고, 허수형과 함께 후난자수대학(湖南自修大學)을 세웠다. 10월 10일, 중국공산당 후난지부를 세우고 서기를 맡아 창사와 안위안 등지에서의 노동운동을 이끌었다.

1924년 1월 국공합작 후, 국민당 제1, 제2차 전국대표대회에서 중앙집행위원 후보로 선출되었고, 광저우에서 국민당 중앙선전부 대리부장을 맡았고, 『정치주보(政治周報)』의 주편이 되었다. 제6차 농민운동강습소를 주관하였고, 회의 뒤에 상하이로 돌아와 국민당 상하이집행부 위원, 조직부 비서 등을 지냈다.

1925년 2월, 고향 샤오산으로 돌아와 병을 치료하던 중에 농민운동을 전개하였다. 9월에는 광저우로 가서 국민당 제2차 전국대표대회 준비 업무에 참여하였다. 10월, 국민당 중앙선전부 부장대리에 임명되었고, 12월 1일에 "중국사회 각 계급 분석"을 발표하였다. 1925년 겨울부터 1927년 봄까지 "중국사회 각 계급의 분석"과 "후난 농민운동 고찰 보고" 등을 발표하였다. 마오쩌둥은 농민 문제가 중국혁명 중의 중요한 지위를 차지하고 무산계급이 농민투쟁에서 매우 중요함을 지적하였고, 천두슈의 우경사상을 비판하였다.

1926년에는 "후난농민운동 시찰보고"를 발표하였다. 1927년 1월 4일부터 2월 5일까지, 후난의 샹탄, 샹샹(湘鄉), 헝산(衡山), 리링(醴陵), 창사 등 5개 현의 농민운동을 조사하였다. 4월에 개최된 중국공산당 제5차 전국대표대회에 참석하여 중앙집행위원회 후보위원으로 선출되었고, 천두슈의 우경착오를 비판하였다. 그리고 송칭링(宋慶齡) 등의 22명 국민당 중앙위원과 연명하여 "중앙위원 선고"를 발표하였고, 장제스와 왕징웨이(汪精慰)의 인민 배반 행위를 질책하였다.

1927년 8월 7일, 중공 중앙이 한커우에서 개최한 긴급회의, 이른바 '8·7회의'에 참석하여 "권력은 총구에서 나온다(槍杆子裏面出政權)"라는 사상을 제기하였다. 즉 "혁명무장으로 정권을 쟁취하려"는 사상으로 임시중앙정치국 후보위원에 선출되었다. 9월 9일, 후난으로 가서 상공(湘贛) 경계의 추수봉기(秋收起義)를 지도하였다.

마오쩌둥을 주요 대표로 하는 중국공산당은 중국의 실제에서 출발하여 국민당 정권통치가 비교적 약한 농촌에서 무장투쟁을 발전시켰다. 마오쩌둥은 농촌으로 도시를 포위하고, 최후에 도시와 전국의 정권을 쟁취해야 함을 강조하였다. 마오쩌둥은『중국의 홍색정권은 왜 존재할 수 있는가?』,『작디작은 불티가 들판을 태울 수 있다』등의 저서에서 이러한 문제를 이론상으로 간략하게 설명하였다.

정강산 혁명근거지 건설과 홍군 건설

마오쩌둥은 1927년에 후난기의를 지휘하였다가, 1,000명을 이끌고 정강산(井岡山)으로 퇴각하여 근거지와 홍군 건설을 주도하였다. 1927년 10월 장시 닝강현(寧岡縣) 마오핑(茅坪)에 도착하여 정강산 혁명근거지를 건설하기 시작하였다.

1928년 4월에는 주더(朱德)가 이끄는 기의부대와 함께 공농혁명군 제4군을 창설하였는데, 훗날 이 부대를 '홍군'이라 불렀다. 마오쩌둥은 당 대표와 전적위원회(前敵委員會) 서기를 맡았다.

1928년 7월, 중국공산당 제6차 전국대표대회에서 중앙위원으로 선출되었다. 10월 5일, 중국공산당 상공변계(湘贛邊界) 제2차 대표대회에서 결의안을 기초하고 '노동자 농민 무장 할거'를 주장하였다.

1929년 1월, 마오쩌둥은 주더, 천이와 함께 홍4군 주력을 인솔하여 장시성 남쪽(贛南)과 푸젠성 서쪽(閩西)으로 진군하였고, 1930년 봄 이 두 지역에서 혁명 근거지의 기초를 형성하였다. 12월, 푸젠 상항(上杭)현 구톈(古田)촌에서 중공 홍4군 제9차 대표대회 개최를 주관하였다.

주더(朱德, 1886~1976.7.6) 건군의 아버지, 인민해방군

인민해방군 '건군의 아버지'라 불리는 주더는 쓰촨성 출신으로 신해혁명 당시 윈난성에서 무장기의에 참가하였다. 1922년 독일 유학 중에 베를린에서 중국공산당에 가입하였다.

1927년 8월 1일에 일어난 난창봉기를 지휘하였으며, 1929년에 마오쩌둥과 함께 정강산에서 근거지를 만들었고, 홍군을 창설하였다. 1930년에는 주마오군(朱毛軍)을 주축으로 형성된 홍군의 총사령관이었고, 1937년 이후 팔로군 총사령관으로 항일전쟁 지휘하였다. 1959년 이후에는 중국공산당 중앙위원회 부주석을 역임하였다.

이 대회는 '구톈회의(古田會議)'라 불리는데, 회의에서 마오쩌둥은 정치보고를 하고 대회의 결의안을 기초하였다. 이 결의안은 '구톈회의결의(古田會議決議)'라고 부른다.

1930년 1월 5일, 마오쩌둥은 "작디작은 불티가 들판을 태울 수 있다"는 글을 써서 농촌이 도시를 포위하고 무장으로 정권을 탈취하는 중국 혁명의 길에 관한 이론을 강조하였다. 동년 5월, 장시성 쉰우(尋烏)에서 조사 활동을 하고 "본본주의를 반대한다"는 글을 써서 "조사가 없으면 발언권도 없다"는 주장을 제기하였다.

중화소비에트공화국

마오쩌둥은 1931년 11월 27일, 중화소비에트공화국(中華蘇維埃共和國) 중앙집행위원회 제1차 회의에서 주석과 인민위원회 주석으로 선출되었다. 1932년 4월 15일, 마오쩌둥은 "대일본 전쟁선언"을 발표하였고,

---

마오주석(毛主席, Chairman Mao) 칭호의 유래

1931년 중화소비에트공화국 주석(主席)

1930년 9월 9일 중공중앙 총행동위원회 주석단(정치국 상무위원회에 상당함)은 회의를 소집하여, 중화소비에트공화국 건립을 결정하였고, 임시중앙정부를 성립을 결정하였다.

1931년 11월 7일부터 20일까지 중국공산당은 장시성 루이진(瑞金)에서 중화소비에트 제1차 전국대표대회를 개최하였고, 인민 이익을 대표하는 정권인 임시중앙공농민주정부를 설립하였다. 즉, 중화소비에트공화국 임시중앙정부를 설립하였다. 이때 중화소비에트공화국의 '중앙집행위원회'의 주석과 '인민위원회'의 주석 모두 마오쩌둥이었다. 이러한 이유로, 중화소비에트공화국 주석은 마오쩌둥이라고 통상적으로 칭한다. 이후 '마오주석'이라는 칭호가 생겨났다.

5월 9일에는 샹잉(項英)과 함께 "중화소비에트공화국 임시중앙정부는 국민당의 매국적인 쑹후(淞滬) 협정통전에 반대한다"를 발표하였다. 10월, 장시 닝두(寧都)에서 개최된 중국공산당 소비에트 중앙국 회의에서 마오쩌둥은 '좌경 착오적 지도'라는 공격을 받았다. 1933년 2월 하순, 중공 임시중앙이 전면적으로 진공 노선을 추진하였고, 마오쩌둥의 적극적인 방어 노선이 중앙 근거지에서의 영향을 없애기 위해 '뤄밍 노선 반대 투쟁' 전개하였다.

1933년 10월, 마오쩌둥은 "어떻게 농촌계급을 분석할 것인가"를 써서 농촌계급 성분을 나누는 표준을 만들었다. 마오쩌둥은 농촌계급 성분을 "지주, 부농, 중농, 빈농, 노동자(고용 농민 포함)"로 분류하였다. 1934년 7월 15일, 마오쩌둥은 샹잉 등과 함께 "중국 노동자농민 홍군 북상 항일에 관한 선언"을 발표하였다. 마오쩌둥은 주더와 함께 홍1방면군의 이끌며 국민당 군대와의 전쟁에서 여러 차례 승리하였다. 그러나 왕밍을 대표로 하는 좌경 노선 영도집단이 중앙 혁명 근거지로 진입한 이후, 마오쩌둥은 당과 홍군의 영도에서 배제되었다.

뤄밍(羅明, 1909~1987)

뤄밍은 광둥 출신으로 1925년 중국공산당에 가입하였다. 중공 산터우지위(汕頭地委), 민남특위(閩南特委) 푸젠성위(福建省委) 서기를 역임하였다. 1928년 모스크바로 가서 중공 제6차 전국대표대회에 출석하였다. 1931년 후에는 중공민월공특위조직(中共閩粵贛特委組織) 부장, 푸젠성위 대리서기를 역임하였다. 뤄밍은 마오쩌둥의 유격전쟁의 전개와 우세한 병력을 집중하여 적을 공격한다는 전략 방침을 지지하였다. 1933년 '뤄밍노선(羅明路線)'은 왕밍의 좌경모험주의로부터 비판을 받았다. 후에 루이진 중앙당교에서 일을 하였고, 건국 후에는 남방대학교 부교장과 광둥민족학원 원장을 역임하였다.

대장정, 그리고 쭌이회의 이후

마오쩌둥은 1934년 10월 18일, 루이진을 떠나 장정의 길에 올랐다. 11월 30일, 홍군위원회 제1야전 종대를 따라 상강(湘江)을 건넜다. 1935년 1월 구이저우 쭌이에서 개최된 중국공산당 중앙정치국 확대회의에서 중앙정치국 상무위원으로 선출되었다. 3월에는 저우언라이, 왕자샹(王稼祥)과 '3인 군사지휘소조'를 조직하였다.

동년 6월 15일, 마오쩌둥은 샹잉 등과 함께 "일본의 화베이 병탄과 장제스의 매국 행위에 반대하는 선언"을 발표하였다. 10월 19일, 노동자·농민·홍군 섬감지대(陝甘支隊)가 산시성(섬서성) 옌안 우치진(吳起鎭)에 도착함으로써 장정이 끝이 났다. 그리고 11월 3일에는 서북혁명군사위원회 성립을 선포하였다.

대외적으로 서북혁명군사위원회라 부르지만, 실질적으로는 중공중앙국의 군사위원회이다. 그러다보니 당내와 군내에서는 관습적으로 중앙군사위원회라고 불렀다. 11월 3일, 중공중앙은 마오쩌둥을 서북혁명군사위원회 주석, 홍1방면군의 정치위원으로 임명하였다.

항일전쟁과 국공합작

1935년 12월, 섬북(산베이) 와야오바오(瓦窯堡)에서 개최된 중국공산당 중앙정치국 회의에서 항일민족통일전선을 세울 전략을 확정하였다. 12월 27일, 마오쩌둥은 '당의 활동가 회의'에서 "일본 제국주의에 반대하는 전략을 논함"이란 보고를 하고, 항일민족통일전선의 전략 방침을 설명하였다. 1936년 1월 25일, 저우언라이, 펑더화이 등 20인 홍군 장성들과 공동으로 "홍군이 둥베이군과 연합해 항일에 동의하는 둥베이군 전체 장군과 사병에게 보내는 글"을 발표하였다. 3월 10일 홍1방면군은 정식으로 '중국인민 홍군항일선봉대'라 명명되었고, 마오쩌둥은 '선봉대'의 정치위원이 되었다.

1936년 3월, 마오쩌둥은 난징 당국에 내전을 중지하고 함께 항일하자는 '5가지 의견'을 제시하였다. 6월 12일, 주더와 함께 '양광사변(兩廣事變)'에 대해 지지를 표시하고 항일구국의 '8항 강령'을 발표하였다. 8월 25일, "중국공산당이 중국국민당에 보내는 글"을 기초하고 '일치항일'을 호소하였다. 12월 7일, 중국공산당 중앙혁명군사위원회 주석으로 선출되었다. 12월 12일, 장쉐량(張學良), 양후청(楊虎城)이 시안(西安)에서 장제스를 구류한 사건이 발생하였는데, 이른바 '시안사변(12.12사변)'이 발생하였다. 마오쩌둥과 중공 중앙은 시안사변을 해결할 방침을 세우고 저우언라이를 파견해 담판을 짓도록 하였다.

1937년 1월 13일, 중공 중앙과 중앙군사위원회가 옌안에 주둔하기 시작하였다. 2월 9일, 마오쩌둥은 중국공산당 중앙정치국 상무위원회 회의에 출석하여 "중국공산당이 중국국민당 3중전회에 보내는 전보"를 통과시켰고, '5항 국책'과 '4항 보증'을 제기하였다. 이 문건은 국공합작 담판의 강령이 되었다. 4월부터 7월까지 마오쩌둥은 항일군정대학에서 변증법적 유물론에 대해 강의하였다. 뒤에 두 절의 내용을 정리하여 『실천론』과 『모순론』을 완성하였다.

동년 7월 7일, 루꺼우챠오(盧溝橋) 사건이 발생하면서 일본은 중국을 공격하였다. 이때 중국 전역에서 항일전쟁이 일어났고, 마오쩌둥을 중심으로 한 중공중앙은 통일전선의 독립자주 원칙을 정하였고, 군중을 동원하려고 노력하였다, 그리고 적의 후방에서 유격전쟁을 전개하여, 대규모의 항일 근거지를 건립하였다.

1937년 8월 마오쩌둥은 섬북 뤄촨(洛川)에서 개최된 중앙정치국 확대회의에 출석해 '통일전선 속의 독립자주 원칙'을 강조하였고, '독립자주적인 산지 유격전의 전략 방침'을 설명하였다. 뤄촨회의(洛川會議)에서, 중공중앙은 새로운 군사위원회를 구성하였고, 마오쩌둥을 서기로 선출하였다. 동년 12월, 중국공산당 중앙정치국 회의에 참석하여 왕밍의 '모두 통일전선을 거쳐서'라는 우경투항주의 주장을 겨냥하여, 뤄촨회의에서 새로이 확정한 방침과 정책을 밝혔다.

1938년 5월, 마오쩌둥은 "항일유격전쟁의 전략 문제"를 발표하였다. 동년 5월 26일부터 6월 3일까지 열린 옌안항일전쟁연구회에서 마오쩌둥은 "론지구전(論持久戰)"이란 내용을 연설하였다. 여기서 항일전쟁이 처한 시대와 중·일 양국의 기본적인 특징에 대해 전면적으로 분석하고 속승론(速勝論)과 망국론에 반박하며 항일전쟁의 지구전에 대한 총 방침을 설명하였다. 동년 10월 중공의 확대된 제6차 6중전회에서 '마르크스주의 중국화'의 지도 원칙을 제기하였다.

1939년 9월 16일, 중앙사(中央社), 『소탕보(掃蕩報)』, 『신민보(新民報)』 등 세 언론사 기자와 대화를 갖고 국민당 완고파(頑固派)의 반공 행위를 겨냥해 "남이 나를 침범하지 않으면 나도 남을 침범하지 않는다. 남이 만약 나를 침범하면 나도 반드시 남을 침범한다"는 자위 원칙(自慰原則)을 거듭 천명하였다. 10월 4일, "〈공산당인〉 발간사"를 발표하고, '통일전선, 무장투쟁, 당의 건설'이 중국혁명의 적을 타도하고 승리를 쟁취하는 3대 법보임을 천명하였다. 12월 21일, 마오쩌둥은 팔로군 정치부, 보건부(衛生部)를 위해 편집한 『노먼 베쑨 기념집』에 "노먼 베쑨을 기념하며"를 썼다. 또 판원란(范文瀾) 등과 함께 "중국혁명과 중국공산당"을 썼다.

1940년 1월, 『신민주주의론』을 발표해 신민주주의 혁명의 이론과 강령을 체계적으로 논하였다. 3월 6일, 중국공산당 중앙을 위해 항일

근거지 정권 문제에 관한 지시를 기초하고 '33제(三三制)' 실행을 제기하였다. 1942년 2월 1일, 중국공산당 중앙당교 입학식에서 마오쩌둥은 "당의 작풍을 정돈하자"는 보고를 하였다. 2월 8일, 중국공산당 중앙선전부가 소집한 간부회의에서 마오쩌둥은 "당8고를 반대하자"는 연설을 하였다. 마오쩌둥은 정풍운동 전개를 이끌었고, 주관주의(主觀主義)와 종파주의(宗派主義)를 규정하였다.

동년 5월에 중공 중앙이 옌안 양자링(楊家岭)에서 개최한 옌안문예관계자좌담회에서 연설을 하였는데, 이 연설문이 "옌안문예좌담회에서의 연설"이다. 내용은 5월 2일에 한 "인언(引言, 머리말)"과 5월 23일에 한 "결론" 두 부분으로 이루어져 있다.

"옌안문예좌담회에서의 연설"은 문학예술에 대한 마오쩌둥의 정치적 견해를 대변해 주는 글이었고, 문화대혁명이 막을 내릴 때까지

노먼 베쑨(Norman Bethune)

캐나다 공산당원이자 유명한 외과의사인 노먼 베쑨은 1937년 중일전쟁이 발발한 후, 캐나다 공산당과 미국 공산당의 의료지원대 책임자로 임명받아 1938년 초 중국으로 파견되었다. 같은 해 봄 옌안에 도착해 마오쩌둥을 만나 대화를 나누었고, 얼마 후 위생 고문으로 임명되었다. 중국 부상자를 치료하던 중 감염되어 1939년 11월 12일 허베이 성 탕 현 황스커우 촌에서 세상을 떠났다. 중국인들은 당시 베쑨의 헌신적인 의료 활동에 감명 받아 그를 '은혜를 베풀어 사람을 구하는 백인', 즉 백구은(白求恩)이라고 불렀다. 그는 허베이에 있는 혁명열사의 묘지에 묻혔고, 현재까지 '중국 인민의 영원한 친구'로 기억되고 있다. 마오쩌둥도 베쑨의 열렬한 지원자로서 베쑨이 사망한 직후 마오쩌둥이 베쑨에게 매달 생활비로 100위안씩 지급하도록 한 일이 있는데, 이에 베쑨은 극구 사양하며 "나는 중국 민족의 해방을 위해 중국에 왔습니다. 내가 돈을 받아서 무엇을 하겠습니까? 잘 먹고 좋은 옷을 입고 싶었다면 중국에 오지 않고 캐나다에 살았을 겁니다"라고 말하였다.

문예계를 통제하는 근거가 되었다.

이 내용은 1943년 10월 19일 『해방일보』에 "옌안문예좌담회에서의 연설" 전문이 실렸다. 1년 여 동안 실천 경험과 반복적인 의견 청취를 통해서 마오쩌둥이 후차오무(胡喬木)에게 또 한 차례 정리하게 한 다음에 또 직접 교정하고 탈고한 다음에 공식적으로 발표하였다.

옌안문예좌담회에서의 연설(在延安文藝座談會上的講話)

주요 내용은 "문예는 누구를 위한 것인가? 문예는 인민 대중 즉 노동자 농민 병사 도시의 소자산계급을 위한 것이다. 문예는 어떻게 인민대중에게 봉사할 것인가? 문인은 작품을 쓰는 것도 중요하지만, 대다수 인민이 글을 모르기 때문에 문맹을 타파하고 문화를 이해하는 작업을 우선해야 한다. 문예계의 통일전선은 어떻게 이룰 것인가? 문학예술은 정치에 종속되어야 하고, 정치에 복종해야 하며, 정치 노선에 부합한 활동을 해야 한다. 문예 비평의 기준은 무엇인가? 문예비평에 있어서 정치적 기준인 예술적 기준에 우선하여야 한다. 정풍운동이 필요하다. 소자산계급 출신 문인들의 유심론, 자유주의, 교조주의의 공허한 이론에 반대하는 정풍운동을 전개해야 한다. 그들은 유물주의와 사회주의에 입각하여 세계관을 바꾸고 무산계급과 인민대중을 위해 헌신하도록 노력해야 한다"이다.

한편, 모옌이 중국 국적으로서는 첫 번째로 노벨문학상을 수상하였지만 비판도 나왔다. 중국 지식인과 작가 탄압의 계기가 됐던 마오쩌둥의 "옌안 문예좌담회 연설" 기념 출판에 참여하여 구설에 올랐기 때문이다. 모옌은 마오쩌둥의 옌안 연설 70주년을 맞아 "작가 100명이 손으로 쓴 옌안연설 기념집" 출판에 참여하여 옌안 연설 일부를 필사하였다.

마오쩌둥의 옌안연설은 작가와 지식인에게 혁명에 이바지하는 작품과 글을 쓸 것을 촉구한 것이다. 이후 혁명에 협력하지 않은 작가들이 정치적으로 탄압을 받거나 처형된 탓에 모옌을 비롯해 기념집 출판에 참여한 작가들은 '영혼을 팔았다'는 비판을 받았다. 모옌은 비난과 관련하여, "정치적으로 둔감한 탓에 그런 엄청난 비난을 받을지 몰랐지만 후회는 없다"고 밝혔다.

이튿날, 중공 중앙 총학습위원회가 통지를 내고, 각지 당 조직이 이 문장을 받은 뒤에 가능한 한 소책자로 인쇄제작해서 학생 군중과 문화계, 지식계의 당 내외 인사에게 배포할 것을 요구하였다. 1953년에 간행된 『마오쩌둥선집』 제3권에 수록되었다.

1943년 9월 상순에서 10월 상순까지 개최된 중국공산당 중앙정치국에서 마오쩌둥은 왕밍의 10년 내전 시기의 '좌'경모험주의의 착오와 항전 초기의 우경기회주의의 착오를 비판하였다. 동년 12월, 마오쩌둥은 중앙당교 대강당 낙성식의 기념사 '실사구시(實事求是)'를 썼다.

1944년 5월 21일부터 1945년 4월 20일까지 약 1년간 개최된 제6차

후차오무(胡喬木, 1912~1992)

장쑤성에서 태어난 후차오무의 본명은 후딩신(胡鼎新)이다. 차오무는 필명이다. 1930년에 중국 공산주의 청년단에 가입하였고, 1932년에 중국공산당에 들어갔다. 1941년에 마오쩌둥의 비서를 지냈고, "약간의 역사 문제에 관한 결의"의 초안 작업을 하였고, 1954년 중공중앙부비서장으로 지내면서 『중화인민공화국헌법』의 초안 작업을 하였다. 1980년부터 1981년까지 "건국 이래 당의 약간의 역사 문제에 관한 결의"의 초안 작업에 참여하였다. 1951년에 그가 편찬한 『중국공산당 30년』은 신중국 첫 번째의 간명당사(簡明黨史)이다. 그리고 『마오쩌둥 선집』 제1권에서 4권까지 편집 작업에 참여하였고, 마오쩌둥 사상을 선전하기 위한 많은 노력을 기울였다. 4인방 몰락 후, 후차오무는 린뱌오와 장칭 반혁명집단의 죄행을 폭로하는 동시에 덩샤오핑을 적극적으로 지지하며 양개범시의 착오를 비판하였다. 1977년에 설립된 중국사회과학원의 초대 원장을 역임하였다. 후차오무는 1978년 제11차 3중전회에 발표될 문건의 초안 작업 책임자였다. 덩샤오핑의 개혁개방 정책을 적극적으로 지지하였다. 중국공산당 창당 70주년 때, 그가 발표한 "중국공산당은 어떻게 마르크스주의를 발전시켰는가"는 그의 마지막 작품이었다. 저서로는 『중국공산당 30년』 등이 있다.

7중전회에서 마오쩌둥이 기초한 "중국공산당 중앙의 도시 업무에 관한 지시"가 통과되었다. 1945년 4월 20일, 제6차 7중전회의 마지막 회의에 참석하였고, 회의는 마오쩌둥이 여러 차례 수정한 "약간의 역사 문제에 관한 결의"를 통과시켰다.

동년 4월 23일부터 6월 11일까지 개최된 제7차 전국대표대회에서 마오쩌둥은 개막사 "두 개 중국의 운명"과 폐막사 "우공이산(愚公移山)"을 연설하였다. 마오쩌둥은 서면으로 "연합정부를 논함"을 제출하였다. 제7차 전국대표대회에서 마오쩌둥사상을 당 전체의 모든 업무의 지침으로 삼기로 결정하였다. 대회에서 "군중 발동을 대대적으로 하고, 인민 역량을 크게 하여, 공산당의 영도 하에, 일본침략자를 물리치고, 전국 인민을 해방시켜, 신민주주의 중국을 건립하자"라는 전략을 제정하였다. 마오쩌둥사상은 이 대회에서 중공의 지도사상으로 확립되었다.

마오쩌둥은 1945년 제7차 1중전회에서 중앙위원회 주석으로 선출되었다. 동년 10월 10일, 충칭에서 마오쩌둥은 "국민정부와 중공대표 회담기요"(약칭 '雙十協定')에 서명하였다. 10월 17일 옌안간부회의에서 충칭담판에 관한 보고를 하였는데, 마오쩌둥은 중국혁명에 대해 "전도는 밝다. 길은 험하다"라고 제기하였다. 11월 18일, 마오쩌둥은 당내 지시 속에서 '인민해방전쟁'이란 명칭을 처음으로 사용하였다.

1948년 9월 허베이 핑산(平山)현 시보포(西柏坡)촌에서 중국공산당 중앙정치국 회의를 주관하였고, 전쟁·건국·재경 등의 문제에 관한 주요 보고를 하였다. 9월부터 다음해 1월까지, 랴오션(遼瀋), 화이하이(淮海), 핑진(平津) 3대 전투를 지휘하였고, 국민당군을 장강 이북에서 섬멸하였다. 12월 30일, 신화사에 마오쩌둥은 1949년 새해기념사 "혁명을 끝까지 하자"를 썼다.

1949년 3월 25일, 마오쩌둥은 중공 중앙기관과 인민해방군 총본부를 인솔해 베이핑(北平)에 입성하였다. 6월에는 신정치협상회의주비회 제1차 전체회의에 출석하였고, 6월 30일, "인민민주 전정을 논함"을 발표하였다. 9월 21일부터 30일까지 열린 중국인민정치협상회의 제1차 전체회의에서 중앙인민정부 주석으로 선출되었다.

신중국 건설을 천명하다

1949년 10월 1일, 마오쩌둥은 중화인민공화국의 건국을 선포하면서 건국행사를 주관하였다. 마오쩌둥 주석이 천안문 성루에서 중화인민공화국의 성립을 선포하고 국기 오성홍기를 게양하였다. 마오쩌둥은 천안문 성루에서 "중화인민공화국이 성립됐다. 중국인민이 일어섰다"라고 외쳤다.

　1950년 2월 14일, "중소우호동맹상호원조조약"에 서명하였다. 10월 상순, 중공중앙정치국 회의를 주관하고 "미국에 대항하고 북한을 지원하며 집을 보호하고 나라를 지킨다"는 정책을 결정하였다. 10월 8일, 중국인민지원군 조직 명령을 발포하고 지원군이 신속하게 한국 영토 안으로 출동하여 북한을 지원할 것을 명령하였다. 중국은 '항미원조'라는 표현을 사용하고 있지만, 한국의 입장에서는 중국의 개입으로 인해 통일을 이루지 못한 분단의 아픔을 갖고 있다.

　1951년 5월 24일, "티베트를 평화적으로 해방시키는 방법에 관한 협의"에 서명하였다. 이로써 중화인민공화국의 영토가 비로소 확정되었다. 10월 12일, 『마오쩌둥선집』 제1권이 출간되었고, 제2권과 제3권은 1952년 4월과 1953년 4월에 각각 출간되었다.

　1953년 3월 26일, 마오쩌둥은 "'대한족주의 사상 반대에 관한 지시"

를 기초하였다. 1954년 9월 제1차 전인대 제1차 전체회의에 출석하여 "위대한 사회주의 국가 건설을 위해 분투하자"라는 개막사를 하였다. 마오쩌둥은 회의에서 중화인민공화국 주석으로 선출되었다. 9월 28일에는 중공중앙군사위원회가 설립되었는데, 마오쩌둥이 주석으로 선출되었다.

1955년 1월 15일 마오쩌둥은 류샤오치(劉少奇), 저우언라이, 덩샤오핑에게 "후펑(胡風)의 부르주아 유심론, 반당반인민의 문예사상에 대해 철저하게 비판하라"는 지시를 내렸다. 6월 9일, 천안문 인민영웅기념비에 "인민영웅은 길이길이 빛나리라"는 기념사를 썼다.

1956년 1월 중국공산당 중앙위원회가 지식인 문제를 다루었을 때 마오쩌둥 주석은 "외국자모를 채택하는 것이 낫고, 우위장(吳玉章) 동지의 견해를 받아들여야 한다"고 밝혔다.

1956년 4월 25일, 중공 중앙정치국 확대회의에서 마오쩌둥은 "10대 관계를 논함(論十大關係)"을 보고하였다. 4월 27일, 마오쩌둥은 자신이 죽은 후 화장할 것에 서명하였다. 하지만 이러한 마오쩌둥의 바램은 이루지 못하였다.

동년 4월 28일, 중공 중앙정치국 확대회의에서 '백화제방, 백가쟁명(百花齊放, 百家争鳴)' 방침을 제출하였다. 8월에는 제7차 7중전회에서 '두 가지 업무 중점'을 제기하였는데, 그 내용의 하나는 사회주의 개조이고, 다른 하나는 경제 건설이다. 두 가지 중점 가운데 중요한 것은 경제 건설에 있다고 제기하였다. 마오쩌둥은 9월 제8차 1중전회에서 중앙위원회 주석으로 선출되었다.

1957년 2월 27일, 마오쩌둥은 "인민 내부의 모순을 정확하게 처리하는 문제에 관하여"라는 연설을 하고 '두 가지 모순학설'을 제기하였다. 3월 12일, 중공 전국선전업무회의에서 당내 정풍을 시작한다고 선포하였다. 4월 30일, 각 민주당파 책임자 좌담회를 초청해 그들에게 공산당 정풍을 도와달라고 하였다. 5월 15일, "일이 지금 변하고 있다"는 글을 쓴 뒤에 반우파투쟁을 발동하였다.

1958년 5월 마오쩌둥은 제8차 2중전회를 주관하였고, 제8차 1중전

1956년 2월 중국문자위원회는 라틴자모 25개(V는 제외) 키릴 자모 1개 음표부호 2개 및 새로 만든 자모 2개로 이루어진 〈한어병음 방안(초안)〉을 공포했고 1958년도에 전국인민대표대회 제5차 회의에서 정식으로 채택하였다. 1956년 1월 공산당 중앙위원회가 지식인 문제를 다루었을 때 마오쩌둥 주석의 비공식 연설문이 1980년에 공개되었는데 그 내용은 다음과 같다.

엄밀하게 검토해보면 결국은 외국 자모를 채택하는 것이 낫다. 우위장 동지의 견해를 받아들여야 한다. 라틴자모는 숫자가 적다. 20여 개에 불과하며 간단하고 분명하기 때문이다. 우리의 한자는 견줄 바가 아니다. 따라서 한자가 그다지 좋다고 볼 수가 없다. 교수 몇 명이 내게 한자는 전 세계에서 가장 우수한 표의문자이며 절대로 바꾸어서는 안 된다고 주장한 바가 있다. (웃음) 라틴자모를 중국인이 발명하였다면 그것은 별 문제가 아니었을 것이다. 문제는 외국인이 만들었고 중국인이 베낀다는 사실일 것이다. 그러나 이것은 오래 전부터 있어온 일이다. 예를 들면 우리는 오래 전부터 아라비아 숫자를 써오지 않았는가. 라틴자모는 로마에서 생겼다. 이제 전 세계에서 대다수 나라가 쓰고 있다. 우리가 그것을 상용하면 나라를 팔아먹는 것처럼 의심을 받아야 하는가. 내 생각에는 배신이 아니다. (웃음) 외국에서 들어오는 것이 좋은 것으로 우리에게 보탬이 된다면 우리는 연구하고 심사숙고해서 그것을 소화시켜 우리의 것으로 만들어야 한다. 역사상 한나라와 당나라가 그렇게 하였다. 한과 당은 풍요롭고 막강한 왕조였다. 그들은 외국의 것을 흡수하는 것을 두려워하지 않았다. 좋은 것이라면 받아들였다. 태도와 방법이 옳다면 외국에서 들어온 좋은 것을 모방하는 것은 우리에게 혜택을 주는 일이다. 그리하여 1958년 〈한어병음 방안〉이 공식 보급된 이래 병음은 한자 주음은 물론 도서목록, 점자교육, 신화사 국제뉴스 전송, 공산품의 표지, 우체국과 역이름, 선박의 수기신호와 UN에서 쓰이는 중국어표기 등에 쓰이기 시작하였다.

회와 관련한 결론을 바꾸면서, "두 계급, 두 갈래 길의 투쟁은 여전히 국내 주요 모순"이라고 말하였다. 회의는 "열의를 북돋아 상류로 가도록 하고 빨리 절약해서 사회주의를 건설하자는 총 노선"을 통과시켰다. 동년 8월 6일, 허난 신샹(新鄕) 치리(七里)의 인민공사를 시찰하고 "인민공사라는 이름이 좋다"고 말하였다. 8월 마오쩌둥은 베이다이허(北戴河)에서 중공 중앙정치국 확대회의를 주관하였고, "농촌에 인민공사를 세우는 문제에 관한 결의"를 통과시켰다. 11월 2일부터 개최된 제1차 정저우(鄭州)회의를 주관하였고, 대약진(大躍進)과 인민공사 운동 속의 좌경착오에 대해 규정하였다. 또 11월 28일부터 우창(武昌)에서 열린 제8차 6중전회에서 "인민공사의 약간 문제에 관한 결의"를 통과시켰다. "총 노선, 대약진, 인민공사"를 진행한 것을 '3명홍기운동'이라 일컫는다.

마오주석어록(毛主席語錄)

『마오주석어록』은 또 『마오쩌둥어록』이라고 칭한다. 이는 마오쩌둥 저작 중의 명언과 경구를 모아 편집하였다. 가장 유행하는 판본은 홍색으로 포장한 것이고 또 홍색 영도자의 경전언론이기 때문에 문화대혁명 중에 홍위병들로부터 '홍보서(紅寶書)'라고 불렸다. 1960년대 초에 출판되어 50억 권이 발행되어, 세계 제2위이다. 1961년 4월, 린뱌오가 『해방군보(解放軍報)』가 먼저 마오 주석의 어록을 게재해야 한다는 제의를 했고, 그래서 『해방군보』가 5월 1일부터 날마다 어록을 게재하기 시작하였다. 뒤에 총정치부의 지시에 따라 1964년 1월 5일에 『마오주석어록 200구』를 출판하였다. 이것은 전군정공회의(全軍政工會議)의 토론과 보완을 거쳐서 정식으로 『마오주석어록』으로 명명되었고, '중국인민해방군 총정치부 편인'으로 서명되었다. 이것이 『마오주석어록』의 최초 판본이다.

실각

1959년 4월, 제2차 전국인민대표대회 제1차 회의에서 마오쩌둥이 국가주석을 더 이상 맡지 않고 류샤오치를 임명한다는 결의를 통과시켰다. 7월 2일부터 마오쩌둥은 루산에서 중공 중앙정치국 확대회의와 제8차 8중전회를 주관하였다. 정치국확대회의는 원래 좌경착오를 규정하려고 하였으나, 뒤에 이어 열린 제8차 8중전회에서 펑더화이 등에 대한 비판을 하였다.

1962년 1월 11일부터 개최된 중공 중앙정치국 확대회의(7천여 명이 참석하여 '7천인대회'라고 함)에서 마오쩌둥은 민주집중제 문제에 관한 연설을 하였다. 7월부터 9월까지 베이다이허와 베이징에서 연속으로 열린 중공중앙 공작회의와 제8차 10중전회에서 '암흑만을 말하고 광명을 말하지 않는 풍조', '단독으로 일을 하려고 하는 풍조', '번안 풍조'를 비판하였다. 마오쩌둥은 "계급투쟁은 사회주의 사회의 중요한 모순"이라고 하였다. 또 마오쩌둥은 소설 『류즈단(劉志丹)』을 비판하여 "소설을 이용한 반당은 커다란 발명이다"라고 말하였다.

1964년 12월 마오쩌둥은 중공 중앙 공작회의를 소집하고 "농촌 사회주의 교육운동 속에서 지금 제기한 문제"의 제정을 토론하고 부분적으로 사청(四淸)운동 속의 좌경적 방법을 시정했지만, "운동의 중점은 당내 자본주의의 길을 걷는 당권파(주자파)를 정돈하는 데 있다"고 제기하였다.

문화대혁명의 시작

1965년 11월 초, 마오쩌둥은 야오원위안(姚文元)이 쓴 "신편 역사극

'해서파관(海瑞罷官)'을 평함"의 발표를 비준하고 '문화대혁명의 서막'을 열었다. 1966년 3월 12일, 마오쩌둥은 류샤오치에게 편지를 써서 "전쟁 대비, 기근 대비, 인민을 위한다"를 제기하였다. 3월 말, 마오쩌둥은 베이징시장 펑전이 주관하여 제정한 "문화혁명 5인소조의 현재 학술토론에 관한 보고제강", 즉 "2월제강"(2월 3일 초안 작성, 7일 통지, 2월 12일 제정)을 비판하였다.

4월 16일 중공중앙과 국무원 및 중앙군사위원회는 마오쩌둥에게 항저우에서 중공 중앙정치국 상임위원회 확대회의를 열도록 요구하였다. 항저우회의는 실제로 훗날 발동한 문화대혁명을 위한 준비회의였다. 이 회의에서 펑전과 문혁지도소조에 대한 문제를 논의하였고, 중공중앙·국무원·중앙군사위원회는 '문화혁명 5인소조'를 해체하고 새로이 '문화혁명소조'를 조직하여 중앙정치국이 직접 지도하기로 결정하였다. 5월 16일, 중공 중앙정치국 확대회의에서 마오쩌둥이 주관하여 제정한 "중국공산당 중앙위원회통지"('5·16통지')를 통과시켰다.

1966년 7월 16일 마오쩌둥은 73세의 나이로 장강 30리를 헤엄쳐 체력을 과시하여 중병설이 나돌던 것을 해소시켰다. 동년 8월 1일 마오쩌둥은 칭화부중 홍위병에게 '조반유리(造反有理)' 저항은 정당하다고 격려하였고, 홍위병 운동은 전국적으로 확산되었다. 홍위병들은 마오쩌둥의 '조반유리'를 듣자마자 교사들과 관리자들을 향해 공격을 시작하였다. 학교 관계자들은 홍위병들의 고문과 집단 폭행으로 사망하거나 스스로 목숨을 끊었다.

1966년 8월에 개최된 제8차 11중전회에서 "무산계급 문화대혁명에 관한 결정"이 통과되었다. 회의 기간 동안에 마오쩌둥이 쓴 "사령부를 폭파하라—나의 대자보"를 인쇄해 하달하였고, 이름을 거론하지 않았지만 류샤오치와 덩샤오핑을 비판하였다. 동년 8월 16일 전국적으로 문화대혁명이 확산되었다. 이틀 뒤 18일에 천안문 광장에서 문화대혁명 경축대회가 개최되었다.

마오쩌둥은 100만 홍위병을 사열하였고, 1966년 말까지 4차례에 걸쳐 1,200만 명의 홍위병을 사열하였다. 18일에 마오쩌둥은 홍위병에게 사구(四舊), 즉 "낡은 사상, 낡은 문화, 낡은 풍습, 낡은 습관을 타파하라"고 지시하였다. 홍위병은 '4구 타파'라는 명목으로 맹목적으로 고대 전적을 불태우고 문물을 파괴하기 시작하였다.

중국 전역에서 홍위병들이 휩쓸고 다니면서 정치인, 관리, 부유한 자, 지식인, 종교인의 집에 난입하여 파괴와 폭행, 살인을 일삼았다.

5·16통지(1966.5.16)

5·16통지(通知)의 정식 명칭은 '중국공산당 중앙위원회 통지'이다. 이는 문화대혁명의 강령적 문건이다. 1966년 5월 16일 중앙정치국 상무위원회는 마오쩌둥이 제기한 '5·16통지'를 채택하였다. 5·16통지가 통과된 이 날을 문화대혁명의 기점으로 삼는다(5월 10일 펑전 등 실권파 주요 인사가 해임된 날을 삼기도 한다).

마오쩌둥의 '5·16통지'는 3개 부문으로 구성되어 있다. 첫 번째 부분은 '2월제강(二月提綱)'과 '문화혁명 5인 소조' 및 그 사무기구의 철폐하도록 하고 새로운 '문화혁명 소조'를 구성하여 정치국 상무위원회에 소속시키도록 하였다. 이는 문화대혁명을 이끌고 나갈 조직 지도부 구성을 확립하였다. 두 번째 부분은 '2월제강'의 10가지 죄목을 축소 비판하고 새로운 '좌(左)'의 이론, 노선, 방침, 정책 등을 제시하였다. 세 번째 부문에서 각급 당위원회가 '2월제강'의 집행을 즉각 정지하고 문화 영역의 영도권을 탈취할 것을 지시하였다. 아울러 당·정·군 및 문화계에 '자산계급 대표인물'에 대한 맹렬한 공격을 전개하도록 촉구하였다.

1966년 6월 1일 『인민일보』는 "모든 우귀사신을 일소하자"라는 제목의 사설을 실었다. 이어 5·16통지를 알리는 사설을 연속으로 게재하였다.

8월과 9월에 베이징에서만 홍위병에 의해 1,772명이 살해되었고, 상하이에서는 704명이 자살하고 534명이 살해되었다. 마오쩌둥은 8월 22일 홍위병의 행동을 공안이 제지하지 못하도록 하는 공지문을 발표하였다. 9월 5일, 마오쩌둥은 모든 홍위병이 베이징을 순례하도록 권장하는 "문화대혁명운동 참관에 관한 통지"를 발표하였다.

　1967년 1월 1일 『인민일보』와 『홍기』잡지는 마오쩌둥의 "무산계급 문화대혁명을 끝까지 하자"라는 사설을 게재하였고, 전국에서 전면적으로 계급투쟁을 전개하자고 호소하였다. 1월 23일, 마오쩌둥은 "중국인민해방군은 혁명좌파군중을 단호하게 지지하는 결정"이라는 지시를 내렸다. 이로부터 각지에서 '좌파를 지지한다'라는 대회가 개최되었고, 인민해방군은 정식으로 문화대혁명에 개입하게 되었다.

　1968년 7월 28일 마오쩌둥은 5대 영수를 모아서 홍위병 운동 중단과 상산하향(上山下鄕) 운동 참여를 요구하였다. 그리고 홍위병을 해산시키고 1000만 홍위병을 모두 농촌으로 하방(下放)시켰다. 10월 13일 마오쩌둥은 제8차 12중전회(확대)를 주관 개최하고 류샤오치의 당적을 박탈하는 결정을 통과시켰다. 12월 22일, 마오쩌둥은 "지식청년은 농촌으로 가서 가난한 농민들에게 재교육을 받는 것이 아주 필요하다"는 지시를 『인민일보』에 발표하였다. 이로써 지식청년의 '상산하향'이 시작되었다.

정치 복귀

1969년 3월 9일 중국공산당 중앙은 마오쩌둥의 의견에 따라 정식으로 헌법 수정 준비 작업을 시작하였다. 1969년 4월 마오쩌둥은 제9차 전국대표대회를 주관하였고, '문화대혁명'의 이론과 실천을 비준하였다. 린뱌오를 '후계자(接班人, 즉 마오쩌둥 동지의 친밀한 전우이자 후계자)'로 정하고 당장에 써넣었다. 4월 28일, 제9차 1중전회에서 마오쩌둥은 중앙위원회 주석으로 선출되었다.

1970년 5월 20일, 마오쩌둥이 "세계인은 단결하여 미국 침략자와 그 모든 앞잡이를 때려잡자!"는 성명인 '5·20성명'을 발표하였다. 8월 23일부터 루산에서 제9차 2중전회를 개최하였고, 마오쩌둥은 "나의 약간의 의견"을 작성해 린뱌오, 천보다(陳伯達)의 권력 탈취 음모를 폭로하였다. 이를 '1970년 루산회의'라고도 한다.

1971년 8월 15일부터 9월 12일까지, 마오쩌둥은 남쪽지방을 순시하였고, 이때 현지 당·정·군 책임자들과 여러 차례 담소하면서 린뱌오의 음모를 폭로하였고, 9월 13일, 저우언라이와 함께 린뱌오 반역 도피 사건을 처리하였다.

린뱌오(林彪, 1907~1971)

문화대혁명 시기에 마오쩌둥의 후계자로 지목되었다가, 1971년 9월 쿠데타를 일으키고 실패하여 외몽고로 비행기를 타고 가다가 의문의 사고로 추락하여 사망하였다. 린뱌오는 후베이성 출신으로 1925년에 중국공산당에 가입하였다. 1927년 난창 – 후난봉기에 참여하였고, 1928년에 정강산으로 들어갔다. 린뱌오는 홍군의 창설 멤버로 대장정, 항일전쟁, 내전 등에서 홍군 지휘관으로 활약하였다.

1951년에 중앙군사위원회 부주석, 1954년에는 국무원 부총리가 되었고, 1959년에는 펑더화이가 해임된 후 국방부장관이 되었다. 1964년부터 군 내부에서 마오쩌둥사상 운동을 전개하여, 문화대혁명을 적극적으로 지원하였고, 1969년 4월 제9차 1중전회에서 중앙정치국 위원, 중공중앙 부주석과 중앙군사위원회 부주석으로 선출되었고, 마오쩌둥의 후계자로 정해져 당장에 삽입되었다. '비림비공(批林批孔)'이라는 용어에서 '임(林)'에 해당하는 인물이다.

1972년 2월 21일, 마오쩌둥은 중남해에서 중국을 방문한 미국 대통령 닉슨을 회견하였다. 2월 28일, 중·미 쌍방이 상하이에서 『중미연합공보』('上海公報'라고도 함)를 발표하였고 중·미 두 나라 관계 정상화를 실현하기로 결정하였다. 9월 27일, 마오쩌둥은 중국을 방문한 일본 내각 총리대신 다나카 가쿠에이(田中角榮)를 회견하였고, 9월 29일, 양국은 "중일연합성명"을 발표하였고, 정식으로 외교 관계를 수립하였다.

1973년 8월 5일 마오쩌둥은 중국 역사상 유가와 법가의 투쟁 상황을 말할 때, "역대로 능력 있고 업적이 있는 정치가는 모두 법가였다. 그들은 모두 법치, 후금박고(厚今薄古, 고대를 중시하고 현대를 경시하다)를 주장했지만 유가는 입만 열었다 하면 인의도덕, 후고박금을 주장하여 역사를 후퇴시켰다"고 말하였다. 마오쩌둥은 제10차 전국대표대회에서 원로 무산계급혁명가들을 새로이 중앙위원회에 참여시키게 하였지만, 장칭 집단의 세력도 강화되었다. 마오쩌둥은 제10차 1중전회에서 중앙위원회 주석으로 선출되었다.

1974년 1월 18일, 마오쩌둥은 "린뱌오와 공맹의 도" 자료의 배포를 비준하였다. 이로부터 '비림비공(批林批孔)' 운동이 시작되었다. 2월 22일, 잠비아 대통령 케네스 데이비드 카운다(Kenneth David Kaunda, 1924 ~)의 회견에서 마오쩌둥은 '제3세계' 사상을 제기하였다. 7월 17일,

---

1972년 9월 25일 일본의 다나카 가쿠에이(田中角榮) 수상이 중국을 방문하여 9월 29일 저우언라이 총리와 국교정상화를 위한 회담을 갖고 외교 관계를 맺었다. 이때 일본 정부는 중화인민공화국 정부를 '중국에서 유일한 합법정부'로 승인하고 그간 외교 관계를 유지해 오던 중화민국 정부와 국교를 단절하였다. 일본과 중국은 1973년에 각각 상대국에 대사관을 설치했고 1978년 4월에 우호조약을 체결하였다. 1978년 8월 12일 베이징에서 '중·일 평화우호조약'이 체결되고 이어서 10월 23일 도쿄에서 양국 정상 사이에 비준서가 교환된다.

중공 중앙정치국회의에서 왕훙원(王洪文), 장춘챠오(張春橋), 장칭(江青), 야오원위안(姚文元)이 파벌을 만들어서 활동한다며 비난하고 처음으로 '사인방' 문제를 거론하였다. 10월 4일, 마오쩌둥이 덩샤오핑에게 국무원 제1부총리 직무를 맡길 것을 제의하였다. 11월 12일, 마오쩌둥은 장칭이 보낸 편지에 대해 지시를 내리고 그녀의 '조각(組閣, 지도부를 구성)' 야심을 비난하고 명확하게 "당신이 지도부를 구성하지 말라"고 지적하였다.

1976년 1월 마오쩌둥은 화궈펑(華國鋒)에게 국무원 총리대리를 맡겨 중앙의 일상 업무를 주관하도록 제의하였다. 4월 7일, 마오쩌둥의 제의에 따라 중공 중앙정치국은 "중국공산당 중앙의 화궈펑 동지를 중국공산당 중앙 제1부주석, 국무원 총리 임명에 관한 결의"와 "덩샤오핑의 당 내외 모든 직무 정지에 관한 결의"를 통과시켰다.

1976년 6월 15일 마오쩌둥은 자신은 일생 동안 두 가지 일을 했는데, '하나는 장제스와 몇 십 년 동안 싸워서 그를 섬으로 쫓아냈고,

---

4인방

'4인방'이라는 호칭은 마오쩌둥이 1975년 5월 3일 당 중앙정치국 회의에서 사용한 데서 유래되었다. 문화대혁명 당시 급진파 지도자들이던 장칭(마오쩌둥의 처), 장춘차오(부총리, 당정치국 상무위원), 왕훙원(당 부주석), 야오원위안(당 정치국원)을 가리킨다. 마오쩌둥 사망(1976.9.9) 직후인 10월 6일, '반혁명집단'으로 몰려 화궈펑, 예젠잉, 왕둥싱(汪東興) 등 당 중앙에 의하여 체포당하였다.

1980년 11월부터 1981년 1월까지, 이들은 '장칭 반혁명집단'이라고 불리면서 '린뱌오 반혁명집단'과 함께 최고인민법원 특별법정에서 재판을 받았다. 1981년 1월 25일, 장칭과 장춘차오는 집행유예 2년의 사형(1983년 1월, 무기징역으로 감형), 왕둥원은 무기징역, 야오원위안은 징역 20년의 판결을 받았다.

둘째는 문화대혁명을 발동한 것'이라고 하였다. 9월 9일, 마오쩌둥이 83세로 베이징에서 사망하였다.

주요 사상

① 마오사상이란?

마오(毛)사상이라는 용어는 1945년 중국공산당 제7차 전국대표대회에서 처음으로 사용되었다. 1976년 마오쩌둥 사후에는 非마오쩌둥화가 추진되어 의미는 퇴색하였으나 1989년 이후 중국공산당 지도부에서 다시 마오쩌둥사상을 강조하였다. 2012년 여름 제18차 전국대표대회 당장에 마오사상에 대한 내용이 삭제될 것이라는 전망이 나오기는 하였으나, 삭제되지 않았다.

마오사상이란 마르크스·레닌주의의 기본원리에 입각하여 장기간에 걸친 중국 혁명의 실천에서 얻은 일련의 독창적 경험을 이론적으로 체계화한 중국의 실정에 가장 적합한 지도사상이며 중국체제 이데올로기의 기저이다. 마오쩌둥 개인의 사상이 아니라 마오쩌둥을 대표로 한 중국 공산당 당원들의 중국 국정에 가장 적합한 사상을 일컫는다. 주요 내용으로는 신민주주의 혁명 이론, 사회주의 혁명과 사회 건설에 대한 이론, 혁명군대의 건설과 군사 전략에 관한 이론, 정책과 책략에 관한 이론, 사상·정치·문화·공작에 관한 이론, 당의 건설에 관한 이론, 실사구시, 군중 노선에 관한 이론이 있다.

먼저, 신민주주의 혁명 이론은 혁명의 주도권을 무산계급에게 주어야 한다는 것이다. 신민주주의 혁명(1921~1949)은 무산계급의 혁명이론으로 반제국주의, 반봉건주의, 반관료주의적 성격을 갖고 있고, 목적은 독립된 신민주주의 공화국 건립이다. 신민주주의 혁명을 통해 중국을 독립된 민주주의 사회로 건설하고, 그 다음에 사회주의 혁명을 통해 사회주의 국가를 건설하는 것이다.

다음은 사회주의 혁명과 사회 건설에 대한 이론으로, 자본주의적 개인소유를 완전하게 소멸하기 위해서는 농업·수공업의 사회주의적 개조, 즉 합작화와 집체화를 주장하였다. 또 민족자산계급들이 소유하고 있던 공업·상업의 사회주의적 개조를 주장함으로써 노동자 계급의 모순을 해결하고 평화적 해결 방안을 시도하고자 하였다. 사회주의 혁명 기간은 1949년부터 1956년까지이다.

셋째는 혁명군대의 건설과 군사 전략에 관한 이론으로, 혁명군대 건설의 원칙은 당의 군에 대한 지배이다. 혁명군대의 정치공작 원칙을 관병 일치, 군민 일치, 적군의 와해이며 군사 전략에 관한 이론은 적극방어의 전략 원칙, 운동전·유격전·섬멸전 등이다.

넷째는 정책과 책략에 관한 이론으로, 1974년 제3세계론이다. 1세계인 미국·소련, 2세계인 기타 선진국가, 3세계인 아시아·아프리카 등인데, 2·3세계가 힘을 합쳐서 1세계를 무찔러야 한다고 하였다.

다섯째는 사상·정치·문화·공작에 관한 이론으로, 이론과 실천의 결합을 중시한 것으로 고도의 사회주의 정신문명 건설을 주장하였다.

여섯째는 당의 건설에 관한 이론으로 소련 코민테른의 영향을 받아 노동자 계급을 선봉으로 하여 중국공산당을 건설하자는 것이다. 당 건설의 기본 원칙은 민주집중제이고, 당의 간부 정책으로 간부는 덕재겸비해야 한다는 것이다.

일곱째는 실사구시, 군중 노선에 관한 이론으로, 실사구시는 모든 것을 실존하는 사물에서 출발하고 이론을 통해 적용해야 한다는 것이다. 군중 노선은 주관주의·관료주의와는 반대로 군중의 관점에서 군중 노선이 나타나고 공산당영도의 방법이 나오는 것이다.

② 잡초론

덩샤오핑의 '묘론(猫論)'과는 상반되는 사고방식으로 문화대혁명 시기
에 크게 유행하였다. 의미는 "사회주의의 잡초를 심을지언정 자본주
의 싹을 키워서는 안 된다"라는 것이다.

주요 내용으로는 어떤 일에서나 경제발전과 무관하게 마오쩌둥과
같은 최고 권력자가 결정한 가치판단 기준에 따라 어떤 정책이나 방
식이 지닌 '사회주의'와 '자본주의'의 색깔 여부를 판단하고 실행 여부
를 결정한다는 것이다. 만약 자본주의적 색깔을 가진 정책이라고 판
단되면 경제발전에 아무리 유리해도 반대해야 한다는 것이다. 그리고
사회주의적 색깔을 지닌 정책이라고 판단될 경우엔 경제발전에 아무
리 손해를 주더라도 무조건 실시해야 한다는 것이다.

③ 모순론

마오쩌둥은 "모순이 없다면 세계도 없다"와 "단결을 원해서 출발하여
비판, 투쟁을 통해서 모순을 해결한다"고 하였다. 마오쩌둥은 모순론
에서 모순을 극단적으로 확대하고 절대화하였다. 마르크스 이론을
고수하여 사회의 모든 모순은 사회집단 간의 계급투쟁으로 보았다.

1957년에 두 가지 유형의 모순이 있는데, 하나는 아(我)와 적(敵)
간의 적대적 모순이 있고, 다른 하나는 농민과 노동자 간의 또는 간부
와 군중간의 비적대적 모순이 있다는 것이다.

적대적 모순을 해결하기 위해선 프롤레타리아의 독재를 통해서 사

회 내 반동적 요소를 진압해야 하고, 비적대적 모순을 해결하기 위해서는 인민들의 의식 수준을 높여야 하고, 잘못된 사고와 행위를 바로 잡아야 한다고 하였다. 중국내 비적대적 모순에 대해서 마오쩌둥은 중공업과 농업, 중앙과 지방, 도시와 농촌, 소수민족과 한족 등으로 분류하였다

④ 실천론

마오쩌둥은 마르크스주의가 중국이 목전(目前)에 처한 문제를 해결할 수 있는 대책을 찾아내기 위해서는 중국의 역사적 경험과 특성을 고려해야 한다고 하였다.

마오쩌둥은 마르크스레닌주의 말들을 공부하는 게 아니라 그들의 관점을 연구하고 문제를 찾아 해결하는 방식으로 접근해야 한다고 하였다. 이는 이론이 중요한 사상을 내포하더라도 실천을 내포하지 않는다면 가치가 없다는 것이다.

외교 정책

① 중간지대론

중간지대(中間地帶)론은 1946년 8월 마오쩌둥이 미국 기자 안나 루이스 스트롱(Anna Louise Strong, 1885.11.24~1970)과의 대화 속에서 최초로 제기된 이론이다. 관점은 미국과 소련 사이에 유럽과 아시아, 아프리카 등의 여러 나라 자본주의 국가와 식민지 및 반식민지 국가로 구성된 중간지대를 가리킨다. 미국이 소련을 공격하고자 하면 먼저 중간

지대의 국가를 자신의 세력 범위에 넣어야 한다는 것이다. 그렇지 않으면 소련을 공격할 수 없다는 것이다.

1962년 1월 마오쩌둥은 "사회주의 진영이 한 방면, 미국은 다른 한 방면, 이외를 제외하고 모두 중간지대이다"라고 하였다. 동시에 마오쩌둥은 중간지대국가는 4개 종류로 구분할 수 있다고 하였다. 즉, 식민지를 소유하는 국가와 식민지를 잃었지만 여전히 자본을 독점하는 강대한 국가, 진정으로 독립한 국가, 명의상으로는 독립을 취득한 국가이나 실질적으로 여전히 속국인 국가이다.

부연설명하면, 중간지대국가의 성격도 서로 다르다. 첫 번째는 어떤 국가는 식민지가 있는 국가로 영국, 프랑스 등이다. 두 번째는 식민지를 잃은 국가로 여전히 자본을 독점하는 국가인 서독과 일본이다. 세 번째는 진정으로 독립한 국가로 기니, 아랍에미리트, 말리, 가나이다. 네 번째는 명의상으로는 독립을 하였으나 실질적으로는 여전히 속국인 국가이다.

1963년 마오쩌둥은 이러한 4개 종류의 국가를 '2개 중간지대'라고 개괄하였다. 그 중 하나는 아시아, 아프리카, 중남미이고, 다른 하나는 유럽이다. 중간지대의 국가 성격이 서로 다른 관점을 기초로 하여 1964년 7월 마오쩌둥은 성숙된 '2개의 중간지대' 이론을 제기하였다.

중간지대에는 2개 부분이 있다. "한 부분은 아시아, 아프리카, 라틴아메리카로 경제가 낙후된 국가이다. 한 부분은 유럽을 대표로 하는 제국주의 국가와 발달된 자본주의 국가이다"라고 하였다. "아시아와 아프리카와 라틴아메리카는 첫 번째 중간지대이고, 유럽과 북미캐나다, 대양주는 두 번째 중간지대이다. 일본도 두 번째 중간지대에 속한다"라고 하였다. 마오쩌둥은 "첫 번째 중간지대의 국가가 가장 혁명성을 갖추고 있어서 중국이 반미 반소의 동맹군이다. 그러나 아시아·아프리카·라틴아메리카의 인민혁명 역량에 대한 원조는 중국 대외 전략의 중점이다"라고 하였다.

② 제3세계론

3개 세계로 구분하는 이론은 마오쩌둥이 당대 세계 전략에 구분에 관한 이론이다. 마오쩌둥은 당시의 세계 각종의 기본 모순의 발전변화에 따라 소련과 미국을 제1세계로 여겼고, 최강의 경제와 군사력을 갖추고 있다는 것이다.

일본을 제외한 아시아, 아프리카, 중남미와 기타 지역의 발전 중에 있는 국가가 제3세계에 속한다고 보았다. 발전 중인 사회주의 국가인 중국도 제3세계에 속한다는 것이다. 이 두 세계 사이에 있는 발달된 국가에 속한 일본, 유럽, 캐나다가 제2세계라고 보았다.

③ 대만과의 관계

대만 통일과 관련하여, 중국이 건국되기 전인 1949년 9월 30일 중국공산당 제1차 중국인민정치협상회의 제1차 전체회의에서 통과된 '중국인민정치협상회의공동강령'(이하 '공동강령'이라 함)에서 중화인민공화국 중앙인민정부는 인민해방 전쟁을 통해 전 중국영토를 반드시 해방시키고 중국통일을 이룰 책임이 있다고 규정하였다.

1949년 12월 31일 중국공산당은 "전선의 장병과 전국 동포에게 고하는 글"에서 "대만·해남도·시짱(西藏)을 해방시켜 조국통일의 과업을 완수하고, 미국 제국주의 침략 세력이 우리 영토에서 어떠한 근거지도 갖지 못하게 하자"고 하였다.

중국은 1957년 5월 대만에게 10가지 회담조건을 제시하였다. 여기에서 중국은 '하나의 중국'이라는 개념을 드러내고 있었는데, 10가지 조건 내용은 다음과 같다.

첫째, 장제스는 베이징 정부 부주석으로 대만자치구의 주석이다. 둘째, 대만은 중국의 일부분으로 자치권을 누리고 자치구를 설치할 수 있다. 셋째, 국민당군은 그대로 장제스의 통수권 하에 있을 수 있다. 그러나 인민해방군으로 개편되어 장제스는 베이징정부의 국방위원회 부주석으로서 대만의 군사권을 갖는다. 국방위원회 주석은 마오쩌둥이고, 부주석은 주더 등이다. 넷째, 국민당의 군정인원은 지원에 따라 대륙으로 돌아오든지 미국 등지로 가든지 자유롭게 선택할 수 있다. 대륙으로 돌아오는 사람들에겐 일자리를 마련해주며, 미국 등 그 밖의 지역으로 떠나기를 원하는 사람들도 언제든지 다시 돌아올 수 있다. 다섯째, 해외 중국인들은 어떠한 당파를 불문하고 대륙으로 돌아와 적당한 공직을 맡을 수 있는데, 후스는 베이징 중국과학원 부원장으로 재임할 수 있다. 전인대와 정협은 조직을 확대하고 인원을 증가할 것이다. 여섯째, UN 대표단은 베이징정부가 파견하는데 송칭링을 대표단장으로 하며 현재의 국민당 대표는 철수한다. 일곱째, 대만과 해외에 있는 각 당의 지위는 협상을 통해 해결한다. 국민당은 국민당혁명위원회와 협상하며 민사당(民社黨)·청년당(靑年黨) 등은 민주동맹과 협상하여 합병 혹은 독립적인 존재 여부를 결정한다. 여덟째, 종교는 자유이며, 위빈(於斌, 1901~1978, 천주교 난징총교구 총주교)은 대륙으로 돌아올 수 있는데, 외국과 정치상 특수연계를 맺을 수는 없다. 아홉째, 학술문화의 자유로 '백화제방, 백가쟁명' 방침을 확인한다. 열째, 사유재산은 보호받을 수 있으며, 현재 갖고 있는 외화도 자유롭게 사용할 권리를 준다.

마오쩌둥 집권 시기의 주요 역사

① 반우파 전개 과정(1957)

반우파투쟁은 우파를 반대하는 투쟁이다. 마오쩌둥이 전개한 '대명대방'운동으로 반공·민주인사들이 스스로의 정체를 노출시킨 것을 기회로 삼아서 이들을 우파로 몰아 숙청하였다.

1957년 2월, 마오쩌둥은 "인민 내부의 모순된 문제를 정확히 처리하는 데 관하여"라는 문제를 제기하였고, 동년 5월 1일부터 '대명대방 운동', 즉 백가쟁명·백화제방 정책에 따라 "당 내외와 전체 인민의 협조에 의하여 공산당의 잘못을 바로잡고, 문제 당원을 숙청할 것"을 선포하였다. 이것을 '쌍백(雙百)운동'이라고도 하는데, 백가쟁명은 학술·과학에 관한 것이고, 백화제방은 문학·예술에 관한 내용이다. 예술면에서 모든 양식과 내용의 작품을 자유롭게 발표시키며, 학술면에서 모든 학설과 이론을 자유롭게 논쟁시키는 것을 말한다.

마오쩌둥은 인민이 공산당과 그 정책을 크게 찬양하는 반면 비판은 적을 것이라 기대하였으나 오히려 정반대로 전개되었다. 처음에는 조심스럽게 말하던 사람들도 그동안의 불평불만을 쏟아내기 시작하였다.

상황이 악화되자 마오쩌둥은 1957년 6월, 『인민일보』에 '반우파투쟁을 전개하자'는 사설을 싣고, 주동적 교수·교사·문학예술인과 청년 학생들을 모두 우파로 규정하고 이들을 숙청하도록 명령하였다. 이후, 민주당파 소속 지도자 대부분을 체포하였다. '대명대방'운동은 드러나지 않던 반공주의자를 색출하여 처형하기 위한 마오쩌둥의 함정이었다는 비난 속에 1개월 만에 종결되었고 후속조치로서 대대적인

'반우파투쟁'이 전개되었다.

② 참새박멸운동

참새박멸운동은 쓰촨성에서 맨 처음으로 시작되었다. 1958년 3월 20일부터 22일까지 전 성에서 1500만 마리를 죽였다. 참새 둥지 8만 개와 참새알 35만 개를 제거하였다. 이후, 텐진, 하얼빈, 항저우, 창춘(長春), 전장(鎭江), 베이징 등의 도시에서 참새를 제거하기 시작하였는데, 4월 6일까지 1600만 마리를 제거하였다.

베이징에서는 4월 19일부터 21일까지 401,160마리를 잡아 죽였다. 상하이는 4월 27일부터 29일까지 505,303마리를 잡아 죽였다. 1958년 11월 상순쯤 전국 각 성에서 잡아 죽인 참새 수는 대략적으로 1억 9천 6백만 마리였다. 전국 각지에서 사람들이 참새를 박멸할 때, 언론 매체에서는 앞을 다투어 보도하였다.

2013년 1월 20일 MBC의 신비한 TV 서프라이즈에 마오쩌둥의 한마디로 중국 전 지역의 참새가 죽음을 당하는 내용이 소개되었다. 통계에 의하면, 1958년 1월부터 12월까지 전국의 2억 1천만 마리의 참새를 박멸하였다.

참새박멸운동은 1958년 대약진 초기에 마오쩌둥이 제기한 '4해를 제거하는 운동' 중 참새를 박멸하는 중국 전 지역에서 발생한 사건이었다. 1955년 한 농민이 "참새들 때문에 농사를 지을 수가 없다"는 탄원서를 중앙에 보내면서 '참새때려잡기운동' 혹은 '참새소멸운동'은 시작되었다.

마오쩌둥은 1955년 농촌에 현지 지도를 나갔다가, 참새를 보고는 "참새는 해로운 새이다"라고 하였다. 1955년 4월 21일의 『베이징만보

(北京晚報)』에 문인연맹의 주석이었던 궈모뤄(郭沫若, 1892~1978)은 "참새를 저주한다"는 9행의 칠언시를 발표하였다. 그 시에는 "몇 천 년 죄악만 저질러온 것들아, 오늘 너희들을 모두 숙청하노라"라는 구절이 있다.

1955년 12월 21일 중공중앙은 전국 각 성에 "농업17조"를 하달하였다. 제13조는 "쥐, 파리, 모기, 참새를 모두 박멸한다"는 내용이었는데, 일부 과학자들은 참새와의 전쟁이 생태계의 불균형을 초래할 것이라고 주장하였으나, 정부는 농민의 경험을 더 중시하였다.

1956년 1월 23일 중공중앙정치국은 토론을 거쳐 농업17조를 40조로 확대 보완하였는데, 정식 명칭은 "1956년부터 1967년까지 전국 농업발전 강요(초안)"이었다. 동년 1월 26일 『인민일보』는 초안 전문을 전국에 발표하였다. 본 초안을 근거로 하여 각 지역에서는 실천에 옮겼다. 초안의 제17조에는 "4해를 제거하는데, 1956년부터 시작하여, 5년, 7년 혹은 12년 내에 모든 가능한 지역에서 기본적으로 쥐, 참새, 파리, 모기를 제거한다"라고 하였다.

1957년 1월 18일 당시 교육부 부부장이면서 생물학자였던, 저우젠런(周建人)은 『베이징일보』에 "참새가 해로운 새라는 것을 의심하지 마십시오"라는 글을 발표하였는데, 주요 내용은 "참새는 해로운 새다. 해로운 새는 응당 박멸되어야 한다. 주저하지 마라!"라는 것이었다. 마오쩌둥은 당시의 상황을 종합적으로 판단한 뒤, 회의에서 "참새는 곡물을 먹어, 농업생산에 영향을 준다. 참새는 사해 중의 '네 번째'이다. 중국은 4해를 제거하는 운동을 전개해야 한다"고 하였다.

1958년 2월 12일 중공중앙과 국무원은 "4해를 제거하는 위생에 관한 지시"가 발표되면서 4해를 제거하는 운동이 일어났다. '지시'에서 "4해를 제거하는 것을 중심으로 하는 애국위생운동의 고조는 전국적으로 형성되었다. 4해를 소멸하는 것은 10년 이내에 가능할 뿐만 아니라 완전히 제기하기 전에 이룰 수 있다"라고 하였다.

1958년 2월 13일 『인민일보』의 사설은 "10년 이내, 아니 그보다 더 빨리 전국에서 쥐, 참새, 파리, 모기를 완전히 소탕해 중국을 부강하고 강락한 사무지방(四無之邦)으로 만들자"고 과격한 주장을 펼쳤다. 동년 1958년 3월 중순, 정부의 위생 관련 부서에선 경쟁적으로 쥐, 참새, 파리, 모기의 박멸 기한을 앞당겼다. 중앙지도부의 지시를 따라 지방정부들은 4해를 소탕하는 목표 기한을 발표하였다. 베이징은 2년, 허난성은 3년, 상하이는 3~5년, 장쑤성은 4년, 산둥성, 산시성(산서성), 저장성, 푸젠성, 광둥성, 윈난성, 간쑤성, 헤이룽장성은 5년, 안후이성은 5~8년이었다.

동년 12월 30일, 전국 농업사회주의 건설 선진대표회의에서는 1959년 건국기념일 제10주년 때까지 "당력을 모두 기울이고, 모든 인민을 동원하여, 전국의 모든 가능한 지역에서 쥐, 참새, 파리, 모기 등 네 가지 유해 생물이 전무한 '사무(四無)의 나라'를 실현하자"는 결의가 이루어졌다.

1959년 12월 29일에서 1960년 1월 9일까지 중국과학원은 '참새 문제 좌담회'가 개최하였다. 전문 연구팀은 참새의 이로움을 집중적으로 부각시켰다. 1960년 3월 18일 마오쩌둥은 저장조사 연구에서 "중공중앙의 위생공작에 관한 지시"를 발표하였는데, 내용에는 "참새는 더 이상 죽이지 말라. 참새 말고 이제는 빈대를 잡아라. 구호는 '쥐, 빈대, 파리, 모기를 제거하라!'이다"라고 하였다.

③ 문화대혁명

문화대혁명의 정식 명칭은 '무산계급문화대혁명'이고, 약칭은 '문혁 (文革)'이다. 1966년 5월, '5·16통지'의 하달로부터 1976년 10월 '4인방' 이 실각할 때까지 10여 년 간에 걸친 대규모 정치적 사건이다. 이 시기에 약 2천만 명이 학살 또는 사망하였다.

마오쩌둥이 주도한 대약진이 실패하고, 조정기에서 류샤오치 등이 정치적으로 부상하자 이에 두려움을 느낀 마오쩌둥은 이들을 수정주 의자 주자파로 지목하고 군중을 동원하여 숙청운동을 전개하였다. 펑전·루딩이·양상쿤 등이 반당집단으로, 류샤오치와 덩샤오핑이 주 자파로, 문혁에 비판적이었던 예젠잉(葉劍英)·녜룽전(聶榮臻)·리셴녠 등은 역류로 몰아 숙청하였다. 1976년 9월 마오쩌둥이 사망하자 4인 방이 권력 장악을 도모하였으나 화궈펑과 군 원로간부들이 이들을 체포함으로써 문화대혁명은 끝나게 되었다.

역사적 평가: 건국 이래 당의 약간의 역사 문제에 관한 결의

덩샤오핑은 마오쩌둥에 대해 "마오쩌둥의 공은 7이고 과는 3이다"라 고 하였다. 그래서 천안문 광장에 계속해서 마오쩌둥의 사진이 걸려 있는 것도 덩샤오핑의 과보다 공을 더 높게 평가하였기 때문에 가능 하였다고 할 수 있다.

1981년 6월 27일, 제11차 6중전회는 "건국 이래 당의 약간의 역사 문제에 관한 결의"를 만장일치로 채택하였다. 역사결의는 마오쩌둥 이 주도한 문화대혁명의 극좌 노선을 부정하고, 덩샤오핑 체제를 확 실한 이론적 기반 위에 올려놓으면서 오늘의 중국을 경제 제일주의의 길로 이끈 역사적 문헌이다.

8개 부문, 38개 항, 약 3만 자로 구성되어 있는 역사결의의 실무적 작업은 최고 이론가 후차오무 그룹이 맡았지만, 그 전문에는 20년에 걸친 권력투쟁에서 최후의 승리를 쟁취한 덩샤오핑의 의지, 즉 그의 실용주의 정신이 철저하게 반영되어 있다.

덩샤오핑은 1980년 3월부터 1981년 6월 사이에 아홉 차례에 걸쳐 "역사결의기초소조"에 문건의 기초와 수정에 관한 자신의 견해를 제시하면서 세세한 부분까지 간여하였다. 덩샤오핑은 "역사결의의 기초에 대한 의견"에서 다음과 같이 정리하였다. "마오쩌둥 동지의 오류에 대해 도가 지나치게 써서는 안 됩니다. 도를 넘게 되면 마오쩌둥 동지의 얼굴에 먹칠을 하게 될 뿐만 아니라 당과 중국의 체면에도 먹칠을 하게 됩니다"라고 하였다.

덩샤오핑은 마오쩌둥을 부정하거나 기왕의 당 결의를 전면 무효화해서도 안 된다는 점을 강조하였다. "마오쩌둥 동지의 공과(功過)에 대해 적절하게 평가하지 않으면 고참 노동자들이 받아들이지 않을 것이고, 토지개혁 시기의 빈농, 중·하층 농민들이 받아들이지 않을 것입니다. 마오쩌둥 사상이란 깃발을 내려버려서는 안 됩니다. 이 깃발을 내던지는 것은 사실상 당의 빛나는 역사를 부정하는 것입니다"라고 하였다.

덩샤오핑은 "나에게도 잘못이 있었다"고 하며 "마오쩌둥 동지가 만년에 이르러 사상에 일관성이 없고 어떤 이야기는 서로 모순되기도 하였다는 것은 분명하다"고 단정지었다. 그리고 "대체로 1957년(전반기)까지 마오쩌둥 동지의 영도가 옳았으나 1957년 (여름의) 반우파 투쟁 이후부터 오류가 점점 늘어났다"고 하였다.

문화대혁명에 대해 덩샤오핑은 "문화대혁명이 한 세대의 발전에 지장을 주었다고 하지만, 사실은 한 세대에만 그치지 않습니다. 문화대혁명으로 무정부주의와 극단적인 개인주의가 범람하게 되었고, 사회기풍에 심각한 해를 끼쳤습니다"라고 비판하였다.

덩샤오핑은 "문화대혁명 시기 중 '마오쩌둥 동지의 오류'와 '4인방의 도전'과 홍위병의 난동을 극복한 데 대해 중국공산당과 인민이 힘을 합쳐 '역전승한 기록'이다"라고 평가하였다.

마오쩌둥 동상

1950년 5월 20일, 선양(沈陽)시 각계 인민대표대회는 중국 건국을 기념하기 위해서 시 중심에 개국기념탑을 세우기로 결정하였고, 탑 위에 마오쩌둥 동상을 세우기로 하였다. 선양시 인민정부는 이러한 내용을 중앙신문촬영국에 편지를 보내어, 마오쩌둥 전신이 서 있는 사진 촬영을 대신해 줄 것을 요청하였고, 이를 동상을 만들 때 참조하려 하였다.

마오쩌둥은 편지에서 '개국기념탑 건축' 옆에 "이것은 가능하다"라고 적었다. '마오주석의 동상 주조' 옆에 "단지 풍자의 의미가 있다"라고 적었다. 동년 10월, 베이징시 각계 인민대표대회 회의에서 정부에게 중앙이 천안문광장 앞에 마오쩌둥의 커다란 동상을 세울 것에 대한 제안을 고려해 달라고 건의한 것이 통과되었다. 마오쩌둥은 10월 27일 "건의"에 대해 "이렇게 하면 안 된다"라고 지시하였다.

칭화대학의 마오쩌둥 소상(塑像)이 1967년 6월 28일에 세워졌을 때, 린뱌오는 "대형의 마오주석의 전신 소상을 세우는 것은 이미 많은 군중들이 스스로 요구하고 있다. 우리 부대도 이렇게 당연히 이렇게 해야 한다"라고 하였다. "무릇 대표성 있는 대군사기관, 주둔지에의

넓은 정원이 있고, 광장이 있는 곳이면 모두 가능하다"라고 하였다.

7월 1일, 해방군참모부와 총정치부는 린뱌오의 지시를 인용하여 "마오쩌둥 대형 전신 소상 건조에 관한 통지" 속에 하달하였다. 린뱌오는 "중국인민해방군 총참모부, 총정치부의 린부주석의 마오주석 대형 소상 건조 비시(批示) 집행에 관한 통지고"를 마오쩌둥에게 검토해 달라고 보냈다. 이에 마오쩌둥은 "통지고"에서 "린뱌오동지는 취소하라, 이 안건은 안 된다. 중앙은 이미 지시가 있다"라고 지시하였다. 마오쩌둥이 가리키는 "중앙은 이미 지시가 있다"는 7월 5일의 '비시'이다. 그날, 중공중앙 판공청이 보낸 신문에서, 그는 "전국 각지 군중은 적극적으로 마오주석의 거상을 만들고 있다"에 대한 보도에 "이런 종류의 일은 인민을 혹사시키고, 물자를 낭비한다. 이로움은 없고, 해로움만 있다. 제지하지 않으면 반드시 자만의 바람이 심하게 불게 될 것이다. 정치국상무위원 확대회의에서 토론을 하였고, 지시를 내는 데 못하게 말려야 한다"라고 지시하였다.

1967년 7월 13일 중공중앙은 "마오주석 소상을 세우는 문제에 관한 지시"를 인쇄 발행하였다. '지시'에서 "마오주석의 소상을 세우는 것은 엄숙한 정치 문제이다. 석상마다 정치적 예술적으로 높은 질을 보증하여 역사대대로 전해야 한다. 이는 중앙의 통일된 규획에 따라 적당한 시기, 적당한 곳에 세워야만 잘 하는 것이다. 현재 어떤 군중조직이 급하게 만들려 하면 경제적인 손실이 생겨날 뿐만 아니라 정치적인 손실도 생겨나게 된다"라고 하였다.

1967년 9월 13일, 중공중앙은 "'7·13' 지시의 신중한 관철 실행에 관한 통지"를 추가로 발행하였다. '통지'에서 '7·13'을 승인 하달한 후에, "많은 지방의 군중조직이 직접 중앙에 보고를 보냈고, 마오주석의 대형 석상을 세울 수 있게 요구하였다. 지금 어떤 곳은 시공 중에 있고, 어떤 곳은 적극적으로 준비 중이다"라고 하였다.

'통지'에서 다시 "무조건적으로 중앙지시를 관철하여 집행해야 한다"를 하달하였고, 제3조에서 구체적인 규정을 만들었다. "이미 마오주석의 석상을 세우고 있거나, 세우고자 한다면, 엄격하게 '7·13'의 지시대로 해야 한다. 성시 영도기관 혹은 군관회(軍管會)는 열심히 검사해야 하고, 불합격한 것은 폭발시켜야 한다. '7·13'지시 후의 마오주석 석상을 세울 계획이거나 건축 중에 있다면 즉시 멈추어야 한다"라고 하였다. 비록 마오쩌둥이 자신의 석상을 세우는 것에 대해 명확한 태도를 보였고, 중앙도 끊임없이 지시를 내렸을지라도, 각지에서는 석상을 세우는 열기가 식지 않았다.

1967년 가을 해군총부는 '지시'를 받은 후, 석상을 세우는 것을 잠시 멈추었고, 정치위원 리쭤펑(李作鵬)에게 물어보았다. 리쭤펑은 공정조의 책임자에게 지시하였다. '지시'에서 불합격한 석상을 세우는 것을 제지하라고 하였다. 하지만 "우리가 세우는 석상은 예술성이 매우 높다. 또한 좋은 재료로 사용한다"라고 하며 공정조는 명령 후에도 계속해서 시공을 하였다.

1969년 6월 12일에 이르러 "마오 주석 형상 선전주의에 관한 몇 가지 문제"의 문건이 하달된 후에야, 문화대혁명 후에 성행하던 열광적인 '개인미신'은 식어가기 시작하였다. 오늘날 존재하는 '문혁' 시기에 만들어진 82기의 마오주석 석상은 거의 1970년 이전에 세워진 것이다. 단둥(丹東) 기차역 광장과 상하이 수산대학에 있는 마오쩌둥 석상은 1970년에 세워진 것이다.

1987년 8월 말, 칭화대학은 20년 전에 세워진 마오쩌둥의 석상을 폭발시켜 없앴다. 1988년 초, 베이징대학도 교내의 2기의 마오쩌둥 석상을 폭발시켜 없앴다. 이후 전국 다수의 마오쩌둥 석상이 연이어 폭발되거나 땅에 묻혔다. 주강(珠江)삼각주 지역에서는 마오쩌둥의 석상이 전부 폭발되었다.

1993년 마오쩌둥 탄신 100주년이 되는 해부터, 새로운 마오쩌둥 석상이 연이어 전국 각지에 출현하였다. 신시기에 많은 석상의 높이는 7.1m, 8.1m, 10.1m, 12.26m이고, 기반이 되는 단의 높이가 가장 높은 것은 5.16m나 되었다.

2009년, 구이양(貴陽) 성문물국(省文物局)은 구이양에 흩어져 있던 3기의 마오쩌둥 석상을 묶어 국무원에 제7차 전국중점문물보호단위를 신청하였다. 연말에 후난성도 창사박물관에 소장하고 있던 '문혁' 시기에 헤이룽장성에서 보내온 마오쩌둥의 석상을 국무원에 전국중점문물로 신청하였다.

문혁 시기에 대다수의 마오쩌둥 석상은 조소가의 창작품이었다. 그러나 재료비를 제외하면 보수는 없었다. 1기의 석상도 도처에서 다시 만들 수 있었지만 지금은 저명한 조소가가 창작한 마오쩌둥의 석상은 100만 위안에 팔린다. 중국 몇 곳의 석조의 고향에서 한 장인이 만든 마오쩌둥의 석상은 3만 위안에서 5만 위안으로 팔린다.

1980년 "중공중앙 '개인을 적게 선전하는 것'의 몇 가지 문제 견지에 관한 지시"가 하달된 후, 일부 지역에서는 마오쩌둥 주석의 석상을 세울 계획을 세웠다. 중앙미술원 조소과 교수인 바이란성(白瀾生)은 "개인적 추측으로, 전국에 1967년부터 1969년까지 세워진 수천 기의 주석 조소상은 베이징 한 지역에만 몇 천 기가 있는데, 중앙직속기관, 단과 대학과 종합 대학, 부대의 큰 마당에 몰려 있고, 현재 대부분은 폭발되었다"라고 말하였다.

현재, 가장 오래된 마오쩌둥 조소상은 신장 우루무치 서남 야마리커(雅瑪里克)산 위에 총 높이 6미터의 마오쩌둥 조소상이다. 중국 내에 현존하는 가장 최초의 실외 마오쩌둥 소조상이다. 석상의 밑단 뒤쪽에는 구리로 만든 패가 있는데 윗면에 웨이한(維漢)의 두 종류의 문자로 소조상의 역사를 적어 두었다.

마오쩌둥 소조상을 통해 1952년 중·소 우호 관계를 엿볼 수 있다. 소련이 지원하여 만든 신장 10월 트랙터공장 내에 마오쩌둥의 소조상을 세웠다. 2005년 4월 28일에 옮겼다. 신장 10월 트랙터 공장은 신장군수부의 자동차 수리공장이었다. 공장의 규획설계는 소련 측이 맡았다. 두 곳의 녹지 공간에 두 기의 노동자 소조상을 세울 계획을 갖고 있었다. 당시 공장 건설을 주관하는 신장군구 사령원인 왕전(王震)이 건의를 제안하였다. 그는 "중·소 양국 영도인의 소조상을 만드는 것이 노동자 소조상을 만드는 것보다 낫다고 여긴다. 이렇게 하면 양국의 우호 관계 및 양국의 지도자에 대한 존경을 체현할 수 있는 것이다"라고 하였다. 소련 측 전문가는 왕전의 건의에 동의하였고, 1952년 6월, 리위샹(李宇翔)이 마오쩌둥과 스탈린의 소조상을 만들기 시작하였다.

류샤오치(劉少奇, 1898.11.24~1969.11.12)

류샤오치는 1949년부터 1954년까지 중앙인민정부의 부주석을 역임하였고, 1954년에는 전국인민대표대회 상무위원회 위원장이 되었다. 그리고 1959년 마오쩌둥이 대약진운동의 실패에 책임을 지고 물러나자, 제2대 국가주석 겸 당 중앙군사위원회 주석이 되었다.

류샤오치는 마오쩌둥 사상을 체계화하여 마르크스·레닌주의와 나란히 당 지도사상의 반열에 올렸다. 하지만 막후에서 실력을 행사하려던 마오쩌둥과 수시로 갈등이 있었고, 문화대혁명이 발생하면서 류샤오치는 1968년에 실각하였다.

생애

류샤오치는 후난성 창사시 닝샹(寧鄕)현 화밍루(花明樓)향에서 태어났다. 1920년 중국 사회주의 청년단에 가입하였고, 1921년에 소련 모스크바 동방공산주의노동대학에서 유학을 하였다.

류샤오치는 마르크스주의가 확신한 진리이고 중국을 확실하게 구할 수 있다고 여겼다. 같은 해 겨울, 청년단 단원에서 중국공산당 당원으로 전환되었고, 당 최초의 당원 중의 한 명이 되었다.

1922년에 귀국한 뒤 중국노동조합 서기부에서 일을 하였다. 장시성 서북부의 안위안 탄광에서 리리싼 등과 노동자의 대파업을 이끌었다. 1925년 제2차 전국노동대회에서 전국총공회 부위원장으로 선출되었고, 5·30운동이 발생하였을 때, 상하이·광저우·우한에서 노동운동에 참가하였다.

1930년 여름 모스크바에서 개최된 적색직공 국제 제5차 대표대회에 참석하여 집행국위원으로 선출되었다. 1931년 1월 중공 제6차 4중전회에서 정치국 후보위원으로 선출되었다. 1932년 장시성 남부와 푸젠성 서부의 중앙혁명 근거지에 들어가 노동자운동을 이끌었고, 중공 푸젠성위 서기를 맡았다. 1934년 10월 장정에 참가하였고, 1935년 쭌이회의에서 마오쩌둥의 주장을 지지하였다.

1937년 항일전쟁이 시작된 후 류샤오치는 적후방으로 들어가 군중을 동원하고 유격전쟁의 방침을 전개하였으며, 화북 지역의 적 후방에서 항일 근거지를 세우는 업무를 이끌었다. 1939년부터 1941년까지 『공산당원 수양을 논함』 등의 저서와 연설은 당 건설의 이론을 풍부하게 하였다. 1943년 옌안으로 돌아와 중공중앙서기처의 서기와 중앙혁명군사위원회 부주석으로 임명되었다.

건국 후

중국이 건국한 후 류샤오치는 중앙인민정부 부주석으로 선출되었다. 류샤오치는 국가의 정치·경제·문화·교육·외교 등의 정책 제정에서 중요한 역할을 하였다.

류사오치는 1954년 제1차 전국인민대표대회 제1차 회의에서 "중화인민공화국 헌법 초안에 관한 보고"를 발표하였고, 전국인민대표대회 상무위원회 초대 위원장으로 선출되었다. 1956년 제8차 1중전회에서 중공중앙 부주석으로 선출되었다.

1959년 4월 제2차 전국인민대표대회 제1차 회의에서 국가주석과 국방위원회 주석으로 선출되었다. 1963년부터 1966년까지 인도네시아, 미얀마, 캄보디아, 베트남, 북한, 파키스탄, 아프카니스탄 등의 국가를 순방하였다. 1966년 문화대혁명이 발생하면서 류샤오치는 주자파로 몰려 비판을 받았고, 린뱌오와 장칭 등 반혁명집단으로부터 정치적 박해를 받았다.

1967년 7월 18일 장칭, 캉성, 천보다(陳伯達)는 류샤오치 부부를 비판하는 대회를 결정하였고, 류샤오치를 비판하고 인신공격을 하였다. 1968년 9월 장칭이 배후에서 조종한 "전안조(專案組)"는 중앙에 류샤오치의 "범죄 증거 자료"를 3차례 정리 보고하였다. 이때 류샤오치를 "대역적, 대간첩, 대노동귀족, 대스파이, 대반혁명"이라고 보고하였

주자파(走資派, 자본주의의 길을 걷는 실권파)

주자파는 '자본주의의 길을 걷는 실권파(走資資本主義道路的當權派)'의 약어이다. '농촌사회주의 교육운동'이 전개되던 중, 1965년 1월 14일 중공 중앙위원회가 발표한 '23조'에 처음으로 등장하였다. 마오쩌둥과 4인방이 정치적 반대파를 반(反)마오쩌둥주의자로서 숙청하여 제거할 때 사용했던 호칭이다.

1966년 8월 8일, 제8차 11중전회에서 채택된 '문혁16조(文革十六條)'에 다시 문혁의 주요 목적이 당내의 주자파를 타도하는 것이라고 밝힘으로써 이 용어가 일반화되었다. 이후 마오쩌둥과 4인방은 자본주의의 길을 걷는 당내 최대의 실권파가 바로 류샤오치일파라고 하면서 그를 반대하는 대대적인 비판운동을 전개하였다.

다. 동년 10월 장칭, 캉성, 셰푸즈(謝富治) 등이 위증하여 쓴 "역적, 간첩, 노동귀족 류샤오치 영원히 당적을 박탈하고 당 내외 모든 직무를 취소하는 것에 관한 결정"이 통과되었다.

1969년 초, 류샤오치가 중병에 걸렸을 때, 정부에서 응급처치팀을 특파하여 류샤오치의 병을 치료해 주었다. 1969년 10월 17일, 류샤오치는 허난 카이펑(開封)시 네이베이투가(内北土街) 10호로 송환되어 "감호"를 받았다. 죽음을 앞두고 류샤오치는 가족들에게 "좋은 역사는 인민이 썼다"라는 말을 남겼다. 류샤오치는 1969년 11월 12일 새벽 6시에 사망하였다. 사망 후, 시신은 비밀리에 화장되었는데, 화장신청서에 이름은 '류웨이황(劉衛黃)', 직업은 '없음(無業)', 사인은 '병사(病死)'라고 적혀 있었다.

역사적 평가

1980년 제11차 5중전회에서 중공 중앙은 "류샤오치 동지를 위한 오류 정정에 관한 결의"를 통과시키면서 류샤오치의 명예회복을 결정하였다. 류샤오치에 대한 오류를 바로잡았고, 류샤오치를 '당과 국가 영도자 중의 한 명'이라며 명예를 회복시켰다. 1980년 5월 17일 베이징인민대회당에서 '늦은(遲到)' 추도식을 거행하였다.

덩샤오핑은 중공중앙을 대표하여 추도사를 하였다. 추도식을 하는 날 전국에서 국기를 반기로 달며 애도를 표하였고, 모든 오락 활동을 중지하였다. 5월 19일 류샤오치의 유언에 따라 그의 유골을 바다에 뿌렸다. 류샤오치의 명예와 신분이 회복되면서 관련 있는 기념 활동이 지속적으로 전개되었다.

류샤오치의 저서로『공산당원 수양을 논함』,『토지개혁 문제에 관한 보고』 등이 있고, 『류샤오치선집』 상·하로 나뉘어져 1982년과 1985년에 인민출판사에서 출간되었다.

류샤오치 기념관은 류샤오치의 고향인 후난성 닝샹현 화밍러우향에 세워졌다. 1984년에 짓기 시작하여 1988년에 완성하여 개방하였다. 1987년 4월에 발행된 제4차 런민비(人民幣) 100원 지폐에 류샤오치는 지폐 정면에 4인 부조상의 1명이 되었고, 나머지 3명은 '마오쩌둥, 저우언라이, 주더'이다.

1988년 류샤오치가 출생한 닝샹현 화밍러우진(花明樓鎭) 탄쯔충촌(炭子冲村)을 새롭게 수리하였고, 류샤오치고택이라고 명명하였으며, 전국중점문물보호단위의 하나로 지정하였다. 2000년, 류샤오치가 사망한 장소는 제3차 허난성급문물보호단위와 중소학덕육교육기지로

류샤오치와 한글

1980년 2월 류샤오치의 사후 복권이 있었을 때 중국문자개혁위원회 부주임 엽뢰사는 1950년 2월 류샤오치가 루딩이와 후챠오무에게 보낸 다음과 같은 미공개 편지의 사본을 공개하였다

류샤오치는 어문연구자에게 친서로 보낸 편지에서 "문자개혁을 성공적으로 추진한 조선에 사람을 보내서 문자를 배워야 합니다"라고 다그쳤다. 아직까지 중국 문자개혁에 대해 어떤 결정도 내려지지 않았습니다. 그러나 우리의 이웃 몽골, 조선, 베트남은 이미 문자개혁을 성공적으로 추진했습니다. 관점에 따라서 그들의 어문개혁은 우리보다 앞섰다고 볼 수 있겠는데 그들은 우리의 한자를 들여가 사용했으나, 그 중 조선의 한글은 이미 오랫동안 쓰여 오기도 했습니다. 조선대사 이국원은 (한자 대신) 한글만 사용해도 전혀 어려움이 없다고 말했습니다. 이점을 우리가 유의해야 된다고 봅니다. 우리의 어문연구자들이 조선의 문자개혁 경험을 고찰해야 한다고 생각합니다. 이런 목적을 위하여 우리는 학생들이나 학자들을 이들 나라에 보내 배우게 해야 합니다. 우리의 문자개혁을 위한 계획을 마련하기 위해서 말입니다. 이만 총총.

선정되었다.

2008년 류샤오치 탄생 110주년 기념 활동에서 당시 중국공산당 총 서기 후진타오는 류샤오치를 "위대한 마르크스주의자, 위대한 무산 계급혁명가, 정치가, 이론가, 당과 국가의 주요 영도자 중의 한 명, 중국의 개국공신, 마오쩌둥 동지를 핵심으로 하는 당의 제1대 중앙영 도집체의 주요 구성원이다"라고 평가하였다. 2012년 5월, 류샤오치동 지기념관의 디지털화 건설이 진행되었다.

화귀펑(華國鋒, 1921~2008)

화귀펑은 마오쩌둥이 "당신이 일을 한다면 나는 안심한다"라는 말을 하였다고 하며, 자신이 마오쩌둥에게 신뢰를 얻은 후계자였다고 주장한다. 하지만 이러한 말이 사실인지는 명확하지는 않다. 중국 지도자 중에서 당주석, 중앙군사위원회 주석, 국무원 총리를 역임한 사람은 화귀펑이 유일하다.

마오쩌둥이 사망하고 난 뒤, 화귀펑은 4인방을 체포하였고, 10여 년 동안 진행되었던 문화대혁명을 종결시켰다. 화귀펑은 마오쩌둥의 뒤를 이어 모든 권력을 차지하였으나, 덩샤오핑을 중심으로 한 개혁 세력에게 모든 권력을 빼앗겼다.

중국 정치 세대를 구분할 때, 화귀펑의 위치는 모호하다. 연배로 봐도 1세대라 말하기는 곤란하고, 2세대 지도부가 들어서기 전에 권력을 상실하였기 때문에 과도기의 지도자라 할 수 있다. 즉 1976년 9월 9일 마오쩌둥이 사망하고 1978년 12월 개혁개방을 천명하기까지 중국 최고 직위에 있었던 인물이다.

생애

화궈펑의 본명은 수주(蘇鑄)이고 자는 청지우(成九)이다. 산시(산서) 쟈오청(交城)에서 태어났다. 1938년에 자신의 이름을 화궈펑(華國鋒)이라 바꾸었다. 2008년 8월 20일 베이징에서 사망하였다.

화궈펑은 1938년 후난에서 유격전에 참가하였고, 중국공산당에 가입하였다. 1956년 화궈펑은 중공 후난성 위원, 후난성 인민위원회 문교판공실 주임, 중공 후난 성위 통전부 부장을 역임하였다. 1958년 이후에는 후난성 부성장, 중공후난성위 서기처 서기 겸 후난성 부성장, 후난성정협부주석, 후난성혁명위원회 주임, 중공 후난성위 제1서기 겸 후난성 군구 제1정치위원, 성군구 당위 제1서기 등의 직무를 역임하였다. 주로 허난성에서 정치적 활동을 하였다.

문화대혁명이 발발하면서 화궈펑은 비판을 받았지만, 저우언라이의 지지와 보호로 1967년에 복귀하였으며, 후난성 당정의 주요 영도 직무를 담당하였다. 1969년 제9차 전국대표대회에서 중앙위원으로 선출되었다. 1971년 1월, 9·13사건이 발발하면서 화궈펑은 저우언라이의 영도 하에 진행되던 린뱌오집단 문제를 처리하는 일에 참여하였다. 동년 10월 광저우군구 정치위원, 군구당위(軍區黨委) 서기를 담당하였다.

1973년 화궈펑은 중앙정치국위원에 선출되었고 저우언라이의 농업공작을 협력하였다. 화궈펑은 농업기술과 우량품종을 확산해야 함을 강조하였고, "삼급 소유제(三級所有制)에 있어서 생산대(生産隊)를 최소 기본 단위로 한다"의 관리체제를 안정화하였다.

화궈펑은 계획생육(산아 제한) 공작을 매우 중시하였다. 1973년 7월, 국무원계획생육영도소조 조장을 맡은 후 계획생육 방침을 집행하였고, 중국 인구의 빠른 증가를 억제하는 데 공헌하였다.

1975년 1월, 화궈펑은 국무원 부총리 겸 공안 부장에 임명되었고, 동년 2월, 국무원 상무회의에서 상무부총리 중의 1명으로 확정되었다. 화궈펑의 추진 하에 교육과학문화공작은 정상화되기 시작하였고, 외교공작은 새로운 발전을 이루었다.

화궈펑은 "외국의 좋은 경험을 반드시 배우고자 하면 과학기술을 학습해야 하고 경영 관리 경험을 학습해야 하고 광범한 경제 합작을 전개해야 한다"고 여겼다. 그는 또, "사상을 좀 더 해방해야 하고, 담력을 좀 더 크게 해야 하고, 좀 더 실행을 많이 해야 하고, 걸음을 좀 더 빠르게 해야 한다"라고 제안하였다.

화궈펑은 '백화제방과 백가쟁명'의 방침을 관철하기 위해 사회주의 문예창작 번영을 중시하였다. 그는 후난 지방의 특색이 있는 상극(湘劇), 화고희(花鼓戲), 기극(祁劇), 파릉희(巴陵戲), 피영(皮影), 목우희(木偶戲) 등의 지방극을 보호하고 발전시키는 것을 중시하였다. 동시에 옛날 문예형식을 개조하고 혁신하는 것을 강조하였다. 인민대중을 위한 새로운 문예를 창작하고자 하였다. 화궈펑의 지지로 후난문화예술공작은 '문화대혁명' 기간에 일정한 발전을 이루었다.

1976년 1월 8일 저우언라이가 사망한 뒤, 2월에 화궈펑은 국무원 총리대리를 맡았다. 동년 4월에는 중공 중앙 제1부주석, 국무원 총리에 임명되었다. 1976년 당산대지진이 발생하였을 때, 화궈펑은 긴급회의를 소집하여, 중앙항진구재지휘부(中央抗震救災指揮部)를 설립하였고, 지진을 방어할 수 있고 재난을 구제할 수 있는 조치를 실시하였다.

1976년 9월 9일 마오쩌둥이 사망한 후, 4인방은 당과 국가의 최고 영도권을 쟁취하려는 음모 활동을 하였다. 화궈펑은 '4인방' 집단의 정권 탈취 음모를 진압하기 시작하였다. 4인방 문제를 해결하기 위해 예젠잉, 리셴녠 등 중앙 지도자의 찬동과 지지를 얻었다. 동년 10월 6일 화궈펑과 예젠잉 등을 대표로 하는 중앙정치국은 왕훙원, 장춘챠오, 장칭, 야오원위안 등을 격리 심문하면서 진압하였다. 4인방을 진압한 후 화궈펑은 중공 중앙 주석, 중앙군사위원회 주석, 국무원 총리 등의 직무를 맡았다. 이 기간에 그는 제10차 3중전회, 제11차 전국대표대회, 제11차 3중전회 등의 주요 회의를 주관하였다.

1981년 6월 제11차 6중전회에서 화궈펑은 중공중앙 주석, 중앙군사위원회 주석직에서 사퇴하였다. 1982년 9월까지 중앙정치국 상무위원, 중공중앙 부주석을 맡았다. 제12차 전국대표대회에서 제15차 전국대표대회까지 중앙위원으로 선출되었고, 제17대와 제18대에서 특별 초청대표가 되었다.

양개범시

화궈펑은 1977년 2월 중국의 3대 언론(인민일보, 해방일보, 紅旗)의 공동 사설에서 양개범시(兩個凡是)를 주장하였다 화궈펑은 1978년 12월 제11차 3중전회에서 '범시파'라는 비판을 받고 실각하였다. '양개범시'는 1977년 2월 7일『인민일보』, 잡지『홍기』,『해방군보』의 사설 '문헌을 잘 학습하여 기본 고리를 틀어쥐자'에서 구체화되었다.

화궈펑은 "마오 주석이 내린 모든 결정은 우리 모두 결연히 옹호해야 한다. 마오 주석의 지시는 우리 모두 시종일관 변함없이 따라야 한다"고 주장하였다. 1977년 4월 10일 당 중앙에 보낸 편지에서 실무파는 화국봉의 주장을 '양개범시'라고 비판하였다.

1980년대 개혁개방을 이끌다

: 2세대 지도부

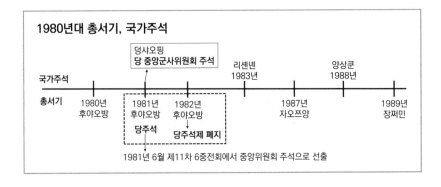

1980년대 총서기, 국가주석

국가주석

덩샤오핑
당 중앙군사위원회 주석

리셴녠
1983년

양상쿤
1988년

총서기

1980년
후야오방

1981년
후야오방

1982년
후야오방

1987년
자오쯔양

1989년
장쩌민

당주석

당주석제 폐지

1981년 6월 제11차 6중전회에서 중앙위원회 주석으로 선출

1. 개혁개방을 이끈 덩샤오핑

덩샤오핑(鄧小平, 1904~1997.2.19)

덩샤오핑은 중국의 제2세대 영도집체의 핵심인물이다. 1세대 지도부라 해도 무방하지만, 덩샤오핑은 스스로 제2세대에 속한다고 말하였다. 덩샤오핑은 "마오쩌둥 동지는 제1세대, 나는 제2세대, 장쩌민 동지는 제3세대의 핵심"이라고 하며 장쩌민을 지지하였다. 덩샤오핑은 해당 시기의 최고 직위에 있었던 것은 아니었지만 중국을 실제로 이끈 지도자였다. 덩샤오핑은 1978년부터 1983년까지는 중국인민정치협상회의 주석, 1981년부터 1989년까지는 당 중앙군사위원회 주석을 역임하였다. 1983년부터 1990년까지 국가 중앙군사위원회 주석을 역임하였다. 덩샤오핑이 중앙군사위원회 주석직에 있었기 때문에, 중국에서 '군'을 장악한 사람이 실질적인 최고 지도자라는 것을 입증한 셈이다.

덩샤오핑이 창도한 개혁개방과 일국양제 정책은 중국을 바꾸었을 뿐만 아니라 국제사회에 영향을 주었다. 이러한 이유로 1978년과

1985년 두 차례나 미국의 『TIME』지에 '올해를 풍미한 인물'로 선정되었고, 1979년 1월 1일에 출간된 타임지 표지인물이 되었다.

생애

1904년 8월 22일 쓰촨성 광안(廣安)현 셰싱(協興)향 파이방(牌坊)촌에서 출생하였다. 이름은 덩셴성(鄧先聖)이다. 1909년에 사숙에 들어가 공부를 하였는데, 당시 학명(學名)은 덩시셴(鄧希賢)이다. 1939년 9월, 쥐린(卓琳)과 결혼하였다.

① 파리에서의 근공검학

1919년 가을 덩샤오핑은 충칭 근공검학 유법예비학교(留法豫備學校)에 입학하였다. 1920년 10월, 프랑스로 간 덩샤오핑은 1922년 여름에 유럽중국소년공산당에 참가하였다. 유럽중국소년공산당은 다음해에 유럽 중국공산주의 청년단으로 바뀌었고, 중국 사회주의 청년단 유럽지부로 불리기도 하였다. 1924년 유럽 중국공산주의 청년단 기관의 간행물인 『적광(赤光)』의 편집일을 하였다. 동년 7월 유럽 중국공산주의 청년단 집행위원회 서기국 위원이 되었고, 중국공산당 당원으로 전환되었다. 1925년 봄에는 중공 유럽지부 리용 지역특파원에 임명되었다.

② 러시아에서의 생활과 중국에서의 공산당 활동

1926년 1월 17일 덩샤오핑은 처음으로 러시아에 갔으며, 중국공산당 모스크바 지부 대표들의 영도 하에 모스크바 동방대학교 신문을 발간하였다. 덩샤오핑은 동방노동자공산주의대학에서 12일간 머물다가 모스크바 중산대학으로 옮겼다.

1927년 봄 소련에서 귀국한 덩샤오핑은 중공의 지시에 따라, 펑위상(馮玉祥)의 국민연군 소속인 시안 중산군사학교로 가서 정치처 처장과 중공조직의 서기를 맡았다. 1928년부터 1929년까지 중공 중앙의 비서장을 맡았다. 1929년 여름 덩샤오핑은 광시 영도기의를 일으켰는데, 장윈이(張雲逸) 등과 백색기의(百色起義)와 룽저우기의(龍州起義)를 일으켰다. 중국 공농홍군 제7군, 제8군을 창설하였고, 좌강(左江), 우강(右江)혁명 근거지를 창설하였으며 홍7군 홍8군 정치위원과 전적위원회 서기를 맡았다.

1931년 여름, 장시 중앙 근거지로 가서 중공 루이진현위(瑞金縣委) 서기를 맡았다. 1933년 5월, 좌경 노선으로부터 공격을 받아 직무가 해제되었고, 당내 '최후 엄중 경고' 처분을 받아 러안현(樂安縣) 난촌(南村)으로 가서 순시원을 맡았다. 얼마 후 홍군 총정치부 비서장이 되었다. 8월, 홍군 총정치부가 주관하는 『홍성(紅星)』지를 편집하였다.

③ 장정과 항일전쟁

1934년 10월, 덩샤오핑은 중앙 홍군을 따라 장정(長征)에 참여하였다. 1935년 6월, 홍1군단 정치부 선전부장을 맡았고 1936년 5월에는 홍1군단 정치부 부주임을 맡았다가 뒤에 주임이 되었다.

1937년 7월 7일, 일본이 침략하였을 때 중국공산당은 항일을 결정하였다. 이때 덩샤오핑은 국민혁명군 팔로군 정치부 부주임을 맡았다. 1940년 8월부터 12월까지 백단대전(百團大戰)에 참여해 지휘하였다. 1941년 4월 15일, "당과 항일민주정권"이란 글을 발표해 중국공산당의 항일민주정권 건립에 관한 기본적인 이론과 정책을 제시하였다.

④ 국내전

1945년 제7차 전국대표대회에서 덩샤오핑은 중앙위원으로 선출되었다. 9월부터 11월까지, 류보청(劉伯承)과 함께 상당전역(上黨戰役)과 한단전역(邯鄲戰役)을 지도하였다.

1947년 5월, 중공 중앙중원국(中央中原局) 서기를 맡았다. 6월 30일 류보청과 함께 진기로예(晋冀魯豫) 야전군 주력 부대를 인솔하여 황하를 건넜고, 산둥성 서남 지역에서 전투를 치렀다. 8월에는 류보청과 함께 대별산 지역에서 국민당군과 전투를 벌였다.

1948년 5월 9일, 중국공산당 중앙중원국 제1서기, 중원군구 및 중원야전군(中原野戰軍) 정치위원으로 임명되었다. 5월에는 류보청과 함께 허난성 난양(南陽) 동쪽 지역에서 국민당군과 전투를 벌였는데, 이를 완둥전역(宛東戰役)이라 일컫는다. 7월에는 중원야전군 일부와 퉁바이(桐柏), 및 섬남군구(陝南軍區) 부대가 후베이성 샹양(襄陽)과 판청(樊城)에서 국민당과 전투를 벌였는데, 이를 샹판전역(襄樊戰役)이라 일컫는다. 11월 16일 중공중앙군사위원회는 류보청, 천이, 덩샤오핑, 수위(粟裕), 탄전린(譚震林)으로 이루어진 총전위(總前委)를 조직하였고, 덩샤오핑은 서기로 임명되어 화이하이전역(淮海戰役)을 지휘하였다. 화이하이전역에서 국민당군 55만 명을 궤멸시켰다.

1949년 2월 5일, 중원야전군을 제2야전군으로 개편하였고 덩샤오핑은 정치위원에 임명되었다. 3월 31일, 덩샤오핑은 "징후항전역(京滬杭戰役) 실시 강요"를 기초하였고, 중앙군사위원회로부터 비준을 받았다. 4월부터 5월까지, 류보청, 천이 등과 함께 장강 중하류에서 장강을 건너 국민당군과 전투를 벌였는데, 이를 두장전역(渡江戰役)이라 일컫는다. 이어 난징, 상하이, 장쑤, 안후이, 저장, 장시, 푸젠 등지에서 승리하였다. 덩샤오핑은 1949년 9월 30일, 중국인민정치협상회의 제1차 전체회의에서 중앙인민정부 위원으로 선출되었다.

덩샤오핑은 장정에 참가하고, 항일전쟁과 국내전에 참가하여 많은 전투에서 승리를 거두었다. 이러한 경력 때문에 덩샤오핑을 정치적으로 제1세대로 분류할 수 있다. 하지만 덩샤오핑은 자신이 제2세대라고 말하였다.

중국 건국 이후

① 건국 초부터 문혁 이전까지

중국이 건국되었지만 중국공산당이 중국 전역을 차지한 것은 아니었다. 중국이 건국된 이후에도 전투는 계속되었다. 덩샤오핑은 1949년 10월 19일, 중앙인민정부위원회 제3차 회의에서 중국인민혁명군사위원회 위원으로 임명되었다. 10월부터 12월까지 류보청 등과 함께 부대를 인솔하여 서남으로 진군하였고, 쓰촨, 윈난, 구이저우, 시캉(西康, 오늘날 쓰촨과 시짱자치구의 일부) 등의 성을 점령하였다. 11월 23일, 중공 중앙서남국의 제1서기에 임명되었고, 12월 2일에는 서남군정위원회 부주석으로 임명되었다.

1950년 2월 22일, 덩샤오핑은 서남군구 정치위원에 임명되었고, 1951년 군대를 이끌고 티베트를 공격하여 점령하였다. 1952년 7월, 중앙인민정부 정무원 부총리 겸 재경위원회 부주임에 임명되었다.

이후에는 정무원 교통판공실 주임과 재정부 부장을 겸임하였다. 1954년 4월, 중공 중앙비서장, 조직부 부장에 임명되었고, 9월에는 국무원 부총리, 국방위원회 부주석, 중공 중앙군사위원회 위원으로 임명되었다.

1955년 3월 중공 중앙을 대표하여 덩샤오핑은 "가오강(高崗) 랴오슈스(饒漱石) 반당연맹에 관한 보고"를 발표하였다. 1956년 9월, 제8차 전국대표대회에서 당장 수정에 관한 보고를 하였다. 9월 28일 제8차 1중전회에서 중앙정치국 위원, 중앙정치국 상무위원, 중앙서기처 총서기로 선출되었고, 마오쩌둥을 핵심으로 하는 중국공산당 제1세대 지도그룹의 주요 구성원이 되었다. 덩샤오핑이 총서기로 임명되었지만, 최고 직위는 아니었다. 당시 최고 직위는 당주석이었고 마오쩌둥이었다.

1957년 11월, 마오쩌둥이 인솔한 중국당정대표단을 따라 소련을 방문하여 10월 혁명 40주년 경축행사에 참석하였다. 1958년 8월, 중공 중앙정치국이 베이다이허에서 개최한 확대회의에 출석하여, "농촌 인민공사 건립 문제에 관한 결의"를 발표하였다. 11월부터 12월까지 제8차 6중전회에서 "인민공사의 약간의 문제에 관한 결의"에 대해 설명하였다.

1962년 2월 6일 확대중앙공작회의에서 덩샤오핑은 "당의 혁명정통을 발양해야 한다"고 하며 민주집중제를 강조하였다. 이 회의를 '7천인대회'라고 일컫는다. 1965년 3월 장칭 등 문예계 인사와 문예 작품의 착오에 대해 비판하였고, 중앙서기처 회의를 소집하여 엄중한 비판을 하였다.

② 문화대혁명 시기

1966년 문화대혁명이 발발하면서 덩샤오핑은 모든 직무에서 물러났다. 1969년부터 1973년까지 장시성 신젠현(新建縣) 트랙터수리제조공장으로 하방되었다.

1972년 8월 3일, 마오쩌둥에게 편지를 보내 당과 국가 기관에서 몇 년 더 일할 수 있기를 희망하였다. 마오쩌둥은 덩샤오핑의 역사적 공적에 긍정적이었다. 1973년 3월 10일, 중공 중앙은 "덩샤오핑 동지의 당 조직 생활과 국무원 부총리의 직무 회복에 관한 결정"을 하였다. 이로써 덩샤오핑은 정치 복귀를 하게 되었다. 동년 8월 제10차 전국대표대회에서 중앙위원으로 선출되었고, 12월에는 중공 중앙의 결정에 따라 중앙정치국 위원, 중앙군사위원회 위원이 되었다. 1974년 4월, 중국정부를 대표하여 유엔 제6차 특별대회에 출석하였고, 마오쩌둥의 제3세계 이론에 관해 연설하였다. 1975년 1월, 중공 중앙 부주석, 국무원 부총리, 중앙군사위원회 부주석과 중국인민해방군 총참모장에 임명되었다.

저우언라이의 병이 위중해진 뒤에, 마오쩌둥의 지지로 덩샤오핑은 당, 국가, 군대의 일상 업무를 주관하였다. 문화대혁명으로 인해 혼란해진 국면을 정돈하면서 전국 인민으로부터 많은 지지를 얻었고 현저한 성과를 거두었다. 1976년 4월에 발생한 제1차 천안문 사건 때 덩샤오핑은 모든 직무에서 물러났다.

③ 문화대혁명 이후

1977년 4월 10일, 덩샤오핑은 중공 중앙에 편지를 보내 "대대손손

정확하고 완벽한 마오쩌둥 사상으로 전당, 전군, 전국 인민을 지도해야 한다"고 제기하였다. 중공중앙은 덩샤오핑의 의견에 긍정적이었다. 동년 5월 24일, 중앙의 관련 책임자와의 대화에서 "'양개범시'는 마르크스주의와 부합하지 않으며, 반드시 당내에 지식을 존중하고 인재를 존중하는 분위기를 조성해야 한다"고 제기하였다. 7월 제10차 3중전회에서 덩샤오핑이 맡았던 당·정·군의 영도직무를 회복시킬 것을 결정하였다. 덩샤오핑은 회의에서 "완전하고 정확하게 마오쩌둥 사상을 이해해야 한다"고 제기하였다. 또 "군중 노선과 실사구시는 마오쩌둥이 창도한 작풍 중의 가장 기본적인 것"이라고 제기하였다. 동년 8월에 개최된 제11차 전국대표대회에서 덩샤오핑은 중공중앙 부주석으로 선출되었다. 8월부터 9월까지 여러 차례 좌담회를 개최하였고, 과학과 교육을 잡지 않으면 4개 현대화는 희망이 없다고 강조하였다.

1978년 3월, 중국인민정치협상회의 제5차 전국위원회에서 주석으로 선출되었다. 덩샤오핑은 사상 노선을 바로잡는 것을 추진하였고, 진리표준 문제에 관한 토론 전개를 지지하였다.

1978년 개혁개방을 천명하다

1978년 12월에 개최된 제11차 3중전회에서 덩샤오핑은 "사상해방, 실사구시, 일치단결해 앞으로 전진하자(解放思想、實事求是, 團結一致向前看)"라는 연설을 하였다. 회의를 통해, "덩샤오핑을 핵심으로 하는 중국공산당의 제2대 영도집체"를 형성하였다.

덩샤오핑은 1979년 1월 28일부터 2월 6일까지, 미국을 방문하였는데, 중국 지도자로서는 최초로 미국을 방문한 것이다. 동년 12월 6일 덩샤오핑은 일본을 방문하여 일본 수상을 만났는데, 이때 "중국 800달러, 이는 바로 본 세기말까지 중국이 완성해야 할 샤오캉(小康) 사회이다. 이 샤오캉 사회는 중국식의 현대화를 만드는 것이다"라고 하였다.

1980년 9월 덩샤오핑은 국무원 부총리직을 사임하였다. 동년 10월 25일, 덩샤오핑은 "건국 이래 당의 약간의 역사 문제에 관한 결의"의 초안을 작성하였다. 1981년 6월 제11차 6중전회에서 덩샤오핑이 기초한 "건국 이래 당의 야간의 역사 문제에 관한 결의"를 통과시켰다. 결의에서 문화대혁명을 철저하게 부정하였다. 이때 마오쩌둥의 역사적 지위를 평가하였고, 마오쩌둥사상을 지속적으로 발전시킬 것을 제기하였다. 회의에서 문혁과 관련하여, "마오쩌둥이 잘못 발동하고, 린뱌오와 장칭 등 반(反)혁명집단이 이를 이용하였으며, 당과 국가와 인민들에게 커다란 재난을 가져다 준 대란"이라고 평가하였다. 하지만 마오쩌둥에 대해서는 "공적은 첫째이고, 과오는 둘째이다"라는 입장을 견지하였다. 회의에서 덩샤오핑은 중앙군사위원회 주석으로 선

중국공산당 역사에서 역사결의는 두 번 있었다. 첫 번째 결의는 1945년 제6차 7중전회에서 채택된 "약간의 역사 문제에 관한 결의"이고, 두 번째 결의는 1981년 "건국 이래 약간의 역사 문제에 관한 결의"이다.

1980년 덩샤오핑이 "건국 이래 당의 약간 역사 문제에 관한 결의" 초안을 검토한 뒤 다음과 같은 3개 항의 지도 사항을 기초하였다.

1. 마오쩌둥의 역사 지위를 확립하고 마오쩌둥 사상을 견지, 발전시킨다. 이것이 가장 핵심적인 조항이다.

2. 건국 이래의 역사적인 대사건 중 어떤 것이 정확한 것이었고 어떤 것이 착오인지를 실사구시적으로 분석, 책임이 있는 동지들의 공과 시비를 공정하게 평가해야 한다.

3. 과거 사건에 대한 이번 결의를 통과시킴으로써 (과거 문제에 대한)기본적인 총결산을 이룩한다. 총결산은 대체적인 것(粗)이어야 하며 세밀한 것(細)이 되어서는 안 된다. 과거를 총결산 하고 모두들 미래를 향하여 나가도록 해야 한다.

출되었다.

1982년 제12차 전국대표대회에서 덩샤오핑은 "마르크스주의의 보편적인 진리와 중국의 구체적인 실천을 결합시켜 우리 자신의 길을 걸어가 중국 특색의 사회주의를 건설하자"고 제의하였다. 제12차 1중전회에서 덩샤오핑은 중앙정치국 상무위원으로 선출되었고, 당 중앙군사위원회 주석으로 임명되었다. 또 중공중앙고문위원회 제1차 전체회의에서 중앙고문위원회 주임으로 선출되었다. 동년 9월 24일, 덩샤오핑은 영국의 대처 수상과의 회견에서 중국의 홍콩 문제에 대한 기본입장을 전달하였다.

1983년 6월 제6차 전인대 제1차 회의에서 국가 중앙군사위원회 주석으로 선출되었다. 1984년 12월 19일, 중국과 영국 두 나라 정부의 홍콩 문제에 관한 공동성명 조인식에 참석하였다.

1989년 4월, 베이징에서 일어난 시위에 대해 두 차례 담화를 발표하였다. 중공중앙정치국 상무위원회는 시위 진압, 국면 안정에 대해 완전한 지지를 표시하고 분명히 시위에 반대하는 입장을 표명하였다. 5월 16일, 소련 최고 소비에트주석단 주석, 소련공산당 중앙총서기 고르바초프를 회견하고 중·소 관계의 정상화 실현을 선포하였다. 동년 11월 제13차 5중전회에서 덩샤오핑은 당 중앙군사위원회 주석직을 사퇴하였다. 1990년 제7차 전국인민대표대회 제3차 회의에서 덩샤오핑의 국가 중앙군사위원회 주석 직무 사임을 받아들였다. 이로써 덩샤오핑은 중앙군사위원회의 모든 직위에서 물러났다. 덩샤오핑을 핵심으로 하는 제2세대 중앙영도집체에서 장쩌민을 핵심으로 하는 제3세대 영도집체로 넘어가고 유지하는 속에서 중요한 역할을 하였다. 이 시기에 장쩌민이 총서기와 중앙군사위원회 주석직을 맡고 있었지만, 여전히 최고 지도자는 덩샤오핑이었다. 이러한 이유 때문에, 정치경제적으로 덩샤오핑 시기와 장쩌민 시기에 대해 논란이 발생하게 된다.

덩샤오핑은 1992년 1월부터 2월까지 우창, 선전(深圳), 주하이(珠海), 상하이 등지를 시찰하며 주요 연설을 발표하고, 국제국내 형세를 분석하였다. 동년 10월 제14차 전국대표대회에서 경제체제개혁의 목표가 사회주의 시장경제체제 건립임을 확정하였다. 덩샤오핑은 중국 특색의 사회주의 건설 이론으로 전 당의 전략 임무를 제기하였다. 이 대회를 통해 중국의 개혁개방과 현대화 건설은 새로운 단계로 진입하였다.

1993년 11월 2일 『덩샤오핑 문선』 제3권이 출간되었다. 중공중앙은 『덩샤오핑 문선』 제3권 학습 보고회를 거행하였고, 장쩌민은 주요 연설을 발표하였다. 1997년 2월 19일, 93세의 덩샤오핑은 베이징에서 사망하였다.

왜 오뚝이라 불리는가: 3번의 실각과 3번의 복권

3번의 실각과 3번의 복권으로 덩샤오핑을 '오뚝이(不倒翁)'라고 부른다. 첫 번째 실각과 복권은 1930년대에 발생하였다. 1933년 장시소비에트 때, 덩샤오핑은 소련 유학생파들이 주도하는 반뤄밍(羅明)캠페인, 즉 마오쩌둥의 주장을 옹호하다가 당내의 좌경 세력에 의해 비판 대상자가 되어 실권하게 된다. 1934년 대장정 초기에 사병으로 참가하였다가 장정을 하는 도중에 복권되었다.

두 번째 실각과 복권은 문화대혁명 시기에 발생하였다. 문화대혁명이 발발하면서 덩샤오핑은 주자파로 몰려 숙청되었다가 1973년에 복권되었다. 세 번째 실각과 복권은 문화대혁명이 끝나기 직전과 직후였다. 1973년에 복권을 한 후, 저우언라이를 도왔는데, 1976년 1월 저우언라이가 사망을 하였고, 4월에 저우언라이 추모와 관련된 천안문 사건이 발생하면서 해임되었다가 1977년 7월에 복권되었다.

덩샤오핑 이론

1997년 제15차 전국대표대회에서 당장에 삽입된 덩샤오핑 이론은 중국 특색의 사회주의 건설의 정신적 토대이자 실천 강령이었다. 덩샤오핑 이론이란 1978년 제11차 3중전회 이후 '사상해방'과 '실사구시'라는 두 가지 틀 속에서 개혁개방 정책을 추진해오면서도 탄생된 이론을 말한다.

덩샤오핑은 제11차 3중전회에서 "마오쩌둥 사상의 기본관점은 실사구시이며, 그리고 마르크스-레닌주의의 보편원리를 중국혁명의 구체적 실천과 함께 결합시키는 것"이라고 하였다. 또 "사상이 해방되지 않고, 사상이 경직화되면 많은 이상한 현상이 발생한다"면서 '본본주의(本本主義)'를 우려하였다. 본본주의란 책에 쓰여진 내용을 무조건 옳다고 하면서 이에 맹종하는 태도, 그리고 상부의 지시를 분석, 검토도 하지 않고 맹목적으로 수행하는 태도를 말한다.

① 3개 유리어와 흑묘백묘론

3개 유리어(3個有利於)는 중국 특색의 사회주의를 건설하는 데 필요한 정신적 토대이자 실천강령으로 "1. 사회주의 사회의 생산력발전에 유리한가? 2. 사회주의 국가의 국력을 결합하는 데 유리한가? 3. 인민생활의 수준을 제고하는 데 유리한가?"이다. 3개 유리어는 성자성사

논쟁에 종지부를 찍었다.

흑묘백묘론은 "검은 고양이든 흰고양이든 쥐를 잘 잡는 고양이가 좋은 고양이다"라는 의미로, "중국을 발전시키는 데는 자본주의 경제체제건 사회주의 경제체제건 관계없다"고 주장하였다. 흑묘백묘론은 덩샤오핑이 1979년 미국 방문을 마친 뒤 언급하였고, 이후 중국 특색의 사회주의 시장경제를 대표하는 용어가 되었다.

② 실사구시

덩샤오핑은 제11차 3중전회에서 "무산계급 세계관과 마르크스주의 세계관의 기초는 실사구시입니다. 실사구시의 전통을 회복하려면 무엇보다도 사상해방이 이루어져야 합니다. 그런데 요즘 우리 당은 사상이 경화되어 있습니다. 무슨 이유에서인지 고정된 틀을 고집하고 사고의 근거를 현실에 두지 않는 괴상한 일들이 벌어지고 있습니다"라고 연설하였다.

실사구시의 주요 내용은 '죽은 마오쩌둥 동지가 한 말과 생전에 내린 결론은 무엇이든지 옳다'는 범시론은 말도 안 된다는 것이었다. 덩샤오핑은 실사구시를 내세워 "실천은 진리 평가의 표준"이라고 하며, 화궈펑 세력을 약화시켰고, 현대화를 함에 있어 네 가지 기본 원칙을 견지하여야 한다고 주장하였다.

흑묘백묘론은 원래 쓰촨지방의 속담인 '흑묘황묘(黑猫黃猫)'에서 유래하였다고 한다. 1962년 식량증산을 언급한 발언에서 이미 등장하지만, 당시의 흑묘백묘론과 1992년에 언급한 흑묘백묘론의 의미는 차이가 있다.

---

③ 중국 특색의 사회주의

중국 특색의 사회주의는 1997년 제15차 전국대표대회에서 당장에 삽입되었다. 덩샤오핑은 1982년 제12차 전국대표대회 개막 연설에서 중국 특색의 사회주의를 건설하자고 제창하면서 처음으로 '중국 특색의 사회주의'라는 용어를 사용하였다.

'1개 중심, 2개 기본점'을 통해 4개 현대화 건설을 달성하여 고도의 사회주의 물질문명과 정신문명, 사회주의 민주와 법제의 발전이 갖추어진 국가를 건설한다는 것이다. 중국 특색의 사회주의는 오늘날 중국의 이념적 지침이며 제반 개혁의 준거로 작용하고 있다. 21세기에도 중국 특색의 사회주의 건설을 위한 개혁개방 정책은 지속적으로 추진한다는 내용이 명기되어 있다.

④ 선부론

덩샤오핑의 선부론(先富論)은 개혁개방 정책을 천명한 이후, 동부 연해 지역을 우선적으로 발전시킨다는 불균형 발전 전략의 주요 사상이다. 1984년 6월 30일 외빈과의 회견에서 덩샤오핑은 "사회주의는 가난을 없애야 한다. 가난은 사회주의가 아니고, 공산주의는 더욱 아니다."라고 하였다. 그리고 1985년 10월 미국 기업가 대표와의 회견에서 "일부 사람이 먼저 부자가 되도록 해야 한다."라고 하였다.

주요 내용은 "일부 지방, 일부 사람이 먼저 부자가 되도록 해야 한다. 그래야 나머지 지역과 사람들을 이끌고 도와 점진적으로 모두가 번영을 누릴 수 있다"는 것이다. 동·서 간의 차별적인 경제발전 전략으로 인해 도농·지역·동서·민족 간의 격차가 심해지게 되었다.

⑤ 삼론

덩샤오핑의 삼론(三論)은 경제발전의 구체적 방법론으로 중요한 의미를 지닌다. 첫 번째는 '묘(猫)론'으로서 '흑묘백묘론'을 가리킨다. 두 번째는 '모(摸)론'으로서 '돌다리 이론(石頭論)'을 가리킨다. 경거망동하지 않고 돌멩이의 위치와 높이를 확인하며 한 걸음 한 걸음 신중히 강을 건너겠다는 의미이다.

　세 번째는 '등(燈)론'으로서 '신호등 이론'을 가리킨다. 이는 밀어붙이기식으로 나아가지 않고 기회와 위기를 살피면서 빨간불이면 돌아서 가고 노란불이면 조심해서 걸어가며 초록불을 만나면 기회를 살려서 뛰어가자는 것이다.

⑥ 삼보주 전략

덩샤오핑의 삼보주(三步走) 전략은 '3단계 발전 전략'이라 불린다. 1978년에 중국공산당의 기본 노선을 개혁·개방으로 선언하며 건국 100주년인 2050년을 향해 3단계 발전 전략인 삼보주의 방안을 제안하였다.

　제1단계(1980~1990)는 GDP를 배가하여 원바오(溫飽) 문제를 해결하는 것이고, 제2단계(1990~2000)는 GDP를 배가하여 샤오캉을 실현하는 것이며, 제3단계(2001~2050)는 1인당 GDP를 중진국 수준으로 향상시켜 사회주의 현대화를 실현하는 것이다.

⑦ 남순강화

덩샤오핑의 남순강화(南巡講話, 1992.1.18~2.21)는 중국 정치경제 변화에 중대한 영향을 주었다. 1989년 천안문 사건 발생 이후, 리펑 등 정치사상을 강조하는 보수파가 일시적으로 주도권을 쥐게 되면서, 개혁개방 진행속도가 다소 느려졌다. 이러한 현상에 대해서 덩샤오핑은 남부 지역을 시찰하면서 지속적인 개방 정책을 강조하였고, 중국 사회에 전면적인 각성을 촉구하였다.

주요 어록

- 개혁은 중국의 제2차 혁명이다. 이는 반드시 해야 하는 매우 중요한 일이다. 위험이 있을지라도.
- 검은 고양이든 흰 고양이든 쥐를 잘 잡는 고양이가 곧 좋은 고양이이다.
- 개혁은 중국이 생산력을 발전시키기 위해서 반드시 지나가야 하는 길이다.
- 개혁개방은 좀 더 대담하게 하고, 과감하게 실험을 해야 한다. 똑바로 보이는 것은 대담하게 실험하고 과감하게 밀고 나가라.
- 발전이야말로 절대불변의 진리이다.
- 과학기술은 제1의 생산력이다.
- 생각의 틀을 해방시키고 머리를 쓰면서 실사구시하게 일하라.
- 좋은 환경을 만들어야 한다. 뛰어난 인재들이 마음껏 자신의 재능을 발휘할 수 있도록 일부 조건이 좋은 지역이 먼저 발전하게 하라, 먼저 발전한 지역이 낙후한 지역을 이끌어주면 최종적으로는 다 같이 잘 살 수 있다
- 무엇이 지도자인가? 지도자란 봉사하는 사람이다.
- 성심성의로 인민을 위해서 봉사하라. 대중 속으로 깊이 파고 들어가서 그들의 소리를 경청하라. 용감하게 진실을 말을 할 수 있어야 하고 거짓된 말은 하지 마라. 헛된 명성을 쫓아다닌다고 애쓰지 말고 구체적이고 실용적인 일을 많이 하라.
- 공과 사를 분명히 하고, 원칙을 인정과 바꾸지 마라. 자신과의 관계에 상관없이 인격과 능력을 갖춘 사람만 임용하고 능력은 없는데 자신과 가까운 사람이라고 임용하지 마라.
- 기본 노선은 100년을 관리해야 한다. 동요해서는 안 된다.
- 4화를 실현해도 패권을 추구하지 않는다.

- 하나의 국가, 두 종류의 제도(일국양제)
- 나는 중국인민의 아들이다. 나의 조국과 인민들을 깊게 사랑하고 있다.
- 개혁개방을 견지하는 것은 중국 운명을 결정하는 묘수이다.
- 돌을 두드리며 내(하천)를 건너다.
- 사회주의도 시장경제를 할 수 있다.
- 실천이 진리를 검증하는 유일한 표준이다.
- 모두가 가난한 것이 사회주의는 아니다.
- 자본주의에도 계획이 있으며, 사회주의에도 시장이 있다.
- 일부가 먼저 부자가 되는 것을 인정해 가난한 사람이 따라 배우게 해야 한다.
- 한국의 포항제철 같은 철강회사를 설립하고 싶다.

덩샤오핑은 남순강화를 통해 개혁개방 정책의 이론적 기초를 제공하였으며, 확고한 시장경제 도입의지를 밝혔다. 1992년 1월 18일부터 2월 21일까지 덩샤오핑은 남부 지역인 우창, 셴전, 주하이, 상하이 등지를 시찰하면서 개혁개방 정책을 지속적으로 진행해야 한다고 강조하였다.

　덩샤오핑은 남순강화에서 "사회주의에 시장이 있으며 자본주의에도 계획이 있다"고 지적하였고, '계획'과 '시장'이 현대국가에 필요한 조절수단이라고 밝혔다. 덩샤오핑의 남순강화는 그동안 진행되어 왔던 성자성사 논쟁을 결론지었다.

대외 정책

① 1980년대의 중앙당 3대 임무

1980년 1월 26일 중앙간부회의에서 덩샤오핑은 "80년대의 중앙당 3

대 임무"를 언급하였다. 3대 임무로는 "첫째, 국제무대에서 패권주의를 반대하고 세계 평화를 유지하는 것이다. 둘째, 대만을 조국에 복귀시켜 조국통일을 실현하는 것이다. 셋째, 경제 건설을 가속화시키는 것이다"라고 제안하였다.

동년 5월 21일 중국은 홍콩 대공보를 통해 대만에 '조국회귀 5조건' 즉, "1) 사회제도의 불변, 2) 생활 수준 유지와 생활 방식의 불변, 3) 각 국과의 관계 계속 유지, 4) 고도의 자치권, 5) 군대를 보유할 수 있으며 대만 당국이 인사권을 가질 수 있다"를 발표하였다.

② 덩육조

1983년 6월 26일 덩샤오핑은 미국 센톤 홀 대학(Seton Hall University)에서 양력우(楊力宇) 교수와의 만남에서 대만에 대한 6가지의 기본 원칙인 덩육조(鄧六條)를 밝혔다.

주요 내용은 "1. 통일 후 베이징은 군대를 파견하여 대만에 진주시키지 않으며, 대만 내정에 개입하거나 간섭하지 않으며 대만의 인사와 군사에 간섭하지 않는다. 대만은 스스로 외국으로부터 무기를 구입하여 자위 능력을 보유할 수 있다. 그 외에 경제·사회제도, 생활 방식 및 당·정·군과 정보조직을 유지할 수 있다. 2. 통일 후 대만은 독립된 입법권을 가질 수 있고, 원칙상 현재의 법률을 유지할 수 있다. 중국의 헌법을 위반하지 않는 원칙 아래 입법기관은 스스로 법률을 제정할 수 있고, 아울러 이에 근거하여 대만을 관리할 수 있다. 3. 통일 후 대만은 독자의 사법권 및 사법기관을 보유할 수 있으며, 중국의 법률은 대만에 적용되지 않는다. 대만은 최종심판권을 보유하여 베이징의 최고법원에 상소할 필요가 없다. 4. 통일 후 대만은 독립된 외교권을 보유할 수 있다. 대만은 독립된 대외 경제 관계를 유지할 수 있고, 외국인에게 출입국 허가증을 발급할 수 있으며, 인민에게 특별한 비자를 발급할 수 있고, 외국과 협정을 체결할 수 있다. 5. 통일 후 대만은 '중화인민공화국'의 칭호를 사용할 필요가 없다. 대만은 자기의 기치를 사용할 수 있고, '중국대만'의 칭호를 사용할 수 있다. 6. 통일 후 대만은 '특별행정구'로 설치되어 완전한 자치권을 향유하여 삼민주의 또는 자본주의를 실시할 수 있다"이다.

덩샤오핑은 대만의 완전 자치를 반대한다는 의사를 분명하게 밝혔다. 그리고 대만은 '중화민국'이라고 다시는 지칭할 수 없으나 '중국대북' 혹은 '중국대만'으로 지칭될 수 있다고 하였고, 중화인민공화국은 외교와 국제 관계에 있어 유일한 대표임을 강조하였다.

③ 1국가 2제도

중국의 통일 정책은 '1국가 2제도(一國兩制)'로 요약할 수 있는데 이는 중국정부가 역사가 남겨 놓은 문제를 해결하고 국가통일을 실현하기 위해 제출한 구상이다. '1국가 2제도'의 구상은 1978년 제11차 3중전회 이후 점차 형성된 것이다. '하나의 중국'을 견지하며, 국가의 주체는 사회주의 제도를 견지하고 홍콩·마카오·대만은 원래의 자본주의 제도를 유지, 장기 불변하는 것으로서 이 원칙에 따라 평화적 통일 대업을 추진하는 것이다.

1982년 9월, 마가레트 대처(Margaret Thather) 영국 수상이 중국을 방문하였을 때, 덩샤오핑은 대처 수상에게 홍콩 주권의 회수 문제는 '하나의 국가, 두 개의 제도'의 방안을 이용해 해결할 수 있다고 말하였다. 이는 '1국가 2제도(체제)' 방안이 처음으로 제기된 것이다. 의미

는 단일국가가 이질적인 2개의 체제를 유지하겠다는 것이다. 그리고
미래에 대만과 중국이 통일되었을 때 대만에 대해서도 이 시스템을
적용하겠다는 통일 방안이다.

중국은 이것을 "홍콩과 대만에서는 자본주의를 실시하고, 중국대륙
에서는 사회주의를 실시하는 것이다."라고 표현하였다. 이 구상은 중
국정부의 통일 방침으로 되었으며, 중국통일 문제 해결뿐만 아니라
국제상의 유사한 문제 및 여타 중대한 국제분쟁 해결에도 현실적 의
의가 있다고 할 수 있다.

덩샤오핑은 1984년 2월 22일 미국 워싱턴대학 전략과 국제문제연
구센터 고문인 브레진스키(Zbigniew Kazimierz Brzezinski)와의 베이징 회
견에서 "통일 후 대만은 그들의 자본주의를 계속 유지하고 대륙은
사회주의를 실시하지만 하나의 통일된 중국이다. 하나의 중국, 두 개
의 제도이다. 홍콩 문제도 같다. 하나의 중국, 두 개의 제도이다"라고
밝혔다.

1993년 8월 국무원이 발표한 통일백서인 "대만 문제와 중국의 통
일"을 통해 대만 문제 해결을 위한 기본 방침으로서 일국양제를 구체
적으로 제시하였다. '하나의 중국' 원칙은 일국양제 통일 방안 중 가장
핵심적인 부분이다. 중국정부의 대만에 대한 기본적인 입장은 "중국
은 오직 하나이고, 대만은 중국의 불가분한 일부분이다. 중국의 중앙
정부는 베이징에 있다"는 것이다.

④ 덩샤오핑의 도광양회

1989년에 발생한 천안문 사건은 중국 지도부에게 위협을 주는 사건이
었는데, 1980년대 말 1990년대 초, 동부유럽의 분열과 소련의 해체로

인해 세계의 사회주의가 커다란 위기에 직면하였다고 중국 지도부는 생각하였다.

이러한 국내·국제사회의 변화 속에서 덩샤오핑은 "냉정관찰(冷静觀察), 온주진각(穩住陣脚), 침착응부(沉着應付), 도광양회(韜光養晦), 선어수졸(善於守拙), 결부당두(決不當頭), 유소작위(有所作爲)"라는 대외 관계 지도 방침을 제시하였다. 제13차 4중회의에서 장쩌민 동지를 핵심으로 하는 새로운 중앙영도집체가 탄생하였고, 개혁 심화는 계속되었다.

중국공산당은 국내외 변화 속에서 중국의 사회주의와 10년의 개혁개방의 성과를 공고히 하고, 당의 집정지위를 공고히 하며, 중국 특색의 사회주의 건설사업이라는 새로운 사업을 전개하여, 사회주의의 생기와 활력을 불어 넣으려 하였다.

한편, 덩샤오핑의 '28자' 혹은 '24'자에 관한 내용은 기록에 따라 조금씩 차이가 있다. 내용을 살펴보면 다음과 같다.

국제구조의 급변을 받아들여야 하는 압박 속에, 1989년 9월 덩샤오핑은 중공중앙 책임자 동지에게 "총괄하면, 국제정세에 대해 3마디로 개괄할 수 있다. 첫 번째는 '냉정관찰'이고, 두 번째는 '온주진각'이며, 세 번째는 '침착응부'이다. 조급해 하지마라, 급하게 서둘러서는 안 된다. 냉정해야 한다. 냉정, 또 냉정해야 한다. 정신을 집중하여 착실하게 해야 한다. 일을 잘 해야 한다. 우리 자신의 일을."이라고 하였다. 이 내용은 1989년 9월 4일에 발표된 "개혁개방 정책이 안정되면, 중국은 매우 희망이 있다"에 들어 있다.

1990년 12월 덩사오핑은 몇 명의 중공중앙 책임자와 얘기를 나누면서 "제3세계 일부 국가는 중국이 나서길 바란다. 그러나 우리는 정말 나서면 안 된다. 이는 근본적인 국책이다. 우리는 나설 수가 없고, 역량도 부족하다. 절대적인 장점이 없으면, 많은 주동자들 모두 실패하였다. 중국은 영원히 제3세계에 있게 되고 중국은 영원히 패권국가라 칭할 수 없다. 중국 또한 영원히 나설 수 없다. 그러나 국제 문제에서 무소작위(無所作爲)가 불가능하면 유소작위해야 한다. 어떻게 해야 하나? 내가 보기에 적극적으로 국제정치경제질서 건립을 추진해야 한다. 우리 누구도 겁내지 않아야 한다. 그러나 누구도 죄를 짓지 않아야 한다. 평화 5원칙에 따라 일을 처리해야 한다. 원칙에서 잡아야 한다"라고 하였다.

냉전이 끝이 나는 시기에서 발표된 덩샤오핑의 주요 담화는 훗날 중국이 국제변화에 응대할 때 '20자의 전략 방침'이 되었다. 즉, "냉정 관찰, 온주진각, 침착응부, 도광양회, 유소작위"이고, 간칭하여 "도광양회, 유소작위"라고 부른다.

미국 국방부의 『2005년 중국군사력역량년도보고』에서 중국 관련 "도광양회" 외교 정책의 완전한 표현이 눈에 띄게 수록되어 있다. "지난 1990년대 초, 중국 최고 지도자 덩샤오핑은 중국의 외교 및 안전 정책에 대해 부분 책임자와 연설을 할 때, 유명한 '24자' 전략을 총결하였다. 24자는 '냉정관찰, 온주진각, 침착응부, 도광양회, 선어수졸, 절부당두'이고, 후에 '유소작위' 4글자가 추가되었다"라고 적혀 있다.

덩샤오핑은 '24자 전략'을 통해 중국이 불필요한 도발과 과도한 국제적 부담을 회피하고, 장기적으로 중국의 힘을 키움으로써 미래의 선택권을 최대화하자는 것을 중국 국가안보의 기본사상으로 정하였다.

냉정관찰: 냉정하게 관찰하고,

온주진각: 입장을 확고하게 견지하며,

침착응부: 침착하게 대응하고,

도광양회: 때에 이르기 전까지 자신의 능력을 노출하지 않고. 빛을 숨기고

어둠 속에서 힘을 기른다.

선우수졸: 교묘하게 세태에 융합하지 않고 우직함을 지키며,

결부당두: 결코 우두머리로 나서지 않는다.

덩샤오핑이 제기한 "냉정관찰, 온주진각, 침착응부, 도광양회, 선어수졸, 결부당두, 조주기우(抓住機遇), 유소작위"의 국제 전략 방침의 핵심은 "도광양회와 유소작위"이다. 당시 중국은 주로 도광양회이다. 즉, 구름 같은 적군이 몰려와 성이 무너질 듯한 형세 하에서, 책략을 바꾸고, 와신상담하며, 은둔하며 좋은 시기를 기다릴 때라는 것이다. 도광양회의 전략은 "중국 경제가 장기적이고 지속적인 고속발전을 가져오기 위해서는 종합적인 국력을 크게 증대시켜야 한다"는 것이다.

이러한 단어의 혼합성은 덩샤오핑이 제기한 이후, 관련 부서에 따라 심지어는 덩샤오핑이 회의석상에 달리 언급하기도 한다. 예를 들면 16자 방침, 20자 방침, 가장 긴 것은 32자 방침인 "냉정관찰, 온주진각, 침착응부, 선어수졸, 결부당두, 도광양회, 유소작위"이다. 덩샤오핑 시대에 실질적으로 가장 중심인 것은 도광양회이고, 유소작위는 단지 보완일 따름이다.

⑤ 해외 순방

1975년 5월 12일부터 18일까지 중국 국무원 부총리인 덩샤오핑이 프랑스를 공식 방문하였다. 이는 중국 지도자 중 첫 번째로 서방국가를 방문한 것이다. 당시 프랑스 대통령 지스카르 데스탱(Giscard d'Estaing)은 덩샤오핑과 두 차례 회담을 가졌다.

프랑스 방문을 마친 덩샤오핑은 마오쩌둥과 중공중앙에 프랑스 방

문 결과를 보고하였다. 보고에서 "우리는 마오쩌둥 주석의 혁명외교 노선과 전략 부서에 근거하여 시기를 이용하고 많은 일을 하였고, 영향력을 확대하였으며 프랑스와 상호 이해를 증가시켰습니다. 우리는 제2세계와 연합하여 미국과 소련의 패권을 반대하고, 소련을 타격할 국제통일전선에 중점을 둘 것입니다"라고 하였다. 이러한 내용은 중국에서 공개된 덩샤오핑의 프랑스 방문 요지이다. 그 밖에 거론된 내용은 양국 국민의 우호 관계를 증대시키고 양국의 우호 관계를 발전시키겠다는 것이었다.

1978년 1월부터 1979년 2월까지 1년간 덩샤오핑은 차례로 미얀마, 네팔, 북한, 일본, 태국, 말레이시아, 싱가포르, 미국 등을 방문하였다. 1978년 10월 22일부터 29일까지 덩샤오핑은 일본을 정식 방문하였고, 1979년 1월 29일부터 2월 5일까지 미국을 방문하였다.

1978년에 일본을 방문했을 때, 덩샤오핑은 "중국을 현대화하는 비약(秘藥)을 찾으러 온 것이다"라고 하였다. 일본에 많은 대나무 숲을 지나며 기자가 대나무 숲이 참 좋다고 하자 덩샤오핑은 "일본에 있는 대나무 다 베어다가 나무젓가락을 만들어도 우리 인민 모두에게 하나씩 돌아가지 않을 거요"라고 하였다. 일본이 자랑하는 초고속 열차인 신칸센을 타고 일본 열도를 견학하고 있을 때였다. 일본의 관료들이 신칸센의 속도에 대해 자랑을 하자, "좁은 일본에서 어디를 그렇게 서둘러 가려고 하느냐" 일본인의 자만에 일침을 가하였다.

1978년 당시 중국의 최고 실력자 덩샤오핑은 일본의 기미츠제철소를 방문한 자리에서 이나야마 요시히로 당시 신일철 회장에게 "중국에도 포항제철과 같은 제철소를 지어 달라"고 하였다가 "중국에는 박태준이 없지 않느냐"는 대답을 들었던 일도 지금껏 회자되고 있다.

1979년 1월 덩샤오핑이 미·중 수교 직후 미국 방문을 하였을 때,

키가 큰 미국의 닉슨 대통령이 덩샤오핑을 내려다보며 악수를 하자, 덩샤오핑은 닉슨을 쳐다보지 않았다고 한다. 이것을 이상하게 여긴 기자가 "왜 당신은 악수를 하면서 미국 대통령을 쳐다보지 않습니까?"라고 묻자 덩샤오핑은 "내 밑에 나만 쳐다보고 있는 인민이 수억만 명이 넘는데, 남의 나라 대통령까지 쳐다 볼 시간이 어디 있습니까?"라고 말하였다.

미국에 방문하여 휴스턴 지역을 방문하였는데, 덩샤오핑이 휴스턴에서 로데오 경기를 관람한 모습은 지금도 미국인들의 기억에 선명하게 남아 있다. 덩샤오핑이 카우보이모자를 쓴 모습은 '죽의 장막(중국과 자유진영 국가들 사이에 가로놓인 장벽)'이 걷히는 상징이 되었다. 휴스턴에서는 미항공우주국을 견학하며 미국의 첨단산업을 경험하였다.

덩샤오핑이 휴스턴을 방문한 직후, 휴스턴 주재 중국 영사관이 문을 열었다. 중국 지도자로는 처음 미국을 찾은 덩샤오핑은 워싱턴DC에서의 정상회담은 물론 미국 전역을 돌며 주요 산업시설을 시찰하였다. 덩샤오핑이 미국 방문을 마치고 돌아가 주장한 '흑묘백묘론'은 중국 개방과 발전의 초석이 되었다.

2020년 중·미 우호 관계의 시작점이라 할 수 있는 휴스턴 중국 영사관이 미·중 간의 갈등으로 폐쇄되었다.

덩샤오핑은 1978년 5월 베이징을 방문한 미국 국가안보 보좌관 브레진스키를 만나 미국과 공식 외교 관계 수립의 기초를 놓았다. 동년 12월 16일 지미 카터 정부와 중국이 국교정상화 공동성명을 발표했으며, 1979년 1월 1일 대사급 공식 외교 관계 수립을 천명하였다. 동년 1월 말 덩샤오핑 부총리는 중국 고위 간부로서는 처음으로 미국을 방문하여 카터 대통령과 총영사관 설립에 합의하였다.

역사적 평가

마오쩌둥은 "덩샤오핑은 덕재 겸비하고, 군과 정 모두 우수하다. 지도력을 갖춘 인재이다"라고 하였다. 장쩌민은 "덩샤오핑 동지가 없었다면, 중국인민들은 오늘날의 새로운 생활을 할 수 없었을 것이다"라고 하였다. 후진타오는 "덩샤오핑 동지는 중국 경제개혁의 설계사"라고 하였다. "덩샤오핑 동지는 전 생애에 걸쳐 인민의 이익을 위한 일을 한다는 노력을 아끼지 않겠다는 약속을 지켰다"며 "이러한 창조적 아이디어와 정책들이 당과 인민의 지속적인 발전에 강력한 이론적 지침을 제공하였다"고 역설하였다. 후진타오는 덩샤오핑 탄생 100주년 기념식 연설에서 덩샤오핑을 항상 인민의 이익을 최우선으로 삼은 지도자로 추켜세웠다.

시진핑은 "덩샤오핑 동지의 공헌은 중국인민의 역사적 운명을 바꾸었을 뿐만 아니라, 세계의 역사의 발전 과정도 바꾸었다. 덩샤오핑 동지는 중국인민의 마음속으로부터 추앙을 받았고, 세계인민으로부터 널리 존경을 받았다"라고 하였다.

미국 『TIME』은 "덩샤오핑은 세계를 바꾸었고, 공적은 전례가 없다"라고 하였다. 미국 대통령 조지 부시는 "중국 개혁개방 이래로 발생한 변화는 덩샤오핑에게 공을 돌려야 한다. 덩샤오핑은 중국과 세계 역사에서 매우 중요한 지위에 있다"라고 하였다. 프랑스 대통령 자크 시라크는 덩샤오핑을 "중국과 전 세계에서 그는 20세기의 중요한 정치 위대한 인물이다"라고 평가하였다.

미국 즈비그뉴 브레진스키는 덩샤오핑은 세계의 안목을 갖춘 지도자라고 칭하였다. 1978년 덩샤오핑을 처음 만났을 때를 회상하며 "덩샤오핑은 키는 작지만, 기백은 크고, 나를 설복시켰다"라고 하였다.

캄보디아 시아누크 국왕 덩샤오핑은 "중국 인민의 영웅이다"라고 하였다. 영국의 49대 총리 에드워드 히스(Edward Heat)는 "덩샤오핑은 현대중국을 만든 걸출한 지도자이다"라고 하였다. 쩡셴즈(曾憲梓)는 "덩샤오핑이 없으면, 오늘날 중국의 진보와 부강이 없었다. 홍콩의 오늘도 없었다. 나는 그에 대한 존경과 회념(懷念)은 어떠한 말로 형용할 수 없다"라고 하였다.

개혁개방의 총설계사라 불리는 덩샤오핑의 가장 커다란 취약점의 하나가 1989년에 발발한 천안문 사건을 군대의 힘을 빌려 무력으로 진압하도록 한 점이다. 훗날 중국이 민주화를 일궈냈을 때 이 사건과 관련된 정치인에 대한 평가는 달라질 것으로 보인다.

1975년 장제스가 세상을 떠났을 때, 덩샤오핑은 "항일전쟁 시절 우리의 지도자, 장제스 선생이 타이베이에서 세상을 떠났다. 애도를 표한다. 유족들이 원하면 난징에 묘지를 조성하겠다"라며 성명서를 발표하였다.

2. 1980년대 총서기

후야오방(胡耀邦, 1915~1989.4.15)

후야오방은 중국의 마지막 당주석을 역임하였다. 당주석직이 폐지되고 총서기제가 부활하였을 때 후야오방은 총서기로 선출되었다. 후야오방은 1978년 당기관지인 『광명일보』에 "실천은 진리를 검증하는 유일한 표준"이란 사설을 게재해 덩샤오핑의 집권을 도왔다. 1989년 6·4천안문 사건의 원인 중의 하나가 후야오방 사망과 관련이 있다.

생애

후야오방은 후난성 류양(瀏陽)에서 태어났다. 1930년 중국공산당청년단에 가입하였고, 동년 상공(湘贛)혁명 근거지로 가서 일을 하였다. 1933년 8월 중국공산당 당원으로 전환되었고, 소공중앙국(少共中央局, 共青團中央局) 비서장이 되었다.

장정 중에 중앙공작단과 홍3군 정치부 지방공작부에서 일을 하였다. 장정 당시 후야오방의 나이는 19세에 불과하였는데, 마오쩌둥은 체구가 작고 어린 후야오방을 '꼬마 홍군'이라고 불렀다. 섬북에 도착한 후 소공중앙국 비서장을 맡았다.

1942년 군사위원회 총정치부 조직부장에 임명되었다. 1948년 화북야전군 제1병단 정치부 주임이 되었고, 1949년 9월에는 중국 신민주주의 청년단의 대표가 되어 중국인민정치협상회의 제1차 전체회의에 참석하였다.

중국이 건국한 후 중공 천북구위원회(川北區委員會) 서기 겸 천북군구(川北軍區) 정치위원, 천북행정공서(川北行政公署) 주임이 되었다. 1956년 제8차 전국대표대회에서 중앙위원으로 선출되었고, 1957년에는 중국 공산주의 청년단 중앙 제1서기가 되었다.

문화대혁명이 발생하면서 비판을 받았다가, 1975년에 복귀하였고, 중국과학원 당 조직의 책임자가 되었다. 1977년 3월 중공 중앙당교 부교장이 되었고, 동년 8월 제11차 전국대표대회에서 중앙위원으로 선출되었다.

1980년 2월 제11차 5중전회에서 중앙정치국 상무위원 중앙서기처 서기, 중앙위원회 총서기로 임명되었다. 1981년 6월 제11차 6중전회에서 중앙위원회 주석으로 선출되었다. 1982년 9월 제12차 1중전회에서 중앙정치국 상무위원 중앙위원회 총서기로 선출되었다. 이때 당주석이 폐지되었기 때문에 총서기직이 최고 직위였고, 이 시기의 직위상의 최고 지도자는 후야오방이었다.

개혁개방이 천명된 후 중국은 여러 방면에서 개혁과 개방을 실시하였는데, 1980년대 중반으로 가면서 인플레이션 등 경제 위기가 발생하였다. 이때 총서기였던 후야오방은 보수파로부터 비판을 받았다. 결국 후야오방은 1987년 1월 중공중앙정치국 확대회의에서 총서기직에서 사퇴하였다. 동년 11월 제13차 1중전회에서 중앙정치국위원으로 선출되었다. 1989년 4월 중앙정치국 회의에 참가하였던 후야오방은 심장병으로 쓰러졌다가 4월 15일에 사망하였다. 당시 학생들은 "죽어야 할 사람(덩샤오핑)은 죽지 않고, 죽지 말아야 할 사람(후야오방)이 죽었다"며 후야오방을 애도하였다.

후야오방이 사망한 후, 학생과 지식인들은 후야오방에 대한 재평가를 요구하는 시위를 벌였는데, 이것이 1989년 6·4천안문 사건의 발단이 되었다. 당시 공산당 문건에는 "후야오방은 정신적으로 오염됐고 자산계급의 자유화에 반대하는 당의 입장을 따르지 않았다. '전반서화(全盤西化, 전반적 서구화)'에 대한 요구를 용인했고 학생 운동 발생을 일으켰다"고 기록하였다.

3개세대론

오늘날 중국지도부를 제1세대 지도부, 제2세대 지도부 등 세대별 지도부 명칭을 사용한다. 시진핑은 제5세대 지도부이다. 이러한 정치세대와 관련한 개념인 '제3제대(第三梯隊, 제3세대)'를 가장 먼저 제기한 사람이 후야오방이다. 후야오방은 1983년 5월 중앙이 제6차 전인대 1차 회의 소집을 위한 좌담회에서 후야오방이 처음으로 "3개의 세대"를 제기하였다.

1983년 10월에 개최되었던 제12차 2중전회의 "중공 중앙의 정당(整黨)에 관한 결정"에서 총서기 후야오방은 후계자를 준비하는 문제의 중요성을 강조하며 간부를 다음 3개 세대로 나누었다.

후야오방은 "노(老)동지가 제1세대로, 당과 국가의 기본 방침을 제정하였다. 현재 중앙서기처와 국무원 제1선에서 일을 하는 동지가 제2세대이다. 그러나 나이가 젊지 않다. 그래서 제3세대를 제기하기로 결심하였다. 덕재겸비하고 젊고 강한 간부를 선발하여 각급 지도자로 진입시켜야 한다."라고 주장하였다. 6월 30일 중공 중앙공작회의에서 천원은 제3세대론의 주장에 동의하였다. 이 회의에서 제3세대의 임무를 명확하게 규정하였다.

1983년 당시 당 중앙 고문위원회 위원들을 비롯하여 고문역을 담당하는 고참 혁명가를 제1세대(장정을 참가한 간부급)라 하고, 그들의 직무를 인계받은 50~60대의 현직 실권층을 제2세대(항일전쟁 말기와 국공전 참가자), 그리고 현실권층의 직무를 인계받기 위하여 준비하고 있는 40~50대의 후계자집단을 제3세대라고 칭하였다.

후야오방의 복권

후야오방에 대한 복권의 움직임은 2005년 후진타오 집권 시기에 이미 시작되었다. 완전하게 복권된 것은 아니었지만 시작을 하였다는 것은 의미가 있는 일이다. 마오쩌둥, 덩샤오핑, 저우언라이 등 중국공산당 원로들에 대해 탄생 100주년을 맞아 기념식을 치렀는데, 후야오방 만큼은 90주년 기념행사를 하였다. 당시 황쥐(黃菊), 리장춘(李長春), 뤄간(羅幹) 등의 보수파와 원자바오(溫家寶) 총리는 "후야오방을 기념하면 천안문 사태는 어쩌느냐", "자오쯔양(趙紫陽)은 어쩌느냐"며 걱정을 토로하였다.

후진타오 국가주석은 "후 동지는 이미 세상을 뜬지 16년이나 됐지만 자오쯔양은 사망한지 얼마 안 됐다. 한번 놔둬보고 다음에 다시 논의하자"고 하였고, 걱정을 하던 지도부 모두 후야오방 기념행사 활동에 동의하고 서명하였다. 후진타오는 1993년 4월 장시성 공청단을 방문하였을 당시, 후야오방 묘소를 참배하면서 "총서기, 오늘에서야 돌아와 약속을 지켰습니다"라고 하였다는 것에서 후진타오는 후야오방에 대한 생각을 알 수 있다.

당시 공산당 문건에 "후진타오, 쩡칭훙(曾慶紅)의 지시에 따라 당 중앙은 후야오방 탄생 90주년 기념 활동 추진을 결정한다"고 되어 있었다. 쩡칭훙 전 국가 부주석은 후야오방 추모 글을 쓰기도 하였다.

2011년에는 후야오방의 장남인 후더핑(胡德平)이 『중국은 왜 개혁해야 하나: 부친 후야오방을 회상하며』라는 제목으로 책을 출간하였다.

2014년 드라마 '덩샤오핑'에서 후야오방이 등장하였다. 이는 후야오방의 정식 복권으로 해석되어졌다. 2015년 11월 20일 베이징 인민대회당에서 열린 후야오방 탄생 100주년 기념 좌담회에 최고지도부인 시진핑 국가주석과 리커창 총리 등 정치국 상무위원 7명이 모두 참석하였다. 시진핑은 연설에서 "후야오방 동지는 중국 개혁개방에 위대한 공헌을 하였다"며 "충성스러운 공산주의 전사이자 노동자 계급의 위대한 혁명가"라고 하였다. 이어 "후 동지의 실사구시 정신과 사상해방을 본받아야 한다"고 밝혔다.

자오쯔양(趙紫陽, 1919~2005)

1980년에는 국무원 총리, 1987년에는 총서기, 중앙군사위원회 제1부
주석을 역임하였다. 1919년 허난성 화셴(滑縣)에서 태어났고, 1932년
3월에 중국 공산주의 청년단에 가입하였으며, 1938년 2월에 중국공산
당에 가입하였다.

1980년 2월 제11차 5중전회에서 중앙정치국 상무위원으로 선출되
었고, 4월에 국무원 부총리, 9월에 국무원 총리로 임명되었다. 1981년
6월 제11차 6중전회에서 중공 중앙 부주석으로 선출되었고, 1982년
9월 제12차 1중전회에서 중앙정치국 상무위원으로 선출되었다. 1987
년 1월 중공 중앙정치국 확대회의에서 총서기 대리로 선출되었고,
동년 11월 제13차 1중전회에서 총서기로 선출되었고, 당 중앙군사위
원회 제1부주석으로 선출되었다. 1988년 4월 제7차 전인대 제1차 회
의에서 국가 중앙군사위원회 부주석으로 임명되었다.

천안문 사건과 국가의 죄수

1989년 천안문 사건 당시, 자오쯔양은 덩샤오핑과 당 원로들의 강경 진압책을 반대하다가 실각하였다. 1989년 천안문 사건이 발생하였을 때 학생과의 대화를 시도하였다.

자오쯔양은 1989년 5월19일 새벽 천안문 광장으로 가서, 시위 참가자들에게 "우리가 너무 늦게 왔습니다. 미안합니다. 당신들이 우리들에게 어떤 것을 말하고 비판하건 가치가 있습니다"라고 하며, "대화의 문은 열려 있고 당신들이 제안하는 모든 것을 논의할 수 있습니다. 앞으로 어떤 일이 벌어질지 냉정하게 생각하기를 간곡하게 부탁드립니다"라고 하며 학생들을 설득하였다.

당시 덩샤오핑은 "자오쯔양은 동란(動亂) 편이야. 당도 분열시키고"라고 평하였다. 자오쯔양은 1989년 6월 제13차 4중전회에서 중공중앙 총서기, 중앙정치국 상무위원, 중앙정치국 위원, 중앙위원과 중앙군사위원회 제1부주석 직무를 박탈당하였다. 동년 7월 제7차 전인대 제8차 회의에서 국가 중앙군사위원회 부주석 직무를 박탈당하였고, 이후 16년간 가택 연금되었다. 1996년부터 광둥성과 쓰촨성의 시찰이 허용되었고, 가택연금이 부분적으로 완화되었다.

자오쯔양은 "6·4천안문 사건의 잔인한 무력 진압은 명백히 덩샤오핑의 책임이다"라고 하였다. 자오쯔양은 2005년 가택연금을 당하였을 때부터 사망하기 전까지 천안문 사건을 포함한 과거의 역사를 30개 분량의 테이프에 녹음하였다. 이 내용은 『Prisoner of the State』라는 제목으로 2009년 5월 미국에서 출간되었다. 한국에서는 『국가의 죄수』라는 이름으로 2010년에 출간되었다. 책에서 자오쯔양은 "사실 가장 활기 있는 제도는 서구식 의회민주주의다. 만약 우리가 이 목표를 향해 나아가지 않으면 중국 시장 경제의 비정상적인 상태를 해결할 수 없다. 중국 문제를 해결하기 위해선 민주주의를 향해 서서히, 끊임없이 나아가야 한다"고 주장하였다. 또 "무력 진압을 주도한 리펑의 당지도부 내부 모임 발언이 『인민일보』에 실리도록 배후 역할을 하여 시위가 격화되었고, 덩샤오핑이 권력을 상실할까 조바심을 내 민주화 시위에 대한 무력 진압을 강행하였다"고 주장하였다.

사회주의 초급 단계론

사회주의 초급 단계론(社會主義初級段階論)은 1981년 6월 제11차 6중전회에서 통과되었던 "건국 이래 약간의 역사 문제에 관한 결의"에서 처음 제기되었다. 1982년 9월 제12차 전국대표대회와 1986년 9월 제12차 6중전회에서 구체화되었다. 사회주의 초급 단계론은 덩샤오핑 이론의 중요 구성 부분이면서 주요 기반이 되는 것 중의 하나이다.

1987년 10월 제13차 전국대표대회에서 자오쯔양 총서기는 정치보고를 통해 "중국이 사회주의를 건설해 나가는 과정에서 필연적으로

쉬친셴(徐勤先, 1935~2021)

1989년 6.4 천안문 사건 당시, 무력 진압 명령을 거부하여 5년간 투옥되었던 쉬친셴 장군이 2021년 1월 코로나로 인해 사망하였다. 당시 허베이성에 주둔한 제38집단군을 지휘하던 쉬친셴 소장은 덩샤오핑 지도부가 무력행사를 준비하라는 명령을 내렸지만 거부하였다. 당시 그는 시위가 정치적 문제에 속하기 때문에 대화를 통해 해결해야 한다고 말하였다. 쉬친셴은 "죽는다고 해도 역사의 죄인이 되지는 않겠다(寧殺頭 不做歷史罪人)"라는 명언을 남기며, 시위대를 학살하는 일에 가담하지 않겠다고 하였다.

거쳐야 하는 특정 단계가 사회주의 초급 단계"라고 규정하였다. 즉, 중국경제는 아직 생산력이 낮고, 상품경제가 발달하지 않은 상황에 있으므로 성숙된 자본주의로 이행하기 위해서는 반드시 거쳐야 하는 과정이 있다고 보고, 그 과정을 '사회주의 초급 단계'라고 규정하였다.

죽은 뒤에도 연금당하다

2005년 1월 자오쯔양은 베이징의 푸창후퉁(富强胡同)의 자택에서 사망하였지만 묘지에 매장되지 못하였다. 유골은 2019년 10월 부인과 합장하기 전까지 자택에 안치되어 있었다. 자오쯔양의 묘지가 개혁과 민주화를 요구하는 사람들의 성지가 될 수 있다고 중국 정부가 우려하였기 때문이다.

2015년 중국 당국은 자오쯔양의 매장을 허락하였지만, 베이징이 아닌 허난성의 고향에 매장하기를 요구하였다. 이에 유족은 반대하였고, 결국 2019년 10월 18일 부인 량보치(梁伯琪, 1918~2013)와 베이징 도심에서 북쪽으로 멀리 떨어진 창핑(昌平)의 민간 묘지 천수원(天壽園)에 합장되었다. 자오쯔양 사망 후 매년 6월 4일과 생일인 10월 17일, 기일인 1월 17일, 청명절 등의 기념일이 되면 공안당국은 자오쯔양의 자택을 감시와 통제를 하였다.

3. 1980년대 국가주석

1980년대의 국가주석은 헌법상은 국가를 대표하는 직위이지만, 중국 공산당이 국가기구보다 우위에 있던 시기였기 때문에, 정치적으로 노출이 상대적으로 적은 편이었다. 그러다 보니 1980년대의 국가주석을 역임한 정치인들의 정치외교 활동은 상대적으로 덜 알려져 있다. 장쩌민이 총서기직과 국가주석직을 동시에 차지하면서 총서기보다는 국가주석의 호칭이 언론에 좀 더 노출되기 시작하였다. 후진타오 시기에 들어와서 총서기보다는 국가주석이라는 호칭이 많이 노출되었다.

리셴녠(李先念, 1909~1992)

리셴녠은 1983년부터 1988년까지 국가주석을 역임하였다. 1984년 1월 25일부터 1984년 2월 29일까지 국가부주석 우란푸(烏蘭夫)가 잠시 국가주석 권한대행을 두 달 간 겸직하였으나 실질적인 권력은 덩샤오핑에게 있었다.

리셴녠은 후베이성 출신으로, 아명은 리취안야(李全伢)이다. 1927년에 중국공산당에 가입하였고, 1927년 황마기의(黃麻起義)에 참가하였다. 황마기의는 후베이성 황안마청(黃安麻城) 지역에서 폭발한 대규모의 농민 무장 봉기이다. 리셴녠은 황안현 공농 민주정부 주석을 역임하였다. 항일전쟁 시기에 중국공산당 예악변구위원회(豫鄂邊區委員會) 서기를 역임하면서 예악변구 항일 근거지(豫鄂邊區抗日根據地)를 설립하였다.

1954년 국무원 부총리를 역임하면서 재정부 부장을 겸임하였다. 문혁 기간에는 저우언라이가 주관하는 경제공작을 협조하였다. 1976년 10월 4인방을 몰락시키는 데 중요한 역할을 하였으며 덩샤오핑이 집권하는 데 주요 조력자였다. 1983년 6월 제6차 전인대에서 국가주석으로 선출되었고, 1988년 4월 제7차 정협에서 주석으로 선출되었다.

1984년 후반에 중국을 방문한 로널드 레이건 미국 대통령을 만나 대만 문제를 논의하였다. 1985년 7월 미국을 방문하였는데, 중국의 국가원수로서는 첫 번째 방문이었다. 리셴녠은 장쩌민이 총서기가 되는 데 많은 역할을 하였다.

양상쿤(楊尙昆, 1907~1998)

양상쿤은 1988년 4월에 국가주석으로 선출되었다. 1992년 10월에 개최된 제14차 전국대표대회 이후 모든 당직에서 은퇴하였다. 덩샤오핑의 최측근으로 중앙군사위원회 비서장 등을 지내면서 군부의 대부로 막강한 영향력을 행사하기 시작하였다.

중국공산당 8대 원로 중의 한 명인 양상쿤은 쓰촨성에서 태어났다. 양상쿤은 1925년 공산주의 청년단에 가입하였고, 1926년에 형의 영향을 받아 중국공산당에 가입하였다. 1927년부터 1930년까지 모스크바 중산대학교에서 유학하였다.

양가장(楊家將)

중국 인민해방군을 움직이는 최대 파벌을 가리킨다. 국가주석을 역임한 양상쿤과 그의 이복동생 양바이빙(楊白氷)을 가리켜 양가장이라 불렀다. 1989년 6월 천안문 사건 때 양상쿤과 인민해방군 총정치부 주임이었던 양바이빙은 보수 강경 노선을 견지하면서 양가장 기반을 마련하였다. 하지만 1992년 10월 제14차 전국대표대회에서 양상쿤과 양바이빙은 세력을 잃었다.

1937년부터 1945년까지 북방국 서기, 중국공산당 화북국 서기 겸 통일전선 공작부장, 중앙군사위원회 비서장 등을 역임하면서 중국공산당의 지도급 인사로 부상하였다. 문화대혁명 초기인 1966년 반혁명 집단의 일원으로 규탄 받았고, 1968년 『인민일보』에서 소련과 내통한 반혁명분자로 몰려 실각하였다. 1978년 12월 제11차 3중전회에서 류사오치와 함께 완전 복권되었다.

8대 원로(元老)

1980년대부터 1990년대에 이르러, 중국의 정치, 군사 등의 방면에서 주요 지위를 차지했던 8명을 가리킨다. '8로', '신8로'라는 용어가 등장하였다. '중공 8로(中共八老)', '치국 8로(治國八老)'라고 칭하기도 한다.

보통 '8로'라고 하면, '덩샤오핑, 양상쿤, 천원, 펑전(彭眞), 보이보(薄一波), 리셴녠, 덩잉차오(鄧穎超), 왕전(王震)'을 가리킨다. 때로는 '덩샤오핑, 양상쿤, 천원, 펑전, 보이보(薄一波), 시중쉰(習仲勳), 완리(萬里), 쑹런충(宋任窮)'을 지칭하기도 한다.

1990년대에서 2020년대의 지도자

1. 제3세대 지도부에서 제5세대 지도부

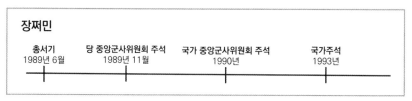

장쩌민

| 총서기 | 당 중앙군사위원회 주석 | 국가 중앙군사위원회 주석 | 국가주석 |
| 1989년 6월 | 1989년 11월 | 1990년 | 1993년 |

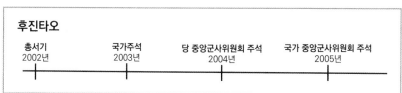

후진타오

| 총서기 | 국가주석 | 당 중앙군사위원회 주석 | 국가 중앙군사위원회 주석 |
| 2002년 | 2003년 | 2004년 | 2005년 |

시진핑

국가부주석　중앙군사위원회 부주석　총서기, 당 중앙군사위원회 주석　국가주석, 국가 중앙군사위원회 주석
2008년　　　　　2010년　　　　　　　　　2012년　　　　　　　　　　　2013년

○○○ 동지를 총서기로 하는 당 중앙
⇨ ○○○ 동지를 핵심으로 하는 당 중앙

3개 권력을 모두 겸직한 지도자
: 총서기 국가주석 당 중앙군사위원회 주석

1990년대에 들어와서는 국가주석이라는 칭호가 더 많이 사용된다. 그리고 두 번째 임기 때의 국가부주석이 차기 국가주석이 되는 현상이 나타난다. 장쩌민의 두 번째 국가주석 임기 때에는 국가부주석이 후진타오였고, 후진타오의 두 번째 국가주석 임기 때의 국가부주석은 시진핑이었다. 그런데 시진핑의 두 번째 국가주석 임기가 들어가는 해인 2018년 제13차 전인대에서 국가주석의 임기 제한이 폐지되었기에, 국가부주석이 왕치산이기는 하지만 차기 국가주석이 될 가능성은 거의 없다.

　2021년 3월 제13차 전인대 제4차 전체회의에서 조직법 개정안이 가결됨으로써, 2022년 제20차 전국대표대회와 2023년 제14차 전인대에서 선출될 차기 지도부의 변화가 좀 더 빨리 진행될 수 있을 것으로 보인다. 이번에 법 개정으로 2개월 정도에 한번 소집하는 전인대 상무위원회가 부총리와 부처 수장을 선임하거나 경질하는 게 가능해졌고, 국가 중앙군사위원회 부주석과 군사위원 임면권도 부여하였다.

장쩌민(江澤民, 1926~ , 3세대 지도부)

장쩌민은 중국공산당 중앙위원회 총서기, 중국공산당 중앙군사위원회 주석, 중국 국가주석, 국가 중앙군사위원회 주석을 역임하였다. 장쩌민의 3개 대표론은 2002년 제16차 전국대표대회에서 당장에 정식으로 삽입되었다. 장쩌민은 1989년 자오쯔양이 물러난 뒤 총서기가 되어 천안문 사건을 진압하는 데 성공하였다. 장쩌민이 총서기가 된 이후 상하이방이 정치권을 장악하였고, 후진타오가 집권한 이후에도 상하이방은 주도권을 잡고 있었다.

생애

장쩌민은 1926년 장쑤성 양저우(揚州)에서 태어났다. 1946년에 중국공산당에 가입하였고, 1947년에 상하이교통대학 전기과를 졸업하였다. 1985년 이후 상하이시 시장, 중공 상하이시위 부서기, 서기를 역임하였다. 1982년 9월 제12차 전국대표대회에서 중공 중앙위원으로 선출되었다. 1987년 11월 제13차 1중전회에서 중공중앙정치국 위원으로 선출되었다.

1989년 6월 제13차 4중전회에서 중앙정치국 상무위원, 중앙위원회 총서기로 선출되었다. 1989년 11월 제13차 5중전회에서 당 중앙군사위원회 주석으로 선출되었다. 1990년 3월 제7차 전인대 제3차 회의에서 국가 중앙군사위원회 주석으로 선출되었다. 직무상으로는 당과 군에서 최고 지도자가 되었다.

1992년 10월 제14차 1중전회에서 중앙정치국 위원, 상무위원, 중앙위원회 총서기로 선출되었고, 당 중앙군사위원회 주석으로 임명되었다. 1993년 제8차 전인대 제1차 회의에서 국가주석, 국가중앙군사위원회 주석으로 선출되었다. 이로써, '당, 군, 정부'에서 최고 직위에 올랐고, 상하이방을 형성하면서 본격적인 장쩌민의 시대를 열었다. 1997년 9월 제15차 1중전회에서 중앙정치국위원, 상무위원, 중앙위원회 총서기로 선출되었고, 중앙군사위원회 주석으로 임명되었다. 1998년 3월 제9차 전인대 제1차 회의에서 국가주석, 국가 중앙군사위원회 주석으로 선출되었다.

2002년 11월 제16차 1중전회에서 당 중앙군사위원회 주석으로 임명되었다. 2003년 3월 제10차 전인대 1차 회의에서 국가중앙군사위원회 주석으로 임명되었다. 총서기와 국가주석직은 후진타오에게 넘어갔지만, 중앙군사위원회 주석직은 여전히 장쩌민이 갖고 있었다. 2004년 9월 제16차 4중전회에서 장쩌민의 당 중앙군사위원회 주석의 직무 사퇴 동의에 결정하였다. 그리고 2005년 3월 제10차 전인대 제3차 회의에서 장쩌민의 국가중앙군사위원회 주석직무 사퇴 청구에 관한 결정을 받아들였다. 이로써 장쩌민은 공식적으로 모든 직무에서 물러났다. 하지만 상하이방이 많은 분야에서 주요 직책을 맡고 있었기 때문에, 장쩌민의 정치적 파워는 여전히 존재하였다.

상하이방

장쩌민이 사사롭게 개인적으로 만든 정치적 파벌을 상하이방이라 일컫는다. 1989년 6월 천안문 사건 이후 주룽지, 우방궈 등 상하이시 당위원회 제1서기 출신들이 중앙의 정치무대에 진출한 계기로 상하이 인맥이 형성되었다. 이후로 중앙 정계에 장쩌민 인맥이 대거 포진하게 되었는데, 이러한 정치 인맥을 상하이방이라 불렀다.

상하이방은 두 종류로 구분할 수 있다. 첫 번째는 장쩌민을 중심으로 상하이에서 함께 근무했거나 상하이에서 근무한 경력을 통해 베이징의 중앙정계에 진출한 고위 정치지도자들의 집단들이다. 일반적으로 통칭하는 상하이방이다. 두 번째는 지역적으로 상하이와는 관련이 있지만, 인맥상으로는 직접적으로 관계를 맺고 있지 않음에도 중앙정계에 진출한 상하이 지역 출신의 경우로 이들을 범상하이방이라고 부른다.

상하이방 인맥에는 장쩌민계와 주룽지계가 있다. 장쩌민이 성장론자라면, 주룽지는 긴축론자에 가깝다. 장쩌민 계열에는 츠하오톈(遲浩田), 쩡칭훙, 탕자셴(唐家璿) 등이 있고, 주룽지 계열에는 리란칭(李嵐清), 우방궈, 다이샹룽(戴相龍) 등이 있다.

상하이방 중에 쩡칭훙은 장시성 출신이다. 반면, 첸치천(錢其琛)은 톈진에서 태어났지만 상하이에서 성장하였고, 파벌로는 베이징방으로 분류된다. 주룽지는 후난성에서 태어나서 자랐고 베이징 칭화대학교를 졸업하였다. 우방궈는 안후이성에서 태어났고 칭화대학교를 졸업하였다. 특히 주룽지는 상하이에서 겨우 4년만 근무했을 뿐이지만 상하이방으로 분류된다.

상하이방은 이후 중국의 주요 정치 파벌이 되었다. 그런데 시진핑은 상하이 당서기를 지냈지만 상하이방으로 분류하지는 않는다. 오히려 태자당으로 분류된다.

장쩌민은 1995년 보수 세력의 대표자인 천시퉁(陳希同) 베이징시당 서기를 부패 혐의로 제거하고, 1997년 유력한 경쟁자인 차오스 당시 전국인민대표대회 상무위원장을 실각시킴으로써 권력을 강화하였다. 그리고 자신과 정치적 배경을 같이하는 상하이 세력을 중앙으로 영입해 상하이방을 형성함으로써 권력 기반을 확대하였다.

70세 연령 제한은 1980년대에는 방향성으로 제시되었지만, 1990년대에 들어서는 사실상의 규정으로 승격되었다. 70세 제한은 5년 주기의 당 대회가 개최되는 해를 따진다. 이때 70세를 초과한 당 중앙정치국 상무위원은 퇴진해야 한다. 연령 제한은 법적 한계를 극복해 세대교체를 강요하는 기능을 하게 되었다.

차오스(喬石, 1924~2015)

상하이 출신인 차오스는 1940년 8월에 중국공산당에 가입하였다. 1986년에 부총리로 선출되었고, 1987년에 중앙정치국 상무위원회 위원·중앙서기처 제1서기·중앙기율검사위원회 서기·중앙정법위원회 서기로 선출되었다. 1989년 6월, 총서기에서 해임된 자오쯔양의 후계자로 물망에 오르기도 하였다. 1993년에는 전국인민대표대회 상무위원회 위원장으로 임명되었다. 1998년에 정년인 70세를 넘었기 때문에 은퇴하였다. '70세 연한'은 차오스를 은퇴시키기 위해 장쩌민이 만든 것이다. 하지만 실질적으로는 장쩌민과의 권력다툼에서 패하여 실각하였다고 볼 수 있다. 1997년 덩샤오핑이 사망한 이후 군사권을 전인대 상무위원회 위원장에 주어져야 하다는 발언을 하였다.

장쩌민의 주요 이론

① 3개 대표 중요사상(3개 대표론)

3개 대표론은 2002년 제16차 전국대표대회에서 당장에 삽입되었다. 총강에서 마르크스·레닌주의와 마오쩌둥 사상, 덩샤오핑 이론의 당에 대한 공헌을 열거한 뒤 "장쩌민 동지의 3개 대표 중요 사상은 현 세계와 중국의 발전을 위한 새로운 요구를 반영한 강대한 이론 무기"라면서 "당의 입당지본(入黨之本), 집정지기(執政之基), 역량 지원(力量之源)"이라고 강조하였다.

3개 대표론은 자본가 계급의 입당을 공식으로 허용한 혁명적인 이론이다. 주요 내용은 "'선진 생산력(자본가 계급)', '선진 문화(지식인)', '광범위한 인민군중(노동자·농민)'의 이익을 대표한다"이다. 2004년 3월 14일 폐막되었던 제10차 전국인민대표대회 제2차 회의에서 3개 대표 이론에 따라 "농민과 노동자와 사영기업가"의 국가로 헌법을 수정하여, 사영기업의 장려와 사유재산 보호 등을 골자로 하는 헌법 개정안을 가결하였다.

② 사회주의 시장경제

사회주의 시장경제는 덩샤오핑의 주요 이론으로 들어가기도 하고, 장쩌민의 주요 이론으로 들어가기도 한다. 덩샤오핑은 1992년 '남순강화'에서 "사회주의에 시장이 있으며 자본주의에도 계획이 있다"고 지적하였다. 이러한 주장은 내부논쟁을 통한 이론 정립 과정을 거쳐 1992년 2월 12일 당정치국 확대회의에서 인준하였다.

1992년 6월에는 장쩌민 총서기는 '사회주의 시장경제'를 공식적으로 제창하였다. 그리고 1992년 10월 제14차 전국대표대회에서 '사회주의 시장경제'를 개혁개방의 최대 목표로 결정하여 채택하였다. 1993년 3월 29일 제8차 전국인민대표대회 제1차 회의에서 개정된 헌법에 명시하였다.

신헌법 17조에서는 '사회주의 시장경제' 체제 하에서 정부가 경제 입법과 거시경제적 수단을 사용하여 경제를 운용한다고 규정하였다. 즉 과거에는 생산자료를 국가가 소유하고 경영도 국가가 담당하는 국영경제를 지향하였으나, 신헌법에서는 생산자료를 국가가 경영하되 경영은 기업이 담당하는 국유경제로 전환한 것인데, 이를 '사회주의 시장경제'라고 한다.

구헌법은 제15조에서 경제체제를 '계획경제'로 규정하고 국가의 종합계획을 근간으로 시장경제를 보조적으로 활용하여 국민경제의 소비와 투자, 각 산업 간의 균형을 조정하면서 발전한다는 것을 기본방침으로 정하고 있었다.

③ 애국주의

1990년대에 시작된 중국 애국주의(愛國主義, 1994)는 당시 급변하고 있

장쩌민은 1997년 제15차 전국대표대회에서 2020년에는 2000년보다 1인당 GDP를 4배 더 늘리겠다는 등의 구체적인 청사진을 제시하였다. 2002년 11월 제16차 전국대표대회에서 "2020년까지 중국에 샤오캉 사회를 전면적으로 건설한다"는 발전 목표를 제시하였고, 주요 내용 중의 하나가 "사회를 더욱 화해(조화)롭게 하는 것"이라고 하였다.

던 세계와 중국의 변화 속에서 중국을 온전하게 지켜야 한다는 것에서 출발하였다. 대외적으로 동부유럽 사회주의 체제의 붕괴와 소련의 붕괴 등은 사회주의 국가인 중국을 긴장케 하였다.

　대내적으로 1980년대 말 발생하였던 티베트 민족주의와 6·4천안문 사건은 중국 지도자로 하여금 국정안정의 필요를 느끼게 하였다. 중국정부는 중국 인민에게 중화민족을 강조하면서 조국에 대한 애국심을 갖도록 교육하고자 하였다. 장쩌민은 1991년 공산당 창당 70주년 기념식에서 "애국주의는 평화연변에 대응하는 효과적인 무기로 전환될 수 있다"고 하였다. 그리고 1994년에는 "애국주의 교육 실시 강요"(이하 강요)를 발표하여, 애국주의 교육을 전국적으로 전개하였다.

　강요의 기본 원칙은 "덩샤오핑의 중국 특색의 사회주의 이론과 당의 기본 노선을 지도로 삼아야 하고, 사회주의 현대화 건설과 개혁개방을 촉진하는 데 이바지해야 하며, 국가와 국민의 명예와 존엄 그리고 단결과 이익을 보호해야 하며, 조국통일에 이바지해야 한다고 되어 있다. 그리고 이러한 것이 신시기 애국주의 교육의 기본적인 지도사상"이다. 장쩌민의 애국주의 교육은 80후세대와 90후세대에게 한족 중심의 역사관과 문화관을 갖도록 하였고, 한족이 중심이 된 중화민족주의를 갖도록 하였다.

④ 5·29강화

1997년 5월 29일 중국공산당 중앙당교 성부급 간부 진학반 졸업식에서 "덩샤오핑의 중국 특색의 사회주의 이론 건설, 사회주의 초급 단계, 경제발전과 경제체제개혁, 당의 건설" 등을 강조하였다. 장쩌민은 "덩샤오핑의 중국 특색의 사회주의 이론 기치를 높이 들고 어떠한 시련과 곤경 속에서도 동요하지 말 것을 강조하였다. 또 현재 중국이 처한 문제를 해결할 수 있는 것은 덩샤오핑의 이론이다"라고 강조하였다. 이를 가리켜 '5·29강화(講話)'(1997.5.29)라고 부른다.

'5·29강화'는 오랫동안 사람들이 성이 공(公)인지 성이 사(私)인지하는 곤란스럽게 하는 의혹을 해결하였다. 국유기업개혁을 위해 사상 장애를 없앴다. '5·29강화'는 당의 15대에서 사상 이론적인 기초를 추정하도록 하였다. '5·29강화'는 중국이 확고부동하게 개혁개방과 시장경제의 길을 걸어간다는 목표를 명확하게 이끌었다.

⑤ 광둥강화와 7·1담화

장쩌민은 광둥강화(2000)와 7·1담화(2001)에서 '3개 대표' 학습을 공식적으로 천명하였다. 장쩌민의 광둥강화는 2000년 2월 21일 광둥성을 시찰하던 중 간부회의에서 처음으로 3개 대표를 언급하였다. 이를 덩샤오핑의 남순강화에 비유하였다.

7·1담화는 2001년 7월 1일 중국공산당 창당 80주년 기념 담화로서, "중국공산당은 중국선진생산력의 발전 요구를 시종 대표해야 하며, 이것이 바로 당의 이론, 노선, 강령, 방침, 정책과 각 업무이다. 따라서 공산당은 생산력의 발전기율에 부합하도록 노력해야 하면 사회생산력의 해방과 발전의 추진을 실현해야 한다. 특별히 선진생산력의 발전추진을 실현하고 생산력 발전을 통해 인민군중의 생활 수준을 향상시켜야 한다"고 강조하였다.

그리고 5·31강화는 2002년 5월 31일 중앙당교 졸업식에서 "실천으로써의 3개 대표"를 주장하였는데, '3개 대표'를 21세기 중국공산당의 새로운 좌표로 삼을 것을 역설하였다.

대외 정책

2001년 7월 1일 중국공산당 창당 80주년 대회에서 장쩌민은 중국의 대외 정책을 간략하게 소개하였다. 장쩌민은 "대외 정책의 종지는 세계평화를 옹호하고, 공동발전을 촉진하는 데 있다"고 밝혔다.

장쩌민은 "세계는 평화로워야 하고, 인민은 협력해야 하고, 국가는 발전해야 하며, 사회는 진보해야 하는데, 이는 시대의 흐름이다"라고 하였다. 또 장쩌민은 "우리는 독립자주의 평화외교 정책을 받드는 것을 견지해야 하고, 평화공존 5원칙의 기초 하에 세계의 모든 국가와 우호왕래와 평등, 상호협력, 인류 진보 사업의 끊임없는 전진의 추진 등"을 강조하였다.

① 장팔점

1995년 1월 30일 춘절 전야, 중공중앙 대만공작판공실, 국무원대만사무판공실, 대만민주자치동맹, 중국화평통일촉진회, 해협양안관계협회 등이 베이징 인민대회당에서 공동으로 개최한 신춘 다화회(茶話會)에서 장쩌민은 "조국통일의 대업의 완성을 촉진하기 위해 계속 분투하자"라는 담화를 발표하였다.

장쩌민의 양안 관계에 관한 8가지의 견해와 주장을 일반적으로 '장팔점(江八點, 강8점)'이라 부른다. 장팔점의 최대 핵심 내용은 '하나의 중국' 원칙하에 중국의 정통성과 중앙 지위를 천명한 것이다. 8개항의 주요 내용은 다음과 같다.

첫째, '하나의 중국' 원칙을 견지한다. 중국의 주권과 영토는 절대로 분할할 수 없으며, 대만 독립을 조장하는 어떠한 언동과 행동도 결연히 반대한다.

둘째, 대만의 외국과의 민간경제 문화 관계에 대해 우리는 이의를 나타내지 않는다. 그러나 '양개중국(兩個中國) 일중일대(一中一臺)'를 실현할 목적으로 하는 대만의 국제 생존공간의 확대라는 활동을 반대한다. 평화통일을 이룩한 후에만 대만 동포는 전 국가 각 민족들과 하나의 길을 걸어갈 수 있으며 위대한 조국에 대한 국제상의 존엄과 명예를 진정으로 공유할 수 있다.

셋째, 해협 양안의 평화통일 담판을 갖는다. 담판 과정 중 양안 각 당파 단체의 대표성을 띠는 인사들도 참여할 수 있다. 하나의 중국이라는 전제 하에 어떠한 것도 대화할 수 있고 대만 당국이 관심을 갖는 각종 문제가 포함된다. 제 일보를 위해 양측 모두 먼저 정식으로 양안의 적대 상황을 종식시키는 회담을 가질 수 있으며 협의에 도달할 수 있다. 이러한 기초 위에 공동으로 의무를 맡으며 중국의 주권과 영토보전을 수호하며 향후의 양안 관계 발전에 대해 계획한다.

넷째, 평화통일 실현에 노력하며 중국인이 중국인을 공격하지 않는다. 우리들은 무력 사용을 포기하지 않으나 절대로 대만 동포에 대한 것이 아니며, 중국의 통일을 간섭하고 대만 독립을 획책하는 외국 세력에 대한 것이다.

다섯째, 양안 경제 교류와 합작에 진력해 양안 경제가 공동으로 번영을 이루어 전 중화민족을 행복하게 한다. 중국은 정치 분열이 영향을 끼쳐 양안경제합작을 방해하지 않기를 주장한다. 어떤 상황 하에 있든 대만 상공인의 정당한 권익을 철저히 보호할 것이다. 상호 호혜의 기초 위에 상담할 뿐만 아니라 대만 상공인의 투자 권익을 보호하는 민간협의를 조인하는 것을 찬성한다. 응당 실질적인 절차를 취해 3통을 빨리 실현할 것이며 양안 사무성 회담을 촉진할 것이다.

여섯째, 중화문화는 전 중국인의 정신연대를 유지하며 평화통일을 실현하는 중요한 기초이다. 양안 동포는 서로 중화문화의 우수한 전통을 계승 발전시켜야 한다.

일곱째, 대만 동포의 생활 방식과 주인노릇하려는 바람을 충분히 존중해 대만 동포의 정당한 권익을 보호할 것이다. 재외기구를 포함해 중국공산당과 정부 각 관련 부서는 대만 동포와 연계를 강화해 그들의 의견과 요구를 경청할 것이며 그들의 이익에 관심을 갖고 어려움을 해결하도록 가능한 돕는 데 진력할 것이다. 중국은 대만 각 당과 각계인사들이 양안 관계와 평화통일에 관련된 의견을 교환하는 것을 환영하며 그들의 왕래와 방문을 환영한다.

여덟째, 중국은 대만 당국 영도자가 적당한 신분으로 방문하는 것을 환영한다. 중국은 대만 측의 초청을 받기를 바라며 대만으로 갈 수도 있고 먼저 어떠한 문제에 대해서도 의견 교환을 할 수 있다. 중국인의 일은 중국인 스스로 해내야 하며 어떠한 국제상황의 도움을 빌릴 필요가 없다.

② 미국 방문

2002년 10월 미국을 방문한 장쩌민 주석은 텍사스주 휴스턴에서 열린 만찬석상에서 시 한 구절을 읊었다. 시선(詩仙)이라 불리는 이백(李白, 701~762)의 「일찍 백제성을 떠나다(早發白帝城)」라는 시였다.

朝辭白帝彩雲間　아침에 빛깔 무늬 구름 사이 백제성을 하직하고
千裏江陵一日還　천리 길 강릉 땅 하루 만에 당도하네
兩岸猿聲啼不住　양쪽 언덕의 원숭이 울음소리 처절히 들려올 새
輕舟已過萬重山　가벼운 배는 어느덧 첩첩 산중 만산 다 누볐노라

25년 전 주중대사를 지냈던 조지 부시 전 대통령을 향해 중·미 관계의 발전이 양국은 물론 세계평화에 이바지한다는 점을 강조하였다고 해석한다.

후진타오(胡錦濤, 1942~ , 4세대 지도부)

후진타오는 2002년에 중국공산당 중앙위원회 총서기, 중앙군사위원회 부주석으로 선출되었다. 2003년에는 국가주석으로 선출되었고, 2004년에는 당 중앙군사위원회 주석으로 선출되었으며, 2005년에는 국가 중앙군사위원회 주석으로 선출되었다. 이로써 후진타오는 당·정·군을 장악한 최고 지도자가 되었다.

후진타오는 강력한 리더십을 발휘하지 못한 지도자로 평가되고 있으나, 인물 중심이 아닌 시스템 중심으로 바꾸려고 노력한 지도자로 평가할 수 있다. 후진타오가 총서기와 국가주석은 되었지만 "후진타오를 핵심으로 하는 당 중앙"이라는 용어는 한참 뒤에 등장하였다. 이는 후진타오가 집권한 뒤에도 장쩌민의 정치적 영향력이 컸고, 후진타오가 권력을 장악하는 데 시간이 걸렸다고 보아야 할 것이다.

생애

후진타오는 1942년 12월 안후이성 지시(績溪)에서 태어났고, 1964년

4월에 중국공산당에 가입하였다. 칭화대학교 수리공정과를 졸업하였다. 1982년부터 1984년까지 공청단 중앙서기처 서기를 역임하였다.

1988년부터 1992년까지 시짱자치구 당위 서기를 맡았고, 시짱군구 당위 제1서기를 맡았다. 1998년에 중국 국가부주석에 임명되었고, 중앙당교 교장에 임명되었다.

주요 사상

① 7·1강화와 사회주의 화해사회

후진타오의 '7·1강화(七一講話)'(2003)는 중국공산당 창당 82주년인 2003년 7월 1일의 담화이다. 주요 내용은 "군중의 이익은 조그마한 것이라도 소홀히 할 수 없음"을 처음으로 명확하게 제시하였다. 또 "감정은 인민과 교감하고, 권력은 인민을 위해 사용하고, 이익은 인민을 위하여 도모한다"라고 강조하였다.

공청단(공산주의 청년단)

'공청단파' 혹은 '단파(團派)'라고 불리는데, 후진타오가 중국 공산주의 청년단 제1서기를 맡고 있던 시절 인연을 맺었던 이들을 말한다.

안후이방과 칭화방

안후이방이란 제4세대 지도부 중 중국 권력의 실세로 떠오른 안후이성 출신을 일컫는다. 후진타오 주석, 우방궈 전인대 상무위원회 위원장 등이 대표적인 인물이다.

칭화방이란 베이징 칭화대학 출신들로, 후진타오 집권 당시 차관급 이상의 관료로 있는 사람들을 일컫는 말이다.

2004년 제16차 4중전회에서 후진타오는 "화해사회의 건설을 중요 위치에 두어야 함"을 명확하게 제시하였다. 이때 공동부유를 기본으로 하는 '사회주의 화해사회 건설'을 처음으로 제시하였다. 당시에 당정, 학계 등에서 이와 관련하여 광범위한 연구와 토론이 일어났다.

2005년 제16차 5중전회에서는 제11차 5개년 규획안(2006~2010)을 다루면서 공동부유론을 구체적인 거시경제 정책에 반영하였다. 2006년 10월, 제16차 6중전회에서는 '화해사회' 건설이 후진타오의 통치이념으로 공식적으로 제기되었다. 2007년 제16차 6중전회의 공보(公報)는 "2020년에 사회주의 화해사회의 건설"이라는 목표와 9대 임무 및 화해사회를 건설하기 위한 '6개 필수요건'을 제시하였다. 후진타오가 제시한 화해사회의 6대 특징으로 "민주법치(民主法治), 공평정의(公平正義), 성신우애(誠信友愛), 충만활력(充滿活力), 질서안정(安定有序), 사람과 자연의 화해공존(和諧相處)"의 28글자로, 체계적으로 제시하여 화해사회 건설의 연구를 위한 방향을 제시하였다.

② 6·25강화

후진타오의 '6·25강화'는 2007년 6월 후진타오 국가주석이 베이징 중앙당교에서 전국의 고위 간부를 대상으로 한 강론이다. 후진타오는 자신이 주창한 '과학발전관'을 이론적으로 설명하며 사상의 통일을 강조하였다.

후진타오는 "'과학 발전관'의 요지는 발전이요, 핵심은 '이인위본(以人爲本)'이며, 기본적인 요구는 전면적이고 지속적인 조화사회"이며, "발전이란 인민을 위해, 인민에 의지해 실현하는 것으로 과학 발전의 성과는 반드시 인민과 함께 향유해야 한다"고 강조하였다.

③ 과학발전관

후진타오의 대표적인 사상은 과학발전관(科學發展觀, 2007)이다. 2007년 10월, 제17차 전국대표대회에서 화해사회와 동일한 개념의 과학발전관이 '당장'에 포함됨으로써 덩샤오핑과 장쩌민의 지도이념과 같은 수준으로 당의 공식통치이념으로 받아들여지게 되었다.

2012년 제18차 전국대표대회에서 마르크스·레닌주의, 마오쩌둥(毛澤東) 사상, 덩샤오핑 이론, 삼개대표론과 함께 지도 사상으로 격상되었다. 핵심가치는 '인간 중심(以人爲本)'이고, 중국이 추구하는 경제발전의 최종 목표는 인민의 생활 수준 개선이라는 점을 강조하였다.

과학발전관은 2004년 '제16차 4중전회' 이래 줄곧 중국공산당의 관심사였다. 2002년 11월 제16차 전국대표대회를 계기로 후-원체제가 등장하면서 과거 덩샤오핑과 장쩌민 시대의 개혁개방 정책의 업적과 문제점을 평가하고, 제4세대 지도부가 추구하는 발전 목표와 전략을 제시하는 과정에서 과학발전관은 제기되었다.

④ 4개 확고부동론

후진타오 국가주석은 2007년 6월 25일 중앙 당교에서 과학발전관의 정치이론을 내세우며 집권 2기 청사진을 언급하면서 "사상해방은 당 노선의 본질적 요소"라고 강조하였다. 그러면서 "사상해방, 개혁개방, 과학발전과 화해사회 건설, 전면적 샤오캉 사회 구축"이라는 '4개 확고부동론'을 강조했다.

이와 관련하여, 신화통신은 2007년 6월 26일 "당과 국가사업의 순조로운 발전을 지켜나가기 위해 4개 확고부동론을 실천해 나가자"라는 기사를 보도했다. 또 『인민일보』는 2007년 6월 27일 논설에서 "후진타오 국가주석의 4개 확고부동론은 내용이 풍부하고 사상적으로 깊으며, 당면한 새로운 시대의 임무를 과학적으로 분석하였다"고 밝혔다.

⑤ 3불 이론

후진타오는 2008년 12월 18일 개혁개방 30주년 기념발언(언론사에서는 이를 '1218기념사'라 명명함)에서 '3불 이론'을 제기하였다. 즉, '앞으로 개혁개방 노선을 지속해 나아갈 것'이라며 '동요하지 말고(不動搖), 태만하지 말며(不懈怠), 낭비하지 말라(不折騰)'는 3가지 원칙을 제기한 것이다.

이때 동요하지 말라는 것은 1992년 남순강화 때 덩샤오핑의 연설에서 나온 말이다. 당시 덩샤오핑은 "중국이 사회주의와 개혁개방을 하지 않고, 경제를 성장시키지 않고 인민의 생활을 개선하지 않는다면, 어떤 길을 가든 죽음에 이르게 될 것입니다. 동요하지 말고 계속 발전하고 인민의 생활을 계속 향상시켜야 합니다. 그래야만 인민들이 믿고 지지할 것입니다"라고 하였다.

정치개혁

2010년 9월 6일 선전 경제특구 성립 30주년 경축대회에서 후진타오 국가주석은 "사회주의 정치제도를 발전시켜 인민이 주도권을 갖도록 보장해야 한다. 인민의 알권리, 참여권, 표현권, 감독권을 보장해야 한다. 사회주의 민주 확대와 사회주의 법치국가 건설, 민주선거, 민주적 정책 결정 등을 실행해야 한다"고 '4대 권리(민권론)'와 '4개 민주론'

을 주장하였다.

여기에서 인민의 4대 권리는 "알권리, 참여권, 표현권, 감독권"이고, 4개 민주론은 "사회주의 민주 확대, 사회주의 법치국가 건설, 민주선거, 민주적 정책 결정"이다. 이때 강조하였던 사회주의 민주는 제17차 전국대표대회부터 강조하기 시작하였던 정치개혁의 주요 목표였다. 또 제4차 사상해방에서 강조했던 정치개혁의 큰 틀이라 할 수 있다.

외교 정책

① 후사점

2005년 3월 4일, 후진타오는 전국 정협 제10차 3차 회의에서 민혁(民革), 대맹(臺盟), 대련(臺聯)계 위원들을 만나 양안 관계 4개 원칙을 밝혔다. 이는 '장8점'을 대신하여 중국의 새로운 양안 지도 원칙으로 강조되었다.

후진타오의 양안 4원칙은 '4개결불(四個決不)' 원칙으로 명명되었다가, '장8점'을 의식하여 '후4점(胡四點, 호4점)'으로 불린다. 주요 내용은 "1. '하나의 중국' 원칙은 결코 흔들리지 않을 것이다. 2. 평화통일 노력을 결코 포기하지 않을 것이다. 3. 대만 인민에 희망을 건다는 방침은 결코 바꾸지 않을 것이다. 4. 대독 분열 활동을 반대하는 것과 관련 결코 타협은 없다"이다.

② 후육점

2008년 12월 31일, "대만 동포에게 고하는 글"(1979.1.1) 발표 30주년을 기념하는 연설에서 양안 관계에 대한 6가지 기본 원칙을 밝혔다. 이를 '후육점(胡六點)'이라 부른다.

후진타오는 "전 민족의 단결, 조화, 창성을 실현하기 위해 양안의 통일은 중화민족의 위대한 부흥의 역사적 필연"이라고 강조하였다. 이는 양안협력을 주요 정책으로 내걸었던 대만 마잉주(馬英九) 총통이 2008년 5월 총통에 취임한 이후 중국 최고 지도자가 처음으로 양안 정책에 대한 기본 원칙을 밝힌 것이다.

주요 내용은 "1. 하나의 중국을 엄수하고, 정치적 신뢰를 증진한다. 2. 경제적 합작을 추진하고, 공동의 발전을 촉진한다. 3. 중화의 문화를 선양하고, 정신적 유대를 강화한다. 4. 사람의 왕래를 강화하고, 각계의 교류를 확대한다. 5. 국가의 주권을 수호하고, 외교적 사무를 협상한다. 6. 적대적 상황을 종결하고, 평화적 협의에 도달한다"는 것이다.

③ 화평굴기

2003년 10월 보아오포럼에서 정비젠(鄭必堅) 중앙당교 상무부장이 화평굴기(和平崛起)를 주창하였다. 화평굴기는 후진타오 국가주석의 2004년 1월 유럽순방에서 새로운 외교 노선으로 떠올랐다. 당시 거론되었던 중국위협론을 완화시키는 데 1차적인 목적이 있었다.

하지만, 내면에는 미국보다는 유럽을 중시하고, 대국외교의 틀을 이어받아 국제사회에서 중국의 위치에 걸맞은 행동과 책임을 다하겠다는 자주성과 독립성의 의미도 숨어 있었다.

화평굴기는 "평화롭게 일어선다"는 뜻으로, 주변국과의 외교 관계 설정에 있어서 중국을 '화목한 이웃(睦隣)', '안정된 이웃(安隣)' 그리고

'부유한 이웃(富隣)'이 될 수 있도록 하겠다는 삼린(三隣) 정책을 기본축으로 삼았다.

중국은 경제발전을 통해 힘이 축적되자, 2003년부터는 세계평화를 지지하면서 대국으로 발전하겠다는 뜻의 화평굴기 정책을 펼쳤다. 당시 중국은 이미 경제대국으로 성장하였고, 앞으로도 계속해서 경제성장을 할 것으로 전망하였다. 이러한 전망 때문에 당시 미국은 중국을 세계에서 가장 위협적인 국가로 여겼고, 전략적 경쟁자로 간주하였다. 화평굴기는 대외적으로는 우호, 공동이익, 공동번영을 모색하고, 대내적으로는 개혁개방의 강화를 통해 국력을 신장시키고, 환경과 에너지 문제 등 고도성장의 후유증을 최소화시킨다는 것이다.

④ 유소작위

유소작위(有所作爲)는 "적극적으로 참여해서 하고 싶은 대로 한다. 어떤 일에 적극적으로 개입해 자신의 뜻을 관철시킨다"는 뜻으로, 2002년 이후 중국이 취하고 있는 대외 정책 전략이다.

2002년 11월 후진타오 체제로 들어서면서 시작되었고, 본격적으로 펼치기 시작한 것은 2004년부터이다. 2004년에 이르러 중국정부는 화평굴기 대신 '적극적인 관여와 개입'을 뜻하는 유소작위를 새로운 외교 전략으로 삼았다.

유소작위는 국제 관계에서 관여와 개입을 통해 중국의 역할을 강조하고, 국익을 확대하고자 하는 적극적이고 공세적인 대외 정책이다. 유소작위는 경제력뿐 아니라 국방력에서도 국제적 위력을 행사한다는 부국강병 정책의 전 단계에 해당한다. 중국이 미국·북한 사이의 핵 문제 해결에 적극 뛰어들어 6자회담을 성사시킨 것이 유소작위

정책의 대표적인 예라고 할 수 있다.

⑤ 화해세계

화해세계(和諧世界)는 "중국이 조화로운 국제사회 건설에 공헌하겠다"는 의미를 담고 있다. 후진타오 국가주석이 2005년 9월 유엔 창립 60주년 기념식 연설에서 '화해세계'라는 말을 언급하였다.

화해세계는 세계에서 일고 있는 중국위협론에 대응하는 한편, 능동적으로 세계질서 구축에 나서겠다는 적극적인 외교 전략 개념이라 할 수 있다. 중국 언론에서는 외교 사안을 보도할 때 화해세계란 용어를 사용하기 시작하였다.

화해세계는 중국이 내치(內治) 분야의 국정 이념으로 내세웠던 '화해사회(和諧社會)' 개념을 대외 전략으로 확장한 것이다. 중국에서는 정치·경제 등 모든 분야에서 '화해'라는 말을 사용하였고, '화해'는 한국에서는 '조화'로 해석하여 사용하고 있다.

중국 내 화해사회의 취지는 빈부격차를 줄이고, 지역 간 불균형을 없애며, 또 민족과 종교 간 갈등을 완화하여 사회갈등을 없애자는 의미이다. 이러한 의미가 확대되어 "평화적인 발전의 길을 견지하고 조화로운 세계를 건설하는 데 공헌해야 한다"고 중국은 강조하고 있다.

⑥ 미국 방문

2006년 4월 20일 후진타오 국가주석이 미국 워싱턴을 방문하였을 때 시성(詩聖)이라 불리는 두보(杜甫, 712~770)의 망악(望嶽)을 읊었는데,

거기에는 미국의 무례함과 중국의 수치스러움을 두보의 시를 인용하여 미국을 질책하였다.

당시, 후진타오 국가주석이 미국을 방문할 때, 국빈 방문을 요구했으나 미국은 공식 방문으로 격을 한 단계 낮추었을 뿐만 아니라 백악관 환영행사장에서 대만 국가를 연주하였다. 게다가 부시 대통령은 중국의 인권유린을 공개적으로 비난을 하였다. 또 후진타오 국가주석이 연설 할 때 백악관 출입 기자였던 파룬궁(法輪功) 신도가 반(反)중국 구호를 외쳤다. 연설을 마친 후진타오 국가주석이 자리로 돌아갈 때에는 부시 대통령이 후진타오를 안내하면서 소매를 잡아끌었다. 외교적인 결례가 연이어 발생하였다. 미국의 푸대접을 참다못한 후진타오가 두보의 시 '망악'을 인용해 우회적으로 비판하였다. "반드시 산 정상에 올라, 뭇 산들의 작은 모습을 보리라"라는 부분을 읊었다.

岱宗夫如何	태산 마루는 그 어떠한가 하니,
齊魯青未了	제와 노나라에 걸친 그 푸르름 끝이 없다.
造化鍾神秀	천지간에 신령스럽고 빼어난 것 모두 모았고,
陰陽割昏曉	응달 양지는 저녁 아침 갈린다.
蕩胸生層雲	층층이 펼쳐진 운해 가슴 후련히 씻겨 내리고,
決眥入歸鳥	눈 크게 뜨고 돌아가는 새를 바라본다.
會當淩絶頂	반드시 산 정상에 올라
一覽衆山小	뭇 산들의 작은 모습을 보리라.

— 「망악(望嶽)」

2008년 후진타오 국가주석이 미국을 방문하였을 때 워싱턴주 시애틀에서 열린 상공인들과의 오찬모임에서는 이백의 시 '행로난(行路難)'의

세 수 중에서 첫 번째 수의 마지막 구절인 "장풍파랑회유시, 직괘운범
제창해(長風破浪會有時, 直掛雲帆濟滄海)"를 인용하였다. 이를 두고 언론
에서는 양국 관계에 어려움이 많지만 극복하고 발전시켜 나가자는
속뜻을 표현한 것으로 해석하였다. 실질적인 의미는 중국이 강대국이
되어 미국을 중국의 아래에 두겠다는 의미를 지니고 있다.

金樽淸酒鬥十千	황금 술잔에는 만 말의 청주가 있고
玉盤珍羞直萬錢	구슬 쟁반에는 만금의 성찬이 있어도
停杯投筯不能食	술잔 놓고 수저 던진 채 먹지 못하고
拔劍四顧心茫然	칼 뽑고 사방을 보니 마음만 아득하네
欲渡黃河氷塞川	황하를 건너자니 얼음에 막히고
將登太行雪滿山	태항산을 오르자니 백설이 쌓여 있네
閑來垂釣碧溪上	한가로이 벽계에 낚시를 드리우고
忽復乘舟夢日邊	배 위에서 홀연히 햇님의 꿈을 꾸었네
行路難, 行路難	행로가 심히 어려운데
多岐路, 今安在	갈림길도 많구나, 제 길은 어디 있나
長風破浪會有時	바람 타고 파도 넘을 때 반드시 오리니
直掛雲帆濟滄海	높은 돛 바로 달고 창해를 건너리

—「행로난(行路難)」

시진핑(習近平, 1953~ , 5세대 지도부)

시진핑은 2008년에 국가 부주석에 선출되었고, 2010년에 당 중앙군사위원회 부주석, 국가 중앙군사위원회 부주석에 선출되었다. 2012년에 중앙위원회 총서기, 당 중앙군사위원회 주석, 2013년에 국가주석, 국가중앙군사위원회 주석으로 선출되었다.

시진핑의 "시진핑 신시대 중국 특색의 사회주의 사상(習近平新時代中國特色社會主義思想)"이 2017년 제19차 전국대표대회에서 당장에 삽입되었고, 당의 행동지침으로 자리 잡았다. 그리고 2018년 제13차 전국인민대표대회에서 헌법에 삽입되었다. 마오쩌둥 이래로 가장 강력한 1인 체제로 구축되고 있다. 시진핑은 중국 '인민'을 위한 국가가 아닌 '중국 공산당'이 중심이 된 국가로 한층 더 강화하고 있다.

생애

1953년 6월 산시(섬서) 푸핑(富平)에서 태어났다. 1969년부터 1975년까지 산시성에 하방을 하였고, 지청(知青)으로 당지부 서기를 지냈다.

1974년 1월에 중국공산당에 가입하였다. 1975년부터 1979년까지 칭화대학에서 공부를 하였다. 아버지가 전인대 부위원장을 지낸 시중쉰이다. 시중쉰은 후야오방 등 주요 정치인과 주요 관계를 맺었던 원로이다. 시진핑은 1979년 칭화대 공정화학과를 졸업하였고, 동 대학에서 법학 박사학위를 취득하였다.

국무원 경뱌오(耿彪) 부총리의 비서로 정치 생활을 시작하였으며, 1985년에 푸젠성 샤먼시위(厦門市委) 상무위원, 부시장을 역임하였다. 2002년에 저쟝성위 서기, 성장 대리에 임명되었고, 2007년에 상하이시위 서기에 임명되었다. 또 2007년에 중앙정치국 상무위원, 중앙서기처 서기, 중앙당교 교장에 임명되었다.

푸젠성과 저쟝성에서 당서기로 재직할 때 경제발전에 많은 공을 세워 정치적 입지를 강화하였다. 부인은 중국의 국민가수로 통하는 펑리위안(彭麗媛)이다.

시진핑의 주요 사상과 발언

① 중국공산당 강조

2008년 시진핑이 국가부주석으로 재임할 당시, 중앙당교 개교식 연설에서 "혁명 계급투쟁에서 벗어나야 한다"고 강조하였다. 2012년 시진핑이 당 총서기가 되었을 때 시진핑의 정치관을 언급하면서 제기된 내용으로, 중국 공산당이 혁명 정당에서 탈피해 행정 정당, 집권 정당, 그리고 관리 정당으로 발전해야 함을 제기한 것으로 당시 언론은 해석하였다.

시진핑이 총서기(2012년)와 국가주석(2013년)이 된 이후에는 중국공산당을 중심으로 한 체제를 더욱 강화하고 있다. 관리정당이 아닌 새로운 혁명의 당으로 바꾸고 있다. 2017년 제19차 전국대표대회에서 시진핑이 "중국공산당의 '초심'과 '사명'은 중국 인민의 행복을 도모하고 중화민족의 부흥을 도모하기 위함이다"라고 한 이래로 중국에서는 중국공산당이 중심이 되어 정치 등 모든 방면을 이끌고 있다.

2021년 2월 시진핑은 춘절 인사에서 "중국공산당은 인민 행복이라는 초심과 중화민족의 부흥이라는 사명을 지켜왔다"고 강조하였고, "중국공산당은 100년의 역사를 거치며 9천 100만 명의 당원을 가진 세계에서 가장 큰 마르크스주의 여당으로 발전해 14억 중국인들의 지지를 받고 있다"고 강조하였다. 2013년 3월에 개최된 양회에서 시진핑은 "인민들이 공산당을 따르도록 당사(黨史)학습을 강화해야 한다"고 강조하였다. 또 "당사와 신(新)중국사, 개혁개방사, 사회주의발전사 교육을 통해 인민 대중, 특히 청소년들이 공산당이 왜 능력이 있는지, 중국 특색 사회주의가 왜 좋은지에 대한 기본 도리를 알게 해야 한다"며 "이를 통해 확고하게 당의 말을 듣고, 당을 따르며 전면적인 사회주의 현대화 국가 건설에서 공을 세우도록 해야 한다"고 강조하였다.

② 중화민족의 위대한 부흥과 중국몽

시진핑의 정치사상을 알려면 기존에 언급하였던 여러 글과 말에서 알 수 있다. 2012년 11월 15일 제18차 1중전회에서 시진핑은 "전 당과 인민이 단결해 역사적 성과를 이어가고 중화민족의 부흥에 분투노력 하는 게 우리의 책임이며 그로써 중화민족을 세계 속에 스스로 세우고 인류에 공헌해야 한다"라고 하였다.

연설에서 시진핑은 '중화민족의 위대한 부흥'이라는 표현으로 말문을 열고 5000년 중화문명과 중국 공산당에 대해 여러 차례 반복해서 강조하였다.

시진핑의 사상은 2012년 11월에 개최되었던 제18차 전국대표대회 정치보고에서 가장 잘 나타난다. 당시 정치보고 초안 작성 팀장은 시진핑 부주석이었다. 보고서에서 계급투쟁을 강조하는 문화대혁명식 구태 정치도, 서구식 자본주의 정치제도도 따르지 않겠다는 얘기다. 좌도 우도 아닌 '중용에서 안정을 구하겠다(中庸求穩)'는 것이다. 이는 중국식 '제3의 길' 선언이다.

③ 사회주의 핵심 가치관

2012년 제18차 전국대표대회에서 "부강(富强), 민주(民主), 문명(文明), 화해(和諧), 자유(自由), 평등(平等), 공정(公正), 법치(法治/法制), 애국(愛國), 경업(敬業), 성신(誠信), 우선(友善)"이라는 24글자로서 '사회주의 핵심 가치관(社會主義核心價値觀)'을 표현하였다. 사회주의 핵심 가치관은 마르크스주의를 지도사상으로 하고, 중국 특색의 사회주의 공동 이상을 실현하는 것을 목표로 한다. 애국주의를 핵심으로 하는 민족정신과 개혁창신을 견지하고, 핵심적인 시대적 정신과 결합을 견지하는 시대적 배경 하에 실현되었는데, 이는 사회주의 핵심 가치체계에서 가장 핵심적인 것이다.

시진핑 정부가 강조하고 있는 사회주의 핵심 가치관은 유가사상과 매우 관련이 있다. 사회주의 핵심 가치관은 크게 3개 부문을 얘기하는데, 국가적 측면에서는 '부강, 민주, 문명, 화해', 사회적 측면에서는 '자유, 평등, 공정, 법치', 공민적 측면에서는 '애국, 경업, 성신, 우선'이다. 이 내용에는 그동안 중국이 강조하였던 애국주의가 보이는데, 전체적으로 보면, 국가와 개인은 분리될 수 없음을 강조하고 있다. 중국은 사회주의 핵심 가치관을 통해 유가문화의 부흥을 일으키려 하고, 유가문화의 부흥으로 사회주의 핵심 가치관의 기초를 실현하려 한다. 중국 각 학교에서는 이러한 사회주의 핵심 가치관을 교육하는 시스템을 마련하고 있다.

시진핑 총서기는 중공중앙정치국 제13차 집체학습에서 "중화의 우수한 전통문화에서 인애(仁愛)를 말하고, 민본(民本)을 중시하고, 신뢰(誠信)를 지키고, 정의(正義)를 숭상하고, 화합(和合)을 숭상하고, 대동(大同)을 구하려는 시대적 가치를 발굴하고 밝혀야 한다. 그래서 중화의 우수한 전통문화를 사회주의 핵심 가치관을 수양하는 중요한 원천이 되도록 해야 한다"라고 강조하였다.

④ 8·19강화정신

'8·19강화정신'은 2013년 8월 전국선전사상공작회의에서 시진핑이 발표하였던 연설을 가리킨다. '8·19강화정신'에서 시진핑은 "네 가지를 명확하게 말해야 한다"고 강조하였다. 그 내용을 살펴보면, "첫째, 국가와 민족마다의 역사전통·문화축적·기본적인 국정의 다른 점을 명확하게 말해야 한다. 둘째, 중화문화가 축적되어 있는 중화민족의 가장 깊은 정신 추구를 명확하게 말해야 한다. 셋째, 중화의 우수한 전통문화는 중화민족의 두드러진 우수함임을 명확하게 말해야 한다. 이는 우리의 가장 탄탄한 문화소프트파워이다. 넷째, 중국 특색의 사회주의는 중화문화의 옥토에 뿌리를 내렸고, 중화민족의 바람을 반영하며, 중국과 시대발전 진보 요구에 적응함을 명확하게 얘기를 해야 한다"고 하였다.

⑤ 4풍(風) 반대와 3신(愼) 강조

시진핑은 중국공산당 내 부패척결을 위해 4반 운동을 강조하고 있다. 시진핑은 2013년 6월 18일 베이징에서 개최된 '당군중노선교육실천활동회의'에서 '형식주의(形式主義), 관료주의(官僚主義), 향락주의(享樂主義), 사치풍조(奢靡之風)'를 당 기풍의 '4대 문제'로 규정하였고, 이러한 것을 '대청소'해야 한다고 강조하였다. 이를 이른바 '4반 운동'의 시작이라 말하고 있다.

　동년 6월 20일 중남해에서 공산주의 청년단 신임 간부에게 공산당 간부들이 갖추어야 덕목으로 '3신(愼)'을 강조하였는데, 3신(愼)은 '신시(愼始), 신독(愼獨), 신미(愼微)'인데, 그 내용은 "시작함에 있어 신중해야 하고, 혼자 있을 때 신중해야 하고, 미미한 일에도 신중해야 한다"라는 것이다.

⑥ 4개 전면(2014, 2015)

시진핑 국가주석은 2014년 11월 푸젠성 시찰에서 '전면적인 샤오캉 사회 건설', '전면적인 개혁 심화', '전면적인 의법치국(依法治国) 추진'을 언급하며 '3개 전면'이라는 개념을 처음으로 언급하였다.

　시진핑은 2014년 12월 강소조연(江蘇調研) 때 '4개 전면'을 강조하였다. 그리고 2015년 2월 25일 『인민일보』는 "전면적 샤오캉사회 건설, 전면적 개혁 심화, 전면적 의법치국, 전면적 종엄치당(從嚴治黨, 당풍쇄신)"을 4개 전면으로 소개하면서 민족부흥을 이끌 전략적 포석이라고 규정하였다. 2015년 양회 때 리커창 총리의 정부공작보고에서 한층더 강조되었다.

2015년 3월 15일 전인대 폐막식에서 시진핑 국가주석이 제창한 '4개 전면(全面)'을 국가 통치이념과 전략으로 확정하였다. '4개 전면'사상은 시진핑의 경제개혁과 반부패 및 법치를 통해 중국 사회전반을 혁신하려는 지도 이념이다.

'전면적인 샤오캉'은 모든 인민이 편안하고 풍족한 생활을 누리는 상태를 의미하는데, 시진핑이 2012년 제18차 전국대표대회에서 총서기로 선출된 이후 중국의 꿈을 언급하면서 전면적 샤오캉 사회 건설을 강조하였다.

두 번째인 '전면적인 개혁 심화'는 2013년 11월 제18차 3중전회에서 제안했고, 세 번째인 의법치국은 2014년 10월 제18차 4중전회에서, 네 번째인 당 관리는 동년 10월 당군중노선교육실천활동 결산 때 제안하였다. 이와 관련하여, 『인민일보』는 "2015년 중앙정치국 제1차 집단학습에서 시진핑이 '4개 전면'의 전략적 배치의 철학적 토대를 제시하였다"고 밝혔다. 『인민일보』는 '발전'은 시대의 주제이고, '개혁'은 사회진보의 동력이며, '법치'는 국가 관리체계와 관리 능력의 현대화를 위해 필요하며, '당 기강 확립'은 집권당을 강화하는 필연적 요구라고 설명하였다. 여기서 발전은 샤오캉 사회이고 개혁은 개혁개방을 의미한다.

2016년 중국에서는 4개 전면에 관한 애니메이션 랩 뮤비가 공개되었다. 당시 중국 신화통신은 3분 10초 분량의 영상 내용을 공개하였는데, 영상에서는 한 남성과 여성 캐릭터가 화려한 무대에서 춤을 추면서 4개 전면을 설명하는 내용이 담겨 있다. 그리고 영상에서 공개된 랩 가사 중에는 "내게 '4개 전면'을 말해 봐. 샤오캉이 목표, 개혁은 동력, 법치는 보장, 당 건설이 관건이야", "하나는 선이고 둘은 점이며 셋은 면이고 넷은 전면이야", "'4개 전면'이 있다면 '중국의 꿈(中國夢)' 은 그리 멀지 않아"라는 내용이 있다.

⑦ 시진핑의 총체적인 국가안전관

2015년 5월 19일 베이징에서 개최되었던 전국국가안전기관총결표창 대회에서, 시진핑은 국가안전 업무의 중요성을 재차 강조하였다. 시 진핑은 "총체적인 국가안전관(2015)을 실시하여, 이상신념을 군건하 게 하고, 당의 사업을 성실히 하고, 여시구진(與時俱進)으로 국가안전 업무의 새로운 국면을 열어나가자"고 하였다.

시진핑은 총서기가 된 이래로 국가안전 업무를 중시하였다. 2014년 4월 15일 중앙국가안전위원회 제1차 회의에서 처음으로 '총체적인 국가안전관'이라는 개념을 제안하였다 이는 중국 특색의 국가안전관 시스템이 정식으로 운영하기 시작함을 의미한다. 중국 발전의 안정과 지속을 확보하는 것은 이미 중국 국가안전의 최고의 사업이 되었다.

한편, 중국은 2014년 11월 1일 『중화인민공화국반간첩법』을 제12 차 전인대 상무위원회 제11차 회의에서 통과시켰다. 2014년 12월 제 12차 전인대 상무위원회 제12차 회의에서 국가안전법 초안이 심의되 었다. '국민 안전을 목표'로 하는 국가안보관을 부각시키기 위해 초안 에서는 입법 취지에서 "'국민의 근본이익을 보호'하고, 국가안보 위기 관리에서 여러 가지 조치를 선택할 수 있는 경우에 '국민과 단체의 권익을 최대한 보호할 수 있는 조치를 응당 선택'해야 한다"고 강조하 였다. 이에 따라 중국정부는 국가안전에 위협을 줄 수 있는 기관과 개인의 활동에 대해서는 안보기관이 조사하고 행위를 중단·변경시킬 수 있다.

2014년 5월 29일, 중국정책과학연구회 국가안전정책위원회는 중국 최초로 장쑤성 난퉁시 루둥현에 위치하고 있는 루둥고급중학(如東高級中學)과 빙차고급중학(栟茶高級中學)에 '국가안전교육시범기지'를 설립하였다. 7월 6일에는 쓰촨성 총라이시(邛崍市)에 총라이시제일중학(邛崍市第一中學)을 '국가안전교육시범기지'로 삼았는데, 이는 서남 지역 최초의 시범기지이다.

2014년 11월 제12차 전인대 상무위원회 제11차 회의에서 『중화인민공화국반테러법』(초안)을 처음으로 심의하였다. 11월 3일에 『중화인민공화국반테러법』(초안)은 전인대 홈페이지에 공포되었고, 12월 3일까지 법안 내용에 대한 의견을 수렴하였다. 이미 2차 심의까지 마친 중국 반테러법은 제정될 가능성이 높다는 분석이다.

⑧ 5위 1체

시진핑의 '치국이정'은 '전면적인 샤오캉사회 건설'·'개혁 심화'·'의법치국'·'당풍쇄신'으로 요약되는 '4개 전면', '경제 건설'·'정치 건설'·'문화 건설'·'사회 건설'·'생태문명 건설'로 요약되는 '5위 1체(五位一體)'를 담고 있다.

2017년 10월 18일 시진핑은 제19차 전국대표대회 업무 보고에서 2가지 측면에서 자신의 사상을 정리하였다. '신시대 중국 특색 사회주의 사상'이란 '(덩샤오핑이 주창한) 중국 특색 사회주의'를 계승, 발전시키는 것을 명확히 하면서 사회주의 현대화와 중화민족의 위대한 부흥을 총체적 임무로 하는 사상으로, '5위 1체'와 '4개 전면'으로 이뤄진다고 밝혔다.

2018년 12월 29일, 시진핑은 베이징에서 개최된 중국인민정치협상회의 신년 다과회에 참석해 "내년은 중화인민공화국 건국 70주년으로 중등 수준 사회를 전면 건설하는 데 있어 관건이 되는 해"라며 "개혁개방을 가장 축하하는 방법은 개혁을 깊이 추진하고 개방을 확대하는 것"이라고 밝혔다. 시진핑은 시진핑 사상의 핵심 이론인 '4개 전면'과 '5위 1체'를 추진하겠다고 강조하기도 하였다.

2020년 10월 30일 중국공산당 중앙위원회가 '제19차 5중전회 기자 간담회'를 개최하였다. 이때, "중진국의 함정을 극복하기 위한 방안으로 시진핑의 '치국이정(治國理政, 국가통치)' 이념을 실현을 강조하였다.

⑨ 시진핑 신시대 중국 특색의 사회주의 사상

'시진핑 신시대 중국 특색의 사회주의 사상(習近平新時代中國特色社會主義思想)'('시진핑 사상'이라 약칭)은 시진핑 국가주석이 2017년 10월 18일에 개최한 제19차 전국대표대회에서 주창한 통치철학이다. 2017년 당장에 삽입되었고, 당의 행동지침으로 자리 잡았다. 그리고 2018년 제13차 전국인민대표대회에서 헌법에 삽입되었다.

'시진핑 사상'의 헌법 삽입은 시진핑 국가주석의 장기집권을 뒷받침하는 동시에 중국이 새로운 국가적 목표 달성에 진입하겠다는 선언이기도 하다. '시진핑 사상'의 핵심은 전면적 샤오캉 사회 실현과 '중화민족의 위대한 부흥'이라는 '중국의 꿈(중국몽)'으로 요약할 수 있다.

덩샤오핑이 제기한 '중국 특색 사회주의'에 '신시대'라는 수식어를 달았는데 이는 시진핑 국가주석이 집권 2기(2018~2022)에는 과거 지도자들과의 차별화를 통해 1인 지배체제를 더욱 공고화할 것임을 예고한 것이라는 분석이다.

2021년부터 샤오캉 사회를 건설하고 중산층 비율을 대폭 끌어올리고 2050년에 미국에 맞서는 초강대국이 된다는 구상이다.

중국 공산당 중앙당사·문헌연구원 취칭산(曲靑山) 원장은 당 이론지인『구시(求是)』10월호에 게재한 "신시대가 당사와 신중국 역사에서 갖는 중요한 지위와 의의"라는 글을 통해 2050년까지 '시진핑 신시대'가 이어질 것이라고 밝혔다.

⑩ 시진핑 법치사상

2020년 11월 중앙전면의법치국공작회의에서 중국공산당은 정식으로 '시진핑 법치사상'을 제기하였다. 이 공작회의는 역사상 처음으로 개최된 회의였고, 시진핑 법치사상을 '전면 의법치국의 지도사상'으로 명확하게 하였다. 회의에서 "시진핑 법치사상 학습은 '이론, 실천, 역사'의 3가지 측면에서 이루어져야 한다"고 하였다.

2020년 중앙전면의법치국공작회의에서 시진핑은 '11개 견지'를 강조하였다. '11개 견지'의 주요 내용은 "① 당은 전면적 의법치국에 대한 영도를 견지해야 한다. ② 인민의 중심을 견지해야 한다. ③ 중국 특색의 사회주의 법치의 길을 견지해야 한다. ④ 의헌치국(依憲治國)과 의헌집정(依憲執政)을 견지해야 한다. ⑤ 법치 궤도상에서 국가치리체계와 치리 능력을 추진하는 현대화를 견지해야 한다. ⑥ 중국 특색의 사회주의 법치체계 건설을 견지해야 한다. ⑦ 의법치국, 의법집정, 의법행정의 공동추진으로, 법치국가 법치정부 법치사회의 건설을 견지해야 한다. ⑧ 전면적 과학입법, 엄격집법, 공정사법, 전민수법 추진을 견지해야 한다. ⑨ 국내 법치와 국제 법치의 총괄적인 추진을 견지해야 한다. ⑩ 덕재겸비한 고급 소양을 갖춘 법치공작대오 건설을 견지해야 한다. ⑪ 지도간부의 '핵심 소수' 양성을 견지해야 한다"이다.

2020년 11월 29일, 중국인민대학 시진핑 신시대 중국 특색의 사회주의 연구원은 시진핑 법치사상 연구 중심을 정식으로 설립하였다. 이 센터는 종합성을 띤 전국 중점대학이 성립한 첫 번째 시진핑 법치사상 연구 중심이다. 중국인민대학 시진핑 신시대 중국 특색의 사회주의 사상 연구원은 중국 내 중앙의 비준으로 받은 제1차 10개의 '시진핑 신시대 중국 특색 사회주의 사상 연구기구' 중에 첫 번째로 시진핑 법치사상 연구 중심을 성립한 단위이다.

시진핑은 "중국 특색의 사회주의 법치의 길을 굳건하게 가기"를 강조하였다. 또 "사회주의 현대화 국가를 건설하기 위하여 유력한 법치 보장을 제공해야 한다"고 강조하였다. 그리고 "헌법은 국가의 근본적인 법이다. 의법치국을 견지하려면 먼저 의헌치국을 견지해야 한다. 의법집정을 견지하려면 먼저 의헌집정을 견지해야 한다"라고 하였다.

시진핑은 "전면적으로 의법치국을 가장 광범위하고 가장 두터운 기초는 인민이다. 반드시 인민을 위해 인민에 의지하여 견지해야 한다"고 강조하였다. 또 "전면적 의법치국을 추진하는 근본적인 목적은 법에 의거하여 인민의 이익을 보장하는 것이다. 끊임없이 인민군중의 획득감, 행복감, 안전감을 증대시켜 법치를 통해 인민의 편안함을 보장해야 한다"고 하였다.

⑪ 민족관

시진핑은 중화민족을 강조하며, 중국 내 한족과 소수민족을 단일 민족의 개념인 중화민족으로 완전히 만들려 하고 있다. 최근 시짱자치구나 신장위구르자치구 및 네이멍구자치구 지역에서 실시한 보통화 정책을 다른 소수민족지역으로 확대하고 있는 것에서도 알 수 있다. 그리고 중앙민족공작회의나 네이멍구자치구 대표와의 만남 자리에서 강조하는 내용에서도 알 수 있다.

2014년 10월 10일 중앙민족공작회의에서 시진핑은 "중화민족의 대단결을 강화하고, 장기적으로 근본적으로 문화공동인식을 증강하고, 각 민족이 공유하는 정신을 건설하며, 적극적으로 중화민족 공동체 의식을 배양하는 것이다"라고 강조하였다. 또 "민족단결은 중국특색의 사회주의를 실현하는 중대한 요소이고, 각 인민의 생명선이다. 중화 각 민족은 자신의 운명을 중화민족의 운명과 긴밀하게 해야만 밝은 미래가 있고 희망이 있다"고 밝혔다. 그리고 시진핑은 "각 민족은 정확한 조국관과 민족관을 견고하게 수립해야 하고, 사회주의 핵심가치체계와 사회주의 핵심가치관을 선양해야 한다"고 강조하였다.

2021년 3월에 개최된 양회 때 네이멍구자치구 대표들과의 모임에서 시진핑은 중화민족의 부흥을 강조했다. 시진핑은 "새로운 발전 이념을 받아들이고 발전을 위해 봉사하고 잘 융합돼야 한다"고 하면서 "민족 단결의 영광스러운 전통과 모범 자치구라는 영예를 소중히 여겨 민족 단결을 공고히 해야 한다"고 강조하였다. 또 "전국 공통 언어(보통화) 보급 확대와 중화민족 공동체 의식을 함양해야 한다"고 강조했다.

외교 정책

① 주동작위

시진핑은 제11차 전인대 제1차 회의에서 국가부주석으로 선출되었고, 2010년 10월 18일 제17차 5중전회에서는 중국공산당 중앙군사위원회 부주석에 선출됨으로써 제5세대 지도자 중 가장 부각된 인물이다.

2013년 시진핑 체제가 출범하면서 덩샤오핑 시기부터 유지해 오던 외교의 기본 틀인 도광양회를 탈피해 '할 일을 주도적으로 해야 한다'는 주동작위(主動作爲)로 전환하였다.

중국은 주동작위와 유소작위라는 말을 자주 사용한다. 즉 '국력에 걸맞게 해야 할 일을 주도적으로 한다'는 것이다. 시진핑은 '주동작위', 즉 세계의 규칙에 중국 이익을 반영하겠다는 새로운 대외 정책을 세웠다. 이런 원칙은 시진핑을 통해 더욱 구체적으로 제시되었다.

중국 외교부가 만드는 주간지 '세계지식(世界知識)'은 중국 외교가 "도광양회에서 주동작위로 바뀌고 있다"고 말하였다. 도광양회는 덩 샤오핑 시절 경제성장을 위해 대외 마찰을 피했던 중국의 외교 전략이었다.

② 시진핑의 신발론과 탱자론

시진핑 국가주석이 2014년 4월 1일, 유럽 순방을 나섰을 때, 벨기에의 유럽대학교 강연에서 "중국은 다른 나라의 정치제도나 발전 방식을 그대로 옮겨 적용할 순 없다. 이는 중국의 상황에 맞지 않을뿐더러 재앙적 결과를 불러올 수도 있다"며 "이미 2000년 전 중국인들은 이런 도리를 깨치고 '귤이 회수를 건너면 탱자가 된다.'는 격언을 남겼다"고 말하였다. 이를 보통 '탱자론'이라고 부른다. 그리고 2013년 3월 러시아를 방문하였을 때, "신발이 발에 맞는지 안 맞는지는 신발을 신은 사람만 알 수 있다"고 하였는데, 이를 '신발론'이라고 부른다.

시진핑의 '탱자론'과 '신발론'은 중국에 대한 서구의 간섭에 불편한 마음을 표현한 것이다. 즉, 서구식 민주주의와 헌정민주주의 도입을 주장하는 국내 정치개혁 세력한테 분명한 거부의 뜻을 전하는 동시에 공산당 일당독재를 비판하는 미국 등 서방국가들한테도 중국의 정치체제를 두고 개입하지 말라는 메시지를 던진 것이다.

③ 한국 방문

시진핑 국가주석은 2014년 7월 4일 서울대 특강에서 박근혜 대통령의 중국 방문 당시 자신이 선물한 서예 글귀인 '욕궁천리목 갱상일층루(欲窮千里目 更上一層樓, 천리까지 보기 위해 누각 한 층을 더 오른다)'라는 당대(唐代) 시인 왕지환(王之渙)의 「등관작루(登鸛雀樓)」라는 시로 강연을 풀어갔다. 이 시에서 "갱상일층루(更上一層樓)"는 "큰일을 도모하려면 멀리보고 해야 한다"는 뜻을 지니고 있다.

한편, 시진핑 국가주석은 한·중 관계에 대해선 이백의 '장풍파랑회유시, 직괘운범제창해(長風破浪會有時, 直掛雲帆濟滄海, 바람 타고 파도 넘을 때 반드시 오리니, 높은 돛 바로 달고 창해를 건너리)'라는 시구에 비유하였다. 이 시구는 2008년 후진타오 전 국가주석이 미국과 중국의 관계 개선을 희망할 때 인용한 구절이기도 하다.

2. 포스트 시진핑

후춘화(胡春華, 1963~)

'리틀 후진타오'라 불리는 후춘화는 후베이성 출신으로 베이징대학교 중문과를 졸업하였다. 1983년에 중국공산당에 가입하였으며, 1983년부터 1985년까지 공청단 시짱자치구 위원회 조직 간부를 역임하였다. 20여 년 간 티베트에서 근무를 하며 정치 기반을 다졌다. 시짱자치구 당부서기(2003~2006), 공산주의 청년단 제1서기(2006~2008)를 맡으면서 제6세대 대표주자로 꼽히고 있다.

2009년 11월부터 2012년 12월까지 네이멍구자치구 당서기를 맡았고, 2012년 12월부터 2017년 10월까지는 광둥성 당서기를 맡았다. 2017년 10월 리위안차오, 링지화, 쑨정차이 등과 함께 베이징대학교 정경유착 비리 사건의 주모자로 중국공산당 중앙기율검사위원회의 조사를 받았다. 이 사건으로 후춘화는 광둥성 당서기에서 해임되었다. 이후 2018년 3월에 국무원 부총리로 임명되었다.

2021년 3월 제13차 전인대 제4차 전체회의에서 조직법 개정안이 가결되었다. 통과된 전인대 조직법 개정안은 전인대 상무위원회에서 부총리를 비롯한 국무원 부장과 주임을 임명하고 해임할 수 있게 하였다. 법 개정으로 2개월 정도에 한번 소집하는 전인대 상무위원회가 부총리와 부처 수장을 선임하거나 경질하는 게 가능해졌고, 국가 중앙군사위원회 부주석과 군사위원 임면권도 부여하였다. 개정 조직법은 리커창 총리의 권한을 축소하는 것은 물론 차기 총리 선출에 직접적인 영향을 주게 되었다. 현재 부총리 중 후춘화가 가장 젊어 차기 총리 후보로 거론되었지만, 그동안 거리를 두고 있던 시진핑이 후춘화를 부총리직에서 해임시킬 가능성도 제기되고 있다. 왜냐하면 조직법 개정으로 전인대 상무위원회가 부총리를 언제라도 임면할 수 있다. 부총리를 임명하거나 해임할 수 있는 권한을 부여받은 전인대 상무위원회의 위원장은 시진핑의 최측근인 리잔수(栗戰書) 정치국 상무위원이 맡고 있기 때문이다.

천민얼(陳敏爾, 1960.9~)

1981년 사오싱(紹興)사범대학 중문과를 졸업하였고, 1989년 중국공산당 중앙당교에서 법학석사를 취득하였다. 1999년 저장일보 당서기, 2001년 저장성 선전부장, 2007년 저장성 부성장, 2012년 구이저우성 성장, 2015년 구이저우성 당서기, 2017년에 충칭시 당서기로 임명되었다. 천민얼은 즈장신쥔(之江新軍) 중 한 명이다. 시진핑이 즈장신위(之江新語)'라는 칼럼을 실을 때, 초고를 4년간 써준 사람이 당시 선전부장이었던 천민얼로 알려졌다.

2017년 중국공산당이 '시진핑 시대'를 홍보할 선전강연단에 천민얼

즈장신쥔(之江新軍)

시진핑 국가주석은 2002년부터 5년 동안 저장성 당서기를 맡았을 때 현지 신문에 정기적으로 칼럼을 썼다. 이후 이를 묶어 '즈장신위(之江新語)'라는 책을 썼다. 즈장은 저장성을 흐르는 전당강(錢塘江)의 별칭이다. '즈장신위'는 저장성을 맡은 시진핑의 철학과 사상을 담은 책으로 꼽혔다. 그리고 이에 동의하며 시진핑에게 충성하는 관료들이 생겨났다. 홍콩 언론인 마하오량(馬浩亮)은 시진핑을 따르는 그룹을 책 이름을 따서 '즈장신쥔(之江新軍)'이라 불렀다. 이 그룹과 시진핑의 인맥을 합친 사람들을 시자쥔(習家軍)이라 부른다.

충칭시 서기를 포함시켰다. 제19차 전국대표대회의 '정신'을 홍보할 중앙선강단(宣講團)을 선정하였는데, 중앙선강단은 전국 각지로 가서 선전 강연 활동을 벌인다.

중앙선강단에는 천민얼 충칭시 서기와 양샤오두(楊曉渡) 중앙기율검사위원회 부서기, 황쿤밍(黃坤明) 중앙선전부장 등 3명의 정치국원을 포함해 장관급의 당정 고위간부와 연구기관 학자 등 36명으로 구성됐다. 이들 대부분은 시자쥔(習家軍)에 속하는 사람들이다. 제18차 전국대표대회 때의 중앙선강단은 20명으로 구성된 것에 비하면 상당히 규모가 큰 편이다.

제19차 전국대표대회의 중앙선강단에 속한 사람 중 지방 책임자는 천민얼 서기 한 명뿐이다. 중앙선강단은 일선의 당원간부 및 일반 대중이 관심을 갖고 있는 중대 현안과 사상적 의문 사안에 대해 연구 토론을 거쳐 강연문을 마련해 전국에서 강연 활동을 벌이게 된다. 이를 통해 제19차 당 대회의 시진핑 시대의 정신과 비전을 일반 대중이 이해하기 쉽도록 현실 상황과 연계시켜 실질적인 의문에 답하도록 한다는 계획이다.

역대 국무원(國務院) 총리

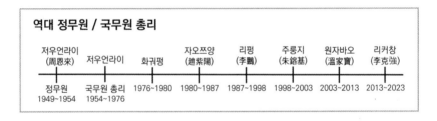

역대 정무원 / 국무원 총리

저우언라이 (周恩來)	저우언라이	화궈펑	자오쯔양 (趙紫陽)	리펑 (李鵬)	주룽지 (朱鎔基)	원자바오 (溫家寶)	리커창 (李克強)
정무원 1949~1954	국무원 총리 1954~1976	1976~1980	1980~1987	1987~1998	1998~2003	2003~2013	2013~2023

중국 지도자를 얘기할 때 중국 정치의 특성상 국무원 총리도 언급해야 한다. 특히 후진타오 시기로 들어오면, '후–원체제'라 불렸고, 시진핑 시기로 진입할 당시에는 '시–리 조합'이라고 말하기도 하였다. 그만큼 중국공산당보다는 국가기구로서의 국가주석과 국무원 총리의 직무가 중요해졌다는 의미를 지닌다.

그러나 시진핑이 지속적인 권력 강화를 통해 국무원 총리가 해야 할 직무를 대신하는 사례가 늘어나면서 국가기구보다는 중국공산당을 더욱 강조하고 있다. 앞에서 화궈펑과 자오쯔양을 언급하였기에 국무원 총리 부분에서는 제외한다. 저우언라이는 마오쩌둥 시대에 마오쩌둥 다음 가는 2인자라고는 하지만, 중국 건국에 있어서 중요한 역할을 하였기에 저우언라이에 대해서는 잘 알아야 한다.

1990년대 초중반까지만 해도, 중국은 시스템에 의해 움직이기보다는 직위를 떠나 인물 중심으로 운영되었다. 당시 명목상으로 중국 권력 서열은 중국 공산당 총서기를 제외하면, 서열 1위는 국가주석이고 2위는 전인대 상무위원회 위원장이며, 3위는 국무원 총리이다. 그런데 1990년대 후반으로 가면서 전인대 상무위원회 위원장보다는 국무원 총리가 언론에 노출이 많이 되었고, 2000년대에 '후-원 체제'가 들어서면서 명목상의 서열은 변함이 없지만, 실질적으로는 국가주석과 국무원 총리 시스템으로 운영되었다. 그러다가 시진핑 정부가 들어서면서 국무원 총리의 역할이 급속하게 줄어들면서 시진핑 1인체제로 다시 자리잡기 시작하였다. 시진핑 시기에 들어와 국무원 총리가 맡아야 할 부서와 직위를 시진핑이 맡고 있다. '시-리 조합'이라는 말로 시작된 제5세대 지도부는 시진핑이 집권한 지 불과 1년 만에 리커창의 역할이 줄어들면서 시진핑 1인체제로 전환되었다고 볼 수 있다.

저우언라이(周恩來, 1898~1976)

'중국 인민의 아버지', '영원한 국무원 총리'라 불리는 저우언라이는 장쑤성 출신이다. 1976년 1월 8일 베이징에서 세상을 떠났다. 그의 주요 저작은 모두 『저우언라이선집(周恩來選集)』에 수록되어 있다. 저우언라이는 1920년대에 덩잉차오(鄧穎超)와 결혼하였으며 자식은 없다.

저우언라이의 '6무'

- 사망 후 유골을 남기지 않는다.
- 살아서 후손을 두지 않는다.
- 관직에 있었지만 들어내지 않았다.
- 당을 조직했어도 사조직은 꾸리지 않았다.
- 고생은 했어도 원망하지 않았다.
- 죽어서 유언은 남기지 않아 정치 풍파를 막았다.

생애

저우언라이는 1917년 톈진 난카이대학교를 졸업한 뒤 일본으로 유학을 갔다. 마르크스주의를 접하면서 사상의 변화가 생겼다. 1919년에 귀국한 뒤 5·4운동 중에 톈진 학생계의 지도자가 되었다. 1920년 저우언라이는 프랑스로 근공검학을 갈 때, 톈진 『익세보(益世報)』 유럽 통신원 신분이기도 하였다. 1921년 초, 장선푸(張申府)와 류칭양(劉淸揚)은 저우언라이에게 공산당 초기조직을 설립하는데 참여하도록 하였고, 3인은 자오스옌·천궁페이(陳公培)와 함께 정식으로 파리공산당 초기조직을 설립하였다. 1921년 프랑스에서 '28운동(二八运动)'이 발생하였을 때, 저우언라이가 적은 "프랑스 유학 근공검학 학생들의 대파란(留法勤工儉學生之大波瀾)"이라는 글이 『익세보』에 10일에 걸쳐 소개되었다. 저우언라이는 『익세보』에 총 57편의 글을 실었고, 이 글은 후에 『여구통신(旅歐通信)』으로 출간되었다. 1922년에 자오스옌 등과 유럽 중국소년공산당을 설립하였다. 이 조직은 다음해에 중국 사회주의 청년단 유럽지부로 명칭을 바꾸었다. 중국 사회주의 청년단 유럽지부 서기를 맡았다.

1924년 가을에 귀국하였고, 국공합작 기간에 광둥성 황포군교 정치부 주임을 맡았으며, 국민당혁명군 제1군 정치부 주임, 제1군 부당대표 등의 직무를 맡았다.

1927년 5월 제5차 전국대표대회에서 중앙위원에 선출되었으며, 제5차 1중전회에서는 중앙정치국 위원에 선출되었다. 7월 12일 중공중앙은 조직을 개편하였는데, 저우언라이는 중공 중앙정치국 임시상무위원회 위원으로 임명되었다. 국공합작이 깨어진 후 허룽, 예팅, 주더, 류보청 등과 함께 8월 1일에 장시성 난창(南昌)에서 무장기의를 일으켰고, 중공 전적위원회(前敵委員會) 서기에 임명되었다. 1928년 제 6차 1중전회에서 중앙정치국 상무위원으로 선출되었다. 이후 중앙조직부장, 중앙군사위원회 서기에 임명되었다.

1931년 12월 상하이를 떠나 중앙혁명 근거지로 왔고, 중앙소비에트 중앙국 서기, 중국공농홍군 총정치위원 겸 제1방면군 총정치위원, 중앙혁명군사위원회 부주석으로 선출되었다.

1933년 봄, 주더와 함께 홍군을 지휘하여 국민당의 중앙혁명 근거지 제4차 토벌 작전에서 승리하였다. 1934년 10월 장정에 참가하였는데, 1935년 1월 구이저우성 쭌이에서 개최된 중국공산당 중앙정치국 확대회의에서 마오쩌둥의 주장을 지지하였다.

1936년 12월 장쉐량(張學良)과 양후청(楊虎城)이 장제스를 구금한 시안사변이 발발하였을 때 중공 전권대표를 맡았다. 친방셴, 예젠잉 등과 함께 시안으로 가서 장제스와 담판을 하였다. 장쉐량·양후청과 함께 장제스로부터 '내전 휴전, 일치 항일'의 주장을 받아내었고, 단결하여 항일하는 국면을 촉진시키며, 제2차 국공합작을 성사시켰다. 저우언라이는 국공합작을 견지하고, 민주당파와 진보지식인, 애국인사, 국제 우호 인사와 함께 적극적으로 단결하여 일본의 위험에서 벗어나려 하였다.

1945년 제7차 1중전회에서 저우언라이는 중앙정치국 위원, 중앙서기처 서기로 선출되었고, 마오쩌둥을 지도자로 하는 중공 중앙서기처가 구성되었다. 항일전쟁 승리 이후, 내전을 중지시키기 위해 중공대표단을 이끌고 국민당과 담판하러, 국민당 통치 지역 내에서 당의 공작과 군사공작 및 통일전선 공작을 이끌었다. 1946년 이후 중공 중앙군사위원회 부주석 겸 총모장에 임명되었다.

중국이 건국된 후 저우언라이는 줄곧 총리로 있었다. 그리고 1949

년부터 1958년까지 외교부장을 역임하였다. 중공 제8, 9, 10대 중앙정치국 상무위원에 선출되었고, 제9, 10차 중앙위원회 부주석, 중앙 군사위원회 부주석에 선출되었다. 정협 전국위원회 제1차 부주석, 제2, 3, 4차 주석을 역임하였다.

1954년에는 저우언라이 총리와 네루 총리가 양국을 교대로 방문하면서 이른바 '평화공존 5원칙'에 합의해 아시아와 아프리카의 많은 나라가 하나로 뭉치는 계기를 만들기도 하였다. 1959년 3월 28일 저우언라이는 티베트 정복에 나섰다. 1976년 1월 8일 베이징에서 사망하였다. 사람들로부터 '인민의 좋은 총리(人民的好總理)'라 불렸다.

주요 사건

1976년 제1차 천안문 사건과 관련이 있다. 문화대혁명 시기에 '비림비공'이라는 말이 나왔을 때, 유가교육을 받은 저우언라이를 은유적으로 '공(孔)'에 비유하였다는 얘기도 있다. 또, 린뱌오가 비행기사고로 사망하였을 때에도 관련이 있다는 얘기도 있다

1976년 1월 8일에 사망한 저우언라이 총리를 추모하기 위해 천안문 광장에 모였던 20만 명 군중들이 시위를 벌였다. 시위대들은 "저우언라이 총리를 반대하는 자는 모두 타도하라!"고 외쳤다. 이 사건은 저우언라이를 주자파로 몰아 격하하려는 4인방을 비롯한 극좌파에 대한 반발이었다.

외교

① 평화 5원칙

1954년 저우언라이는 제네바회의에 참석하여, 인도차이나 문제를 해결하고, 베트남(남방 제외), 라오스, 캄보디아의 독립을 위한 국제적 승인을 얻도록 하였다. 저우언라이는 중국을 대표하여 평화공존 5개항 원칙을 제창하였다.

1955년 아시아 아프리카 29개국이 인도네시아에서 개최된 '반둥회의'에서 평화공존을 주장하였다. 저우언라이의 평화공존 5원칙은 "주권과 영토보전의 상호존중, 상호불가침, 상호내정불간섭, 호혜평등, 평화공존"이다. 이 원칙은 중국이 세계 국가와 우호 관계를 수립하고 국교를 맺는 기본 원칙이 되었다.

1959년 4월 18일부터 24일까지 인도네시아 반둥에서 개최된 아시아·아프리카 회의에서 저우언라이는 "대만은 중국의 영토이고, 대만 해방은 중국의 내정 문제이다"라고 주장하였다.

핑퐁외교(Ping-pong diplomacy)

1971년 4월 6일에 개최된 제31회 나고야 세계탁구선수권대회에 출전한 탁구 선수를 비롯한 미국 선수단 15명과 기자 4명이 같은 해 4월 10일부터 4월 17일까지 중화인민공화국을 방문, 저우언라이 총리와 면담을 가진 데 이어서 베이징, 상하이, 광저우 등을 순방하면서 중국과 외교 관계의 맺는 물꼬를 튼 사건을 말한다. 이후, 1971년 7월에 헨리 키신저 미국 국가안보담당 보좌관이 극비리에 중국을 방문하였다. 이듬해 2월에는 리처드 닉슨 미국 대통령이 중국을 방문하였다.

② 상하이 공동성명

중국은 1971년 10월 25일 UN에 가입하였고, 이듬해 2월 미국의 닉슨 대통령이 중국을 방문하였다. 닉슨은 2월 21일 마오쩌둥과 회견하였다. 양국 관계정상화와 공동 국제 관심사에 관해 닉슨과 저우언라이 총리 간에, 또 로저스 미국 국무장관과 지펑페이(姬鵬飛) 외교부장 간에 협의가 진행되었다.

미국과 중국 사이에 '상하이 공동성명(中美上海公報)'이 발표되었다. 이 공동성명은 양국의 20여 년 간에 걸친 적대 관계를 끝내고 관계를 정상화한다는 것을 밝히고 있다. 이 성명을 통해 미국은 대만이 중국의 일부임을 확인하고, 대만 및 동남아로부터 군대를 철수할 것을 약속하였다.

2월 28일에 발표된 공동성명은 쌍방이 각기 입장을 발표하는 형식을 취했으나 평화 5원칙 아래서 국제 문제를 해결한다는 것에 의견 일치를 보았다고 밝혔다. 성명의 내용은 2월 29일 『인민일보』에 공개되었다.

성명에서 "중국은 중화인민공화국 정부로 중국의 유일 합법정부이며, 대만은 정부의 하나의 성에 지나지 않으며, 대만 해방은 중국의 내정으로 다른 나라는 간섭할 권리가 없다"고 하였다. 그리고 중국정부는 '하나의 중국 하나의 대만(一中一臺)', '하나의 중국(一個中國), 두 개의 정부(兩個政府)', '두 개의 중국(兩個中國)'을 반대한다고 하였다. 그리고 대만 독립과 대만 지위를 결정짓지 않는다는 것(未定論)을 반대한다고 하였다. 미국 측은 성명에서 "대만은 중국의 일부분"이라고 강조하였다.

문화대혁명이 발발하면서 중단되었던 전인대는 1975년 1월 13일에 제4차 전인대 제1차 회의가 개최되면서 재개되었다. 이때 저우언라이는 정부 공작보고에서 "우리는 반드시 대만을 해방해야 한다. 대만동포와 전국 인민은 단결해야 하며, 대만 해방과 조국통일의 숭고한 목표 실현을 위해 함께 노력해야 한다"고 제안하였다.

미국은 대만해협 양쪽의 중국인들이 단지 하나의 중국만이 있을 뿐이며 대만은 중국의 일부분이라는 점을 인정하고 있음을 승인하며 이에 이의를 제기하지 않는다고 말하였다. 미국은 또 대만으로부터 모든 군사력과 군사시설을 최종적으로 철수한다는 목표를 확인하였다.

중국을 방문한 닉슨 대통령은 "나의 과거 관점은 덜레스(존 포스터 댈러스 미국 국무장관)와 비슷하였다. 하지만 현재 미국과 중국과의 관계는 변화했고 이 조류에 순응해야 한다. 이를 거부하면 조류에 역행하는 것이 된다. 미국과 중화인민공화국 간의 좋은 관계를 유지하는 것은 각자에게 유리하다"고 말하였다.

닉슨 대통령의 중국 방문기

1972년 2월에는 리처드 닉슨 미국 대통령이 중국을 방문하였다. 그런데 닉슨이 중국을 방문하기 전인 1971년 7월 저우언라이는 키신저와 비밀외교를 가졌는데, 이때 키신저에게 방광암 투병 사실을 고백하였다고 전해진다. 저우언라이는 "언제 죽게 될지 모르는 암환자인 내가 죽기 전에 미국과 수교를 끝내고 싶다. 온건파인 내가 죽으면 언제 또 해빙의 기회가 올지 알 수 없다"고 하며 키신저를 설득하였고, 닉슨은 중국을 방문하게 되었다.

③ 구동존이 또는 구존동이

구동존이(求同存異)는 1955년 4월 인도네시아의 반둥에서 열린 '아시아－아프리카 회의'에서 중국 외교부장 저우언라이의 연설에서 나온 말이다. 구동존이는 "공통점은 찾아서 먼저 합의하고 이견은 남겨둔다"라는 뜻이다. 저우언라이는 29개 참가국의 마음을 움직여 회의를 중국의 뜻대로 이끌어 갔다.

이후 구동존이는 중국 외교의 협상기조가 되었다. '구동존이'란 사자성어는 대립과 반목으로 치달리던 북－미 당사자를 협상테이블까지 끌어낸 중국의 유연한 외교 전략을 한 마디로 집약한 표현이다. 구존동이(求存同異)는 차이점을 인정하면서 같은 점을 추구한다는 뜻이다.

역사적 평가

1976년 1월 8일, 저우언라이가 사망하자 유엔은 조기를 걸었다. 당시 유엔사무총장 쿠르트 발트하임(Kurt Waldheim)은 유엔본부 문 앞 계단에 서서 짧은 연설로 명료하게 이유를 설명하였다.

"유엔에서 저우언라이를 추모하기 위한 조기 게양은 제가 내린 결정입니다. 이유는 두 가지입니다. 첫째, 중국은 문명고국으로서 금은재화가 부지기수이고 인민폐도 헤아릴 수 없게 많습니다. 그러나 저우언라이 총리는 생전에 한 푼의 저축도 없었습니다. 둘째, 중국은 10억 인구는 세계인구의 1/4을 차지하고 있습니다. 그러나 저우언라이 총리에게는 한 명의 자식도 없었습니다. 만약 어느 나라 원수든 앞으로 이 두 가지 중 한 가지에만 부합되어도 그가 서거하는 날 우리 유엔에서는 그를 위해 반드시 조기를 게양할 것입니다."

닉슨 전 대통령은 "저우언라이의 고상한 태도와 솔직하고 자연스러운 행동에서 강렬한 매력이 풍겨 나온다. 그는 매우 겸손하지만 침착하고 강인하며, 내가 지금까지 만나 본 각국 지도자들 가운데 가장 민첩하고 재치 있는 사람이다"라고 하였다. 또 "마오쩌둥이 없었다면 중국의 혁명은 결코 불붙지 않았겠지만 저우언라이가 없었다면 그 불은 재가 되고 말았을 것이다"라고 하였다.

헨리 키신저 전 미국 국무장관은 회고록에서 "공인으로서 지낸 60여 년 동안 만난 정치인 중에서 저우언라이보다 사람의 마음을 사로잡는 인물은 없었다"고 표현했다.

한국 역사에 대한 인식

1942년 11월 저우언라이는 한중문화협회에서 '한국독립 문제'를 강연할 때 "한국 동지들은 중국을 위해 피를 흘렸다. 멀지 않은 장래에 한국으로 돌아가 한국의 독립과 자유를 실현할 것을 희망한다"고 호소하였다.

저우언라이는 북한과 국경획정 협상을 하던 1958년에서 1964년에 북한의 주요 인사를 만났을 때 "한민족은 고대부터 중국 동북부에 거주해 왔으며 발해는 한국사에 속하는 것이 출토 유물 등을 통해 분명하게 증명하였다"고 언급하였다. 1963년 6월 북한 대표단을 접견할 때에는 "요하-송화강 유역에는 모든 조선민족의 발자취가 남아 있다. 예로부터 조선이 중국의 속국이었다고 하는 것은 터무니없는 말"이라고 밝혔다.

리펑(李鵬, 1928~2019)

리펑은 국무원 총리와 전인대 상무위원회 위원장을 역임하였다. 총리와 전인대 상무위원회 위원장을 모두 역임한 인물은 리펑이 유일하다. 리펑은 1928년 10월 상하이에서 태어났는데, 조상의 고향은 쓰촨성 청두(成都)이다. 아버지는 중국공산당 혁명 열사인 리숴쉰(李碩勳)이다. 저우언라이의 양자로 알려져 있고, 태자당으로 분류된다.

1945년 11월 중국공산당에 가입한 리펑은 1941년부터 1946년까지 옌안 자연과학원 옌안중학, 장가구(張家口) 공업전문학교에서 공부를 하였다. 1948년부터 1955년까지 소련 모스크바에서 동력대학(動力學院) 수력발전과에서 공부하였고, 소련으로 간 중국 유학생 총회 주석을 맡았다.

1983년 6월 국무원 부총리에 임명되었고, 1985년 9월 제12차 5중전회에서 중공 중앙정치국위원, 중앙서기처 서기에 임명되었다. 1987년 11월 제13차 중앙정치국위원, 정치국상무위원 겸 국무원 총리대리로 선출되었다. 1988년 4월부터 1998년 3월까지 국무원 총리에 임명되었다. 1992년 10월 제14차 전국대표대회에서 중앙위원과 중앙정치국 상무위원으로 선출되었다. 1998년 3월 제9차 전국인민대표대회 상무위원장에 임명되었다.

리펑은 천안문 사건이 발생하였을 때, "CIA 첩자들이 동란을 부추겼어. 인민해방군 동원해 쓸어버립시다"라고 하였다. 리펑은 1989년 4월 26일에 학생들의 시위를 동란 및 폭동으로 간주하고 반혁명세력의 음모라고 주장하는 글을 『인민일보』에 발표하였다. 그리고 5월 20일 CCTV에 직접 출연하여 베이징 일대에 계엄령을 선포하였다.

1992년 10월 제14차 전국대표대회가 개최되던 기간에 리펑은 기자회견에서 "천안문 사태에 대한 역사적 평가는 이미 내려졌다"라고 말하였다. 중국 당국은 천안문 사건을 폭란으로 규정한 입장은 변함이 없다는 관점을 견지하고 있다.

2019년 7월 22일 리펑이 사망하였을 때, 신화통신은 "리펑 주도로 중국공산당이 천안문 사건의 혼란을 잠재움으로써 이후 중국 경제가 쾌속 성장할 수 있었다"며 "리펑은 중국 공산당의 위대한 전사였다"라고 평가하였다. 미국 위스콘신대학 에드워드 프리드만 교수는 "리펑은 개혁개방을 반대하는 보수파의 거두였다. 그런데 그의 가족은 개혁개방으로 가장 큰 이익을 챙겼다. 지금도 리펑 일가는 중국의 전력산업을 지배하고 있다. 역사의 아이러니가 아닐 수 없다"라고 평가하였다.

태자당

태자당은 중국 공산당 원로간부들의 자제로서 고위간부직을 맡고 있는 자신들의 아버지 또는 장인의 후광을 업고 당 중앙위원회에 진출한 2세를 말한다. 원로들의 자녀들은 대부분이 정부·당·군 등에서 고관이 되거나 대공사의 임원직을 차지하고 있다.

주룽지(朱鎔基, 1928~)

주룽지는 '중국경제의 차르', '현대판 포청천'으로 불린다. 1998년 3월 부터 2003년 3월까지 국무원 총리를 역임한 주룽지는 1928년 10월 후난성 창사에서 태어났다. 주원장의 14대손으로 알려진 주룽지는 칭화대학교를 졸업하였다. 1991년 국무원 부총리로 발탁되면서 중국 경제를 세계적 반열로 올려놓은 인물로 평가받는다.

1949년 10월 중국공산당에 가입한 주룽지는 1987년부터 1991년까 지 중공 상하이 시위 부서기, 시장, 시위서기를 역임하였다. 1991년부 터 1992년까지 국무원 부총리 겸 국무원 생산 판공실 주임 당조 서기 를 역임하였다. 1992년 제14차 중앙정치국 위원, 상무위원으로 선출 되었다. 1998년 3월부터 2003년 3월까지 국무원 총리를 역임하였다. 1989년 천안문 사건으로 장쩌민이 총서기로 간 이후, 주룽지는 상하 이시 위원회 서기로 진급하였다.

주룽지는 총리가 된 뒤 있었던 첫 기자회견에서 "양식 유통개혁, 투자·금융체제개혁, 주택제도개혁, 의료제도개혁, 재정·세수제도개 혁, 정부기구개혁 등 6가지를 하겠다"고 제시하였다. 실질적으로 주룽지는 정부기구를 줄이는 개혁을 단행하였고, 국유 기업도 대폭 정리하였다.

주룽지는 1998년 3월 연설에서 "정부 관리들 가운데 '예스맨(好好先生)'만 있다면, 인민에게 미안한 일이다"라고 하였다. 특히 1998년 중앙 1차 반부패회의에서 주룽지는 "나는 이곳에 100개의 관(棺)을 준비하였다. 99개의 관은 부패공직자에게 남기는 것이고, 1개는 내게 남기는 것이다"라는 유명한 말을 남기기도 하였다. 또 2003년 1월에는 "인민들의 고통에 관심을 기울이지 않는다면, 내가 도대체 무슨 총리냐"라고 하였다.

주룽지가 총리로 재직하던 1998년과 2003년 국무원 회의에서 연설한 내용이 2011년 9월 8일 출판된 『주룽지연설실록』(총 4집)에 실렸다. 총 248편의 연설·기고문·서신 가운데 포함되어 있다.

2009년 9월 주룽지는 『주룽지 기자의 물음에 답하다』란 저서를 펴내면서 주변 인사들에게 "인세는 모두 공익적으로 사용할 것이며 한 푼도 남겨두지 않겠다"고 말한 바 있다. 이후 주룽지가 제안하여 설립된 '실사조학(實事助學)기금회'에 2013년에 출간된 『상하이발언실록』을 비롯한 저서들의 인세 전액이 자동적으로 기부되도록 조치하였다. 이 기금회는 2013년 민정부(民政部)의 승인을 받은 사회단체로 중국 전역의 어려운 학생이나 학교시설 개선에 자금을 지원하고 있다. 2014년 중국 후룬(胡潤)연구원이 발표한 '2014년 자선 명단' 보고서에서 비기업인 출신으로는 100대 기부자 명단에 이름을 올리기도 하였다. 중국 퇴직 지도자로서 처음으로 자선가 순위에 이름을 올려 중국의 기부 문화에도 새로운 한 획을 그었다는 평가를 받고 있다.

한편, 주룽지 열풍이 불자, 웨이보에서 '주룽지'와 '주룽지상하이발언실록'을 검색 금지어로 지정하였다.

원자바오(溫家寶, 1942~)

'후-원체제'라 불리면서 후진타오와 함께 제4세대 지도부를 이끈 원자바오이다. '후-원체제'라는 용어를 통해 원자바오의 정치적 위상을 알 수 있으면서도, 중국의 정치체제가 시스템으로 변하고 있음을 알 수 있었다. 2008년 5월 12일 오후 2시 28분 쓰촨에서 대지진이 발생하였을 때, 지진 현장에 직접 가서 이재민을 위로하는 등의 모습이 비친 이후 중국 인민으로부터 사랑을 한 몸에 받았다.

1942년 9월 톈진에서 태어난 원자바오는 1965년 4월에 중국공산당에 가입하였다. 원자바오는 1965년 베이징 지질대학 지질광산 계열(지질 측량 및 탐사 전공)을 졸업하였다. 1986년부터 1987년까지 중앙판공청 주임을 역임하였고, 1992년에 중앙정치국 후보위원, 중앙서기처 서기가 되었고, 1998년에 국무원 부총리가 되었고, 2003년부터 2013년까지 국무원 총리를 역임하였다.

원자바오 총리는 2010년 6월 2일 NHK 인터뷰에서 정치개혁의 성공이 없으면 경제개혁의 성공도 없다고 하면서, 정치체제개혁 4가지를 강조하였다. 그 내용을 간략하게 살펴보면, 첫째는 사회주의 민주정치를 건설하여, 공민의 선거권, 알 권리(知情權), 참여권(參與權), 감독권(監督權)을 보장해야 한다. 둘째 사회주의 법제를 완비하여 법치국에 따라 법치국가를 건설하고, 셋째는 사회의 공평주의를 실현하고, 넷째는 사람들의 자유와 전면적 발전을 실현한다. 원자바오는 중국의 개혁은 전면적이어야 한다고 언급하였는데, 특히 경제체제개혁과 정치체제개혁 및 사회관리체제 등이다. 정치체제개혁이 없으면 또 경제체제개혁을 성공할 수 없다고 하였다.

여기에서 원자바오는 후진타오의 4개 권리와는 약간 다른 '선거권, 알 권리, 참여권, 감독권'을 강조하였지만, 인민을 중심으로 하는 정치개혁임을 알 수 있다. 그리고 법치국가, 공평주의, 자유의 실현을 통한 정치체제를 개혁하려는 의도를 엿볼 수 있다.

원자바오는 임기 내내 '정치개혁'을 내세웠다. 첫 기자회견 때부터 "정부는 전국인민대표대회와 대중, 여론의 감독을 받을 필요가 있다"고 하였다. 2012년 3월 전인대 폐막 회견 때는 "정치개혁에 성공하지 못하면 경제개혁이 끝까지 이뤄질 수 없을 뿐 아니라, 문화대혁명 같은 비극이 다시 벌어질 수 있다"는 말을 하였다. 이어 "경제발전에 따라 분배 불공평과 신뢰 결여, 탐관 부패 등의 문제가 발생하고 있다"면서 "이런 문제를 깊이 이해하고 해결하려면, 경제개혁만이 아니라 정치개혁, 특히 당과 국가 영도(領導)체제개혁을 진행해야 한다"고 강조하였다.

리커창(李克強, 1955~)

제5세대 지도부는 '시리(習李, 시진핑－리커창)조합'이라는 명칭으로 출발하였다. 그런데 시진핑이 집권하자마자 권력을 강화하였고, 리커창이 맡아야 할 위원회나 소조의 최고 직위를 시진핑이 맡으면서 '시리조합'이라는 용어는 점차 사라졌다.

1955년 7월 안후이성 딩위안(定遠)에서 태어난 리커창은 1976년 5월에 중국공산당에 가입하였다. 리커창은 베이징대학교에서 법학학사와 경제학 박사학위를 취득하였다.

19세 때인 1974년 인민공사의 한 대대 산하 삽대(揷隊)에 들어간 리커창은 1976년 그 대대의 당 지부서기가 되었다. 1978년 23세에 베이징대학교에 입학하였고, 학생대표를 거쳐 베이징대 공청단 서기가 되었다. 1993년 5월에는 공청단 제1서기에 선출되었다. 공청단 제1서기는 부장급(장관급)으로, 당시 부장급 고위 관리 중 최연소였다. 1998년 43세의 나이로 허난성 성장에 임명되었고, 다음해에는 허난성 서기로 승진하였으며, 2005년에는 랴오닝성 서기로 전임하였다.

2007년에 중앙정치국 상무위원이 되었고, 2008년에 국무원 부총리,

중앙정치국 상무위원, 당조 부서기가 되었으며, 2013년에는 국무원 총리, 중앙정치국 상무위원, 당조 서기가 되었다.

2013년 리커창은 기자회견에서 '개혁'이란 단어를 29차례 언급하며 주룽지·원자바오 전 총리처럼 '개혁 의지'를 강조하였다. 회견에서 "부패와 정부 신뢰는 물과 불의 관계라서 절대 용인할 수 없다"고 말하였다. 또 "관료가 되려면 부자가 되겠다는 꿈을 버려야 한다"고 하였다. 2013년 브루나이 반다르스리브가완에서 열린 제8차 동아시아정상회의(EAS)에 참석한 리커창 총리는 아시아 국가들이 뭉쳐야 산다며 '젓가락론'을 내놨다. 리커창은 "젓가락 하나로는 음식을 입에 못 넣는다. 반드시 한 쌍이 필요하다"며 한 나라만 독자적으로 행동해선 일이 이뤄지지 않음을 강조하였다. 또 "젓가락을 여러 개 묶으면 쉽게 부러지지 않는다"며 공동의 노력이 필요함을 역설하였다.

리커창 총리는 외교 관계와 관련해서 중국 속담을 인용해 "다른 이가 나를 1척(尺)만큼 존중하면 나는 그를 1장(丈, 尺의 10배)만큼 존경한다"고 말하였다. 또 아시아의 평화를 강조하며 "가시는 심지 말고 꽃을 많이 심자(多栽花, 少栽刺)"는 속담을 인용하였다. 이를 통해 "영원히 좋은 이웃으로 좋은 친구로 좋은 파트너가 되자"고 하였다.

2013년 리커창은 "부패와 정부 신뢰는 물과 불의 관계라서 절대 용인할 수 없다"고 말하였다. 또 "관료가 되려면 부자가 되겠다는 꿈을 버려야 한다"고 하였다. 정부개혁에 대해선 "뱀에 물린 팔뚝을 자르겠다는 결단력이 필요하다"며 정부 내 불필요한 부문에 대한 과감한 통폐합 의사를 밝혔다. 빈부 차를 해소하려면 기득권 이익을 깨야 하지만 "이익을 건드리는 게 영혼을 건드리기보다 어렵다"며 어려움을 호소하기도 하였다.

	국가부주석	국가주석
	중화인민공화국 중앙인민정부 부주석(1949년 10월 1일~1954년 9월 27일) 해당 기간 동안 다음 여섯 사람(주더, 류샤오치, 류샤오치, 쑹칭링(宋慶齡), 장란(張瀾), 가오강(高崗), 리치션(李濟深))이 공동으로 부주석에 재임했음.	마오쩌둥
	중화인민공화국 부주석(1954년 9월 27일~1975년 1월 17일)	
1	주더(1954년 9월 27일~1959년 4월 27일)	마오쩌둥
2	쑹칭링(1959년 4월 27일~1965년 1월 3일) 둥비우(1959년 4월 27일~1965년 1월 3일)	류샤오치 부주석이 주석의 권한을 대행
3	쑹칭링(1965년 1월 3일~1968년 10월 30일) 둥비우(1965년 1월 3일~1972년 2월 23일)	쑹칭링(1968년 10월 31일~1972년 2월 24일) 둥비우(1972년 2월 24일~1975년 1월 17일)
	부주석직 폐지(1975년 1월 17일~1983년 6월 18일)	
	쑹칭링, 중화인민공화국 명예주석(1981년 5월 16일~1981년 5월 29일)	
4	우란푸(烏蘭夫, 1983년 6월 18일~1988년 4월 8일)	리셴녠
5	왕전(王震, 1988년 4월 8일~1993년 3월 26일)	양상쿤
6	룽이런(榮毅仁, 1993년 3월 27일~1998년 3월 15일)	장쩌민
7	후진타오(1998년 3월 15일~2003년 3월 15일)	장쩌민
8	쩡칭훙(2003년 3월 15일~2008년 3월 15일)	후진타오
9	시진핑(2008년 3월 15일~2013년 3월 15일)	후진타오
10	리위안차오(李源潮, 2013년 3월 15일~2018년 3월 17일)	시진핑
11	왕치산(王岐山, 2018년 3월 17일~현재)	시진핑

〈제7차 전국인구조사(第七次全國人口普查) 통계 발표〉

2021년 5월 11일 중국 정부는 2020년 11월 1일에 실시하였던 제7차 전국 인구조사 통계를 발표하였다. 2021년 4월에 인구조사 결과를 발표하기로 하였으나 다소 늦어진 5월 11일에 발표했다. 인구조사 통계를 살펴보면, 전체인구는 14억 1178만 명으로 2010년 제6차 전국인구조사의 13억 3972만 명에 비해 7206만 명이 증가하였다. 전체 인구 중 한족은 12억 8631만 명으로 91.11%를 차지하였고, 소수민족은 1억 2547만 명으로 8.89%를 차지하였다. 도시 거주 인구는 9억199만 명으로 63.89%를 차지하였고, 농촌 거주 인구는 5억 979만 명으로 36.11%를 차지하였다. 남성은 7억 2334만 명으로 51.24%, 여성은 6억 8844명으로 48.76%를 차지하였다.

한편, 시진핑 국가주석은 2021년 2월 25일 '전국 탈빈곤 난관돌파 총결 표창대회'에서 "현행 기준 농촌지역 빈곤인구 9899만 명과 빈곤현 832곳이 모두 가난에서 벗어났다"고 선언했다. 시진핑은 "중국공산당 성립 100주년을 맞이하는 중요한 시점에 가난 극복 전투에서 승리했음을 장엄하게 선언한다."고 하였고, "역사책에 길이 빛날 인류의 기적을 창조했다"며 "이는 중국인민, 중국 공산당, 중화민족의 위대한 영광"이라고 규정했다.

계획생육 정책이 실시된 이래로 인구문제와 농촌문제는 중국 정부가 해결해야 할 주요 과제였다. 미래 중국 지도자도 마찬가지이다. 중국이 안고 있는 사회문제를 어떻게 해결하느냐에 따라, 완전한 샤오캉 사회 완성 여부가 결정된다고 할 수 있다. 또 중국이 목표로 삼고 있는 사회주의 현대화 건설을 완성할 수 있을 것이다.

제2부
'240년의 미국', '100년의 세계 최강'을 이끈 지도자들

유럽에서 북미 대륙으로 건너온 이민자들에 의해 세워진 국가 '미국'을 세계에서 가장 강한 나라로 만든 데에는 미국 대통령을 중심으로 한 지도자들의 힘이 컸다. 미국은 미국 건국의 아버지, 미국 건국의 어머니 등 지도자들의 역할을 잊지 않았다.

미국은 성조기 하에 미국인의 단결을 외치고, 미국 우선주의를 강조하고 있다. 이민자가 세운 나라이기에 국가를 건설하는 과정에서 많은 원주민들이 죽음을 당했고, 삶의 터를 잃었다. 오랜 시간이 흘러 2000년대에 들어와서 미국 대통령은 북미 원주민들에게 사과를 하기 시작하였다. 그러나 여전히 미국 내 원주민에 대한 차별, 이민자들에 대한 차별이 남아 있다.

많은 미국 대통령 중에는 임기 당시의 공과 과가 분명한 경우도 있다. 그러나 퇴임 이후 국민들로부터 존경을 받는 대통령이 있기도 하고 미국을 위해 다양한 일을 하는 대통령도 있다.

미국을 공부할 때, 미국 대통령에 대한 공부를 하는 것도 좋은 방법 중의 하나이다. 미국이 독립되어 가는 과정, 남북 전쟁으로 통일되어 가는 과정, 제1, 2차 세계대전을 겪으면서 세계 강국으로 나아가는 과정을 보면 미국의 사회와 문화를 볼 수 있다.

미국을 단순히 국제 관계 속에서만 접근하지 말고, 미국이라는 나라의 정신·문화·민족 등에 대한 관심도 높여야 한다.

미국 대통령 선거

1. 대통령 제도

2021년 1월 20일 제46대 미국 대통령에 조 바이든(Joe Biden)이 취임하였다. 새로운 대통령이 취임하기 전 1월 6일 제45대 대통령 도널드 트럼프의 지지자들에 의해 미국 의사당이 공격을 받았다. 2021년 1월은 미국 역사에서 얼룩진 역사로 기록될 것이다. 이는 민주주의에 대한 미국인들의 자부심에 큰 상처를 남긴 것과 마찬가지이다.

미국 독립전쟁은 1781년 요크타운에서 미국이 승리를 거두면서 막을 내렸다. 1787년 5월 25일부터 9월 17일까지 미국 전 지역에서 펜실베니아주의 필라델피아에 정치인들이 모였다. 새롭게 태어날 국가의 기본이 될 헌법을 작성하기 위한 모임으로 "제헌회의"라고도 부른다. 동년 6월 1일 펜실베니아주의 대표였던 제임스 윌슨은 대통령에게 행정부의 전권을 위임하자는 '대통령 제도'를 제안했다. 하지만 많은 정치가들로부터 비난을 받았다. 당시 정치가들은 행정부의 전권을 대통령 한 사람에게 주게 되면 또 다시 왕과 다를 게 없다고 보았기 때문이다.

1781년부터 제헌회의가 열린 1887년까지 약 6년간은 당시 13개의 식민지가 독립전쟁이 끝나면서 맺은 연합규약에 따라 각기 독립적으로 정한 법률을 가지고 각 지역 내에서 최고 권한을 행사하였다.

제헌회의에서는 대통령 제도를 채택은 하되 대통령이 너무 많은 권력을 갖지 못하도록 하는 방안을 마련하였고, 그렇게 해서 탄생한 것이 "삼권분립"이다. 입법부, 사법부, 행정부의 3개 권력구조가 서로 견제하도록 만들었다. 이러한 것이 미국식 민주주의의 근본이며, 오늘날 미국 연방정부의 근간이 되고 있다. 그러나 제헌회의에 참가한 정치가들은 삼권분리 제도만으로는 부족하다고 판단하여 "대통령은 국민의 투표에 의해서만 선출된다"고 정하였다. 이를 "공화제(Republic)"라고 불렀다. 이러한 내용은 1788년 6월 21일에 제정된 미합중국 헌법에 들어갔다. 1789년 조지 워싱턴이 미국의 초대 대통령

대통령 취임식 날짜

미국의 대통령 취임식 날짜는 꽤 오랜 시간 동안 3월 4일이었다. 초대 의회가 헌법 효력 발생 시기를 1789년 3월 첫째 주 수요일로 정했고 1789년 당시 3월 4일 이었다. 그러나 12월에 대통령을 선출하고 취임식까지 약 4개월을 기다리는 것은 불합리하다는 의견이 많았다. 이후 1932년 수정헌법 20조에 따라서 미국 대통령의 취임식은 1월 20일로 변경된다. 대통령 임기의 시작은 1월 20일 정오부터이다. 이러한 변화는 허버트 후버 대통령 당시 발생했으며 프랭클린 루즈벨트 대통령부터 1월 20일 취임식을 거행했다.

으로 선출되어 그해 4월 30일 미국 초대 대통령에 취임한 후 4년 뒤 재선에 성공하여 8년 동안 미국을 다스렸다. 미국 역사상 경쟁자 없이 대통령직에 선출되고 유임되었던 유일한 대통령이다.

1789년 4월 30일 미국 초대 대통령에 취임한 후 8년 동안 미국을 다스렸다. 워싱턴은 첫 번째 내각에 국무장관에 토머스 제퍼슨, 재무장관에 알렉산더 해밀턴, 국방장관에 헨리 녹스, 법무장관에 에드먼드 랜돌프를 각료로 임명하여 두 정파의 균형을 맞추었다.

미국에서는 11월 첫 번째 월요일 다음날인 화요일을 '슈퍼 화요일(Super Tuesday, 11월 2~8일)'이라 하여 대통령 선거인단을 선출하는 날이지만 사실상 차기 대통령이 결정되기 때문에 흔히 이날을 '미국의 대통령 선거일'이라고 부르기도 한다.

2. 대통령 선서: 성경에 손을 얹고 선서하는 이유와 그 시작점

미국 대통령은 취임식을 할 때 자신에게 의미가 있는 성경책에 손을 얹고 선서를 한다. 이것은 18세기 조지 워싱턴으로부터 시작한다. 조지 워싱턴은 독립전쟁에서 부하들을 존중하며 용기를 주고 아꼈다. 부하들은 이런 조지 워싱턴을 잘 따랐다. 이 덕분에 전쟁은 승리했으며 사람들은 워싱턴을 초대 대통령으로 추대했다. 대통령직을 수락한 워싱턴은 대법원에서 취임선서를 했다.

취임 당시 워싱턴은 성경책에 손을 얹고 "신이여 도와주소서(So help me God)"라는 말로 선서를 시작했다. 이것이 관행이 되어 현재까지 이어지고 있다. 제46대 대통령 바이든이 취임식 당시 사용했던 성경책은 128년 된 집안의 가보였으며 제45대 트럼프 대통령은 자신의 어머니의 성경책을, 제44대 대통령 오바마 대통령은 과거 링컨 대통령이 사용했던 성경책을 취임식 당시 사용했다. 그동안 취임선서에서 사용되었던 성경책은 조지 워싱턴이 사용했던 성경책이나 자신의 개인 성경책을 사용했는데 링컨 대통령이 사용했던 성경책으로 취임 선서한 대통령은 오바마가 처음이다. 대통령 취임식 선서와 관련된 일화가 있다. 1901년 시어도어 루즈벨트는 맥킨리 대통령이 암살되었다는 소식을 듣고 급하게 대통령 선서를 해야 했다. 친구 집에 있었던 루즈벨트는 친구의 집에서 성경책을 찾을 수 없어서 성경책 없이 선서를 하며 대통령으로 취임했다. 이후 1905년 재임 시에는 성경책에 손을 얹고 선서했다.

3. 미국 대통령의 날(Presidents' Day)

미국 '대통령의 날'은 초대 대통령 워싱턴의 탄생일인 2월 22일과 남북전쟁 당시 대통령이었던 에이브러햄 링컨이 태어났던 2월 12일에서 연유한다. 1970년대에 미 의회는 이 두 대통령뿐 아니라 역대 대통령들을 추모하고 그들의 업적을 기리는 차원에서 두 대통령의 생일 기념일을 감안해 매년 2월의 세 번째 월요일을 '대통령의 날'로 정해

워런 하딩, 지미 카터, 조지 부시는 1789년 조지 워싱턴이 취임식 선서에서 사용했던 성경책을 사용했다.

그로버 클리브랜드는 어머니에게 받은 성경책을, 빌 클린턴은 그의 할머니가 주신 성경책으로 선서했다. 쿨리지, 케네디, 닉슨, 레이건은 어머니 쪽에서 내려오는 성경책을 사용했다.

공휴일로 삼아오고 있다.

미국은 조지 워싱턴 대통령을 기념하는 의미에서 대통령의 날을 매년 2월 세 번째 월요일을 대통령의 날로 지켜오다가 에이브러햄 링컨 등 전임 대통령을 모두 추모하는 의미에서 공식 명칭을 'President's Day'에서 'Presidents' Day'로 변경하였다. 뉴욕주에 소재한 시에나 대학은 1982년부터 대통령 전문학자 230여 명이 대통령 개인의 배경과 지도력, 국정 능력 등 20가지 요건을 바탕으로 평가해 미국을 빛낸 위대한 대통령을 발표하고 있다.

미국의 시작, 건국

조지 워싱턴(George Washington, 초대 대통령, 연방파)

1789년부터 1797년까지 8년간 대통령을 역임한 조지 워싱턴은 미국의 정치가·군사가·혁명가였다. 워싱턴은 건국의 아버지 중 한 명이며,

미국 1달러 지폐에 조지 워싱턴의 초상화가 있다.

미국 건국의 아버지들

미국 건국의 아버지는 1800년대 후반부터 미국 독립전쟁과 관련된 역사 초기의 대통령을 포함하여 미국 독립선언에 참여한 정치가들을 일컫는 표현이다. 건국의 아버지에 대한 정의는 매우 다양하나 대부분 독립선언문 작성에 참여한 정치가들과 미국 헌법에 서명했던 이들을 미국 건국의 아버지로 본다. 독립선언문에 선언했던 대표들 중 잘 알려진 인물로는 존 애덤스(John Adams), 새뮤얼 애덤스(Samuel Adams), 벤저민 프랭클린(Benjamin Franklin), 존 핸콕(John Hancock) 등이 있으며, 미국 헌법에 서명한 인물로는 조지 워싱턴, 알렉산더 해밀턴(Alexander Hamilton), 제임스 매디슨(James Madison) 등이 널리 알려져 있다. 독립선언문과 미국 헌법 모두에 서명한 이는 6명으로 벤저민 프랭클린, 조지 클라이머(George Clymer), 로버트 모리스(Robert Morris), 조지 리드(George Read), 로저 셔먼(Roger Sherman), 제임스 윌슨(James Wilson)이다.

워싱턴은 버지니아 출신의 부유한 가정에서 태어났고 토지 측량사로 활동한 뒤 영국군에 입대해 프랑스-인디언 전쟁에 참전했다. 1759년에서 1774년에 버지니아 하원의원으로 영국 통치에 앞장섰으며 1759년 부유한 미망인 M. 커스티스(Martha Dandridge Custis)와 결혼하여 농장경영을 확대하며 부유한 경영자의 길을 걸었다.

1774년 대륙회의에서 버지니아 대표가 되었고, 다음 해인 1775년 영국과의 무력 충돌이 일어나자 13개 식민지 전체의 총사령관으로 추대된다. 1775년부터 1783년까지 미국 독립전쟁에서 대륙군의 총사령관으로 약 10년간 농민병을 훈련 시켜 유럽에서 가장 강한 영국군들과 싸웠다.

1787년 제헌의회 의장으로 회의를 주재하면서 미국 헌법을 제정하였다. 1789년 2월 4일 선거인단의 만장일치로 미국의 초대 대통령(President of the United States)으로 당선되었으며 1789년 4월 30일 취임한다. 1793년 재선에 성공해 1797년까지 대통령직을 수행한다.

조지 워싱턴의 고별사

대통령 임기를 6개월 남겨 둔 1796년 대통령직에서 은퇴를 결심하고 1796년 9월 고별사를 낭독한다. 이 고별사는 "합중국은 위대한 것이다"라는 말로 잘 알려져 있으며 워싱턴은 세계 헌정사에서 자유와 민주주의 수호를 실천한 대통령이라 평가받고 있다.

조지 워싱턴은 정치적·사상적으로 국가 독립을 주장하며 식민 지배를 반대하였다. 국가의 통일과 단결을 주장하였고 국가의 권력은 국민에게 귀속되어야 한다고 생각했다. 초대 대통령 조지 워싱턴은 첫 번째 임기가 끝날 무렵 대통령직을 사임할 의사를 가지고 있었다.

그의 결심을 국민에게 알릴 방법을 제임스 매디슨(James Madison)과 상의한 바 고별사의 형식으로 하는 것이 좋겠다고 결정한다. 그러나 주위의 만류로 일단 보류했고 두 번째 임기가 끝날 무렵 1796년에 조지 워싱턴은 사임 의사를 확고히 한다.

'고별사(Farewell)'는 실제로 연설로 행해진 적은 없으며 1796년 9월 17일 필라델피아의 한 일간신문(Claypoole's American Daily Advertiser)에 발표되었다. 그래서 고별 연설이라 하지 않고 고별사라 칭한다.

이 고별사에서 워싱턴은 세 번째의 출마를 사양하는 입장을 밝혔다. 미국인들에게 국내적으로는 정당, 지역 간의 대립을 지양하고 대외적으로는 각 국의 분쟁에 개입하지 않도록 권고하였다. 그리고 경제적 확립을 위하여 재정적 신용을 높일 것을 당부했다. 고별사는 워싱턴의 메모를 보고 해밀턴이 집필했다.

조지 워싱턴은 고별사에서 '모든 국민들'의 노력으로 이룬 결과에 대해 감사하며 '연합'과 '형제애'가 영원하며 '모든 국민들'의 손에서 이룬 자유 헌법이 신성하게 유지되기를 바라며 국민들의 행복이 영원하기를 기원했다.

다음은 조지 워싱턴 대통령 고별사의 일부분이다.

1796년 9월 17일

여러분을 한 국민으로 구성케 하는 통일된 정부는 지금 여러분에게 소중합니다. 그것은 그럴 만 한 바 그것은 여러분의 진정한 독립의 전당에서 여러분의 국내 안온과 대외 화친과 여러분의 안전과 평화, 그리고 여러분이 매우 소중하게 여기는 자유를 떠받치는 하나의 큰 기둥이 되기 때문입니다. 그러나 이 같은 진실에 대한 여러분의 확신을 약화시키기 위해 여러 가지 운동과 여러 진영에서 많이 애쓸 것이고, 많은 책략을 동원할 것이 쉽게 예견될 뿐 아니라, 그것은 국내외 적들의 공격이 끊임없이 또 적극적으로(때로는 은밀하고도 교활하게) 그 포문을 집중시킬, 여러분의 정치적 보루의 급소이기 때문입니다. 따라서 여러분이 국민의 집단 및 개인적 행복에 대한 국민총화의 무한히 큰 가치를 올바르게 평가해야 하고, 또 그 가치에 대해 늘 마음으로부터 우러나는 부동한 애착심을 품으면서, 그것을 여러분의 정치적 안정과 번영의 수호자로 늘 생각하고 말하는 습관을 기르고, 경각심을 갖고 그것을 유지하도록 감시하고, 그것이 어떻든 파기될지도 모른다는 의구심을 보여주는 모든 것에 반대하고, 또 우리나라의 일부 지역을 여타 지역들과 소원케 하거나 혹은 현재 여러 지역을 하나로 연결하는 신성한 결속을 약화시키려는 기도에 대해 바로 그 시초에 분연히 반대의 뜻을 표시해야 하는 것이 무한히 중요합니다.

출처: 주한미군대사관 공보과 자료정보센터, 살아있는 미국역사화 민주주의 문서, 55쪽

존 애덤스(John Adams, 연방주의자)

존 애덤스는 미국 초대 부통령(1789~1797)에 이어 미국의 두 번째 대통령(1797~1801)이 되었다. 애덤스에게는 첫째라는 수식어가 많이 붙는다. 첫 번째 단임 대통령, 첫 번째 부자(父子) 대통령.

존 애덤스는 독립선언서 작성자 중 한 명이며 '독립의 거인'이라는 별명을 가지고 있다. 당시 선거에서 두 번째로 득표수가 많은 후보가 부통령으로 임명되는데 애덤스의 친구였던 토머스 제퍼슨이 그 자리를 차지하게 된다. 제퍼슨은 임기 동안 애덤스의 정책을 끊임없이

현재 미국의 대통령 임기는 4+4시스템이다. 4년 동안 임기를 수행하고 다시 대선에 나와 4년을 더 할 수 있다. 하지만 초기에는 이와 달랐다. 4년 임기는 맞지만 연임의 제한이 없었다. 즉, 당선만 된다면 계속 재임이 가능했다. 초대 대통령 조지 워싱턴은 재선에 성공했지만, 존 애덤스는 토마스 제퍼슨에게 패하며 재선에 실패했다. 미국 역사상 첫 재선 대통령은 조지 워싱턴이고, 첫 단임 대통령은 존 애덤스다. 미국의 연임제 제한하는 법은 미국 수정 헌법 22조(22nd Amendment to the US Constitution)로 1947년 3월 21일 채택되었고 이 수정 헌법은 1951년 2월 27에 발효되었다.

반대하여 애덤스를 곤란하게 만들었다. 뚜렷한 성과가 없었던 애덤스는 1800년 대선 때 재선에 실패하고 제퍼슨에게 대통령직을 물려주게 된다. 아들 존 퀸시 애덤스가 6대 미국 대통령으로 역임하면서 미국 최초의 부자(父子) 대통령으로 기록된다.

토마스 제퍼슨(Thomas Jefferson, 민주공화당: 현 민주당의 전신)

토마스 제퍼슨은 미국의 제2대 부통령을 역임했고 제3대 대통령(1801 ~1809)이다. 미국의 개국 공신으로 미국 건국의 아버지 중 한 사람이며 "미국 독립선언서"의 초안을 잡았던 사람이다. 1800년에 미국 제3대 대통령에 당선되어 새로운 수도 워싱턴에서 취임식을 거행한 최초의 대통령이다. 재임 기간 중 그는 미국 민주주의의 신념에 따라 소수의견 존중, 종교·언론·출판의 자유를 중요하게 여겼다.

1809년 정계에서 은퇴한 이후 1819년 버지니아대학교를 설립하고 학장에 취임하여 민주적 교육의 표본을 보여주려 노력했다. 제퍼슨은 철학, 과학, 건축학, 농학, 언어학 등 다양한 방면에서 많은 사람들에게 영향을 끼치며 '몬티첼로의 성인(聖人)'이라 불린다. 역대 미국 대통령 중 가장 폭넓은 교양을 가졌으며 문학적 능력도 우수했다. 그는 독립선언 기념일에 사망하였고 생전에 자신의 묘비명을 직접 정해두었다. 그 묘비명은 "미국 독립 선언의 기초자, 버지니아 신교자유법의 기초자, 버지니아대학교의 아버지 토마스 제퍼슨 여기에 잠들다"이다. 미국 2달러 지폐에서 토마스 제퍼슨의 초상화를 볼 수 있다.

취임 연설

토마스 제퍼슨의 첫 번째 임기의 시작을 알리는 취임 연설은 민주주의 철학을 내포하고 있으며 그의 문학적 감수성과 문체가 담겨 있는 연설이다. 첫 번째 취임 연설에서 가장 유명한 대목은 "가끔씩 듣기로 인간은 자신이 속해 있는 정부를 믿을 수 없다고 합니다. 그렇다면 타인(他人)의 정부는 믿을 수 있단 말입니까?(Sometimes it is said that man cannot be trusted with the government of himself. Can he, then, be trusted with the government of others?)"이다. 제퍼슨은 이를 통해 당파의 분열을 해결하고 국민을 통합시키고자 하는 뜻을 볼 수 있다.

다음은 토마스 제퍼슨의 첫 번째 취임 연설의 일부분이다.

1801년 3월 4일

　우리는 같은 사상을 가진 형제를 서로 다른 이름으로 불렀습니다. 하지만 우리는 모두가 공화주의자들이며 연방주의자들입니다. … 일부 정직한 사람들이 공화제 정부는 강력할 수 없다고, 이 정부가 충분히 강력하지 못하다고 우려하고 있다는 것을 알고 있습니다. 그러나 정직한 애국자라면 세계의 최상의 희망인 이 정부가 스스로를 지킬 힘이 없을 수도 있다는 이론적이고 환상적인 두려움 때문에 지금까지 우리를 자유롭고 굳건하게 지켜온 정부를 성공적 실험의 절정에서 저버리겠습니까? 나는 그렇게 생각하지 않습니다. 그와는 반대로 나는 이 정부가 지상에서 가장 강력한 정부라고 믿습니다. 나는 이 정부야말로 모든 사람이 법의 부름에 법의 깃발 아래로 달려가 자신의 일처럼 공공질서의 침해에 대항할 유일한 정부라고 믿습니다. 가끔씩 듣기로 인간은 자신이 속해 있는 정부를 믿을 수 없다고 합니다. 그렇다면 타인(他人)의 정부는 믿을 수 있단 말입니까? 아니면 우리가 인간을 통치할, 왕으로 변장한 천사들이라도 찾아냈다는 말입니까? 이 물음은 역사로 하여금 대답하게 합시다.

토마스 제퍼슨 묘비

제임스 매디슨(James Madison, 민주공화당)

제임스 매디슨은 1809년 제퍼슨의 뒤를 이어 제4대 대통령(1809~1817)
이 되고 연임에 성공한다. 그는 미국 헌법 초안을 만드는 데 주도적인
역할을 하여 '헌법의 아버지'라 불린다. 제임스 매디슨은 미국 대통령
중 가장 단신(163cm)으로 알려져 있다.

제임스 매디슨은 권리장전(Bill of Rights)의 주 저자이다. 현재 미국
해석의 가장 큰 영향을 끼치는 연방주의자 논집(The Federalist papers)의
약 1/3을 제임스 매디슨이 작성했다. 그는 권력에는 견제와 균형이
필요하다고 믿었기에 입법, 사법, 행정의 삼권분립을 가능케 했다.
매디슨은 대통령 재임 시 1812년 영국으로부터 미국의 경제권을 보호
하기 위해 전쟁을 벌인다. 영국과의 전쟁에서 계속 패하다 1815년
전쟁을 승리로 이끌기는 했으나 대통령 관저와 국회의사당이 불타는
등의 피해가 컸다. 1814년 대통령 관저가 불에 타고 있을 때 책임감이
넘쳤던 매디슨의 아내 돌리 토드 매디슨(Dolley Todd Madison)이 조지
워싱턴의 초상화를 껴안고 탈출했다는 일화가 전해진다.

대통령 재임 시 인기가 없었던 매디슨은 친절하고 사교적이며 책임

감 넘쳤던 아내 돌리 토드 덕분에 그나마 국민들의 지지를 유지할 수 있었다. 미영 전쟁이 끝나고 메디슨이 대통령 관저를 하얗게 칠했는데 이후 백악관(White House)으로 불리고 있다.

미영 전쟁은 신생국가였던 미국이 독립 국가로서 인정받게 해 주었고 국민들 또한 민주주의 사회적 분위기 속에서 "미국인들이 해 내었다"는 미국적 국가주의의 국가적 정체성을 세워나갔다. 대통령 매디슨은 어떠한 원칙으로 미국을 이끌어 나가야 할 것이라는 갈등과 혼란 속에서 '중도'의 노선을 선택함으로써 나라의 기틀을 다지는 데 공헌을 했다고 볼 수 있다. 현실을 볼 것인가 이상을 추구할 것인가라는 딜레마 속에서 언제나 중심을 잃지 않고 지혜롭게 처신하려 노력하였다. 그렇게 제임스 매디슨 대통령은 "중도(中道)도 성공할 수 있다"는 것을 보여주었다.

당시 백악관(White House)

제임스 먼로(James Monroe, 민주공화당)

미국의 제5대 대통령(1817~1825)이다. 버지니아 식민지 웨스트 모어랜드에서 태어났다. 스코틀랜드 이민가정으로 부유하지 않은 집안이었다. 먼로는 윌리엄 앤 메리 대학교에 재학하던 중 학교를 중퇴하고 독립전쟁에 참전했다. 당시 17세였다.

20세가 되던 1778년 먼로는 중령으로 진급했고 버지니아에 군대를 모집하려 하였다. 이는 실패로 돌아가나 당시 버지니아 주지사였던 토마스 제퍼슨과 인연을 맺게 된다. 이후 먼로는 제퍼슨에게 법을 배우게 된다. 이로써 먼로는 제퍼슨의 정치적 제자이자 평생 친구가 된다.

제임스 먼로는 그의 이름을 딴 "먼로 독트린(The Monroe Doctrine)"으로 유명하다. 이는 먼로 대통령이 보낸 1823년 12월 2일 의회 신년 메시지로 아메리카 대륙은 앞으로 유럽의 식민지화의 장이 될 수 없고 대륙의 문제에 유럽 열강이 개입해서는 안 된다는 것을 경고하였다. 이 선언은 미국이 주권 국가로서 더 이상 유럽과 종속 관계가 아니며 대등한 관계라는 것을 국제 사회에 보여준다. 이로써 미국은 민족주의가 강해지며 미국이라는 한 나라로 단결한다. 먼로 독트린은 19세기 말 미국이 팽창주의로 가는 근거가 되었으며 유럽 세력을 견제하며 미국이 전 세계를 장악하려는 미국 정책의 모태가 되었다. 다음은 먼로 독트린의 내용 중 일부이다.

1823년 12월 2일

우리는 유럽 국가들의 문제로 인한 유럽 국가들 사이의 전쟁에 참여한 적이 없으며 그러한 전쟁에 참전하는 것은 우리의 정책에 적합하지 않습니다. 다만, 우리의 권리가 침해당하거나 혹은 위협 당할 때에만 우리가 받은 피해에 대해 분노하고 방어를 준비할 것입니다. … 따라서 우리는 미국과 유럽 국가들 간의 순수하고 우호적인 관계를 위해, 유럽 열강이 아메리카 대륙을 식민지화하거나 간섭을 하는 그 어떤 행위를 시도한다면 이는 우리의 평화와 안전을 위태롭게 하는 처사로 간주할 것을 선언하는 바입니다. 한편 유럽의 어느 나라에 속하는 식민지나 속령에 대해서 우리는 방해 한 바가 없으며, 앞으로 방해하지도 않을 것입니다. 그러나 스스로 독립을 선언하여 유지하였고, 또 우리가 깊이 고찰한 끝에 유럽 국가의 그 어떤 간섭 행위도 미국에 대한 비우호적인 의도라고 여기겠습니다.

먼로 독트린은 이를 공포한 대통령의 이름을 딴 것이나 실제 저자는 존 퀸시 애덤스이다.

존 퀸시 애덤스(John Quincy Adams, 민주공화당)

먼로 독트린의 실제 글쓴이 존 퀸시 애덤스는 미국의 제6대 대통령 (1825~1829)이다. 그는 존 애덤스(제2대 대통령)와 애비게일 애덤스 영부인의 장남이다.

존 퀸시 애덤스는 7개 국어를 구사할 정도로 박학다식한 인물이었다. 먼로 시절 국무장관을 지내며 "먼로주의"를 발전시켰다. 영국과의 수많은 분쟁을 해결하고 스페인으로부터 플로리다를 얻어 미국 역사상 가장 성공한 능력 있는 국무장관 중 한 명으로 꼽힌다. 1824년 선거가 시작될 당시 애덤스가 대통령에 당선될 것이라 많은 미국인들은 생각했다. 애덤스의 경쟁자는 내슈빌(Nashville)에서 지방검사로 재직 중이었던 앤드류 잭슨이었다. 그러나 선거에서 미국 역사상 최초의 사태가 발생하는데, 앤드류 잭슨이 99표, 존 퀸시 애덤스 84표, 크로포드 41표 그리고 헨리 클레이가 37표였다. 투표수에서는 잭슨이 앞서지만, 선거인단 투표수에서 다수표를 얻은 후보가 없었다. 이로 인해 하원이 대통령을 선출하게 되었다.

클레이가 사퇴를 함에 따라 선거의 방향이 좌지우지되었는데 클레이는 오래전부터 애덤스와 밀약을 하고 있었다. 애덤스가 가까스로 대통령으로 당선이 되기는 했으나 국민들의 대다수가 그에게 적의를 품게 되었다. 더욱이 애덤스가 클레이를 국무장관에 임명하려하자 불만과 불평이 터져 나온다. 이때부터 잭슨과 애덤스의 사이는 틀어졌고 전 국민이 대통령을 싫어하게 된다. 애덤스는 재선을 꿈꾸나 대중을 선동한 앤드루 잭슨에게 패한다. 이후 20년간 하원의원으로 활동하다 1848년 2월 23일 81세로 사망했다. 존 퀸시 애덤스는 국무장관으로서는 국민으로부터 사랑을 받고 인정받았으나 대통령으로서는 그러하지 못했다.

조지 워싱턴에서 존 퀸시 애덤스 대통령은 모두 명문가 출신이었고 버지니아 출신이었다. 사람들은 이들을 '버지니아 왕조'라고 부르기도 했다.

앤드류 잭슨(Andrew Jackson, 민주당)

앤드류 잭슨은 미국 제7대 대통령(1829~1837)이자 초대 플로리다 주지사, 뉴올리언스 전투 영웅 그리고 민주당 창시자 중 한 명이다. 잭슨 시대에 미국 대중의 민주주의는 활발해졌고 이러한 정치적 분위기 변화를 '잭슨식 민주주의'라 부른다.

잭슨은 아일랜드 이민자의 아들로 사우스캐롤라이나(South Carolina) 주에 있는 작은 개척지 외딴 통나무집에서 태어났다. 그의 아버지는 잭슨이 태어나기 3주 전 사고로 죽고 홀어머니 밑에서 성장했다. 당시 미국 대통령 워싱턴에서부터 존 퀸시 애덤스와는 달리 잭슨은 귀족 출신도 아니고 전통적 개념의 교육을 받지도 못했다. 이로 인해 반대파들의 조롱과 멸시를 당했다.

잭슨은 제16대 대통령 링컨과 함께 미국 대통령 중 가장 서민적인

앤드류 잭슨이 대통령이 되었을 때 하버드 대학에서 명예 박사학위를 주려고 하자 그를 반대하던 세력들은 "철자법도 제대로 모르는 인간에게 무슨 소리냐" 며 비판했다.

대통령으로 남아 있으며 현재 미국 20달러 지폐에 앤드류 잭슨의 초
상화가 그려져 있다.

1828년 대선을 바라보고 있던 앤드류 잭슨은 애덤스가 당선된 다음
해부터 선거운동을 시작하였다. 애덤스의 지지자들이 잭슨을 술주정
뱅이, 노름꾼, 간통을 저지른 파렴치한으로 몰아세웠다. 그러나 잭슨
은 애덤스 지지자들의 의도를 알고 자신의 행동을 조심한다.

　1828년 대선의 결과는 잭슨에게 압도적이었다. 그러나 선거 다음
날 잭슨의 아내가 심장마비로 세상을 떠난다. 잭슨은 애덤스 지지자
들의 중상모략과도 같은 말들로 인해 자신의 아내가 마음이 상하여

죽었다고 발언한다. 잭슨은 아내의 죽음이 애덤스 때문이라고 생각하고 있었기에 워싱턴 D.C.에 도착하여 전임자의 관례적 인사 방문을 거부한다.

결과적으로 존 퀸시 애덤스는 부친인 제2대 대통령 존 애덤스와 마찬가지로 후임자의 취임식에 참석하지 않게 된다. 미국 46대의 대통령에 이르기까지 후임자의 취임식에 참석하지 않은 사람은 제2대와 제6대 대통령이었던 애덤스 부자뿐이다.

앤드류 잭슨은 1820년대부터 시작된 북미 대륙의 원주민 추방에 가장 앞장섰던 인물로 인디언들을 잔인하게 추방했고 빼앗은 영토를 차지해 부를 축적하기도 했다. 조지아주에 살던 체로키족 인디언을 수천km 떨어진 오클라호마 주로 강제 이주시키는 과정에서 수천 명이 숨졌다. 이는 미국 역사상 가장 끔찍한 이야기로 알려진 '눈물의 길'이다.

이로 인해 2015년 이런 인물이 명예의 상징인 지폐에 그의 초상화가 담겨져 있다는 것은 적합하지 않다는 주장이 제기되었다. '20달러에 여성을(Women on 20s)'이라는 단체는 미국의 여성 참정권 인정 100주년이 되는 오는 2020년을 앞두고 미국 20달러 지폐 속 인물에 여성을 넣어야 한다고 주장했으며 2016년 4월 미국 재무부는 21일(현지시간) 20달러에 들어간 새 초상화 인물로 남북전쟁기 흑인 인권운동가

앤드류 잭슨은 그의 앵무새로도 유명하다. 잭슨은 자신의 앵무새 폴(Poll)에게 상스러운 욕을 늘 가르쳤고 폴은 시도 때도 없이 욕설을 퍼부었다고 한다. 1845년 앤드류 잭슨의 장례식에도 앵무새는 함께 했는데 수많은 사람이 고인을 기리기 위한 그 자리에서 입에 담지 못할 욕을 했다. 이로 인해 장례식장 직원이 폴을 쫓아냈다는 일화가 있다.

해리엇 터브먼(Harriet Tubman)을 선정했다고 발표했다.

터브먼은 미국 화폐에 들어가는 첫 여성으로 결정되었다. 노예 출신인 터브먼은 남부 흑인 노예의 탈출을 지원하는 '지하철로'라는 조직을 통해 노예들을 북부로 탈출시켰고 여성 인권과 참정권을 위해 헌신했다. '터브먼 장군', '흑인 노예 탈출의 모세'라는 별명을 가지고 있다. 그러나 2020년 트럼프 행정부는 20달러 지폐 속 초상화를 터브먼으로 변경하는 일에 모르쇠로 일관했다. 당시 트럼프 대통령은 흑인 여성 때문에 20달러 지폐 앞면에 있는 앤드루 잭슨 대통령을 밀어내는 것을 반대한 것이다. 트럼프는 노예 농장주였고 인디언 땅을 몰수했다는 비판을 받기도 한 앤드루 잭슨을 존경해서 그의 생가를 방문하기도 했다. 2020년에는 새 지폐의 최종 도안이 나와야 하는데 전혀 진척이 없으며 흑인 여성이 새로운 지폐의 얼굴이 되는 것은 트럼프 정부에서는 어려워 보였다. 그러나 2021년 1월 25일(현지 시간) 로이터 통신에 따르면 바이든 행정부는 흑인 인권운동가인 터브먼으로 지폐 속 인물 변경을 노력하겠다고 밝혔다고 한다.

마틴 밴 뷰런(Martin Van Buren, 민주당)

첫 번째 네덜란드계 대통령인 마틴 밴 뷰런은 제8대 대통령(1837~1841)이다. 미국의 제8대 부통령(1833~1837)이자 앤드류 잭슨 대통령 재임 시 제10대 국무부 장관을 역임했다.

민주당 후보 마틴 밴 뷰런은 앤드류 잭슨의 열렬한 지지자로 자신이 잭슨의 후계자임을 표방하면서 큰 차이로 승리를 거머쥘 수 있었다. 민주당의 핵심 발기인이며 아일랜드계 출신인 앤드류 잭슨과 함께 첫 네덜란드계 출신 미국 대통령이다. 마틴 밴 뷰런은 '미국 독립선언서'가 공식 서명된 이후 첫 번째 대통령이다.

1837년 대통령에 취임한 뷰런은 대통령이 된지 얼마 되지 않아 미국 역사상 첫 공황인 '1837년의 공황'이 발생한다. 재정적 폭락은 너무나 당연한 것이었고 많은 은행은 파산하고 경제는 악화된다. 이런 혼란스러운 시기에 뷰런은 백악관 보수공사를 벌여 큰 비난을 받게 된다.

마틴 밴 뷰런의 이해할 수 없는 행보는 그가 대통령 재임 시 국민들로부터 많은 비난을 받았고 결국 재선에도 실패한다. 그는 수완과 책략이 좋은 사람으로 그를 지지하는 세력들에게는 '작은 마술사(The Little Magician)'로 정적들에게는 '킨더후크의 붉은 여우(The Red Fox of Kinderhook)'로 불리었다.

그의 임기 동안 업적은 거의 없었으며 악재가 많았다. 뷰런은 또 존 애덤스 부자에 이어 세 번째 단임 대통령의 기록으로 남아 있다. 그는 천재적인 수완가였으나 무능한 대통령이었다.

1837년 금융공황

세계 최초의 경제 대공황으로 알려진 1837년 금융공황은 중국과 밀접한 관련이 있다고 볼 수 있다. 1836년까지 5% 이상 상승하던 면화 가격이 1837년에 갑자기 70% 이상 폭락하였다. 이는 청나라의 아편금지법과 관련이 있다. 1837년 청 도광제는 연간 2만 8천 톤의 은이 영국으로 유출되었다는 보고를 받고 아편무역을 금지시켰다. 이 조치는 영국 기업에 영향을 주었다. 청나라와의 무역 수지 악화가 전망되다 보니 많은 영국 기업들은 미국산 면화 수입을 줄이겠다고 발표하였다. 이로 인해 미국 면화 농장들이 연쇄적으로 도산하였고, 면화농장에 융자를 해준 미국 지방은행 1,500개도 도산하면서 금융위기를 초래하였다.

윌리엄 헨리 해리슨(William Henry Harrison, 휘그당)

윌리엄 헨리 해리슨은 버지니아 귀족 집안 출신이다. 그는 1773년 버클리 출생으로 미국의 제9대 대통령(1841~1841)이다. 해리슨의 부친은 제1차 대륙회의 대표이자 독립선언서 서명자 중 한 사람이다.

해리슨은 군인 출신으로 티피커누강 전투에서 인디언 동맹군을 격파하고 그 지도자 테쿰세를 죽여 영웅이 되었다. 미국 역사상 집권기간이 가장 짧은 대통령으로 그 기간은 한 달이었다. 비가 오던 취임식장에서 우산도 없이 비를 맞으며 외투를 벗고 연설을 하다가 감기에 걸린다. 이것이 급성 폐렴으로 이어져 취임한 지 한 달 만에 사망한다. 이로 인해 '20년 징크스'라 불리는 '테쿰세의 저주'가 유래한다.

윌리엄 헨리 해리슨은 취임 연설이 가장 길었던 것으로 유명하다. 가장 긴 연설문과 가장 짧은 재임 기간의 기록을 가진 아이러니한 대통령이라 할 수 있다. 윌리엄 헨리 해리슨의 손자 벤저민 해리슨은 미국의 제23대 대통령이다.

테쿰세의 저주(Tecumseh's Curse)

테쿰세의 저주는 임기 중에 사망한 미국 대통령과 관련된 이야기이다. 미국 '서부개척시대' 당시 백인들은 서부로 자신들의 영토를 넓혀갔다. 그 과정에서 인디언들의 삶은 파괴 되었고 수많은 인디언들은 목숨까지 잃어야 했다. 쇼니족의 인디언 추장 테쿰세는 백인의 침략에 맞서 싸우나 1813년 템즈(Thames) 전투에서 패배하여 전사한다. 테쿰세가 죽으면서 20년마다 0으로 끝나는 해에 당선된 미국 대통령은 임기 중 사망할 것이라는 저주를 내렸다. 예를 들면 1840년, 1860년, 1880년, 1900년의 연도에 당선되는 대통령이 저주를 받는다는 것이었다. 당시 미국인들은 이에 대해 전혀 신경을 쓰지 않았다. 그런데 1840년 당선된 해리슨은 1841년 3월에 취임했으나 취임 한 달 만인 4월에 폐렴으로 사망한다. 1860년에 당선된 16대 대통령 링컨이 1865년 암살되고 20년 후 1880년 당선된 19대 대통령 가필드가 1881년 임기 도중에 암살된다. 20년 후인 1900년에 25대 대통령 매킨리가 암살되었고 1920년 당선된 워렌 하딩은 1923년 임기 중 병사한다. 1940년 당선된 루즈벨트 역시 1945년 임기 도중 뇌출혈로 사망한다. 1960년 당선된 케네디는 1963년 암살되었다. 1980년 당선된 레이건은 총을 맞았으나 총알이 빗나가 목숨을 건진다. 이후 현재까지 임기 중 사망한 대통령은 없다. 그래서 테쿰세의 저주가 드디어 풀린 것이 아닌가 하는 이야기가 있다.

존 타일러(John Tyler, 휘그당)

존 타일러는 제10대 미국 대통령(1841~1845)이다. 그는 미국 제10대 부통령을 역임했다. 제9대 대통령 해리슨이 취임한 지 한 달 만에 사망하자 미국 최초로 부통령 재임 중에 대통령 임기를 승계 받게 된다. 미국 역사상 이런 일이 전무후무 했기에 많은 일들이 발생한다.

가장 먼저 직면한 문제는 대통령직을 승계하는 것인지, 대통령 권한대행을 하는 부통령 신분인지 확실히 하는 것이었다. 이 점에 관해 존 타일러는 자신이 해리슨의 뒤를 이은 대통령이라는 것을 분명히 하고 자신의 권력을 공고히 했다. 재임 중 미 해군을 개편하고 미국 기상청을 만들었다. 민주당원이었으나 앤드류 잭슨을 싫어해 휘그당에 가입한다.

존 타일러의 임기 동안 세계는 제국주의가 본격적으로 접어들던 때였다. 영국은 이미 아편 전쟁을 벌여 중국을 침략하였고 미국은 해군을 정비하고 중국에 진출하기 위해서 1844년 중국과 망하조약을 체결한다. 이때 미국은 내부 사정이 매우 복잡하여 중국을 침략할 여력이 되지 못해 영국에 비해서는 중국에 대해 우호적이었다.

그리고 당시 조선도 넘보려다 이득이 안 될 것 같아 포기했다. 존 타일러는 임기 중 자신의 당인 휘그당과 마찰이 심해 결국 휘그당과도 결별하면서 당적이 없는 무당파 대통령이 되고 만다. 당과 의회에서 버림받고 경제마저 악화되자 존 타일러는 스스로 재선을 포기하고 임기를 마친다. 그는 미국 대통령 임기 중 처음으로 재혼을 했으며 미국 대통령 중 자녀(15명)가 가장 많은 대통령으로 유명하다.

망하조약(望廈條約)

1844년 7월, 마카오 교외의 망하(望廈) 마을에서 미국과 청나라가 맺은 수호 통상 조약이다. 두 나라 사이의 최초 조약으로, 치외법권(治外法權)을 인정하는 등 미국에게 유리한 내용이 많았다.

영토 확장의 시기

제임스 K. 포크(James Knox Polk, 민주당)

제임스 녹스 포크는 미국 정치가, 변호사 출신이다. 그는 앤드루 잭슨의 열렬한 지지자이자 충실한 제자로 미국의 제11대 대통령(1845~

1849)이 되었다.

미국은 당시 제국주의식 영토 팽창을 당연시하던 때로 인디언 등을 무자비하게 토벌하고 멕시코와 스페인 소유의 땅을 마구잡이로 빼앗았다. 이런 시대적 분위기를 타 제임스는 영토 확장을 선거 공약으로 내세워 1844년 대통령에 당선된다.

제임스는 임기 4년 동안 관세를 인하했고 미국 영토를 북쪽으로 넓혔다. 1845년에는 텍사스를 미국 제28번째 주로 합병했다. 1846년 멕시코를 도발하여 전쟁을 일으켰다. 포크는 "멕시코가 미국의 경계를 지나 우리의 영토를 침략하였고 미국인의 피를 미국의 흙에 흘리게 하였다"고 말하면서 의회에 전쟁을 선언하는 요청을 하였다. 멕시코 전쟁은 미국의 승리로 끝났다. 1848년 멕시코는 오늘날의 캘리포니아, 애리조나, 콜로라도, 네바다, 유타, 뉴멕시코, 와이오밍을 미국에 넘겨주었다. 미국은 1천 5백만 달러를 멕시코에 지불하였다.

미국을 팽창하는 데 관심이 많아 하루 18시간 이상 일하고 여가 활동도 없이 시간을 보냈던 제임스 포크는 미국에서 가장 근면하고 효율적인 대통령으로 평가받고 있다. 반면 미국의 폭력적인 영토 확장으로 인해 제임스 포크 대통령은 미국의 도덕성에 흠집을 냈다는 평가 또한 받고 있다. 많은 땅을 차지했으나 여론은 그의 편이 아니었다. 멕시코와의 전쟁에 대해 도덕적으로 문제가 있다고 비판을 하는 야당과 양심 있는 학자나 정치인들은 제임스를 비난했다.

재선을 위해 준비하던 제임스는 선거 과정에서 휘그당 후보로 나온 멕시코 전쟁의 영웅인 재커리 테일러 장군에 대해 지나치게 험담을 했다. 오히려 포크에 대한 여론이 악화되어 재선에 실패한다. 제임스 포크는 백악관을 떠난 지 3개월 만에 자신의 고향 내슈빌에서 병사했다.

재커리 테일러(Zachary Taylor, 휘그당)

재커리 테일러는 미국의 군사가 이자 제12대 미국 대통령(1849~1850)이다. 40여 년간 군 생활을 했으며 오랜 시간 동안 변방의 진지를 지키고 있었으며 멕시코 전쟁에서 목숨을 걸고 싸웠다.

전쟁에서 거칠고 무자비하여 생긴 별명이 바로 '거칠고 노련한 준비된 지휘관'이다. 재커리 테일러는 선거에도 출마해 본 적이 없으며 유일한 정치 경력이 대통령이다.

재커리 테일러는 미국-멕시코 전쟁 영웅으로 대통령 선거를 승리로 이끌 수 있었다. 대통령직을 수행하면서 그의 군인다운 면모는 끊임없이 드러났다. 대화나 타협으로 의견을 끌어내는 것이 아니라 자신의 의견을 강하게 밀어붙였다. 노예제 문제로 남부와 북부가 대립하는 상황에서 테일러는 북부의 편이었다.

그러던 어느 여름날 과식을 했던 테일러가 위경련을 일으켰고 5일 만에 사망한다. 임기 기간은 단 16개월 이었으며 윌리엄 헨리 해리슨 이후 두 번째로 임기 중 사망한 대통령이다.

밀러드 필모어(Millard Filmore, 휘그당)

제13대 대통령(1850~1853)인 밀러드 필모어는 미국의 제12대 부통령 출신이며 미국 역사상 2번째로 부통령에서 대통령직을 승계한 대통령이다. 휘그당의 마지막 대통령이며 미국 역사상 가장 논란이 많은 대통령 중 한 사람으로 여겨진다.

부통령이 된 필모어는 1850년 여름 테일러 대통령이 사망하자 바로 다음날 대통령직을 승계한다. 그 당시 노예제도 문제로 미국은 남북으로 분열된 채 상황이 악화되고 있었다.

필모어는 정치적 능력이 없는 사람은 아니었으나 미국은 시기적으로 갈등이 심각해지고 있었으며, 막강한 의회로 인해 그의 역량을 제대로 발휘하지 못했다. 필모어는 "1850년 타협안"을 수용했다. 이는 남부의 흑인 노예들을 쉽게 잡아 올 수 있도록 하는 법으로써 도망 노예를 잡아온다거나 해방된 자유 노예도 다시 노예가 되는 악법이었다. 이 법으로 인해 필모어를 지지했던 북부는 그에게 등을 돌린다.

필모어는 해외 식민지에 관심을 두고 있었으며 1853년 매튜 페리 제독을 일본으로 보낸다. 4척 군함을 일본에 보내어 개국을 강요하고 다음 해 "미일수호통상조약"을 맺는다.

1853년 재선에 실패한 필모어는 군소정당 후보로 대통령 선거에 나서지만 이마저도 참패한다.

정치가로서 퇴임 후 1855년 영국 옥스퍼드 대학에서 명예 박사학위를 주겠다고 하나 필모어는 자신은 정식교육을 받지 못했으며 라틴어를 모른다며 거절했다는 일화가 유명하다.

프랭클린 피어스(Franklin Pierce, 민주당)

제14대 대통령(1853~1857)인 프랭클린 피어스는 정치 신동이었다.

군 복무를 시작하고 오래지 않아 장군이 되었고 멕시코와 전쟁에서 사병으로 참전해 준장까지 진급한다. 그러나 전쟁에서 큰 공은 세우지 못했다.

전쟁이 끝난 후 정치계로 복귀한다. 1852년 민주당 전당대회에서 대통령 후보로 지목이 되자 그의 아내가 이 소식을 듣고 기절한다. 피어스는 당을 위해서도 최선을 다하는 정치인이었으며 북부 출신이지만 남부에 호감을 가진 정치인으로 민주당 대통령 후보가 될 수 있는 배경은 충분했다. 그는 대통령 선거에서 이변을 일으켰고 대통령에 당선된다.

제임스 포크에 이어 또 하나의 다크호스로 불리며 제임스 먼로 이후 한 번도 없었던 압도적인 우세를 보였다.

그러나 피어스는 취임 직전부터 슬픔과 어려움을 겪었다. 대통령 취임식 약 두 달 전 당시 11세였던 아들 벤저민이 철도 사고로 사망한다. 아들 벤저민의 사망으로 제인 여사는 쓰러지게 되고 취임식에 참석하지 않는다. 이후 제인은 대통령 임기 기간의 대부분을 방에서 나오지 않은 채 은둔생활을 했다. 더 슬픈 사실은 피어스의 모든 자녀들이 성인이 되기 전에 세상을 떠났다는 것이다. 피어스에게 이런 사적인 슬픔과 함께 노예제로 인한 남북 갈등이 심각해져 피어스가 해결할 수 없는 지경에 이르는 큰 어려움이 닥친다. 노예제를 반대하는 여론 또한 엄청났으며 해리엇 비처 스토(Harriet Beecher Stowe)의 '톰 아저씨의 오두막집(Uncle Tom's Cabin)'이라는 책은 이러한 여론에 힘을 더해 주었다.

하지만 피어스는 이러한 북부의 여론에 신경을 쓰기보다는 남부에 더 관심을 두어 많은 이들의 비난을 받는다. 노예제의 문제는 심각해져만 갔으나 피어스는 오히려 노예제 문제를 회피하고 영토 확장에만 적극적인 태도를 보였다. 영토 확장의 일환으로 서부 로스앤젤레스와 동부 뉴올리언스까지 대륙횡단철도를 건설할 수 있게 되어 남부 지역의 큰 호응을 얻는다.

시애틀 추장의 편지

영토 확장에 관심이 많았던 피어스에 대한 유명한 일화가 있다. 1854년 피어스는 유럽에서 미국으로 이주해 오는 사람들이 늘어나자 현재의 워싱턴 주에 해당하는 땅에 거주하던 인디언들에게 인디언 보호구

톰 아저씨의 오두막집(Uncle Tom's Cabin)

노예 해방을 위해 쓴 글로 흑인 노예들의 비참한 삶이 생생하게 그려져 있다. 비참한 노예들을 보며 참된 삶이 무엇인지, 그리고 인간에게 자유와 평등이 얼마나 소중한지 알려준다. (교보문고)

역을 제공하겠으니 그 땅을 팔라고 요구한다. 이 지역의 인디언 추장(Chief Seattle)은 이 요구에 대한 응답으로 〈시애틀 추장의 편지〉를 미국 정부에 보낸다. 다음은 〈시애틀 추장의 편지〉의 일부분이다.

워싱턴의 대추장(프랭클린 피어스 대통령을 지칭)이 우리 땅을 사고 싶다는 전갈을 보내왔다. 대추장은 우정과 선의의 말도 함께 보내왔다. … 우리가 땅을 팔지 않으면 백인이 총을 들고 와서 우리 땅을 빼앗을 것을 우리는 알고 있다.

그대들은 어떻게 저 하늘이나 땅의 온기를 사고팔 수 있는가? 우리로서는 이상한 생각이다. 공기의 신선함과 반짝이는 물을 우리가 소유하고 있지도 않은데 어떻게 그것들을 팔 수 있다는 말인가? 우리에게는 이 땅의 모든 부분이 거룩하다. 빛나는 솔잎, 모래 기슭, 어두운 숲 속 안개, 맑게 노래하는 온갖 벌레들, 이 모두가 우리의 기억과 경험 속에서는 신성한 것들이다. 나무속에 흐르는 수액은 우리 홍인(紅人)의 기억을 실어 나른다.

백인은 죽어서 별들 사이를 거닐 적에 그들이 태어난 곳을 망각해 버리지만, 우리가 죽어서도 이 아름다운 땅을 결코 잊지 못하는 것은 이것이 바로 우리 홍인의 어머니이기 때문이다. 우리는 땅의 한 부분이고 땅은 우리의 한 부분이다. 향기로운 꽃은 우리의 자매이다. 사슴, 말, 큰 독수리, 이들은 우리의 형제들이다. 바위산 꼭대기, 풀의 수액, 조랑말과 인간의 체온 모두가 한 가족이다.

워싱턴의 대추장이 우리 땅을 사고 싶다는 전갈을 보내온 것은 곧 우리의 거의 모든 것을 달라는 것과 같다. 대추장은 우리만 따로 편히 살 수 있도록 한 장소를 마련해 주겠다고 한다. 그는 우리의 아버지가 되고 우리는 그의 자식이 되는 것이다. 그러니 우리 땅을 사겠다는 그대들의 제안을 잘 고려해보겠지만, 우리에게 있어 이 땅은 거룩한 것이기에 그것은 쉬운 일이 아니다.

그대들은 아이들에게 그들이 딛고선 땅이 우리 조상의 뼈라는 것을 가르쳐야 한다. 그들이 땅을 존경할 수 있도록 그 땅이 우리 종족의 삶들로 충만해 있다고 말해줘라. 우리가 우리 아이들에게 가르친 것을 그대들의 아이들에게도 가르치라.

인간들은 바다의 파도처럼 왔다가는 간다. 자기네 하느님과 친구처럼 함께 걷고 이야기하는 백인들조차도 이 공통된 운명에서 벗어날 수는 없다. 결국 우리는 한 형제임을 알게 되리라.

한 가지 우리는 알고 있다. 우리 모두의 하느님은 하나라는 것을. 이 땅은 그에게 소중한 것이다. 백인들도 이 공통된 운명에서 벗어날 수는 없다. 결국 우리는 한 형제임을 알게 되리라.

결국 시애틀은 미국 정부에 복속되었으나 자연을 사랑하고 자유로운 삶을 추구했던 추장 시애틀의 정신만큼은 꺾을 수 없었다. 당시 피어스 대통령은 이 편지에 감동해 그의 이름을 따서 도시명(시애틀)을 정했다고 한다.

제임스 뷰캐넌(James Buchanan, 민주당)

제임스 뷰캐넌은 미국의 제15대 대통령(1857~1861)이다. 뷰캐넌이 대통령에 취임했을 때 미국은 중대한 고비를 맞았다. 당시 노예제를 둘러싼 남북의 갈등은 더욱 격렬해졌고 뷰캐넌 대통령은 남북 분단을 막기 위해 엄청난 노력을 기울였다. 그러나 전세를 뒤집기는 역부족이었으며 결국은 내전이 발발했다.

제임스 뷰캐넌은 북부 출신이나 노예제를 찬성하는 사람이었다. 공개석상에서 노예제를 찬성했고 그가 임명한 장관급 인사들 또한 남부 출신 또는 노예제 찬성론자였다. 남부를 지지하는 그의 성향은 '드레드 스콧(Dred Scott)' 사건을 통해 여실히 드러났다.

드레드 스콧은 흑인 노예로 미주리(노예주)에 거주하다 자신의 주인과 함께 일리노이주(자유주)로 이사 간다. 이후 주인은 위스콘신 준주(노예제도가 인정되지 않는 준주)로 드레드 스콧을 데려갔다가 미주리로 다시 돌아온다. 몇 년 후 주인이 사망하자 스콧은 자유주와 자유준주에 살았음을 주장하며 더 이상 노예가 아니라며 미망인을 상대로 소송을 걸었다.

드레드 스콧은 문맹이었기에 노예 제도를 반대하는 이들의 도움을 받아 소송은 시작되었다. 그러나 연방 대법원은 노예는 소송을 걸 수 있는 자격조차 없으며 백인이 흑인을 존중해 주어야 할 이유가 전혀 없다며 소송을 각하시킨다. 대법원장은 "미국의 헌법은 백인만을 위한 것이고 노예는 일종의 재산이다"라고 의견을 발표한다.

당시 제임스 뷰캐넌은 드레드 스콧 사건에서 남부의 편을 들어주기 위해 연방대법원 구성원들을 자신의 측근들로 포진시켰으며 사건을 맡은 판사를 매수하기까지 이르렀다. 북부의 편에 서 있던 판사들을 설득하여 결국 남부의 편을 들도록 만들어 북부의 반발을 불러일으켰다. 이 판결로 인해 북부는 노예제에 대한 반감이 증대되었고 남북의 지역적 갈등과 적대감의 골은 깊어만 갔다. 결국 제임스 뷰캐넌은 재선에 실패한다.

남북전쟁과 남북전쟁 참여 대통령

에이브러햄 링컨(Abraham Lincoln, 공화당)

최초의 공화당 출신 대통령인 에이브러햄 링컨은 제16대 대통령(1861
~1865)이다. 링컨은 재임 기간 중 미국 흑인 노예제 폐지를 주도했다.

링컨이 대통령에 당선될 당시 미국은 남북의 갈등이 최고조에 이르렀을 때였다.

링컨은 노예제도를 반대했으며 이로 인해 결국 남북전쟁은 발발한다. 미국에서 남북전쟁이 발발하는 동안 국가의 분열을 반대했으며 '연방의 유지'를 자신의 최종 목표로 삼고 대통령으로서의 역할에 임했다. 링컨은 남북전쟁에서 북부를 승리로 이끌었으며 미국의 엄청난 내부적 위기로부터 벗어날 수 있게 했다. 링컨은 노예 제도를 확장하는 것에 대해 반대하는 입장이었고 인종 차별 없이 평등하게 살아야 할 권리를 옹호했다. 에이브러햄 링컨은 노예해방선언을 하였으며 2번째 임기가 시작될 때 1865년 4월 워싱턴 포드 극장에서 공연을 관람하던 중 남부 지지자인 존 윌크스 부스(John Wilkes Booth)에게 저격을 당해 다음날 사망한다. 링컨이 암살당한 후 당시 부통령이었던 앤드류 존슨이 대통령직은 승계하게 된다.

에이브러햄 링컨의 '게티즈버그 연설문' 중 "국민의, 국민에 의한, 국민을 위한 정부"라는 말은 매우 유명하다. 실제 이 말은 링컨이 먼저 한 것이 아니라 영국의 종교가 존 위클리프(John Wycliffe)가 먼저 했으며 이를 링컨이 인용한 것이다.

게티즈버그 연설은 게티즈버그 전투가 끝난 후, 링컨이 전투지에서 발표한 선언문이며 단 266개의 단어로 이루어진 2분짜리 짧은 연설이나 민주주의의 이념을 잘 표현하고 있다.

또 다른 에이브러햄 링컨의 유명한 연설문 중 하나는 '분열된 집안'이라는 연설로 "분열된 집은 바로 설 수 없다(A house divided against itself can not stand.)"는 표현이 우리에게 잘 알려져 있다. 이 연설은 링컨이 대통령이 되기 전 1858년 스프링필드에서 열린 공화당 전당대회에서 후보로 선출된 것에 답하는 수락 연설에서 한 말이다.

분열된 집은 바로 설 수 없습니다. 어떤 주는 노예제를 고집하고 어떤 주는 이를 반대하는 한 우리 정부는 오래 가지 못할 것입니다. 나는 연방이 해체되는 것을 원하지 않습니다. 우리의 집이 분열되는 것을 원하지 않습니다. 분열을 더 이상 방치해서는 안 됩니다. 이쪽이든 저쪽이든 태도를 분명히 해야 할 것입니다.

링컨의 이 연설은 노예제에 대한 북부의 의견을 대변한 것이다. 그러나 연방의 존립을 위해서는 어느 쪽으로든 태도를 분명히 해야 하며 국가의 분열을 막고 '연방을 유지'하고자 했던 링컨의 입장이 담긴 연설이라 할 수 있다. 또한 노예제도에 대한 남부와의 입장 차이

를 해결하고 미국의 건국 이상을 실현하고자 하는 링컨의 염원이 담겨 있다.

링컨의 특이한 이력

링컨은 젊은 시절에 레슬링을 하였는데, 12년 동안 300경기 중에 1번밖에 패하지 않았다고 전해진다. 1830년에는 일리노이에서 챔피언에 올랐다. 미국 대통령 중에는 링컨 외에도 레슬링을 한 사람이 적지 않은데, 초대 대통령인 조지 워싱턴은 collar and elbow(서로 상대의 목덜미와 옆구리를 잡고 있는 자세) 스타일의 레슬링을 하였다고 전해진다.

앤드류 존슨(Andrew Johnson, 공화당)

공화당 소속의 앤드류 존슨은 미국의 제16대 부통령으로 링컨의 2번째 부통령이었다. 링컨이 암살된 이후 미국의 제17대 대통령(1865~1869)으로 취임한다. 앤드류 존슨은 세 살 때 아버지를 여의고 가난으로 인해 학교 진학을 포기해야 했다. 존슨은 결혼 후 아내에게 글을 배웠다. 부통령 취임시 술에 취해 취임선서를 해 많은 비난을 받았다.

앤드류 존슨이 대통령에 당선이 되었을 당시 미국은 당면한 문제들이 많았다. 특히 남부 지역의 폐허를 재건해야 했고 남부 지역 사람들의 불평과 불만을 해소해야 한다는 과제를 안고 있었다. 전쟁은 끝이 났으나 남북의 관계는 여전히 좋지 않았고 사회, 경제 문제 또한 심각한 상황이었다. 의회와도 사이가 좋지 않았으며 남부와 북부 그 어느 쪽에서도 환영받지 못하는 대통령이 바로 앤드류 존슨이었다.

특히, 앤드류 존슨은 백인우월주의자로 링컨의 "노예해방선언"에도 불구하고 흑인의 인권을 무시했다. 이로 인해 북부에서는 노예해방 문제로 공격받고, 남부에서는 배신자로 낙인이 찍혔다. 존슨은 육군장관 스탠턴이 "군 지휘자가 충성해야 하는 이는 대통령이 아닌

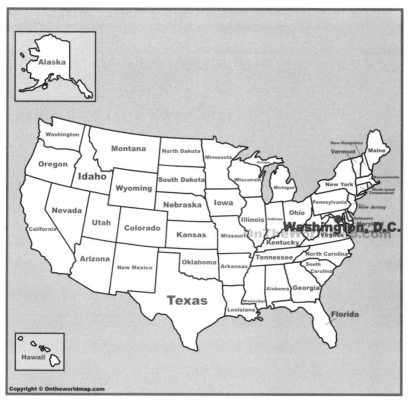

미국 지도

국회다"라 발언한 것을 문제 삼아 그를 장관직에서 해임시킨다. 그 결과로 의회와 존슨은 대립하게 된다. 의회에서 앤드류 존슨의 탄핵을 준비하고 미국 역사상 처음으로 1868년 대통령 탄핵 기소가 되었다. 탄핵 가부를 결정하는 투표에서 단 한 표 차로 탄핵이 부결되었으나 탄핵 표결로 인해 존슨의 정치생명은 힘을 잃고 말았다.

1867년 러시아로부터 알래스카를 720만 달러에 매입을 하는 주요 업적을 남기기도 했다.

알래스카는 미국 본토의 1/5에 해당하는 큰 땅으로 본래는 러시아

땅이었다. 앤드류 존슨은 1ha당 5센트(평당 2달러)로 알래스카 땅을 매입했다. 사람들이 알래스카를 '아이스박스'라 부를 정도로 이 땅은 불모지이며 쓸모없는 땅이라 여겨졌다. 1867년 존슨이 "알래스카는 감추어진 무한한 보고"라며 국민을 설득해 간신히 알래스카 땅을 살 수 있었다. 그러나 당시 의회에서는 대통령과 국무장관을 소환하여 무모하고 어리석은 거래였다고 질책한다.

30년 후 1897년, 유콘강 기슭에서 금광이 발견되었고 1950년 무렵에는 대형 유전이 발견되었다. 알래스카가 미국을 세계 3위의 석유매장량 국가로 만들어 주었다. 1920년부터 알래스카에서는 다양한 천연자원이 발견되어 그 가치가 엄청나다는 것이 밝혀졌다. 또한 미국을 지켜주는 군사 요충지가 되고 있다. 1959년 미국의 49번째 주로 편입되었다.

율리시스 S. 그랜트(Ulysses S. Grant, 공화당)

율리시스 S. 그랜트는 정치가이자 군사가 이며 제18대 미국 대통령 (1869~1877)이다. 그는 1864년 남북전쟁 당시 북부군 총사령관으로 임명되어 북부가 전쟁에서 승리하는 데 기여했다. 그는 사교성이 없어서 친구가 없는 외톨이였고, 군인 신분으로 가족과 멀리 떨어져 지내게 되어 그로 비롯된 외로움을 이기지 못해 폭음을 즐기고 결국은 알코올 중독자가 되었다.

1868년 미국 대통령에 당선되고 1872년 연임이 성공한다. 그러나 그는 대통령 임기 시절 측근의 뇌물 사건에 연루되고 끝까지 자신의 주변인들을 감쌌다. 부정부패, 뇌물수수등 대통령으로서는 초라한 모습이었다. 그러나 남북전쟁의 영웅으로서 연방 통일을 이루는 데 이바지했다. 50달러 지폐 속 인물이 바로 율리시스 그랜트이다.

그는 퇴임 후 친구의 보증을 서주고 사기를 당해 많은 빚을 지고 파산 선언을 한다. 율리시스 S. 그랜트는 군인으로서는 유능했으나 대통령으로서는 무능했다고 평가받고 있다.

러더퍼드 B. 헤이스(Rutherford B. Hayes, 공화당)

러더퍼드 B. 헤이스는 미국의 제19대 대통령(1877~1881)으로 정직하고 인도적인 사람으로 유명하다. 남북전쟁 당시 헤이스는 자원 입대하고 군 복무 중 몇 번의 부상을 당한다. 군 복무 시절 자신이 이뤄낸 공으로 계속 승진을 했고 전쟁이 끝난 후 1865년 헤이스는 준장으로 명예 제대를 한다.

연방 하원의원, 오하이오 주지사를 거쳐 1876년 대통령에 당선 된다. 헤이스는 공화당 대통령 후보로 직접선거에 의한 투표수는 상대 후보인 민주당 새뮤얼 J. 틸턴보다 적었다. 그러나 간접선거에서 선거인단의 표를 한 표 더 득표하여 헤이스가 대통령에 당선된다. 이를 받아들이기 어려웠던 민주당에게 남부 출신 장관을 임명하겠다는 것을 약속하면서 대통령에 취임할 수 있었다. 헤이스는 인디언과 중국인 이민자들을 위해 힘썼고 처음으로 중국 상주 사절을 접견한 대통령이다. 당시 미국은 인디언에 대한 탄압 정책을 펼치고 있었다. 헤이스는 탄압 정책을 포용 정책으로 변경할 것을 촉구했으며 인디언들에게 교육과 직업의 기회를 제공한다고 약속을 했다. 그러나 백인 중심의 사회에서 이러한 약속을 지키기란 쉽지 않았다.

이런 문제보다 더 심각한 것은 바로 경제 상황이었다. 헤이스가 대통령에 취임한 1877년은 극심한 불경기였고 근로자의 임금은 계속 삭감되고 있었고 그들에 대한 탄압도 심각했다. 근로자를 탄압할 생각이 없었던 헤이스는 오히려 인도적 차원에서 접근했다. 또한 대륙 간 철도 건설을 위해 데려온 중국인들이 미국 서부로 대거 유입, 반중국인 정서가 형성되고 있던 상황에서 의회는 중국인 이민을 제한하는 법률을 제정한다. 헤이스는 이를 단호히 거부하면서 의회와 충돌을 하게 되고 결국 재선을 포기한다.

제임스 A. 가필드(James A. Garfield, 공화당)

제임스 A. 가필드는 미국의 성직자, 정치가이자 수학자로 제20대 대통령(1881~1881)이다. 어린 시절 가난한 집에서 태어나 매우 고생하며 공부를 한다. 대학 진학 후 그는 교수가 되어 학생을 가르치고 학장까지 역임한다.

미국 공화당원으로 남북전쟁 기간 동안 북부 군인으로 입대하여 소령에 진급, 정치계에 입문하여 1862년 군 복무 중 미국 연방 하원에 선출되어 17년간 하원의원 9선을 지내게 된다.

1880년 대통령 선거는 뉴욕주에서 판가름이 날 정도로 박빙이었다. 가필드는 대통령 선거 당시 승리를 위해 뉴욕주의 의원들에게 중요 관직을 나눠 주기로 결탁한다. 그들과 타협한 결과 가필드는 대통령에 당선된다. 그러나 가필드의 문제는 여기서 시작이 되었다. 뉴욕주 세력들은 장관 임명이나 대통령의 권한까지 욕심을 내고 제한을 하는 등 그들의 요구는 집요했다.

가필드는 선거 당시 했었던 약속을 어기고 뉴욕주의 의원들을 배척하고 자신의 측근을 내각에 배치하려 한다. 이에 뉴욕주 세력은 분노

했으며 이 중 한 사람이 찰스 J. 기토(Charles Julius Guiteau)였다. 1881년 취임 후 대학 동창회에 참석차 이동하던 가필드는 찰스 J. 기토에 의해 총상을 당한다. 이후 11주 동안은 버텼으나 그는 결국 사망하고 만다. 임기 중 암살범에 의해 죽음을 맞아 테쿰세의 저주를 피하지 못한 대통령으로 미국 대통령 중 두 번째로 짧은 4개월의 재임 기간을 가졌다. 암살자 찰스 J. 기토는 그 자리에서 즉시 체포되었으며 교수형에 처해졌다.

제임스 A. 가필드 대통령은 흑인들을 연방 고위직으로 임명하였다. 대표적인 인물이 프레더릭 더글러스(워싱턴 증서 기록인), 로버트 엘리엇(재무부의 특별 대리인), 존 M. 랭스턴(아이티 주재 공사)과 블랜치 브루스(재무부에 등록)이다. 이들 중 프레더릭 더글러스는 노예제 폐지론자로 애너코스티아의 철인과 애너코스티아의 사자로 불리었다. 블랜치 브루스는 컬럼비아 특별구의 증서기록인이 되어 1891년부터 1893년까지 지냈다.

체스터 A. 아서(Chester A. Arthur, 공화당)

체스터 A. 아서는 미국 제20대 부통령으로 1881년 제임스 가필드 대통령이 9월 19일 사망하자 바로 다음날인 9월 20일 뉴욕에 있는 자신의 집에서 미국의 제21대 대통령(1881~1885)으로 취임했다. 부통령 출신으로 4번째 승계 대통령이다.

신사적이면서도 낭만적이고 감수성이 풍부했던 아서는 디자인에 관심이 많아 취임 초기 3개월 동안 백악관을 수리하도록 한다. 관리가 엉망이었던 백악관을 수리하는 3개월 동안 그는 다른 곳에서 지냈으며 수리가 다 끝난 후에야 백악관으로 입주했다.

아서는 가필드 대통령 당선 당시 도움을 주었던 뉴욕주 세력에 의해 임명된 부통령이었으나 자신의 임기 당시 그 세력들을 멀리했다. 뉴욕주 세력들에게 배신자라는 비난을 받았으나 깨끗한 정부를 이끌어 가겠다는 그의 의지는 많은 업적을 남긴다. 아서는 기존의 정치인들과 많은 대립으로 의회에 대해 거부권을 행사한다. 대표적인 예는 당시 중국인 이민 금지 기간이 20년이었는데 이를 아서는 거부하고 10년으로 정했다. 언론과도 사이가 나빠 언론에서는 그를 '무능하고 게으른 대통령'이라 비난했다. 그러나 아서는 부정부패한 관리를 내쳤으며 이전 대통령이 추락시켜 놓은 권위와 위엄을 되찾았다.

아서는 재선에 도전하려 했으나 공화당 경선에서 패해 재선을 포기한다. 키 188, 몸무게 112kg의 거구로 미식가이며 술을 좋아했던 아서는 성인병에 시달렸고 건강 악화로 인해 퇴임 후 2년 만에 사망한다.

아서는 미국과 한국 사이의 관계에서 중요한 인물로 조선의 외교사절단을 최초로 접견한 대통령이다.

1882년 조선과 미국과 조미수호통상조약을 체결하였다. 다음해인 1883년 고종이 파견한 보빙사 단장 민영익 일행이 미국을 방문하여 뉴욕 피프스 애비뉴 호텔(Fifth Avenue Hotel)에서 대통령 체스터 A. 아서와 만났다. 이때 보빙사는 아서에게 큰 절을 올렸고 고종의 친서를 전했다. 사신으로 간 민영익, 홍영식 등은 "대아미리가(大亞美里加: America의 음차) 합중국 대백리새천덕(大伯理璽天德: President의 음차)께 아뢰옵니다. 사신 등이 대조선국 대군주 명을 받자와 대신으로 대백리새천덕과 대아미리가 합중국 모든 인민이 한 가지로 안녕을 누리시기 청하오며, 두 나라 인민이 서로 사귀고 우의를 돈독히 하기를 바라나이다."라며 친서를 전하였고, 이에 아서 대통령은 "우리 미합중국은 과거 역사에서 보듯이 타국의 영토를 점령, 지배할 의도가 없소. 오로지 상호 우호관계와 교역을 통해 이익을 나누기를 바라오."라고 하였다.

영화 〈다이하드3〉에서 사이먼이 "42 빼기 21은 뭐지?"라고 문제를 낸다. 그 문제의 답은 21대 대통령인 체스터 A. 아서와 관련이 있는 것으로 '체스터 A. 아서 공립학교'였다. 그러나 그 누구도 대답하지 못한다. 아서는 미국인들에게는 지명도가 그리 높지 못함을 영화에서 보여준다.

그로버 클리블랜드(Grover Cleveland, 민주당, 22·24대 대통령)

미국의 제22대, 제24대 대통령(1885~1889, 1893~1897)으로 제23대 대통령 선거에서 벤저민 해리슨에게 간접선거에서 패배해 임기를 나누어 수행한 최초의 대통령이다. 남북전쟁 후 1885년부터 1912년까지 공화당이 힘을 발휘하던 시절 유일한 민주당 대통령이었다.

클리블랜드는 개혁적 이미지와 소신 있는 행동으로 민주당과 개혁적인 공화당 지지자들의 지지를 받아 제22대 대통령에 당선된다. 당시 미국 정치인들은 남북전쟁 참전 여부에 따라 정치적 힘을 발휘할 수 있느냐 없느냐를 결정했는데 클리블랜드의 두 형제가 이미 남북전쟁에 참여하여 그는 후방에서 가족을 돌봐야 했다.

병역 기피자라는 비난을 받았으나 상대 후보 또한 대리자를 보낸 같은 처지였기에 클리블랜드는 민주당 정권을 수립할 수 있었다. 클리블랜드는 부정부패를 척결하겠다는 자신의 신념을 보였다. 남북전쟁 참전 용사들이 부당한 이득을 취하는 것에 대해 거부권을 행사했고 불법적으로 토지를 점유한 철도 회사에 대해 규제를 하는 등 이익집단에 대한 규제를 강화했다.

이후 1888년 대통령 선거에서 공화당 후보 벤저민 해리슨(Benjamin Harrison)에게 패한다. 해리슨보다 더 많은 표를 얻었으나 선거인단 수에서 뒤졌다. 4년 후 1892년 제24대 대통령 선거에서 승리를 거머쥐며 임기를 한번 건너뛰어 대통령직을 수행한다.

1886년 변호사였던 클리블랜드는 자신의 동료 오스카 폴섬이 세상을 떠난 뒤 그 가족을 돌보고 재산을 관리하던 중 27세 차이가 나는 오스카 폴섬의 딸 플랜시스와 연인 사이가 된다. 1885년 그는 백악관에서 결혼한다. 대통령 시절 결혼한 두 번째 대통령이며 백악관에서 결혼식을 올린 유일한 대통령이다.

제24대 대통령 임기 당시 공직자에 대한 인식은 좋지 않았고 의회가 권력을 잡고 있던 시기였다. 클리블랜드가 취임한 지 오래지 않아 1893년 철도의 과도한 건설과 불안정한 재정 상태로 인해 공항을 겪게 된다. 심각한 경제 문제에 직격탄을 맞은 미국의 많은 은행이 도산했고 국고는 바닥을 드러내고 있었다.

풀먼 객차회사는 경기 침체와 경제 불황을 이유로 노동자들의 임금을 대폭 삭감한다. 1894년 노동자들은 풀먼 객차회사(Pullman Palace Car Company)를 상대로 파업을 하고 미국의 수송망을 마비시킨다.

철도 중심지에 연방군을 보내어 강제로 해산시킨다. 이외에도 클리블랜드 임기 시절 많은 일이 있었는데 그의 두 번째 임기는 경기 불황, 파업 그리고 의회와의 싸움으로 막을 내린다.

벤저민 해리슨(Benjamin Harrison Ⅵ, 공화당)

벤저민 해리슨은 미국의 제23대 대통령(1889~1893)으로 독립선언서에 서명한 벤저민 해리슨 5세의 증손자이자 제9대 대통령 윌리엄 해리슨의 손자이다. 정치적으로 명문 가문에서 태어난 벤저민 해리슨은 탄탄한 교육을 받으며 성장한다. 대학 졸업 이후 그는 변호사로 활동하게 된다. 대학 시절 성격이 차가워 별명이 '빙산'이었다.

휘그당 의원의 아들이자 손자로 해리슨은 정계 진출이 비교적 수월했고 당선 또한 마찬가지였다. 벤저민 해리슨은 남북전쟁 기간 동안 연방군에 참가하여 대령에서 준장까지 진급한다. 1881년 상원의원이 되고 1887년에는 낙선하나 1888년 공화당 대통령 후보로 지명되어 경선에서 승리했다. 당시 공화당은 부정부패가 만연하다는 이미지가 있었으나 해리슨의 청렴결백한 이미지 덕분에 대선후보가 될 수 있었다. 선거에서 표는 적었으나 선거인단의 표를 많이 확보하여 벤저민 해리슨은 대통령에 당선될 수 있었다. 그리고 정치적 명문가라는 배경과 기업의 재정적인 후원까지 그의 뒷받침이 되어 주었다. 그가 정권을 잡을 때 미국은 공업화가 거의 완성되어 경제 구조에도 역사적인 변화가 일었다. 벤저민 해리슨 정부의 중요한 법률인 "셔먼 반트러스트 법령, 셔먼 은구입 법령, 매킨리 관세 법령, 종속적 연금 법령"은 1890년에 모두 통과되었다.

　벤저민 해리슨은 정세를 안정시키고 사회불안을 막기 위해 많은 노력을 했다. 그러나 그는 소신 있는 정치적 행보를 보이기보다는 주변의 의견에 끌려 다녔다. 해리슨의 정치적 무능함이 보이는 대목이다. 1892년 재선에 도전하나 실패로 돌아가고 만다.

윌리엄 맥킨리(William McKinley, 공화당)

윌리엄 맥킨리는 미국의 제25대 대통령(1897~1901)이다. 남북전쟁 참전 마지막 대통령이며 19세기 말 20세기 초 최초의 대통령이다.

남북전쟁 당시 군 복무를 하였으며 남북전쟁이 끝난 후 22세에 소령으로 제대할 만큼 매우 유능한 군인이었다. 변호사, 검사를 거쳐 1887년 하원의원이 된다.

1890년 높은 관세로 미국 상품을 보호한다는 명목을 지닌 "맥킨리 관세법"을 제안하고 가결시킨다. 그러나 이 관세법은 시중의 통화를 위축시켜 경제 위기를 가중시켰고 1893년 대공황 그리고 경기 침체의 원인이 된다.

1896년 공화당 후보에 나선 맥킨리는 기업들의 엄청난 후원금 덕분에 대통령에 당선되었다. 집권 이후 관세율 상호주의정책과 통화 안정 정책을 펼침으로써 미국 경제가 많이 호전되었다. 외교적으로는 전쟁을 반대하는 인물이었으나 전쟁을 통해 경제적 부를 가져오겠다는 야망 또한 가진 이가 바로 맥킨리였다.

1898년 아바나항에서 미국 전투함이 폭발하는 사건을 계기로 미국

-에스파냐 전쟁이 발발한다. 이 전쟁에서 승리한 미국은 필리핀, 푸에르토리코 그리고 괌을 성취한다. 이로써 미국은 대통령의 위상이 올라갔을 뿐 아니라 미국의 위상도 높아져만 갔다. 이것이 바로 미국의 제국주의 시작이었다.

맥킨리는 1900년 재선에 성공한다. 그러나 다음해 박람회에 참석한 맥킨리는 무정부주의자 레온 촐고츠(Leon Czolgosz)가 쏜 총을 맞는다. 첫 번째 총알은 어깨를 스쳐갔으나 두 번째 총알은 위, 장을 지나 근육에 박혀 당시 의학기술로는 발견하기 어려웠다. 담당 의사는 무리하게 탄환을 찾는 것보다는 탄환을 그대로 두는 것이 더 좋겠다는 결정을 내린다. 맥킨리는 점점 회복하는 것처럼 보였으나 갑자기 상태가 나빠져 사망한다. 맥킨리는 미국 건국 후 암살당한 세 번째 대통령이다.

20세기의 대통령

시어도어 루즈벨트 주니어(Theodore Roosevelt Jr., 공화당)

네덜란드계 미국 군사가, 정치가, 외교가로 미국의 제25번째 부통령
이자 제26대 미국 대통령(1901~1909)이다. 그는 테디 루즈벨트(Teddy

Roosevelt)라고 불리기도 한다. 루즈벨트는 1902년 곰 사냥에서 상처 입은 곰을 사냥하지 않고 돌아온다. 이 소식을 들은 뉴욕 브루클린의 장난감 가게 주인이 자신의 가게에 전시한 인형에 시어도어 루즈벨트의 애칭인 '테디'를 붙인다. 이것이 바로 '테디베어(Teddy Bear)'의 시초이다.

어린 시절 병약했던 루즈벨트는 그의 아버지 덕분에 운동을 하는 습관을 기르게 되고 이로 인해 강한 체력을 기르게 된다. 신실한 기독교 신자였으며 하버드 재학시절 대학의 럭비 운동부 선수로도 활동했다. 1882년 공화당 소속 뉴욕주 하원의원이 된 이후 타락한 정치에 대해 저항하고 소신 있는 행보를 보이며 사람들에게 명성을 얻기 시작했다. 그러나 어머니와 아내의 사망으로 충격을 받아 시골에 내려가 목장운영을 한다.

1889년 그는 다시 정치 활동을 재개하고 1895년 뉴욕주 경찰청장에 임명되어 개혁운동을 재개한다. 정치인의 부정부패를 적발하고 처벌함으로써 인기를 얻는다. 1895년 매킨리 대통령 취임 초반 미국 국방부 해군 차관으로 발탁된다.

시어도어 루즈벨트는 맥킨리 정부 초창기 스페인과의 전쟁에서 '사나운 기마자(Rough Rider)'라는 의용군을 조직하여 대장이 되고 전쟁에서 승리한다. 이 덕분에 그는 국민적 영웅이 된다. 루즈벨트는 이후 뉴욕 주지사에 당선, 1900년 부통령으로 선출, 1901년 무정부주의자에 의해 암살된 윌리엄 맥킨리 대통령의 후임으로 바로 미국 대통령이 된다.

그의 독특한 개성과 개혁주의적 정책은 그를 미국 역사상 가장 위대한 대통령 중 한 사람으로 만들었다. 루즈벨트는 대통령 임기 중 삼림 개발을 금지, 많은 국립공원을 만들면서 자원보호 정책을 펼쳤다. 공정거래 법안을 만들어 노사 화합에 기여하고 미국 내 대기업이 세력을 펼치려 하자 과감하게 개입하여 이를 조절했으며 파나마 운하를 건설하기 시작했다.

대외적으로는 먼로주의를 신봉하여 영토 확장 정책을 펼쳤으며 강대한 군대를 건설했다. 루즈벨트는 러·일전쟁을 성공적으로 이끌었다. 러·일전쟁이 끝나자 포츠머스 조약을 주선하여 1906년 미국인으로는 처음으로 노벨평화상을 받았다.

1908년 퇴임 후 공화당과 의견이 맞지 않아 탈당을 하게 되고 이후 진보당을 대표해 대통령에 출마하나 민주당 후보 우드로 윌슨 후보에게 패하면서 정계를 은퇴했다. 2006년 시어도어 루즈벨트는 워싱턴에서 출간되는 '애틀랜딕 먼슬리(Atlantic Monthly)' 잡지에서 주관한 '미국 역사에 영향을 100인(The 100 Most Influential Figures in American History)' 중 15위에 선정되었다. 시어도어 루즈벨트의 조카가 바로 제32대 대통령 프랭클린 루즈벨트이다.

1905년 시어도어 루즈벨트는 윌리엄 H. 태프트를 보내 일본과 태프트-가쓰라 밀약을 체결하였다. 일본의 만주와 조선에서의 우위를 인정하는 대가로 미국의 필리핀에서의 권리를 인정하는 내용이다. 그런데 미국 내 반일 감정이 심해지면서 미국 지식인들은 일본의 타이완과 조선에서의 영향력을 비판하였다. 1907년 루즈벨트는 캘리포니아주에서 발생한 반일 시위들을 무마하기 위해 일본과 신사협정을 체결하였고, 일본인들의 미국 이민을 제한하였다. 한편 1907년에 다카히라-루트 협정을 체결하여 일본의 만주와 조선에서의 우위를 인정하고, 미국의 필리핀에서의 권리인정을 재확인했다.

윌리엄 H. 태프트(William Howard Taft, 공화당)

윌리엄 H. 태프트는 미국의 제27대 대통령(1909~1913)으로 제26대 부통령을 역임했으며 제10대 연방 대법원장을 지냈다. 미국 역사상 행정부와 사법부의 수장을 지낸 유일한 인물이다. 태프트의 소원은 대통령이 아니라 대법원장이었으나 부인의 야망과 압력에 의해 대통령이 된다.

필리핀을 미국의 식민지로 만드는 데 큰 기여를 한 인물이 태프트이며 당시 필리핀 총독으로 필리핀의 토지개혁, 도로 정비, 항구 건설 등의 주요한 일들을 해낸다. 1905년 특사가 되어 일본과 가쓰라-태프트 밀약을 체결한다. 시어도어 루즈벨트의 열렬한 지지자였던 태프트는 그의 충실한 보좌관의 역할을 했고 좋은 친구였다.

전임 대통령 루즈벨트의 지지로 대통령에 당선되나 태프트는 루즈벨트의 말에 불복종하고 다른 길을 가게 된다. 태프트는 처음에는

가쓰라-태프트 밀약으로 인해 조선을 일본의 식민지로 만들게 한 역할을 한 사람이 윌리엄 H. 태프트이다.

혁신적인 정책을 펼치는 듯 보였으나 잘못된 인사 관리와 리더십의 부재로 많은 문제를 일으키기 시작했다. 힘 있는 정치가들에게 끌려다녔고 부패한 장관들에게 중요한 보직을 주는 등 소신도 없고 능력도 없는 모습을 보여주었다. 1913년 퇴임 이후 1921년 제29대 대통령 G. 하딩에 의해 대법원장에 임명된다. 진보적인 판결을 내려 대통령보다 대법원장으로서 유능하다는 평가를 받고 있다.

태프트는 몸무게가 175kg으로 미국 대통령 중 가장 뚱뚱했다. 백악관 욕조에서 목욕을 하다가 몸이 끼이는 일이 발생하여 성인 세 명이 들어갈 수 있을 크기(210×120cm)의 욕조가 제작되기도 했다. 부인이 다이어트를 강요해 아내 몰래 음식을 먹기 위해서 백악관을 빠져나가기도 했다고 한다.

제1~2차 세계대전

우드로 윌슨(Woodrow Wilson, 민주당)

우드로 윌슨은 박사, 문학가, 정치가 그리고 미국의 제28대 대통령
(1913~1921)으로 행정학의 아버지로 불린다. 남북전쟁 이후 최초의

남부 출신 대통령으로 미국 버지니아주 출신이다. 목사였던 그의 아버지는 자신의 뒤를 이어 윌슨이 목사가 되기를 바랐으나 그는 정치가의 길을 갈 것을 결심했다. 1886년 존스 홉킨스 대학에서 정치학 박사학위를 취득한다. 미국 역대 대통령 중 명예 박사학위를 받은 사람은 있으나 진짜 박사학위를 취득한 사람은 윌슨이 유일하다.

정치학자의 길을 걸으면서 정치학 교수로 재직, 대학의 총장으로도 취임한다. 윌슨은 19세기 말 정치와 행정을 분리하자는 "펜들턴 법(Pendleton Civil Service Act)"을 제정했고 "행정은 정치권력이 아닌 관리기술로 봐야 한다"는 입장을 강조하며 "정치행정이원론"을 주장했다. 그의 저서를 통해 이러한 이론을 발표했고 이는 미국 내에서 행정학이 독립된 개념의 학문이라는 것을 보여준 최초의 이론이며 행정학의 시초라 할 수 있다. 우드로 윌슨이 '미국 행정학의 아버지'라 불리는 이유가 바로 이것 때문이다.

윌슨은 민주당에 영입되고 1912년 가장 많은 선거인단을 확보하며 대통령에 당선된다. 취임 후 보호무역 정책으로 높았던 미국의 관세를 낮추고 연방정부의 힘을 강화해 나간다. 제1차 세계대전이 발발하자 먼로 독트린을 내세워 중립을 표방하나 루시타니아호 침몰 사건과 치머만 전보(Zimmermann Telegram) 사건이 발생하자 1917년 독일에 선전 포고하여 연합국의 동맹국으로 전쟁에 참전해 승전국이 된다.

루시타니아호 침몰 사건

제1차 세계 대전이 시작되고 1915년 5월 독일의 유보트가 영국의 여객선 루시타니아호를 아일랜드 연안에서 침몰시키는 사건이 발생했다. 이 사건으로 1,200명 정도의 승객과 선원은 배와 함께 침몰했다. 사망자 중 128명은 미국인 여행객이었다. 윌슨 대통령은 이에 강경하게 항의했다.

1918년 제1차 세계대전이 끝나갈 무렵 윌슨은 미국 의회에서 세계 평화를 위한 계획을 '14개 조항'으로 발표했으며 이를 토대로 제1차 세계대전 이후 1919년 파리 강화 회의에서 윌슨은 "14개조 평화 원칙"을 제시한다. 그 중 '민족자결주의'는 전 세계 식민지에 희망을 주는 듯했으나 말뿐이었다. 또, 윌슨은 국제연맹 창설을 주장하고 국제연맹 창설에 기여하나 미국은 의회의 반대로 국제연맹에 가입하지도 못했다. 일본 측이 인종 차별을 철폐하자는 제안을 내놓자 윌슨은 미국으로 이민자가 몰려올 것을 우려해 반대했다.

국제연맹 가입을 의회가 반대하자 미국 내 정치적 기반을 잃어가던 윌슨은 지지를 호소하기 위해 전국을 돈다. 1919년 국민들에게 유세를 하던 도중 윌슨은 뇌경색을 일으켜 반신불수가 되어 국정을 처리할 수 없게 된다. 병상에 누웠음에도 사임을 거부하고 윌슨의 부인

치머만 전보(Zimmermann Telegram) 사건

미국 군대의 힘을 무력화하기 위해 독일 외무장관 치머만은 미국을 멕시코·일본과 전쟁을 벌이게 만드는 계획을 세웠다. 1917년 자신의 목적을 달성하기 위해 그는 멕시코에 있는 독일 공사에게 비밀전보를 보낸다. '치머만 전보'를 통해 미국인들은 미국에 대한 독일의 적대감을 확인하였고 미국이 독일에 대한 반감을 가지도록 만들었다. 제1차 세계대전에서 중립을 표방하던 미국이 제1차 세계대전에 참전하는 계기가 된다.

1919년 파리 강화 회의

1919년 1월~6월 사이 제1차 세계대전 이후 승전국을 포함한 27개국 대표가 모여 전쟁 이후의 뒤 처리를 의논하기 위해 모였다. 이 회의에서 윌슨은 "민족자결주의"를 주장했고 이는 당시 일제 치하에서 식민 지배를 받고 있던 우리나라에 영향을 끼쳐 1919년 3·1만세운동이 벌어진다.

이디스(Edith Bolling Galt Wilson)가 남은 임기 동안 국정을 처리했다.

당시 부통령이었던 토마스 R. 마셜 부통령도 이의를 제기하지 않았고 미국 역사상 세 번째로 8년 임기를 다 채운 부통령이 될 수 있었다. 1919년 윌슨은 국제연맹 창설 주장을 공로로 하여 노벨평화상을 수상했다.

그러나 백인우월자이며 KKK(Ku Klux Klan)의 옹호자였던 윌슨은 KKK의 과격한 행동을 눈감아 주었고 KKK단을 미화시킨 영화를 보고 박수갈채를 보냈다는 것으로 유명하다.

우드로 윌슨과 관련된 일화로 그가 프린스턴대 학장을 역임할 당시였다. 프린스턴대 대학원에 재학 중이던 이승만에게 한국인 최초로 박사학위를 수여한 사람이 바로 윌슨이었다. 윌슨은 이승만을 아껴서 자신의 가족 파티에도 초대하여 한국을 이끌어 나갈 청년이라고 소개했다.

윌슨의 민족자결주의

민족자결주의는 어떤 한 민족이 다른 민족을 정치·사회·문화적으로 간섭해서는 안 된다는 내용을 담고 있으며 그 민족의 문제는 그 민족이 해결할 수 있는 자주성을 보장해야 한다는 내용이 주를 이룬다.

윌슨의 임기는 1921년에 끝이 났고 1923년 윌슨이 사망하게 된다. 윌슨 사후에 부인 이디스가 국정을 처리했음이 밝혀졌고 이는 대통령의 유고시 대통령직 승계 원칙에 대한 규정을 확실하게 만든 계기가 된다. 이 일을 계기로 만들어진 규정이 바로 미국 수정헌법 제25조이다.

워렌 G. 하딩(Warren G. Harding, 공화당)

미국의 제29대 대통령(1921~1923)으로 미국 임기 중 사망한 여섯 번째 대통령이다. 미국인들이 싫어하는 대통령이자 무능한 대통령으로 평가를 받고 있다.

하딩은 1884년 파산한 시골 신문 '매리언 스타(Marion Star)'를 사들여 편집을 맡게 된다. 1891년 결혼을 하게 되는데 하딩의 부인은 정치적 야망이 커 하딩이 정치를 하도록 한다. 편집자와 실력 있는 웅변가로 알려진 하딩은 1889년 공화당 상원의원에 선출되고 재선된다.

하딩은 1914년 미국 상원에 당선되나 출석률도 저조했고 임기 6년간 제대로 된 법안도 내놓지 못했던 무능력한 정치인이었다. 시어도어 루즈벨트가 제28대 대통령 선거에 출마하려하자 접근하여 부통령 후보 자리를 약속받는다. 그러나 루즈벨트가 선거 전 사망해 이는 무산된다. 그러나 당시 대통령 윌슨은 병석에 있었고 민주당에 대한 여론은 좋지 않아 공화당에서 대통령이 선출된 가능성이 높았다. 공화당 내에서 대선후보 결정을 위해 투표를 9번이나 하지만 결정이 되지 않았다. 공화당 세력가들 추천으로 가장 무난했던 인물을 대통령 후보로 내세우는데 그 사람이 바로 하딩이었다. 이후 대통령에 당선되었고 상원 임기 중 선출된 첫 대통령이었다.

하딩은 불성실했고 무능력한 인물이었다. 제대로 된 인사가 될 리가 없었다. 하딩의 친구들과 친척을 자신의 비서나 주요한 직책에 임명하는 등 사람들에게 비난을 받았다. 그리고 이들의 부정부패는 날로 심해졌고 하딩도 힘든 상황에 처했다. 재임 기간 중 월슨은 미국 내 금주령을 내렸다. 그러나 미국은 무허가 술집이 넘쳐났고 집에서 만취하는 이들이 늘어가 어수선한 분위기는 지속되었다.

하딩은 1923년 초부터 건강이 좋지 않았는데 1924년 대통령 선거를 위해 무리한 일정을 소화하고 있었다. 1923년 전국연설회에 나섰던 하딩은 샌프란시스코 기차에서 쓰러졌고 이후 샌프란시스코 호텔에서 사망한다.

미국의 제29대 대통령 선거는 모든 여성이 투표할 수 있었던 첫 선거였기에 역사적으로 중요한 의미가 있다.

캘빈 쿨리지(Calvin Coolidge, 공화당)

미국의 제29대 부통령이며 제30대 대통령(1923~1929)으로 미국 독립
기념일(1776년 7월 4일)에 태어난 최초이자 마지막 대통령이다. 쿨리지
가 부통령으로 재임하던 시절 휴가를 받아 고향인 버몬트주의 아버지
집에서 잠을 자고 있었다.

하딩의 부고를 들은 그의 아버지는 쿨리지를 깨워 자신의 가게 계
산대에 성경을 올려놓고 아들 쿨리지에게 대통령 선서를 시켰다. 선
서가 끝난 후 다시 세 시간 동안 잠을 잤다는 이야기가 전해질 정도로
쿨리지는 잠을 무척 좋아하는 대통령이었다.

쿨리지는 대통령을 승계받은 후 뇌물죄, 직권 남용 등 부정공직자
를 해임, 퇴출하는 노력을 보인다. 공직자로서 청렴함을 보여줌으로
써 국민에게 신뢰를 얻어 1924년 대선에서 재선에 성공한다. 간단명
료하고 과묵하며 검소한 모습으로 당시 국민에게 인기가 있었다. 그
러나 쿨리지는 잠을 너무 좋아해서 구설수에 올랐다. 대통령 재임
시절 회의 시간에 조는 일이 많았다. 오후에는 정기적으로 낮잠 시간
이 있었고 저녁에 잠자리에 일찍 들었다고 한다.

허버트 후버(Herbert Hoover, 공화당)

허버트 후버는 미국 제31대 대통령(1929~1933)으로 많은 사람들의 기대 속에 취임했으나 재임 시절 대공황이 터지면서 큰 비난을 받았다. 9세 때 고아가 되어 삼촌과 함께 살았고 대학에서 광산 공학을 전공했다.

24살 때인 1898년 후버는 중국 하북성 당산으로 가 탄광에서 일을 하였다. 1899년부터 아프리카, 유럽, 아시아를 10여 년간 여행하고 1909년 중국에서 돌아왔다. 그는 중국어를 상당히 잘했고 스스로 '후화(胡華)'라는 중국어 이름을 지었고, 이후 대다수는 '후불(胡佛)'이라고 부른다. 후버 부부는 자신들의 대화를 누군가 듣는 것이 싫어서 백악관에서 중국어로 대화를 나누었다고 한다.

1914년 제1차 세계대전 발발 당시 후버는 활발한 구호 활동을 펼쳤다. 전쟁 동안 끊임없이 구호 활동을 한 덕분에 사람들에게 위대한 인도주의자라 칭송을 받았다. 종전 후 1920년 워런 하딩의 행정부의 장관이 되면서 당시 최대 규모의 댐 공사를 지휘하게 된다. 인도주의적인 모습과 건설, 행정에서도 능력을 보인 후버는 캘빈 쿨리지 행정부에도 발탁이 된다.

24살 때인 1898년 후버는 중국 하북성 당산으로 가 탄광에서 일을 하였다. 1928년 공화당 후보가 되어 대선에 승리하여 대통령에 당선된다. 선거 당시 내건 슬로건이 "모든 냄비에 닭고기를, 모든 차고에 자가용을!(A chicken in every pot, a car in every garage!)"이었다. 이 슬로건은 당시 미국 시민들에게 후버에 대한 기대감을 갖도록 했고 언론의 찬사도 넘쳐났다. 대단한 대통령이 당선되었다는 극찬을 받으며 1929년 대통령에 취임한다.

하지만 취임 후 7개월 만에 경제공황이 발발한다. 경제공황 발발 전 경제 상황이 악화되는 등 징후가 있었으나 후버는 이를 대수롭지 않게 여기고 대책을 세우지 않았다. 많은 노동자들이 실업자가 되고 굶주렸으며 이들은 집에서도 쫓겨나 판자촌에서 생활하게 된다. 사람들이 이 판자촌을 '후버촌'이라 부를 만큼 후버에 대한 분노와 실망은 극에 달했다. 여기에 제1차 세계대전 참전 용사들이 연금 보너스를 지급해 달라는 시위를 일으키자 후버는 군대를 동원하여 무력으로 강제 해산시킨다. 이로 인해 그를 향했던 민심은 모두 사라져버렸다. 다양한 정책들을 내놓지만 경제는 살아나지 않았고 민생은 힘들기만 했다. 결국 1932년 선거에서 "뉴딜 정책"을 공약으로 내세운 프랭클린 루즈벨트에게 패한다.

프랭클린 D. 루즈벨트(Franklin D. Roosevelt, 민주당)

프랭클린 D. 루즈벨트는 제26대 대통령 시어도어 루즈벨트의 조카이자 민주당 출신 정치인으로 미국 제32대 대통령(1933~1945)이다. 미국 역사상 유일하게 4선을 했으며 최장기간 재임한 대통령이다. 루즈벨트 이후 "대통령 3선 출마금지법"(수정헌법 제22조)이 생겼다.

1921년 별장에서 물에 빠지는 사고를 당한다. 이 사고로 인해 하반신마비가 되지만 끊임없는 노력 끝에 다시 걸을 수 있게 되었다.

1928년 뉴욕 주지사에 당선되어 지사로서의 능력을 인정받으며 1932년 민주당 대통령 후보로 지명된다. 대통령 당선 후 임기 중 대공황과 제2차 세계대전의 상황을 겪었으며 "뉴딜 정책"으로 유명하다.

루즈벨트는 미국 경제 회복을 위한 정책을 펼쳤으며 제2차 세계대전 당시 동맹국들을 유도해 전후 세계질서를 세우는 역할을 했다. 여러 나라와 우호적인 관계를 맺고자 애썼으며 일본이 중국을 침략하려 하자 이를 반대하는 등 평화적인 외교를 펼쳐나갔다. 1936년 루즈벨트는 재선하게 되나 경기는 다시 악화되고 있었다. 1939년 제2차 세계대전이 발발하면서 미국이 참전한다. 이로써 미국의 군수산업은 증대하고 미국의 경기가 살아나 경제가 회복된다. 루즈벨트는 2차 세계대전의 참전을 통해 경제적인 부를 미국에 가져다주었고 미국을 강대국으로 만들었다는 측면에서 자국민들에게 좋은 대통령으로 인식되고 있다.

그러나 일각에서는 전쟁으로 인해 미국의 경제가 살아났다는 점과 12년의 장기집권을 하는 등 권력집착형 대통령이라는 비판도 존재한다. 1940년 3선에 1944년 4선에 성공한다.

1945년 어느 날 루즈벨트는 애완견과 산책하다 뇌출혈로 사망한다.

다음은 미국 대통령 명연설 중 하나인 프랭클린 루즈벨트의 첫 번째 취임 연설의 일부분이다. 그가 대통령 취임 당시 미국은 대공황의 늪에서 빠져나올 수 없었으며 실업자의 수는 기하급수적으로 늘어나고 은행들은 대부분 파산했다. '대공항'이라는 고난과 역경의 시기를 국민들 모두가 단합하여 잘 이겨나가 보자는 그의 뜻이 담겨 있다. 연설문 중 "우리가 유일하게 두려워해야 하는 적은 바로 두려움 그 자체입니다"라는 표현은 당시 많은 이들의 공감을 끌어내었다.

1933년 3월 4일

가장 먼저 저의 확고한 신념부터 말씀드리겠습니다. 우리가 유일하게 두려워해야 하는 적은 바로 두려움 그 자체입니다. 이름도 없는 이 무자비하며 터무니없는 공포는 전진하기 위한 우리의 노력조차 마비시킵니

1933년 개정된 수정헌법 20조 1항에서 대통령과 부통령의 임기는 1월 20일 정오부터 시작됨을 명시하였다. 이전까지는 3월 4일에 취임식이 열렸으며 1월 20일로 취임식이 정해진 것은 1937년 프랭클린 루즈벨트 대통령 제2기 취임식 부터였다.

다. 조국이 어둠 속에 있을 때마다 신실하고 힘 있는 리더십은 국민들의 이해와 지지와 함께 연합했습니다. 저는 우리 국민 여러분께서 이 중대한 시기에 다시 한번 이와 같은 지지를 주시리라 자신합니다. …

저는 국민들로부터 받은 신뢰에 용기와 헌신으로 보답하겠습니다. 그렇게 할 수 있습니다. 우리 모두는 단결하여 이 고난의 시기를 싸워서 이겨나갈 것입니다. 그 과정 속에서 우리가 오랜 시간동안 소중하게 여겨온 도덕적 신념을 지킬 것이며 노인이든 젊은이든 의무를 수행하면서 완전한 만족을 누릴 수 있을 것입니다. 통합적이고 지속적인 국민의 생활을 보장하는 것이야 말로 바로 우리의 목표입니다.

우리는 민주주의 미래를 신뢰합니다. 미국은 단 한 번도 실패한 적이 없습니다. 그들은 필요에 따라 직접적이며 강력한 힘을 발휘할 수 있는 권한을 위임했습니다. 그들은 지도자에게 규율과 방향성을 요구했습니다. 그리고 이제 저는 국민 여러분의 바람을 실현할 도구로 임명받았습니다. 선물과도 같은 이 임무를 받아들이겠습니다. 국가에 대한 헌신을 약속하는 이 자리에서 우리는 신의 축복을 바랍니다. 우리 국민 한 사람 한 사람을 지켜주소서. 앞으로 다가올 날들에 저를 인도하소서.

해리 S. 트루먼(Harry S. Truman, 민주당)

해리 S. 트루먼은 미국의 제32대 부통령(1945년)으로 프랭클린 루즈벨트의 갑작스런 사망으로 인해 부통령 취임 80여 일 만에 제33대 대통령(1945~1953)으로 취임한다.

시력이 나빴던 트루먼은 사관학교 진학에 실패한다. 이후 시력검사표의 알파벳을 모두 외워 안경을 벗고 시험을 치르고 합격하여 장교가 된다. 제1차 세계대전 당시 프랑스에서 포병으로 복무한다.

건강이 좋지 않았던 루즈벨트가 4선에 도전하자 누가 부통령 되느냐에 관심이 집중되었다. 이때 민주당은 트루먼을 선택했고 예상보다 빨리 그는 대통령직을 승계하게 된다.

트루먼은 대통령으로서 능력 있는 사람이었다. 취임 이후 독일의 항복을 받아냈고 일본과의 전쟁에서 원자폭탄 투하할 것을 결정한다. 1945년 히로시마와 나가사키에 투하해 일본의 항복을 받아낸다. 페어딜(Fair Deal) 정책을 펼쳐 미국 경제를 안정시켜나갔다. 트루먼 독트린을 발표하여 전 세계의 공산화를 막고자 노력했다. 트루먼 대통령은 한국과도 인연이 깊다. 한국전쟁이 발발하자 신속히 미군을 한국에 파병하여 남한이 공산화되는 것을 막아냈다.

트루먼은 위에 언급한대로 1945년 4월 12일 루즈벨트 대통령 사망 직후 대통령에 취임하게 된다. 이후 1948년 재선에 성공한다. 1949년 취임 당시 첫 번째 취임식에서 사용했던 성경책과 미주리 인디펜던스에서 시민들이 기증한 성경에 손을 얹고 취임 선서를 했다.

다음은 1949년 1월 20일 트루먼의 대통령 취임사 중 일부분이다.

국민 여러분, 저는 국민 여러분이 제게 주신 명예를 감사한 마음으로 받아들이겠습니다. 저는 나라의 복지와 세계 평화를 위해 제가 할 수 있는 모든 일을 다 하겠노라고 다짐하며 굳은 의지로 그것을 지켜나가겠습니다.

제가 대통령직을 수행하는 데 있어서 여러분들의 도움과 기도가 절실합니다. 여러분의 격려와 지지가 필요합니다. 우리는 서로 협력해야만 우리의 목표를 이룰 수 있습니다.

우리의 긴 역사 속에서 나름의 도전들은 매 순간 있었습니다. 현재 우리에게 직면한 도전들은 그 무엇보다 중요하다라 생각됩니다. 오늘은 새로운 행정부의 시작이자 세계의 결정적인 시대의 시작을 알리는 날입니다. … 우리 시대에 가장 필요한 것은 바로 온 인류가 평화와 화합 속에서 함께 사는 법을 배우는 것입니다. 전 세계 사람들은 큰 희망과 큰 두려움이 공존하는 불확실성을 지닌 채 미래를 맞이합니다. 이 불확실성의 시대에 많은 사람들은 미합중국에 선한 영향력과 현명한 지도력을 기대하고 있습니다.

페어 딜(Fair Deal) 정책

자유주의적 미국 내 개혁 정책으로 주로 경제 문제를 다루었다. 최저임금을 인상하고 빈민촌을 없애 나가며 노인연금제도를 확대해 나갔다.

그러므로 우리는 이 기회를 통해 전 세계를 향해 우리가 삶의 가장 중요한 신조로 삼고 있는 본질적 원칙들을 알리고 모든 이에게 우리의 목표를 선언하는 것은 합당하다 여겨집니다.

미국 국민은 이 나라를 태초부터 이끌어 온 신념을 절대적으로 지킵니다. 우리는 법 아래에서 평등한 대우와 기회 균등의 권리가 있다고 믿습니다. 모든 사람에게는 사상과 표현의 자유가 있음을 또한 그것을 누릴 권리가 있음을 믿습니다. 우리는 모든 사람들이 신의 형상을 본떠 창조되었기에 평등하게 태어났다라고 믿습니다.

이 신념으로부터 우리는 절대 흔들리지 않을 것입니다.

그러나 이러한 목표를 추구하는 데 있어서 완전히 다른 신념과 다른 목표를 가지고 있는 체제에 의해 방해를 받습니다.

그 체제는 인간에게 자유와 안전보다 더 큰 기회를 제공한다는 그릇된 철학을 굳게 믿고 있습니다. 많은 국민들이 이 철학에 현혹되어 자신들의 자유를 희생하였으나 그들에게 돌아온 것은 오직 기만과 조롱, 빈곤과 독재였습니다.

이 그릇된 철학은 바로 공산주의입니다.

공산주의는 인간은 나약한 존재이자 부족한 존재이기에 반드시 힘 있는 지배자의 통치를 필요로 한다는 믿음을 가지고 있습니다.

민주주의는 인간은 이성과 정의를 스스로 다스릴 수 있으며 자신의 권리는 물론 도덕적, 지적인 능력도 지니고 있다는 신념에 그 바탕을 두고 있습니다.

공산주의는 개인을 합법적 이유 없이 처벌하고 강제노동을 시킵니다. 공산주의는 개인의 의사는 중요하지 않으며 지도자의 말에 무조건 따라야 하며 그 지도자의 생각이 가장 중요합니다.

민주주의는 정부가 개인을 위해 수립된 기관이므로 개인의 권리와 자유를 보호해야 하는 책임이 있다고 굳게 믿고 있습니다.

공산주의는 모든 사회악들이 폭력에 의해서만 시정될 수 있다고 주장합니다.

민주주의는 사회 정의가 평화적인 변화를 통해 이뤄낼 수 있음을 보여주고 있습니다.

공산주의는 세계가 적대적 관계로 전쟁은 반드시 필요하다고 말합니다.

민주주의는 자유국가 간 분쟁을 올바르게 해결하고 영속적인 평화를 유지할 수 있다고 생각합니다.

공산주의와 민주주의의 차이는 미국에만 존재하는 것이 아니며 복지와 인간의 존엄성 그리고 인간의 권리가 내포되어 있음을 전 세계 사람들은 알아가고 있습니다.

머지않아 우리의 안정은 정상화될 것이며 점점 더 많은 날들이 민주주의의 장점을 알고 그 풍요에 참여할 것입니다. 현재 우리를 반대하는 국가들도 자신의 그릇된 생각을 버리고 세계의 자유 국가들과 함께 여러 문제들을 올바르게 해결해 나가는 데 동참하리라 믿어 의심치 않습니다.

여러 분쟁과 사건들로 인해 미국식 민주주의는 새로운 영향력과 책임을 떠안게 되었습니다. 이를 통해 우리의 용기, 의무, 헌신 그리고 자유를 시험하게 될지도 모르겠습니다. 그러나 우리는 현재 우리가 가지고 있는 자유 속에서 이뤄낸 것보다 더 커다란 자유 속에서 충분히 해낼 수 있으리라고 말씀드립니다.

신에 대한 우리의 믿음은 확고하기에 우리는 믿음을 가지고 전 인류의 자유가 안전하게 지켜지는 세계를 향해 나갈 것입니다.

우리는 우리의 능력, 자원, 결심을 그러한 목적을 위해 바칠 것입니다. 신의 도움으로 인류의 미래는 정의가 넘치며 화합과 평화를 이룰 것입니다.

양극체제 시기의 미국 대통령

드와이트 D. 아이젠하워(Dwight D. Eisenhower, 공화당)

1952년 공화당 후보로 대선에 출마해 당선되고 1953년 미국의 제34대 대통령(1953~1961)으로 취임한다. 부통령은 리처드 닉슨이었다. 아이젠하워의 공약 중 하나가 한국전쟁의 종식이었다.

제2차 세계대전 당시 유럽 연합군 최고 사령관으로 노르망디 상륙 작전을 성공적으로 이끌었다. 전쟁이 끝난 후 아이젠하워는 1948년 콜롬비아대학의 총장을 역임했으며 1951년 첫 나토 사령관이 되었다.

1950년 한국전쟁이 발발하자 전쟁에 참여한다. 당시 한국 주둔 미군을 관리하던 더글러스 맥아더는 트루먼 대통령과 끊임없이 갈등하다 결국은 해임된다. 이후 아이젠하워가 한국 주둔 미군을 관리한다.

1953년 소련과 협상 후 한국전쟁의 휴전을 결정한다. 아이젠하워는 핵무기의 위력을 인지하고 있었고 평화를 명분으로 핵무기를 도입한다. 핵무기로 인해 미국은 소련과 핵무기 경쟁을 시작하고 이 경쟁은 우주로까지 이어진다. 아이젠하워는 1952년과 1960년 두 번 한국을 방한했다. 당시 아이젠하워 대통령을 환영하기 위한 많은 인파가 서울역에서 시청까지 몰렸다. 아이젠하워 대통령의 차가 샛길로 빠져나가야 할 정도로 그를 향한 대한민국 국민의 관심은 뜨거웠다.

존 F. 케네디(John F. Kennedy, 민주당)

미국의 제35대 대통령(1961~1963)인 존 F. 케네디 대통령에게는 최초라는 수식어가 많이 붙는다. 미국 최초의 가톨릭교도 대통령이자 20세기에 태어난 첫 대통령이다. 최초의 해군 출신 대통령이며 최연소(44세)로 당선된 대통령이다.

케네디 대통령은 아일랜드계 가톨릭 집안으로 19세기 후반 아일랜드의 대기근을 피해 미국 매사추세츠주로 이주했다. 그의 아버지는 매우 야망이 있는 사람으로 자식 중 한 명은 꼭 대통령으로 만들겠다는 야심을 가지고 있었다.

케네디는 제2차 세계대전에서 해군으로 복무하면서 큰 부상을 입고 허리를 다치게 된다. 이는 케네디의 삶에 영향을 끼치는데, 선거 때에도 허리 통증을 참아가며 있어야 했고 1961년 미국을 방문한 박정희 국가재건 최고회의 의장과의 회담 때도 아픈 허리로 인해 많이 힘들어했다. 케네디는 태평양 전쟁 중 해군에 복무했으며 자신이 타고 있던 배가 일본군에게 격침, 위험을 무릅쓰고 동료를 구한다.

이 일은 케네디를 영웅으로 만들었고 이후 민주당 소속 하원의원,

상원의원으로 지냈다. 1960년 대통령 선거는 미국 최초의 TV 토론이 있었던 때로 매우 중요한 선거였다. 케네디는 닉슨 후보를 제치고 미국의 대통령으로 당선되었다.

당시 오하이오주에서 패배한 후보는 미국 대통령에 당선되지 못한다는 징크스가 있었으나 이 징크스를 깬 대통령이 케네디이다. 대통령 선거에서 오하이오주의 표를 많이 받지 못했으나 당선된 것이다. '뉴프론티어(New Frontier, 개척자) 정책'을 주장했으며 쿠바 미사일 위기를 해결한 것으로 그는 많은 인기를 끌었다.

쿠바 핵미사일 위기는 1962년 소련이 쿠바에 미사일 기지를 건설되고 있다는 사실이 미국 정찰기에 의해 밝혀졌다. 소련이 아닌 쿠바의 미사일 기지에서 핵미사일이 발사된다면 미국 본토는 대부분 모두 핵 공격의 사정거리에 들어오게 되는 상황이었다. 케네디 대통령은 쿠바를 해상 봉쇄했으며 소련 측에 철수를 요구했다.

소련은 미국이 쿠바를 침공하지 않겠다는 약속을 해 준다면 미사일을 철거하겠다는 의사를 미국에 전달하고, 미국이 이를 받아들였다. 이로써 제3차 세계 대전의 발발을 막을 수 있었다. 1963년 케네디는 부인 재클린과 리무진을 타고 이동하던 중 오스월드가 쏜 총에 의해 암살당한다.

케네디가의 저주(Kennedy curse)는 현재도 진행형이다. 케네디 대통령은 9남매 중 둘째이다. 9남매 중 몇 명은 젊은 나이에 불운의 사고로 죽고(전사, 피살 또는 사고사) 정신지체인 자녀도 있었다. 케네디는 2남 1녀의 자녀가 있었는데 차남은 미숙아로 태어나 생후 이틀 만에 사망한다. 장남은 1999년 비행기 추락 사고로 아내와 함께 사망했다. 2019년에도 케네디 가문의 시어셔 케네디 힐이 (故 로버트 F. 케네디 법무장관의 외손녀) 22세의 나이로 약물 과다복용으로 사망한다.

그의 나이 당시 46세였다. 대통령직은 부통령이었던 린든 B. 존슨 부통령이 승계했으며 대통령 전용기 안에서 대통령 취임선서를 한다.

존 F. 케네디 대통령의 취임 연설문은 "친애하는 국민 여러분, 여러분의 조국이 당신을 위해 무엇을 해 줄 것인지를 묻지 말고 여러분이 조국을 위해 무엇을 할 수 있을지 물어보십시오"로 많은 이에게 잘 알려져 있다.

케네디의 연설문은 에이브러햄 링컨의 '게티즈버그 연설', 마틴 루터킹 목사의 '나에게는 꿈이 있습니다' 등과 함께 미국 역사상 위대한 연설로 알려져 있다.

다음은 연설문의 일부분이다.

1961. 01. 20

오늘 우리는 한 정당의 승리를 축하하는 것이 아니라 자유의 축복을 거행하고 있습니다. 이 자유는 시작이면서 끝을 의미하고 변화이자 쇄신을 의미합니다. 제가 여러분과 전능하신 신 앞에서 우리 선조들이 175년 전에 규정한 것과 동일한 그 엄숙한 선서를 했기 때문입니다.

현재의 세계는 매우 달라졌습니다. 인간은 어떤 형태의 빈곤도 이겨내고 어떤 형태의 삶도 이겨낼 수 있는 힘을 가지게 되었습니다. 그러나 우리 선조들이 쟁취하려 노력했던 신조는 여전히 전 세계의 쟁점이 되고 있습니다. 그 신조는 인간의 권리는 국가의 관대함이 아닌 신의 손에서 나오는 것이라는 것입니다.

우리는 우리가 그 첫 번째 혁명의 계승자라는 것을 절대 잊어서는 안

케네디 대통령의 아내 재클린 케네디(Jacqueline Kennedy)는 케네디가 암살당하자 그리스 선박왕인 오나시스와 재혼을 한다.

됩니다. 이 시간, 이 자리에서 그 혁명의 횃불이 미국의 새로운 세대에게 넘어왔다는 사실을 전 세계 모두에게 알립시다. …

자유를 지키고 성취한다면 우리는 어떤 대가도 치를 것이며 어떠한 어려움도 감내할 것이며 고난에 맞설 겁니다. 우리의 친구라면 적극적으로 돕고 지지할 것이며 우리의 적이라면 대항할 것입니다. 이를 모든 나라에 알립시다. …

세계 주권국들의 연합인 유엔(UN)앞에 다시 한 번 서약합니다. 국제연합이 신생국과 약소국을 보호하는 방패 역할을 잘 할 수 있도록 국제연합의 영향력이 확장되어질 수 있도록 노력하겠습니다.

끝으로 우리는 우리의 적이 된 국가에게 맹세가 아닌 요청 하는 바입니다. 과학이 일으키는 엄청난 파괴력이 온 인류를 계획적 또는 우발적인 자멸 속으로 몰아넣기 전에 양측 모두가 평화를 새로이 추구하자는 것입니다. …

이제 다시 새로이 시작합시다. 양측 모두가 공손함이 나약함을 뜻하는 것이 아니며 진심은 언젠가 증명된다는 사실을 기억해야 합니다. 두려움 때문에 협상하지는 맙시다. 그러나 협상하는 것을 두려워하지도 맙시다. …

기나긴 세계 역사를 돌아보면 자유를 수호하는 역할은 몇 세대만이 그 역할을 부여받았습니다. 저는 이러한 책임 앞에서 물러서지 않겠습니다. 기꺼이 맞서겠습니다. 우리들 중 그 어느 누구도 다른 국민이나 다른 세대와 이 책임을 바꾸고 싶어 할 것이라 생각지 않습니다. 이 책임을 다하기 위해 우리가 쏟을 능력, 신념과 헌신은 조국과 조국을 위해 봉사하는 모든 이에게 빛이 되어 줄 것입니다. 그 빛은 진실로 온 세상을 밝혀줄 것입니다. 친애하는 국민 여러분, 여러분의 조국이 당신을 위해 무엇을 해 줄 것인지를 묻지 말고 여러분이 조국을 위해 무엇을 할 수 있을지 물어보십시오.

세계 시민 여러분, 미국이 여러분을 위해 무엇을 해줄 것인지를 묻지 말고 우리가 인류의 자유를 위해 무엇을 할 수 있을지 물어보십시오. 끝으로 미국 시민여러분 그리고 세계 시민 여러분, 우리가 여러분에게 요청하는 것과 똑같이 노력과 희생을 요청하시기 바랍니다. 올바른 양심이 유일하고 확실한 보상을 우리에게 해 줄 것이며 역사가 우리를 심판할 것이며 사랑하는 이 대지를 이끌어 나아갑시다. 신의 은총과 축복을 구하며 신의 일이 우리가 해내야 하는 일이 된다는 것을 인식하며 앞으로 나아갑시다.

린든 B. 존슨(Lyndon Baines Johnson, 민주당)

존슨은 미국의 제37대 부통령이며 제36대 대통령(1963~1969)이다. 그는 1931년 민주당에 입당하여 의원 활동을 지속했으며 제2차 세계대전 당시 해군으로 복무한다. 남부 출신이나 흑인의 인권을 위해 노력하는 등 소신 있는 정치가의 모습을 보여주었다.

1963년 케네디가 암살되자 대통령직을 승계했으며 1964년 재선에 성공한다. 케네디보다 더욱 과감하게 뉴프로티어를 실천했고 교육, 주택, 교통, 이민 정책 등에 지대한 영향을 끼쳤으며 흑인에 대한 차별을 없애야 한다고 주장했다. 존슨은 인권, 감세, 자원 보호에 관한 입법을 제기하였고 '위대한 사회(the Great Society)'를 건설하기 위해 많은 정책들을 제시하였다.

존슨은 남부 출신이긴 하지만 흑인에 대한 차별을 없애고 그들의 인권과 권리를 위해 노력했다. 그러나 그의 뜻과는 달리 1968년 마틴 루터 킹 주니어(Martin Luther King Jr.) 목사가 암살당하자 흑백 갈등은 더욱 심각해져만 갔다. 존슨은 베트남전쟁에 깊이 관여했고 전쟁을 주도해 나갔다. 전쟁이 길어지자 베트남전쟁을 종전하라는 여론은 거세졌으며 시위가 끊이지 않자 그는 대선 불출마 선언 후 퇴임한다.

존슨은 한국과 상당히 사이가 좋았는데 이유는 베트남전쟁 때문이었다. 많은 한국 젊은이들은 베트남전쟁에 참전하였고 한국 경제는 이로 인해 살아난다.

존슨은 퇴임 이후 자신의 농장으로 돌아와 은둔생활을 했으며 1973년 사망한다.

린든 B. 존슨 대통령은 젊은 시절 골초였다. 대통령이 되어 금연을 하기 시작했고 백악관에 처음으로 금연구역을 만들기도 했다. 그러나 재임 기간 동안 스트레스가 심해 다시 담배를 피워 건강이 악화되었다.

리처드 닉슨(Richard Milhous Nixon, 공화당)

리처드 닉슨은 미국의 제36대 부통령이자 제37대 대통령(1969~1974)이다. 공화당 출신의 정치인으로 변호사로도 활동했다. 제2차 세계대전에 해군으로 참전했으며 이후 정계로 진출한다. 닉슨은 극우 성향의 정치인으로 반공주의자를 색출해야 한다고 주장했다.

1960년 대선에서 공화당 대통령 후보가 되지만 민주당의 존 F. 케네디와의 경쟁에서 아주 근소한 표 차이로 패배한다. 1968년 닉슨은 대통령에 당선된다. 닉슨이 대통령에 당선될 당시도 베트남전쟁은 지속되고 있었다. 닉슨은 대통령 재임 당시 미국 내의 인플레이션을 억제해 경제를 되살리는 것이 목표였으며 대외적으로는 닉슨주의를 내세우며 중국과의 교류를 시도한다.

1972년 닉슨이 중국을 방문함으로써 양국 관계는 화해 분위기가 되었다. 1972년 대선에서도 압승을 거두지만 워터게이트 사건에 연루되어 탄핵 직전까지 몰린다. 1974년 의회가 탄핵 표결에 들어가자 닉슨은 스스로 사임한다. 리처드 닉슨은 미국 대통령 중 유일하게 사임한 대통령이다. 많은 업적을 남긴 그였으나 워터게이트로 명예롭지 못하게 사임을 한다.

　닉슨은 대통령이 되기 전 위기를 넘긴 경험이 있다. 닉슨이 부통령
후보로 대선을 준비하던 시기였다. 캘리포니아 의원이었던 닉슨은
자신의 지지자들로부터 불법 정치 자금 18,000달러를 받아 사용했던
사실이 밝혀진다. 당시 닉슨은 TV 방송 시간을 사들여 연설한다. 당시
했던 연설이 바로 '체커스 연설(Checkers Speech)'이다.

　이 연설의 주된 내용은 지인으로부터 돈을 받은 것은 사실이나 자
신이 개인적으로 어느 하나도 사용하지 않았다고 주장한다. 자신의
아내는 밍크코트가 하나 없을 정도로 검소하며 자신이 개인적으로
받은 것은 딸 트리시아의 사랑스런 강아지 '체커스'뿐이라 말한다.

　다음은 닉슨의 사임 연설(Resignation Speech) 중 일부분이다.

　1974년 8월 8일

　국민 여러분 저는 절대 중도에 포기하는 사람은 아닙니다. 임기가 끝나
기도 전에 대통령직을 내려놓고 떠나야 한다는 사실에 거부감마저 느낍니
다. 그러나 대통령으로서 미국의 이익을 가장 먼저 생각해야 합니다. 미국

워터게이트 사건이란 1972년 6월 닉슨 대
통령의 측근 5명이 그의 재신을 위해 워싱
턴 워터게이트 빌딩에 있는 민주당 본부에
침입하여 도청장치를 설치하려 했다. 그러
나 이들의 시도는 실패로 돌아갔고 체포된
다. 닉슨은 이 사건에 연루되어 증거 조작과
은폐를 시도했다는 혐의를 받았다.

워터게이트 건물

사회는 자신의 직무에 최선을 다하는 대통령과 의회가 필요합니다. 특히, 지금처럼 국내외적으로 당면한 문제가 많을 경우는 더욱 그러합니다.

대외적으로는 평화, 대내적으로는 경제의 번영이라는 것에 모든 힘이 바쳐야 할 때 저의 개인적인 일로 인해 앞으로 계속 싸움을 한다면 대통령과 의회의 집중이 모두 그곳에 빼앗길 것입니다. 그러므로 저는 내일 정오를 기해 대통령직을 사임하고자 합니다. 이 시간 이후 포드 부통령이 대통령으로서 선서할 것입니다. …

이번 일을 진행하는 과정에서 제가 드렸을지 모를 모든 상처들에 대해 대단히 유감스럽게 생각합니다. 저의 판단이 잘못되었다면, 실제로 그렇기도 합니다만, 그 당시에는 그것이 국가를 위한 최선의 방법이라 생각했다는 점은 말씀드리고 싶습니다. 힘겨웠던 지난 몇 달간 제 곁에서 저를 지켜주신 분, 가족, 친구 그리고 저의 뜻이 옳다고 여겨 저를 지지해주신 분들, 여러분의 지지를 감사히 여기며 평생 마음에 품고 살아가겠습니다.

그리고 저를 지지하지 않으시는 여러분에게도 말씀드리고자 합니다. 제게 비록 대통령직을 사임하지만 여러분에게 그 어떤 나쁜 마음도 가지고 있지 않습니다. 서로의 생각이나 판단은 달랐으나 우리 모두 국가의 이익을 생각했기 때문입니다. 이제 우리 힘을 합쳐 국가의 이익을 생각한다는 이 신념을 가지고 새 대통령이 국가를 위해 국민을 위해 대통령직을 잘 수행할 수 있도록 도와줍시다.

임기를 마치지 못하고 떠나게 되어 유감스럽지만 저는 지난 시간동안 대통령으로서 국민 여러분께 봉사할 수 있었다는 사실만으로도 감사히 여깁니다. 지난 시간 미국과 세계는 아주 중요한 시기였습니다. 그동안 우리는 훌륭한 업적을 이루었습니다. 이는 행정부, 의회, 국민이 하나 되어 맺은 결실입니다. 그러나 이제 우리 앞에 놓여 있는 길 역시 중요합니다. 이 대의를 위해 새 정부는 의회와 국민 여러분의 지지와 협력이 필요합니다.

우리는 이제야 길고 길었던 전쟁을 끝냈습니다. 그러나 세계 평화를 정착시키기 위해 우리의 노력은 더욱 필요할 것입니다. 우리는 전 세계 사람들로부터 미국의 현 세대가 전쟁을 끝냈으며 미래의 전쟁까지도 막아냈다라는 평가를 받을 수 있도록 합시다. …

대통령 임기를 시작하면서 저는 최선을 다했습니다. 그 결과 미국과 전 세계는 더욱 안전해졌다고 생각합니다. 우리의 자녀들이 전쟁에서 죽어가는 것이 아니라 평화 속에서 살아갈 기회 갈 수 있는 기회가 더 많아졌습니다. 이것이야말로 제가 대통령으로서 이루고 싶었던 목표였습니다. 제가 비록 대통령직에서 물러나지만 이것은 우리나라에 바치고 싶은 유산입니다.

대통령으로 지내면서 여러분과 가족처럼 가깝다는 느낌을 받았습니다. 이곳을 떠나지만 여러분과 나눈 그 따뜻함을 가슴에 품겠습니다. 여러분께 신의 가호가 있기를 바랍니다.

제럴드 R. 포드(Gerald R. Ford, 공화당)

미국의 제40대 부통령이자 제38대 대통령(1974~1977)이다. 제2차 세계대전 당시 미 해군에서 복무했다. 워터게이트 사건이 한창일 때 부통령 스피로 애그뉴가 뇌물 사건에 연루되자 포드가 부통령(1973년 12월~1974년)으로 임명되었다.

1974년 8월 리처드 닉슨이 사임한 뒤 포드는 미국 대통령직을 이어받아 미국 역사상 유일하게 선거 없이 부통령과 대통령을 역임했다. 포드 행정부 시절 미국은 베트남에서 군대를 철수했고 미국 내 인플레이션과 물가 상승, 실업률 상승 그리고 소비는 침체되는 최악의 상황을 겪었다.

포드는 대통령 취임 이후 30일 만에 닉슨의 사면을 요청한다. 이후 포드가 닉슨을 특별사면 시키고 국민들은 이에 대해 불만을 터트리며 이는 닉슨이 재선에 실패하게 되는 원인이 된다.

1974년 통학버스에서 흑인과 백인 차별을 금지시킨다. 포드의 흑인 보호 정책에 대해 불만을 품은 백인 부모들은 자녀들의 등교를 거부하며 폭동을 일으키자 포드는 연방군을 동원하여 흑인 학생들을 보호한다. 이 일로 인해 포드는 두 번이나 암살당할 위기에 처하는데 1975년 9월 5일과 22일 캘리포니아주 새크라멘토와 샌프란시스코에서였다. 포드를 암살하려 했던 한 명은 사이코패스였으며 다른 한명은 정신 병력이 있는 사람이었다.

경제 침체로 인해 경제 상황이 악화되자 언론은 포드 대통령을 공격한다. 그러나 포드 대통령은 어떤 반응도 없었고 경제 정책을 바꾸려는 시도조차 하지 않았다. 불만이 쌓여가던 미국인들은 재선에서 포드를 선택하지 않았으며 땅콩 농장을 운영하던 지미 카터에게 표를 던진다. 포드의 재임 기간은 케네디(2년 10개월)보다 짧은 2년 6개월이었다.

지미 카터(Jimmy Carter, 민주당)

지미 카터는 미 해군사관학교 출신으로 제39대 대통령(1977~1981)이다. 카터는 1924년 미국 조지아주 출생으로 그 지역은 인종 차별이 심했으나 카터는 어려서부터 흑인들과 함께 어울려 지내며 인종 차별을 반대한다.

지미 카터는 아버지가 하시던 땅콩 농사 가업을 이어받아 '땅콩 농부'라는 별명을 가지고 있다.

카터는 조지아주 상원의원으로 그리고 주지사로 지내다 1976년 민주당을 대표하여 대통령에 당선되었다. 재임 중 그는 이스라엘과 이집트 사이의 갈등을 적극적으로 조정했다.

미국과 공산주의 국가 사이의 관계를 개선하고 중국과의 우호적인 교류를 이어나갔으며 인권 외교를 주장했다. 1980년 재선에 도전했으나 로널드 레이건 후보에게 패했다. 카터 대통령은 재임 당시 전 세계적으로 인권의 중요성을 주창했고 퇴임 후에는 사랑의 집짓기 운동, 미국의 빈곤층 지원 활동 등을 하여 2002년 노벨평화상을 받았다.

다음은 1977년 3월 17일 유엔에서 지미 카터가 했던 '인권과 대외 정책 연설' 중 일부분이다. 그는 평화, 화합과 통합을 중요하게 여겼으며 대통령직을 수행하면서 이를 위해 노력을 했다.

본인은 희망찬 세계, 인간의 자유와 권리에 대한 기준이 점점 높아져가는 세상이 올 것이라 예측합니다. 우리 모두가 이 세계의 틀을 잡아가는 일에 동참하기 바랍니다.

그러나 이러한 세계를 구축해 나감에 있어 분명히 의견차이가 있을 것이며 우리에게 직면한 위험이 있다는 것을 잘 압니다. 신문의 헤드라인마다 분열, 국가 간 적대 관계, 영토 분쟁, 이념 경쟁 등을 떠올리게 합니다.

우리가 이러한 현실을 직시하고 대처해야 합니다. 그래야만 이 세상은 앞으로 나아갈 수 있습니다. 우리에게 직면한 분열은 그 뿌리가 너무나 깊어 해결하기 어려운 문제입니다. 또한 이 문제는 쉽게 또는 빨리 해소되지 않을 것이라는 것도 잘 압니다.

우리는 이러한 문제와 난관을 해결하기 위해 장기적인 목표를 세우고 끊임없이 노력해야 합니다. 이 목표를 이루는데 미국 혼자서 해결할 수 없습니다. 미국이 세계의 문제를 해결할 수 없음도 잘 압니다. … 우리만의 해결책을 고집할 수도 없습니다. …

한 국가로서 평화와 정의의 추구는 우리가 반드시 해내야 할 도전이며 위대한 하나의 기회가 될 것입니다. 이는 미국뿐 아니라 세계 모든 나라의 국민의 번영을 위해 확대되어야 하는 세계적 경제제도 형성에 동참하는 것입니다.

저는 개도국이 세계 경제 의사 결정 과정에 더 많이 그리고 폭넓게 참여해야 한다고 생각합니다.

우리는 우리 공동의 자원을 슬기롭고 건설적으로 사용해야 합니다. …

평화와 정의를 추구하며 인간 존엄성에 대해 존중해야 합니다. …

우리 미국은 가장 완전하고 건설적인 측면에서 이 모든 것에 대한 책임이 있다는 것을 인정합니다. 우리의 이러한 태도는 정치적 접근이 아닌 우리의 약속임을 밝힙니다.

저 또한 인권의 측면에서 미국이 항상 우리의 이상을 실현시킨 것은 아니라는 것을 잘 압니다. 그러나 미국인은 이러한 이상을 실현하기 위해 변함없이 노력하고 있습니다. …

우리 미국은 다른 회원국들과 함께 연합하여 유엔을 강화하고 개선하기 위해 노력하도록 하겠습니다.

로널드 레이건(Ronald Reagan, 공화당)

로널드 레이건은 영화배우 출신으로 미국 제40대 대통령(1981~1989)이다. 대학 졸업 이후 아나운서로 일하다 육군으로 복무하며 제2차 세계대전에 참전한다. 전역 이후 1937년부터 헐리우드 에서 약 50여 편의 영화에 출연하나 주목받는 배우는 아니었다.

레이건은 민주당 지지자였으나 1950년대부터 점점 보수주의자로 변해갔다. 1962년 공화당에 가입했고 자신의 목소리를 내기 시작했다. 사회복지제도에 비판적이었던 레이건은 자신이 1966년 캘리포니아 주지사로 당선되자 복지제도의 축소와 조세 감면, 교육 정책에 심혈을 기울였다.

1980년 공화당 대통령 후보가 되어 지미 카터를 누르고 대통령에 당선되었다. 재임 중 레이건은 "레이거노믹스" 정책을 펼친다. '레이거노믹스'란 '레이건'과 '이코노믹스'의 복합어로 세금감면과 기업에 대한 정부규제 완화를 시행한다.

미흡한 점이 많았던 이 정책은 오히려 재정 적자를 초래하였다. 이러한 부정적인 측면으로 인해 미국인들에게 비난을 받을 수 있는 상황이지만 국민과 소통하려는 자세를 가진 레이건은 사랑받는 대통령으로 남아 있다. TV 대선 토론 당시 레이건은 "살림살이 나아졌습니까?(Are you better off now than you were four years ago?)"라는 질문으로 국민들과 의사소통을 시작했다.

1981년 3월 존 워녹 힝클리 주니어(John Warnock Hinckley Jr.)가 쏜 총에 레이건 대통령이 저격당하는 암살 미수 사건이 발생한다. 그러나 심장 1cm를 남겨 놓고 총알이 박혀 다행히 목숨을 건질 수 있었다. 가까스로 살아남은 레이건은 '테쿰세의 저주'를 피해간 대통령이 되었다.

1985년 소련의 개방적인 성향의 고르바초프 서기장의 등장으로 미국과 소련 간의 관계가 좋아졌다. 1987년 소련의 고르바초프 서기장과 "중거리핵전력폐기조약(INF, intermediate-range Nuclear Forces treaty)"을 맺어 냉전의 종식을 맞았다.

레이건은 취임식 기준으로 만 69세 11개월의 나이로 미국 대통령 중 가장 고령의 나이에 당선이 되었다. 그러나 제45대 대통령인 트럼프가 취임식 기준 만 70세 7개월로 이 기록을 깼으며 제46대 조 바이든 대통령은 1942년 11월생으로 2021년 1월 20일(현지시간 기준) 만 78세의 최고령의 나이에 대통령 취임을 하게 되어 이 기록을 갱신하게 되었다. 참고로, 최연소 미국 대통령 당선인은 시어도어 루즈벨트

레이건은 출혈이 심했으나 의식이 분명했고 총알을 제거하는 수술 전집도 의사들에게 "여러분이 모두 공화당원이라면 좋겠소"라고 농담을 던지는 여유 있는 모습을 보였다. 또한 병원으로 달려온 그의 아내 낸시(Nancy)에게 "여보, 피하는 걸 까먹었어(Honey, I forgot to duck)"라고 말할 정도로 위트 있는 사람이었다.

이다.

레이건의 아내 낸시 레이건은 조앤 퀴클리라는 점성가와 친했다. 레이건 대통령의 암살 미수 사건 이후 부부가 퀴클리에게 많은 의지를 하는데 퀴클리가 비선실세로 국정에 개입했다는 사실이 드러나 파장을 일으켰다.

로널드 레이건은 퇴임 후 1994년 알츠하이머에 걸리고 그로부터 10년 후 93세의 나이로 사망한다.

다음은 레이건의 "이 장벽을 허무시오(Tear down this Wall)"라는 연설문의 일부분으로 '베를린 장벽 연설'로도 유명하다.

1987년 6월 12일

오늘 이렇게 여러분께 말씀드리고자 합니다. 이 문이 굳게 닫혀 있는한, 이 아픔의 장벽이 서 있는 한 독일과 전 인류의 자유에 대한 문제는 해결되지 않는 것과 마찬가지입니다. 그러나 나는 이 자리에 탄식하기위해 온 것이 아닙니다. 나는 베를린에서 희망의 메시지를 보았으며 이장벽의 그림자 속에서도 승리의 메시지를 발견했습니다. …

자유는 국가 간의 오랜 증오를 예의와 평화로 변화시키고 있습니다. 자유가 바로 승리자입니다. 현재 소련은 제한적이나 자유의 중요성을 알아가고 있는 것 같습니다. 우리는 모스크바의 개혁과 개방의 정책에 대한

베를린 장벽 연설

1987년 6월 레이건은 베를린을 방문한다. 레이건은 이 연설에서 공산주의의 쇠퇴를 언급하며 자본주의의 우월성을 피력한다. 그리고 소련에 개방을 촉구하며 협력하겠다는 뜻을 보인다. 당시 참석했던 사람들뿐만 아니라 대부분의 사람들은 이 장벽이 무너질 것이라고 예상조차 하지 못했다.

이야기를 듣고 있습니다. 정치범이 석방되며 외국 방송에 대한 전파를 허용하고 있습니다. 어느 기업은 국가로부터 통제가 아닌 더 많은 자유를 보장받고 있습니다. 이것들이 소련의 근본적인 변화의 시작일까요, 아니면 서방국가에 대한 소련의 제스처일 뿐인가요? 우리는 변화와 개방을 바랍니다. 자유와 안보는 함께 나아가며 인간의 자유를 보장하는 것이 세계 평화를 수호하는 길이라 믿기 때문입니다.

소련이 자유와 평화를 번영할 수 있는 행동이 있습니다. 고르바초프 서기장! 평화를 원한다면 소련과 동유럽의 번영과 자유화를 원한다면 이 문으로 오기 바랍니다. 고르바초프 선생, 이 문을 여시오! 고르바초프 선생, 이 장벽을 허무시오!

오늘은 희망의 순간입니다. 우리는 개방을 위해, 사람을 분열시키는 장벽을 부수기 위해 더 안전하고 자유로운 세계를 이루기 위해 동구권과 협력할 준비가 되어 있습니다. …

고르바초프 서기장에게 촉구합니다. 우리가 힘을 합쳐 서베를린과 동베를린이 가까워지게 합시다. 베를린의 모든 시민들이 세계에서 가장 위대한 도시 중 하나에서 살아갈 수 있도록 그 혜택을 누릴 수 있도록 만듭시다.

강한 미국 시기의 대통령

조지 허버트 워커 부시(George Herbert Walker Bush, 공화당)

미국의 제43대 부통령이자 제41대 대통령(1989~1993)으로 연방의원, 국제연합대사, 국무성 베이징 연락사무소 소장, CIA 국장을 역임했다.

국무성 베이징 연락사무소 소장 재임 당시 중국과의 국교 정상화에 힘써 '외교의 달인'이란 평가를 받고 있다.

1990년 이라크가 쿠웨이트를 침공하는 걸프전이 발발한다. 부시는 연합군을 앞세워 이라크를 공격하고 전쟁을 승리로 이끈다. 전쟁의 승리 덕분에 지지율은 거의 90%나 되었으나 미국 경기 침체로 여론은 그에게서 등을 돌렸다. 1992년 대통령 선거에서 "경제가 문제지, 바보야!(It's economy, stupid!)"라는 슬로건을 내건 민주당의 빌 클린턴에게 대통령 자리를 내어 주며 부시는 재선에 실패한다.

빌 클린턴(Bill Clinton, 민주당)

미국의 제42대 대통령(1993~2001)으로 46세라는 젊은 나이에 대통령에 당선되었다. 미국 아칸소 주에서 태어난 빌 클린턴은 그곳에서 발생한 인종 갈등을 보면서 흑인 민권 문제와 정치에 관심을 가진다. 고교 시절 주 대표 학생으로 뽑혀 존 F. 케네디 대통령을 만나기도 했다.

1975년 예일 로스쿨 선배였던 힐러리 로댐(Hillary Rodham)을 만나 결혼한다. 바로 그녀가 제67대 미국 국무부 장관을 지낸 힐러리 클린턴(Hillary Clinton)이다.

빌 클린턴은 1976년 아칸소주의 법무장관, 1978년 아칸소 주지사를 역임하며 대통령에 당선될 때까지 5회 연속 주지사를 지냈다. 클린턴은 주지사를 역임하면서 교육개혁과 경제 발전을 추진하였다.

1992년 대선에서 당시 가장 문제였던 경제 침체에 대한 문제를 제기했으며 제42대 대통령으로 당선된다. 대통령 역임 당시 클린턴은 경제 정책에 관심이 많았고 미국 내 교육을 개혁하고자 노력했다.

그러나 화이트워터 스캔들, 르윈스키 스캔들 등 많은 스캔들과 사건에 휩싸인다. 특히, 1998년 모니카 르윈스키 스캔들로 인해 탄핵 직전까지 갔으나 탄핵안은 부결된다. 경제뿐만 아니라 다양한 분야에서 성공적인 정책을 펼쳐 나간 클린턴 정부는 재선에도 성공한다. 이로써 프랭클린 루즈벨트 이후 두 번의 임기를 모두 채운 첫 번째 민주당 대통령이 탄생한다.

조지 W. 부시(George Walker Bush, 공화당, 아들 부시)

조지 W. 부시는 제41대 대통령 조지 허버트 워커 부시의 아들로 미국의 제43대 대통령(2001~2009)이다. 흔히들 조지 부시로 부른다.

예일대 졸업 후 하버드 경영대학원에서 석사를 마친 후 텍사스 주석유 산업에 뛰어든다. 이후 1989년에서 1994년까지 텍사스 레인저스 야구단 사장을 지낸다. 당시 야구단을 60만 달러에 구입하고 1,500만 달러에 되파는 엄청난 수익을 올린다. 1995년부터 텍사스 주지사를 역임하고 이후 대통령 선거에 참여한다.

제43대 대통령 선거 당시 직접선거에서 얻은 득표수는 상대 후보인 앨 고어보다 적었으나 간접선거에서 조지 부시 271표, 앨 고어 266표로 조지 부시가 승리한다.

조지 부시 대통령은 감세제도를 시행했으며 의료보험과 사회복지 제도를 개혁했고 사회보수주의 정책을 펼쳤다. 2001년 9·11테러가 발생해 탈레반 정권을 전복하고 알카에다 세력을 척결을 위해 아프가니스탄 전쟁을 일으킨다.

이어서 2003년 3월 생화학무기를 숨기고 있다는 것을 빌미로 해이라크 전쟁을 일으켜 사담 후세인 정권을 전복시킨다. 2008년 미국에서 시작된 금융 위기는 전 세계로 퍼져나간다. 전쟁과 금융 위기로 인해 미국의 권위는 추락했으며 조지 부시는 최악의 대통령이라는 평가를 받고 있다. 조지 부시 대통령은 미국의 상황이 좋지 않았으나 역대 대통령 중 휴가를 가장 많이 갔다고 알려져 있다.

다음은 2001년 9·11테러 발생 당시 조지 부시의 연설의 일부분이다.

안녕하십니까? 국민여러분, 오늘 우리는 치밀하게 계획된 테러 공격을 받았습니다. 이 테러로 인해 여객기를 타고 있던 국민과 건물 내에 있던 국민이 희생되었습니다. 악랄하며 비열한 테러 행위는 수많은 우리 국민의 생명을 앗아갔습니다. … 이러한 행위는 우리를 공포로 몰아넣어 미국은 혼란에 빠트리겠다는 의도로 행해진 것입니다. 그러나 테러리스트들은 그 목표를 달성하지 못했고 여전히 우리 미국은 굳건하게 서 있습니다.

위대한 나라를 지키기 위해 위대한 국민들이 나섰습니다. 테러 공격으로 인해 건물이 흔들릴 수는 있겠지만 미국의 기초는 그들이 손조차 댈 수 없습니다. 그들의 테러로 인해 강철 구조물은 부서지더라도 미국인의 강철 같은 의지에는 흠집 하나 낼 수 없습니다.

미국이 테러 공격의 목표물이 된 것은 미국이 세계에서 가장 빛나는 자유를 가진 나라이며 기회의 등대이기 때문입니다. 세상 어느 누구도 이 등대의 불빛을 꺼트릴 수 없습니다. …

우리의 가장 먼저 해결해야 하는 과제는 부상자를 치료하며 국내외 미

9·11테러

2001년 9월 11일 미국 뉴욕의 세계무역센터(World Trade Center) 빌딩과 워싱턴의 펜타콘에서 벌어진 항공기 테러 사건이다.

국 국민을 추가 테러 공격으로부터 보호하며 이에 필요한 모든 조치를 취하는 것입니다.

정부의 기능은 중단 없이 계속 이어지고 있습니다. 오늘은 어쩔 수 없이 연방정부의 직원들이 긴급대피를 하였으나 오늘 밤부터 핵심 인력들은 복귀하며 내일부터는 정상적으로 업무를 시작합니다. 미국 금융기관 또한 흔들림 없이 온전하게 서 있으며 미국 경제의 기능도 내일부터 정상적으로 작동할 것입니다. …

미국과 우방 세계의 평화와 안전이 깃들기를 바라며 모든 이들과 손잡고 테러와의 전쟁에서 승리하기 위해 연합하여 노력할 것입니다. 슬픔에 잠긴 모든 이들을 위해 국민여러분께서 기도해 주시기를 간절히 바랍니다. … 오늘은 모든 미국인이 정의와 평화를 위해 그 마음을 하나로 모은 날입니다. 미국은 지금까지 수많은 적들과 잘 싸워왔으며 이번에도 적을 물리칠 것입니다. 미국 국민 모두가 오늘은 절대 잊지 못할 것입니다. 또한 세계의 평화와 정의를 지키기 위해 함께 노력할 것입니다. 신께서 미국을 축복하시리라 믿습니다.

버락 오바마(Barack Obama, 민주당)

버락 오바마 대통령은 제44대 대통령(2009~2017)으로 미국 역사상 최초로 아프리카계 대통령이다. 그의 정확한 이름은 버락 후세인 오바마 2세(Barack Hussein Obama Jr.)이다. 2009년 노벨평화상을 수상했다. 핵무기 감축과 중동 평화 회담 재개 등에 힘을 쓴 것이 높이 평가되어 2009년 노벨평화상을 수상했다.

미국 하와이주 호놀룰루에서 태어난 오바마는 일리노이주 인권변호사로 지냈다.

1996년 그는 정치 생활을 시작하여 일리노이주 상원의원(3선)을 거쳐 미국의 제44대 대통령으로 당선되었다. 오바마는 감동적인 연설로 사람들의 마음을 움직였고 정치 시스템의 변화를 모색하겠다는 선거 공약은 유권자의 표를 얻는 데 기여했다.

오바마는 재임 당시 사회복지 정책에 관심이 많았으며 의료개혁을 위해 노력했다. 사회적 사각지대에 있는 사회적 약자를 위한 정책을 펼치고자 적극적으로 나섰고 지구 온난화 문제와 총기 규제의 강화에도 관심을 두고 있었다. 2012년 연임에 성공했으며 미국 경제가 안정적으로 변화하자 오바마에 대한 지지는 높아졌다.

다음은 2009년 1월 20일 취임 연설문 중 일부분이다.

친애하는 국민 여러분. 이제 저를 포함해 마흔네 명의 대통령이 취임선서를 했습니다. 많은 선서는 번영과 잔잔한 평화의 시대에 행해졌지만 어떤 선서는 먹구름이 잔뜩 끼고 성난 폭풍우가 몰아치는 시대에 행해지기도 했습니다. 지금까지 미국은 잘 꾸려져 왔습니다. 그러나 대통령과 그 참모들의 능력이나 비전 덕분이 아니라 그들을 포함한 모든 국민들 스스로가 선조들의 이상과 건국이념에 충실했기 때문입니다.

지금까지 그래왔듯이 현세대의 미국도 그래야 합니다.

오늘 저는 여러분께 말씀드립니다. 우리에게 처한 도전과제는 우리의 현실이자 매우 심각하며 또한 많습니다. 그 도전은 쉽게 또는 짧은 기간에 해결되지 않을 것입니다. 그러나 이것만은 알아두십시오.

우리는 결국 해낼 것입니다.

오늘 우리는 두려움보다는 희망을 선택했고 갈등과 불화보다는 목적을 위한 단결을 선택했기에 이 자리에 모였습니다. …

우리의 인내심을 다시 확인할 때가, 더 나은 역사를 선택할 때가, 세대를 지나면서 물려받은 소중한 선물인 이 고귀한 이상은 계속 앞으로 넘겨줄 때가 왔습니다. 즉, 만인은 평등하고 자유로우며 또한 모든 충분한 행복을 추구할 기회를 가질 자격이 있다는 천부의 약속 말입니다.

미국의 위대함을 다시 확인하면서 우리는 그 위대함이 결코 저절로 주어진 것이 아니라는 사실을 압니다. 우리의 여정은 결코 지름길이나 작은 성과에 안주하는 길을 걸어온 것이 아니었습니다. 그 길은 위험을 무릅쓰는 이들, 실천하는 이들, 무엇인가를 만들어 내는 이들의 길이었습니다.

그들 중 대부분은 자신들의 분야에서 드러나지 않을 채 묵묵히 자유와 번영을 위한 길고 험난한 길을 우리와 함께 걸어왔습니다.

다양한 뿌리에 기인한 우리의 전승은 우리의 강점이라는 사실을 압니다. 미국은 기독교도 이슬람교도, 유대교도와 힌두교도 그리고 무신론자들로 이루어진 국가입니다. 미국은 지구상 곳곳에서 온 다양한 언어와 문화로 이루어졌습니다. 우리는 남북전쟁과 인종 차별의 쓰라림을 경험했고 보다 강하고 단결된 모습으로 어둠을 헤쳐 나온 적도 있습니다. 그렇기 때문에 우리는 오래된 증오가 언젠가는 사라질 것이며 세계는 점점 작아져 공통된 인간성이 그 모습을 드러낼 것이라는 사실도 알고 있습니다. 그리고 우리 미국이 새로운 평화의 시대로 안내하는 역할을 반드시 해야 한다는 사실을 믿지 않을 수 없습니다.

새로운 도전들이 우리를 기다리고 있습니다. 우리가 그 도전을 맞닥뜨릴 때 사용할 도구들도 새로운 것 일겁니다. 하지만 우리의 성공을 책임지고 있는 것은 정직, 근면, 용기, 공정성, 인내, 호기심, 성실, 애국심과 같은 오래되고 진실된 덕목입니다. 우리 역사를 통틀어 이 덕목들은 진보의 조용한 힘이 되어 왔습니다.

우리 건국의 아버지들은 다음 글을 국민들에게 읽게 하였습니다.

"오직 희망과 미덕만이 살아남을 수 있는 한겨울이었지만 공동의 위험에 놀란 도시와 농촌 모두 그 위험에 맞서기 위해 나섰다는 사실을 미래 세대에게 들려주도록 합시다."

이것이 바로 미국입니다. 공동의 위험에도 불구하고 이러한 역경의 겨울에도 불구하고 이 불멸의 구절을 기억하도록 합시다. 희망과 미덕을 가지고 다시 한 번 살을 에는 듯한 조류에 용감히 맞섭시다. 어떤 폭풍우가

오더라도 참고 견딥시다. 우리가 시험에 들게 됐을 때 이 여정 끝내기를 거절했으며 결코 등을 돌리거나 뒷걸음치지 않았다고 우리 아이들에게 또 아이들의 아이들에게 말할 수 있게 합시다. 그리고 신의 은총과 함께 지평선을 꿋꿋이 응시하면서 전진해 나갔기에 자유라는 위대한 선물을 미래 세대들에게 안전히 전달해 줄 수 있었다고 말할 수 있게 합시다.

도날드 J. 트럼프(Donald J. Trump, 공화당)

도날드 트럼프는 독일계 미국 공화당 정치인, 기업인, 부동산업자, 방송인이었으며 제45대 대통령(2017~2021)이다. 1968년 경제학을 전공한 트럼프는 부동산회사에서 일을 시작했으며 부동산 개발에 종사하며 점차 투자 범위를 다른 영역으로까지 넓혀 나간다.

트럼프는 2015년 6월 미국 공화당원으로 대통령 선거 출마 선언을 했다. "미국을 다시 위대하게 만들자(Make America Great Again)"는 슬로건을 내세우며 "미국 우선주의" 정책을 주장한다.

2016년 11월 미국 제45대 대통령으로 당선되어 2017년 1월 20일 취임 선서를 했다. 트럼프는 재임 중 미국 우선주의를 강조하며 다양한 정책을 펼쳐나갔다. 대외적으로 강력한 보호무역주의를 주장했고, 자유무역협정(FTA)을 전면적으로 수정하고 재검토 할 것을 요구했으며 대내적으로는 복지 정책과 규제를 철폐하는 데 앞장섰다.

미국인의 일자리 보호를 명목으로 불법 이민자 추방, 비자법 강화 그리고 이민 심사 과정을 강화했다. 2019년 9월 미국 하원의원에서 직권 남용과 의회 업무 방해를 이유로 트럼프 탄핵을 요청했다. 그러나 2020년 5월 미국 상원의원이 투표에서 위의 두 항목(직권 남용과 의회 업무 방해)에 대해 과반수 이상이 무죄에 표를 던져 트럼프 탄핵은 부결되었다.

2020년 11월 재선에 도전하나 실패하고 민주당의 조 바이든 후보가 대선에서 승리한다.

다음은 트럼프의 대통령 취임 연설문 중 일부분을 발췌한 것이다. 미국 우선주의 정책을 내 세우는 트럼프의 포부가 담겨 있다.

2017년 1월 20일은 미국 시민이 다시 이 나라의 주인이 된 날로 기억될 것입니다. 잊혔던 이 나라의 모든 시민들은 더 이상 잊히지 않을 겁니다. 미국인들은 자녀를 위한 좋은 학교를 원합니다. 안전한 마을과 좋은 일자리도 원합니다. 이는 타당하고 정당한 요구입니다. 그러나 너무나 많은 우리 시민들이 정반대의 상황에 놓여 있습니다. 엄마와 아이들이 도심 빈민가에 머물고, 공장은 사라지고, 돈이 중심이 되는 교육 시스템은 우리 아이들과 학생들의 지식을 빼앗고 있습니다. 그리고 범죄와 범죄집단, 마약이 우리 삶을 앗아가고 우리 국가의 잠재력을 훼손하고 있습니다. 이런 참사는 지금 당장 중단돼야 합니다. 우리는 한 나라이고 그들의 고통은 우리의 고통입니다. 그들의 꿈이 우리의 꿈이며 그들의 성공 역시 우리의 성공입니다. 우리는 같은 심장과 가장을 가졌고, 번영의 운명도 함께 갖고 있습니다. 나의 선서는 모든 미국인에 대한 선서입니다. 지난 수십 년간, 우리는 미국 산업의 희생 위에 외국의 산업을 부강하게 만들었습니다. 우리 국방력이 약해지는 데도 다른 나라 군대를 지원했습니다. 우리 국경은 지키지 않은 채 다른 나라 국경을 지켰습니다.

그러나 이제 그런 일들은 모두 과거의 것이 되었습니다. 이제 우리는 미래만 바라봅니다. 우리는 여기에 모여 전세계 모두가 귀 기울일 새로운 원칙을 내놓게 되었습니다. 앞으로 새로운 비전이 이 나라를 지내할 것입니다. 이 순간부터 모든 것은 '미국 우선주의'로 이뤄질 것입니다. 무역, 세금, 이민, 대외 정책과 관련된 모든 정책은 미국 노동자와 미국 가정을 위해 이뤄질 것입니다. 우리는 외국의 약탈로부터 우리의 국경을 지켜야 합니다. 그들은 우리 기업을 훔치고 우리 일자리를 빼앗았습니다.

나는 숨 쉬는 매 순간마다 여러분을 위해 일하겠습니다. 절대 낙담시키지 않겠습니다. 미국은 다시 승리할 겁니다. 우리 일자리를 되찾고 국경도 회복하며 우리의 부와 꿈도 되찾을 겁니다. 새로운 길, 고속도로, 다리, 공항, 철도를 이 위대한 나라의 전역에 미국인의 손과 노동으로 다시 건설할 겁니다. 우리는 아주 간단한 두 규칙을 따를 겁니다. 미국 물건을 사고 미국인을 고용한다는 겁니다. 우리는 세계 다른 나라와 친선과 우호 관례를 맺을 것입니다. 그러나 세계 어느 국가도 자신의 이익을 최우선으로 한다는 전제 아래 그렇게 할 것입니다.

우리는 우리 생활 방식을 다른 나라에 강요하지 않습니다. 대신 본을 보이며 따라오도록 하겠습니다. 오랜 동맹은 강화하고 새로운 동맹도 만들 것입니다.

끝으로 큰 꿈을 꾸고 원대한 포부를 가져야 합니다. 우리 미국인은 늘 고군분투하고 노력해야만 국가가 살아남는다는 것을 알고 있습니다. 우리는 더 이상 말만 하고 행동하지 않는 정치인을 용납하지 않을 겁니다. 그들은 끊임없이 불평하고 아무것도 하지 않습니다. 공허한 말의 시대는 이제 끝났습니다. 이제 행동의 시대가 왔습니다.

우리 모두는 조물주의 창조물입니다. 모든 시민에게, 모든 전 세계 국가의 시민들에게 다음과 같이 엄숙히 선서합니다. 두 번 다시 시민 여러분이 외면 받고 버림받는 일은 없을 것입니다. 여러분이 가진 꿈이야말로, 여러분의 목표야말로 미국의 꿈과 목표입니다. 여러분의 사랑과 여러분이 보여주는 굳건한 의지야말로 미국을 이끌 숭고한 가치가 될 것입니다.

모두 합심해서 미국을 다시 위대한 국가로, 부강한 국가로, 자랑스러운 국가로 만들 것입니다. 다시 안전한 국가로 만들 것입니다. 우리 모두 연합하여 전 세계에서 가장 위대한 국가로 만들 것입니다. 감사합니다. 모두에게 신의 가호가 있기를 바랍니다.

2020년대의 미국

조 바이든(Joe Biden, 민주당)

조지프 로비네이트 바이든 주니어(Joseph Robinette Biden Jr.)는 미국의
정치가로 버락 오바마 재임 당시 제47대 부통령이자 제46대 미국 대

통령(2021~현재)이다. 바이든은 오랜 시간 동안 상원의원을 지냈으며 1988년과 2008년 두 차례 민주당 대통령 후보 경선에 출마하나 1998년에는 중도 하차를 2008년에는 버락 오바마에게 밀려 성공하지 못한다.

2008년과 2012년 버락 오바마 전 대통령의 러닝메이트로 나섰고 2009년 1월 20일 제47대 부통령을 취임했다. 2020년 미국 대통령 출마를 선언하고 2021년 1월 7일 바이든이 306표를 획득함으로써 선거에서 승리하여 동년 1월 20일 바이든은 미국 제46대 대통령으로 취임한다. 대내적으로는 통합을 대외적으로는 미국 우선주의를 철폐하고 세계 평화를 위해 노력하겠다고 자신의 포부를 밝혔다.

다음은 바이든의 대통령 취임식 연설의 일부분이다.

2021년 1월 20일

여러분, 오늘은 미국의 날입니다.

오늘은 민주주의의 날입니다. 오랜 세월 동안 겪어온 시련을 이겨내고 새롭게 맞이하는 기념비적인 날입니다.

미국은 새로운 시험대에 들어섰고 도전에 직면했습니다. 오늘, 우리는 대통령 후보의 승리가 아닌 민주주의의 승리를 축하하고자 합니다. 국민의 소리를 경청하고 국민의 목소리에 귀를 기울였습니다. 이를 통해 우리는 민주주의가 소중하다는 것을 다시 깨닫습니다. 민주주의는 깨지기 쉬우나, 우리 모두가 함께 민주주의의 승리를 이뤘습니다.

저는 전임 대통령이 했던 신성한 맹세를 했습니다. 조지 워싱턴이 처음 했던 선서. 그러나 미국의 이야기는 우리 중 몇몇 사람만의 이야기가 아니라 더 완벽한 연합을 추구하는 우리 모두의 이야기가 될 것입니다.

이 나라는 훌륭한 사람들이 모인 위대한 나라입니다. 우리는 수 세기 동안 폭풍과 분쟁, 평화와 전쟁을 통해 지금까지 살아왔습니다. 그러나 우리는 아직 나아가야 할 길이 있습니다.

미국 역사상 현재 우리가 처한 상황보다 많은 도전을 받거나 힘든 시기를 보낸 사람은 거의 없었습니다. 한 세기에 한번 유행하는 바이러스가 전역을 덮쳤습니다. 바이러스는 미국이 제2차 세계대전에서 잃은 만큼의 많은 생명을 앗아갔으며 수백만 개의 일자리가 사라졌습니다. 약 400년 동안 계속된 인종적 정의를 요구하는 외침이 우리를 일으켜 세웠고 모든 이들을 위한 정의의 꿈은 더 이상 미뤄지지 않을 것입니다.

생존에 대한 외침은 지구 전체의 외침입니다. 더 이상 절망적일 수도, 더 이상 분명할 수도 없는 외침입니다. 우리가 맞서 싸워야 하는 정치극단주의, 백인우월주의, 증가하는 국내 테러리즘, 그러나 우리는 반드시 이길 것입니다. …

또 다른 1월, 1864년 새해 첫날, 에이브러햄 링컨은 해방 선언에 서명했습니다. … 그는 종이에 서명하면서 이렇게 말했습니다.

"만약 내 이름을 역사에 남기게 된다면, 그것은 이 행위를 위한 것이 될 것입니다. 그리고 내 영혼이 그 안에 있을 것입니다."

오늘 내 모든 영혼은 거기에 있었습니다. 이 1월의 어느 날 제 영혼은 여기에 있습니다. 미국을 하나로 모으고, 우리 민족을 단결시키고, 또 단결시키는 것입니다. 그리고 저는 우리 모든 미국인이 이에 동참해 주기를 요청합니다.

지금 우리는 위기와 도전의 역사적인 현장에 있습니다. 그리고 단결하여 우리는 앞으로 나아갈 것입니다. 우리는 지금 이 순간 하나의 미국이 되어야 합니다. 만약 우리가 이렇게 한다면, 저는 우리 국민들에게 우리가 실패하지 않을 것이라는 것을 약속합니다. 하나의 미국이 되어 함께 연합한다면 미국은 결단코 실패하지 않습니다.

그래서 오늘 이 시간부터 우리는 모든 것을 새롭게 시작해야 합니다. 서로의 말을 경청하고 존중하는 자세를 취해야 합니다. 정치가 모든 것을 파괴하는 맹렬한 불이 되어야 할 필요가 없습니다. 모든 의견 불일치가 전쟁의 원인이 될 필요는 없으며, 우리는 사실을 조작하고 왜곡하는 문화를 거부해야 합니다.

국경 너머에 있는 사람들에게 저의 메시지를 보내드립니다. 미국은 직면한 위기에 대한 시험을 받아왔으며 이를 극복해 나가며 더욱 강해졌습니다. 우리는 동맹을 복구하고 다시 한번 세계와 함께 나아갈 것입니다. 어제의 도전이 아니라 오늘과 미래의 도전을 해결할 것입니다. 그리고 우리는 과거처럼 힘의 예가 아닌 모범적인 예를 통한 힘으로 동맹국을 이끌 것입니다. 우리는 평화, 발전 그리고 안전을 위해 강력하고 신뢰할 수 있는 파트너가 될 것입니다. … 여러분 대통령으로서 첫 번째 저의 역할은 지난 해 코로나로 세상을 떠난 사람들을 기억하기 위한 묵념의 시간을 함께 해 주시기를 부탁드리는 바입니다.

우리는 목적과 결의를 가지고 우리 시대가 직시한 과제를 해결해야 합니다. 믿음에 의해 유지되고, 신념에 의해 움직이며, 서로가 서로를 위해 헌신하며 우리가 진심으로 사랑하는 조국을 위해 헌신합시다. 신의 축복이 미국을 감싸고 우리 군을 보호하시기를 바랍니다. 감사합니다. 미국이여.

미국의 여성 지도자

1. 미국 건국의 어머니들

미국 독립과 건국에 있어서 영향력을 끼친 대표적인 여성들을 '건국의 어머니'라 칭한다. 다음은 8명의 미국 건국의 어머니이다.

애비게일 애덤스(Abigail Adams), 필리스 휘틀리(Phillis Wheatley), 드보라 샘슨(Deborah Sampson), 마사 워싱턴(Martha Washington), 머시 오티스 워렌(Mercy Otis Warren), 에스더 리드(Esther Reed), 돌리 매디슨(Dolley Madison), 엘리자베스 스카일러 해밀턴(Elizabeth Schuyler Hamilton)

애비게일 애덤스(Abigail Adams)

애비게일 애덤스는 미국 제2대 대통령 존 애덤스의 아내이며 제6대 대통령 존 퀸시 애덤스의 어머니이다. 정식교육을 받지는 못했으나 박학다식했으며 특히 역사에 관심이 많았다.

존 애덤스는 대륙회의에서 연방의 일을 처리해야 했기에 약 10여 년간 가족과 떨어져 지내야 했다. 애비게일과 존 애덤스는 수많은 편지를 주고받았고, 그 서신에는 공공의 문제와 새 정부 구성에 대한 논의로 가득 차 있었다. 애비게일은 여성의 권리에 관심이 많았으며 여성도 교육을 받을 수 있는 기회를 가져야 한다고 주장했다.

필리스 휘틀리(Phillis Wheatley)

서아프리카에 있는 집에서 납치된 필리스 휘틀리는 1761년 7세의 어린 나이에 노예선에 실려 매사추세츠로 끌려갔다.

그녀는 부유한 휘틀리 가문을 만나 그곳에서 읽고 쓰는 법을 배웠으며, 최초의 아프리카계 미국인 시인으로 성장했다. 그녀는 미국 독립의 강력한 지지자였고 워싱턴 장군을 기리기 위해 시를 썼다. 1776년, 미래의 대통령이 될 조지 워싱턴에게 그녀의 시를 하나를 보냈고 이후 그녀는 캠브리지에서 그를 만날 수 있었다.

드보라 샘슨(Deborah Sampson)

샘슨은 로버트 셔틀리프라는 가명으로 미국 혁명에 참전했다. 젊은 시절을 봉사 활동으로 채워나갔으며 한때 학교 선생님으로 재직했다.

1781년 봄, 샘슨은 젊은 남자로 분장하고 뉴욕 웨스트 포인트에서 군입대를 한다. 그녀는 조국의 독립을 위해 2년이 넘는 시간 동안 용감하게 싸웠고 그녀의 정체성은 들키지 않았다. 1827년 66세의 나이로 사망했다.

마사 워싱턴(Martha Washington)

마사 워싱턴은 미국의 초대 대통령, 조지 워싱턴의 아내이다. 전쟁 중 쓰라린 겨울 동안 마사 워싱턴은 군대를 위해 열심히 일했다.

추위 속에 굶주리고 있는 병사들을 찾아가 음식과 따뜻한 양말을 제공하고 병들고 죽어가는 병사들을 간호했다.

머시 오티스 워렌(Mercy Otis Warren)

작가이자 미국 혁명 선전가인 워렌은 대중을 위해 글을 쓴 최초의 여성 중 한 명이다. 그녀는 미국 혁명이 시작되기 전 몇 년간 왕정을 풍자하며 공격하는 시와 희곡을 출판했다. 식민지 주민들에게는 그들의 권리와 자유를 위해 영국의 횡포에 저항하자고 선동했다.

1805년 워렌은 세 권의 역사서 『미국 혁명의 출현, 진보 그리고 종식의 역사(A History of the Rise, Progress and Termination of the American Revolution)』를 출간했다. 이는 여성이 쓴 최초의 혁명사였다.

에스더 리드(Esther Reed)

런던에서 태어난 리드는 필라델피아로 이주했고, 그곳에서 워싱턴 장군을 포함한 많은 정치 지도자들을 그녀의 집에서 초대했다.

리드는 정부가 군인들의 식량과 보급품에 대한 비용을 지불해야 한다고 주장했다. 리드는 전쟁 동안 원조를 제공하기 위해 '필라델피아 여성 협회'를 조직했다.

돌리 매디슨(Dolley Madison)

돌리 매디슨은 제4대 대통령 제임스 매디슨의 아내이다. 토마스 제퍼슨 대통령 재임 당시 영부인 자리가 공석이라 공식적인 자리에서 돌리 매디슨이 영부인의 역할을 대신했다.

제임스 매디슨이 대통령이 되자 그녀는 사회적 문제에 관심을 가지고 그 문제를 해결하려 노력을 했다. 그리고 1812년부터 시작된 미국과 영국 사이의 전쟁으로 1814년 백악관이 불에 타자 백악관에 있던 조지 워싱턴의 초상화를 피난시켜 구해내었다는 일화는 유명하다. 그러나 일각에선 조지 워싱턴의 초상화를 구한 것은 돌리 매디슨이 아니라 당시 백악관에서 일하던 두 명의 직원이었다는 이야기도 전해진다.

엘리자베스 스카일러 해밀턴(Elizabeth Schuyler Hamilton)

1787년 미국 헌법의 제정에 공헌하여 미국 건국의 아버지 중 한 명으로 꼽히는 알렉산더 해밀턴의 아내이다. 전쟁 이후 남편이 사망하자, 그녀는 뉴욕시와 워싱턴 D.C.에서 고아원 설립을 도와 평생을 헌신했으며 고아들의 복지를 향상시키기 위해 최선을 다했다. 엘리자베스는 뉴욕 최초의 사설 고아원인 '그레이엄 윈덤(Graham Windham)'을 설립했다.

또한 그녀는 남편의 편지와 글을 수집함으로써 남편의 유산을 보존하는 데 심혈을 기울였다. 그녀의 노력 덕분에 현재까지 알렉산더 해밀턴의 자료는 많이 남아 있으며 그의 명예를 지키기 위해 애썼다. 엘리자베스는 알렉산더 사후 50여 년을 고아들을 위한 봉사 활동과 남편의 활동과 업적을 기리기 위해 노력했다.

2. 부통령

카멀라 해리스(Kamala Harris, 민주당)

카멀라 해리스는 미국의 제49대 부통령이다. 카멀라 해리스는 자메이카 출신 아버지와 인도 출신 어머니 사이에서 캘리포니아주 오클랜드에서 태어났으며 미국 하워드 대학교와 캘리포니아 대학 하스틴 로스쿨을 졸업하고 검사로 법조계에 입문했다. 강력 사건을 맡아 처리하면서 사람들에게 강인한 인상을 남겼다.

2016년 캘리포니아주 상원의원에 당선된다. 2020년 대선을 위해 2019년 민주당 내 경선에 출마한 해리스는 인종 차별 반대 등을 주장하면서 높은 지지를 받았으나 바이든에게 밀려 경선에서 탈락한다. 이후 바이든 후보의 부통령 후보로 지명되었다.

카멀라 해리스 미국 부통령 당선자는 2021년 1월 20일 취임선서를 했다. 카멀라는 미국에서 3중의 벽을 뛰어넘은 부통령이다. 미국 최초의 여성, 최초의 흑인, 최초의 아시아계 부통령의 탄생이 바로 카멀라 해리스로부터 시작되었다.

다음은 2020년 11월 8일 해리스의 당선 승리 연설 '당신은 진실을 선택했습니다(You chose truth)'의 일부분이다.

안녕하십니까. 감사합니다. 존 루이스(John Lewis) 의원은 돌아가시기 전 "민주주의는 하나의 상태가 아니라 행동이다"라 말씀하셨습니다. 루이스는 민주주의가 우리에게 당연히 주어진 것이 아니라는 것을 전하고자 했습니다. 민주주의는 우리가 민주주의를 위해 투쟁하고 싸워서 지켜야 할 만큼 강력한 것입니다. 민주주의에는 희생이 반드시 따릅니다. 그러나 그 가운데는 기쁨과 진보가 존재합니다. 우리 국민들은 더 나은 미래를 만들 수 있는 능력이 있기 때문입니다.

이번 선거에는 민주주의 정신과 미국의 정신 그 자체가 담겨 있습니다. 전 세계의 시선이 미국을 향해 있는 가운데 여러분들은 미국의 새로운 시대를 열어주었습니다.

저는 어머니를, 몇 세기를 걸친 여성들, 흑인, 아시아계, 백인, 라틴계 그리고 북미 원주민 여성들을 생각합니다. 오늘 이 순간까지 우리 역사의 길을 닦아온 이들이 바로 이 여성들입니다. 여성들은 평등과 자유를 위해 그리고 정의를 위해 많이 싸워야 했고 희생해야 했습니다. 특히 너무나 자주 무시의 대상이 되는 흑인 여성들은 그들 스스로가 민주주의의 근간

미국 수정헌법 제19조는 미국 여성들의 참정권을 구체화하며 확장시키기 위해 만들어졌다. 그 내용은 미국 시민의 투표권은 성별을 이유로, 미국 또는 어떤 주에 의해서도 부정되거나 제한되지 않는다(The right of citizens of the United States to vote shall not be denied or abridged by the United States or by any State on account of sex).

의회는 적절한 입법을 통하여 본 조항을 강제할 권한을 가진다(Congress shall have power to enforce this article by appropriate legislation).

이 된다는 사실을 자주 보여주었습니다.

한 세기 이상 참정권을 위해 싸워왔던 여성들이 있었습니다. 100년 전에는 수정헌법 제19조를 지키기 위해 싸웠던 여성들이 55년 전에는 투표권을 위해 싸웠던 여성들이 그리고 2020년 투표를 하고 목소리를 낼 수 있는 인간의 권리를 지키기 위해 애쓰는 새로운 시대의 여성들이 있습니다. 오늘 저는 이 여성들의 투쟁과 의지를 되새겨봅니다. 저는 그들의 유산 위에 서 있습니다.

그리고 조 바이든 대통령 당선자는 미국에 존재하는 가장 단단한 장벽을 깨부수고 여성을 부통령 후보로 지명하는 담대함마저 보여주었습니다.

그러나 제가 부통령직은 수행하는 첫 여성이라도, 마지막은 아닐 것입니다 (But I may be the first woman in this office, I won't be the last).

오늘 이 모습을 보고 있는 어린 여성들은 우리나라가 가능성의 국가라는 것을 알게 될 것입니다. 우리 아이들에게, 어떤 젠더이든 간에, 우리나라는 다음과 같은 명확한 메시지를 보내고 있습니다. 야망을 가지고 꿈을 꾸십시오. 확신을 가지고 세상을 이끌어 나가십시오. 그리고 스스로의 모습을 보십시오.

그리고 우리는 아이들의 한 걸음 한 걸음을 응원할 것입니다. …

우리가 앞으로 가야 할 길은 쉽지 않을 것입니다. 그러나 우리 미국은 준비되어 있습니다. 조와 저 또한 그러합니다. 우리는 최선을 다하여 우리의 목표를 이뤄줄 수 있는 대통령을 뽑았습니다. 세계가 존중하고 아이들이 존경할 수 있는 리더를 뽑았습니다. 우리의 군인을 존중하고 우리나라를 안전하게 지켜 줄 최고의 통수권자를 뽑았습니다. 그리고 모든 미국인을 위한 대통령을 뽑았습니다. 국민 여러분께 미국의 대통령, 당선자 조 바이든을 소개하겠습니다.

참조: 역대 미국 대통령과 부대통령

대	대통령	출생지	재임 기간	부통령	출생지	재임 기간	정당
1	조지 워싱턴	버지니아	1789~1797	존 애덤스	매사추세츠	1789~1797	연방파
2	존 애덤스	매사추세츠	1797~1801	토머스 제퍼슨	버지니아	1797~1801	연방주의자
3	토머스 제퍼슨	버지니아	1801~1809	애런 버	뉴저지	1801~1805	공화파
				조지 클린턴	뉴욕	1805~1809	
4	제임스 매디슨	버지니아	1809~1817	조지 클린턴	뉴욕	1809~1812	민주공화당
				엘브리지 게리	매사추세츠	1813~1814	
5	제임스 먼로	버지니아	1817~1825	다니엘 D.톰킨스	뉴욕	1817~1825	민주공화당
6	존 퀸시 애덤스	매사추세츠	1825~1829	존 C.칼훈	사우스 캐롤라이나	1825~1829	민주공화당
7	앤드루 잭슨	사우스 캐롤라이나	1829~1837	존 C.칼훈	사우스 캐롤라이나	1829~1832	민주당
				마틴 밴 뷰런	뉴욕	1833~1837	
8	마틴 밴 뷰런	뉴욕	1837~1841	리처드 M.존슨	켄터키	1837~1841	민주당
9	윌리엄 헨리 해리슨	버지니아	1841	존 타일러	버지니아	1841	휘그당
10	존 타일러	버지니아	1841~1845				휘그당
11	제임스 K.포크	노스 캐롤라이나	1845~1849	조지 미플린 댈러스	펜실베니아	1845~1849	민주당
12	재커리 테일러	버지니아	1849~1850	밀러드 필모어	뉴욕	1849~1850	휘그당
13	밀러드 필모어	뉴욕	1850~1853				휘그당
14	프랭클린 피어스	뉴햄프셔	1853~1857	윌리엄 R.V.킹	노스 캐롤라이나	1853	민주당
15	제임스 뷰캐넌	펜실베니아	1857~1861	존 C. 브레킨리지	켄터키	1857~1861	민주당
16	에이브러햄 링컨	켄터키	1861~1865	해니벌 햄린	메인	1861~1864	공화당
				앤드루 존슨	노스 캐롤라이나	1864~1865	

대	대통령	출생지	재임 기간	부통령	출생지	재임 기간	정당
17	앤드루 존슨	노스 캐롤라이나	1865~1869				공화당
18	율리시스 그랜트	오하이오	1869~1877	스카일러 콜팩스	뉴욕	1869~1873	공화당
				헨리 윌슨	뉴햄프셔	1873~1875	
19	러더퍼드 B.헤이스	오하이오	1877~1881	윌리엄 A.휠러	뉴욕	1877~1881	공화당
20	제임스 A.가필드	오하이오	1881	체스터 A.아서	버몬트	1881	공화당
21	체스터 A.아서	버몬트	1881~1885				공화당
22	그로버 클리블랜드	뉴저지	1885~1889	토머스 A.헨드릭스	오하이오	1885	민주당
23	벤저민 해리슨	오하이오	1889~1893	레비 P.모턴	버몬트	1889~1893	공화당
24	그로버 클리블랜드	뉴저지	1893~1897	애들라이 E.스티븐슨	켄터키	1893~1897	민주당
25	윌리엄 매킨리	오하이오	1897~1901	캐럿 A.호버트	뉴저지	1897~1899	공화당
				시어도어 루즈벨트	뉴욕	1901	
26	시어도어 루즈벨트	뉴욕	1901~1909	찰스 워런페어뱅크스	오하이오	1905~1909	공화당
27	윌리엄 하워드 태프트	오하이오	1909~1913	제임스 S.셔먼	뉴욕	1909~1912	공화당
28	우드로 윌슨	버지니아	1913~1921	토머스 R.마셜	인디애나	1913~1921	민주당
29	워런 G.하딩	오하이오	1921~1923	캘빈 쿨리지	버몬트	1921~1923	공화당
30	캘빈 쿨리지	버몬트	1923~1929	찰스 G.도스	오하이오	1925~1929	공화당
31	허버트 후버	아이오와	1929~1933	찰스 커티스	캔자스	1929~1933	공화당
32	프랭클린 D.루즈벨트	뉴욕	1933~1945	존 낸스 가너	텍사스	1933~1941	민주당
				헨리 A.월리스	아이오와	1941~1945	
				해리 S.트루먼	미주리	1945	
33	해리 S.트루먼	미주리	1945~1953	앨벤 W.바클리	켄터키	1949~1953	민주당
34	드와이트 D.아이젠하워	텍사스	1953~1961	리처드 M.닉슨	캘리포니아	1953~1961	공화당
35	존 F.케네디	매사추세츠	1961~1963	린든 B.존슨	텍사스	1961~1963	민주당
36	린든 B.존슨	텍사스	1963~1969	허버트 H.험프리	사우스다코타	1965~1969	민주당
37	리처드 M.닉슨	캘리포니아	1969~1974	스피로 T.애그뉴	메릴랜드	1969~1973	공화당
				제럴드 R.포드	네브래스카	1973~1974	
38	제럴드 R.포드	네브래스카	1974~1977	넬슨 A.록펠러	메인	1974~1977	공화당
39	지미 카터	조지아	1977~1981	월터 F.먼데일	미네소타	1977~1981	민주당

대	대통령	출생지	재임 기간	부통령	출생지	재임 기간	정당
40	로널드 W.레이건	일리노이	1981~1989	조지 부시	매사추세츠	1981~1989	공화당
41	조지 H.W.부시	매사추세츠	1989~1993	댄 퀘일	인디애나	1989~1993	공화당
42	빌 클린턴	아칸소	1993~2001	앨 고어	테네시	1993~2001	민주당
43	조지 W.부시	코네티컷	2001~2009	딕 체니	링컨	2001~2009	공화당
44	버락 오바마	하와이	2009~2017	조 바이든	펜실베니아	2009~2017	민주당
45	도널드 트럼프	뉴욕	2017~2021	마이크 펜스	인디애나	2017~2021	공화당
46	조 바이든	펜실베니아	2021~	카멀라 해리스	오클랜드	2021~	민주당

참고자료

1. 중국

공봉진, 『중국지역연구와 현대중국의 이해』, 오름출판사, 2007.

공봉진, 『중국공산당(CCP) 1921~2011』, 한국학술정보, 2011.

공봉진, 『시진핑 시대, 중국 정치를 읽다』, 한국학술정보, 2016.

공봉진, 『중국 발전과 변화! 건국 70년을 읽다: 1949~2019』, 경진출판, 2019.

공봉진, 「중국 정치 개혁에 관한 연구: 후진타오 2기 정부를 중심으로」, 『국제지역학논총』 3(2), 국제지역연구학회, 2010, 125~146쪽.

중국 외교 새 키워드는 '주동작위'

　　http://news.chosun.com/site/data/html_dir/2013/02/01/2013020100197.html (검색일: 2020.12.10)

"模范婦女領袖"――向警予

　　http://news.12371.cn/2018/05/25/ARTI1527235646784150.shtml (검색일: 2020.12.10)

"習近平同志總结提出寶貴的'晋江經驗'"

　　http://www.12371.cn/2020/08/10/ARTI1597023374493165.shtml (검색일: 2020.12.10)

"雙百"人物中的共産黨員: 蘇兆征

http://biaozhang.12371.cn/2012/06/19/VIDE1340098316528312.shtml

(검색일: 2020.12.10)

『江澤民與社會主義市場經濟體制的提出』出版發行

http://news.12371.cn/2012/12/29/ARTI1356730115770231.shtml

(검색일: 2020.12.10)

【擷英】方志敏的群衆工作方法

http://www.12371.cn/2018/12/17/ARTI1545034086961255.shtml

(검색일: 2020.12.10)

1986年鄧小平亲自決策启動"863"計劃

http://news.12371.cn/2014/12/23/ARTI1419326526886374.shtml

(검색일: 2020.12.10)

覺醒年代: 原來陳延年是被他害死的啊

https://new.qq.com/omn/20210204/20210204A0E6R000.html

(검색일: 2021.02.10)

甲寅(民國初期政論性期刊)

https://baike.baidu.com/item/%E7%94%B2%E5%AF%85/13838618

(검색일: 2020.12.10)

江澤民同志爲紀念古田會議75周年題詞

http://news.12371.cn/2014/11/02/ARTI1414921400855586.shtml

(검색일: 2020.12.10)

江澤民論黨的群衆路線

http://news.12371.cn/2013/07/03/ARTI1372809702057608.shtml

(검색일: 2020.12.10)

江澤民爲核心的中央領導集體形成始末

http://news.12371.cn/2013/06/09/ARTI1370746861777248.shtml

(검색일: 2020.12.10)

江澤民的歷史責任感

    http://news.12371.cn/2013/08/30/ARTI1377846117314679.shtml

    (검색일: 2020.12.10)

建黨初期少数民族中的杰出人物

    http://news.12371.cn/2013/08/08/ARTI1375925328795551.shtml

    (검색일: 2020.12.10)

杰出的工人運動領袖──鄧中夏

    http://dangshi.people.com.cn/BIG5/144964/145595/index.html

    (검색일: 2020.12.10)

共産國際爲什麼要选向忠發當中國共産黨的領袖?

    http://news.12371.cn/2012/12/21/ARTI1356079711054734.shtml

    (검색일: 2020.12.10)

瞿秋白遇害誰是叛徒? 两個女人爲此蒙冤幾十年

    http://www.qulishi.com/news/201503/28872.html

    (검색일: 2020.12.10)

國務院總理温家寶29日到國家發展改革委調研

    http://news.12371.cn/2013/01/30/ARTI1359539001934343.shtml

    (검색일: 2020.12.10)

對蔡和森的這個主張, 毛澤東: 我没有一個字不赞成

    http://www.12371.cn/2019/07/17/ARTI15633573210347227.shtml

    (검색일: 2020.12.10)

鄧小平 http://fuwu.12371.cn/2012/06/12/ΛRTI1339495153019280.shtml

    (검색일: 2020.12.10)

鄧小平交代江澤民一招什麼决定中國命運?

http://news.12371.cn/2014/07/16/ARTI1405479049362986.shtml

(검색일: 2020.12.10)

鄧小平談學習黨史

http://so.12371.cn/dangjian.htm?q=%E9%84%A7%E5%B0%8F%E5%

B9%B3&t=newsmerge&client=no&sort=&time=&searchfield=

(검색일: 2021.02.10)

鄧小平回川九記

http://news.12371.cn/2014/08/22/ARTI1408689775622363.shtml

(검색일: 2020.12.15)

鄧中夏 http://xuexi.12371.cn/2016/03/28/ARTI1459155305170301.shtml

(검색일: 2020.12.15)

歷史上的今天4月28號 李大釗就義

http://www.qulishi.com/news/201604/101591.html

(검색일: 2020.12.15)

劉少奇 http://fuwu.12371.cn/2012/06/12/ARTI1339494246701864.shtml

(검색일: 2020.12.15)

劉少奇談學習黨史

http://www.12371.cn/2021/03/01/ARTI1614582275266184.shtml

(검색일: 2021.03.05)

劉少奇的"四不準"

http://news.12371.cn/2015/06/10/ARTI1433931775154547.shtml

(검색일: 2020.12.15)

李克强 http://cpc.people.com.cn/GB/64192/106023/index.html

(검색일: 2020.12.15)

李克强對全國春季農業生産工作電視電話會議作出重要批示

http://cpc.people.com.cn/n1/2021/0302/c64094-32040776.html

(검색일: 2021.03.03)

李大釗誕辰130周年舉行! 重溫李大釗光輝的一生!

http://www.qulishi.com/article/201910/371746.html

(검색일: 2020.12.15)

李立三 http://fuwu.12371.cn/2012/06/13/ARTI1339552370256480.shtml

(검색일: 2020.12.15)

李立三 http://ren.bytravel.cn/history/1/lilisan.html (검색일: 2020.12.15)

李立三如何被劃到毛澤東的對立面

http://news.cri.cn/gb/18824/2008/05/15/3525@2060607_1.htm

(검색일: 2020.12.15)

李鵬同志生平

http://www.12371.cn/2019/07/29/ARTI1564402122991894.shtml

(검색일: 2020.12.15)

李先念 http://fuwu.12371.cn/2012/06/12/ARTI1339492127773956.shtml

(검색일: 2020.12.15)

李維漢 http://fuwu.12371.cn/2012/06/13/ARTI1339556053587621.shtml

(검색일: 2020.12.15)

李維漢: 做到人眞、言眞、形象眞

http://news.12371.cn/2014/02/11/ARTI1392083125933478.shtml

(검색일: 2020.12.15)

李海文, 華國鋒奉周恩來之命調査李震事件

http://news.12371.cn/2014/03/21/ARTI1395393435753991.shtml

(검색일: 2020.12.15)

馬朝霞. 朱鎔基的成績單: 從小就是學霸

http://news.12371.cn/2014/07/29/ARTI1406602204246111.shtml

(검색일: 2020.12.15)

毛澤東 http://fuwu.12371.cn/2012/06/13/ARTI1339553041059645.shtml

(검색일: 2020.12.15)

毛澤東 談學習黨史

http://www.12371.cn/2021/02/26/ARTI1614315675698658.shtml

(검색일: 2021.03.01)

毛澤東 同志故居簡介

http://www.12371.cn/2021/02/01/ARTI1612160507220197.shtml

(검색일: 2021.02.25)

博古(中國共產黨早期領導人之一、無產階級革命家)

https://baike.baidu.com/item/%E5%8D%9A%E5%8F%A4/2314931?f

r=aladdin (검색일: 2020.12.15)

叛節書記向忠發的榮辱人生

http://news.12371.cn/2013/05/28/ARTI1369727306045950.shtml

(검색일: 2020.12.15)

方志敏 http://xuexi.12371.cn/2016/03/28/ARTI1459149338803904.shtml

(검색일: 2020.12.10)

蘇維民, 楊尚昆談抗美援朝戰爭

http://news.12371.cn/2015/03/06/ARTI1425627764437418.shtml

(검색일: 2020.12.10)

蘇兆征

http://djzc.heuet.edu.cn/col/1428395513500/2017/04/24/1493034752

106.html (검색일: 2020.12.10)

蘇兆征: 從海員到工人運動的杰出領袖

http://news.12371.cn/2018/06/09/ARTI1528499018146215.shtml

(검색일: 2020.12.10)

琐憶華國鋒: 三權合一的"英明領袖"

http://news.12371.cn/2014/11/27/ARTI1417056056993306.shtml

(검색일: 2020.12.10)

習近平 http://cpc.people.com.cn/xijinping/ (검색일: 2021.02.10)

新中國英雄模范人物: 陳延年

http://www.12371.cn/2013/08/05/ARTI1375684185597333.shtml

(검색일: 2020.12.10)

新中國英雄模范人物: 向警予

http://www.12371.cn/2013/08/05/ARTI1375686257135712.shtml

(검색일: 2020.12.10)

我宣誓: 維護憲法權威 向憲法宣誓是一种承諾

https://www.sohu.com/a/56127293_121315?fr=aladdin

(검색일: 2020.12.20)

楊尚昆與周恩来的交往片段: 最後的面談

http://news.12371.cn/2013/08/29/ARTI1377758568843579.shtml

(검색일: 2020.12.20)

楊尚昆指揮中共中央三次大搬家

http://news.12371.cn/2014/06/27/ARTI1403831638142417.shtml

(검색일: 2020.12.20)

楊志强, 劉少奇與1962年經濟大調整

http://news.12371.cn/2014/07/17/ARTI1405578948796333.shtml

(검색일: 2020.12.20)

閻書華, "情系革命"的瞿秋白

http://dangshi.people.com.cn/n1/2019/0419/c85037-31038105.html

(검색일: 2020.12.20)

溫家寶: 在2013年春節團拜會上的講話

http://news.12371.cn/2013/02/08/ARTI1360313769047911.shtml

(검색일: 2020.12.20)

王明(中國共産黨早期領導人之一)

https://baike.baidu.com/item/%E7%8E%8B%E6%98%8E/557?fr=alad
din (검색일: 2020.12.20)

王明1931年如何利用"贛南會議"批判排擠毛澤東

http://news.12371.cn/2014/06/13/ARTI1402645474793774.shtml

(검색일: 2020.12.14)

王明留下的幾條教訓

http://news.12371.cn/2014/09/29/ARTI1411966723550212.shtml

(검색일: 2020.12.14)

王明的這一生 http://www.chinawriter.com.cn/bk/2011-01-25/51065.html

(검색일: 2020.12.14)

尹傳正, 博古長征拔槍: 不爲自殺是想槍斃毛澤東

http://news.12371.cn/2015/05/12/ARTI1431412367366470.shtml

(검색일: 2020.12.14)

二十八個半布爾什維克

https://baike.baidu.com/item/%E4%BA%8C%E5%8D%81%E5%85%
AB%E4%B8%AA%E5%8D%8A%E5%B8%83%E5%B0%94%E4%BB%
80%E7%BB%B4%E5%85%8B/2098429?fr=aladdin

(검색일: 2020.12.14)

二十八個半布爾什維克的成員簡介

https://zhidao.baidu.com/question/1050247270800210579.html

(검색일: 2020.12.14)

張家康, 瞿秋白的新聞生涯

http://dangshi.people.com.cn/n1/2019/0110/c85037-30514585.html

(검색일: 2020.12.14)

張家康, 毛澤東與王明不一樣的地方

http://news.12371.cn/2013/11/07/ARTI1383788636668700.shtml

(검색일: 2020.12.14)

趙世炎 http://fuwu.12371.cn/2012/06/13/ARTI1339555161808974.shtml

(검색일: 2020.12.14)

趙世炎: 信仰之火永不灭

http://news.12371.cn/2018/05/25/ARTI1527230521299177.shtml

(검색일: 2020.12.14)

趙紫陽在中共第十三次全國代表大會上的報告(一九八七年十月二十五日)

http://fuwu.12371.cn/2012/09/25/ARTI1348562562473415.shtml

(검색일: 2020.12.14)

從歷史看鄧小平與華國鋒鬪爭的政治藝術

http://www.china.com.cn/cppcc/2014-08/20/content_33550336_2.htm

(검색일: 2020.12.14)

朱鎔基1990年訪港力促滬港合作 談開發浦東非"南柯一夢"

http://news.12371.cn/2013/08/14/ARTI1376445703077548.shtml

(검색일: 2020.12.14)

周恩來 http://fuwu.12371.cn/2012/06/12/ARTI1339496041317769.shtml

(검색일: 2020.12.14)

周恩來談學習黨史

http://www.12371.cn/2021/02/26/ARTI1614341408352185.shtml

(검색일: 2021.03.03)

周恩來人格四喻

http://news.12371.cn/2016/03/19/ARTI1458347118899816.shtml

(검색일: 2020.12.14)

遵義會議後, 洛甫取代博古成爲總負責, 爲何後来三次主動讓賢?

https://baijiahao.baidu.com/s?id=1676868950866899248&wfr=spider

&for=pc (검색일: 2020.12.14)

遵義會議後周恩來博古的一次長談: 我們都不適合做統帥

http://news.12371.cn/2016/01/15/ARTI1452787772709782.shtml

(검색일: 2020.12.14)

中國少年共產黨創建者之一 陳延年

http://dangshi.people.com.cn/BIG5/144964/145516/

(검색일: 2020.12.14)

陳獨秀

https://baike.baidu.com/item/%E9%99%88%E7%8B%AC%E7%A7%

80/114833?fr=aladdin (검색일: 2020.12.14)

陳獨秀——中國新文化運動領導人之一

http://www.qulishi.com/renwu/chenduxiu (검색일: 2020.12.14)

陳立旭, 陳雲與李先念

http://news.12371.cn/2017/03/13/ARTI1489395632757380.shtml

(검색일: 2020.12.14)

陳敏爾同志簡歷

http://www.12371.cn/2017/10/25/ARTI1508933208568193.shtml

(검색일: 2020.12.14)

陳延年 http://fuwu.12371.cn/2012/06/12/ARTI1339481340614565.shtml

　　　（검색일: 2020.12.14)

蔡和森 http://fuwu.12371.cn/2012/06/13/ARTI1339554828231979.shtml

　　　（검색일: 2020.12.14)

蔡和森的建黨貢獻

　　　http://news.12371.cn/2015/06/17/ARTI1434551175483664.shtml

　　　（검색일: 2020.12.14)

向警予: 堅貞不屈 絶對忠誠

　　　http://news.12371.cn/2016/10/20/ARTI1476950563613842.shtml

　　　（검색일: 2020.12.16)

向忠發

　　　https://baike.baidu.com/item/%E5%90%91%E5%BF%A0%E5%8F%9
　　　1/1538301?fr=aladdin （검색일: 2020.12.16)

向忠發死亡之謎 http://www.infzm.com/content/90109 （검색일: 2020.12.16)

向忠發已經叛變了, 爲何還會被蔣介石槍決

　　　https://www.sohu.com/a/345457182_557768 （검색일: 2020.12.16)

憲法宣傳週宣 | 我宣誓: 忠於中華人民共和國憲法, 維護憲法權威

　　　https://xw.qq.com/cmsid/20201203A0DSXB00

　　　（검색일: 2021.01.26)

胡錦濤"七一"講話體會: 一切爲了人民

　　　http://fuwu.12371.cn/2012/08/06/ARTI1344214465133979.shtml

　　　（검색일: 2020.12.26)

胡耀邦 http://fuwu.12371.cn/2012/06/12/ARTI1339491581487568.shtml

　　　（검색일: 2020.12.26)

胡耀邦: 以實踐標準檢驗總結"文革"

http://news.12371.cn/2013/10/03/ARTI1380775438434595.shtml

(검색일: 2020.12.26)

胡耀邦爲知識分子“正名”

http://news.12371.cn/2016/08/12/ARTI1470981487067645.shtml

(검색일: 2020.12.26)

胡春華同志簡歷

http://www.12371.cn/2017/10/25/ARTI1508933444192241.shtml

(검색일: 2020.12.26)

華國鋒

https://baike.baidu.com/item/%E5%8D%8E%E5%9B%BD%E9%94%

8B/321888?fr=aladdin (검색일: 2020.12.26)

華國鋒辭去中央主席內情: 陳雲建議其“讓賢”

http://guoqing.china.com.cn/2015-08/12/content_36281185_6.htm

(검색일: 2020.12.26)

2. 미국

미국대사관(https://kr.usembassy.gov/ko/)

살아있는 미국 역사와 민주주의 문서, 주한미국대사관 공보과 자료정보센

터, 2006.

https://www.americanrhetoric.com/

http://www.americaslibrary.gov/

https://www.biography.com/

https://constitutioncenter.org/

https://democraticconvention.net/

https://www.history.com

https://indianapublicmedia.org/momentofindianahistory/

https://www.law.cornell.edu/constitution

https://millercenter.org/

https://www.nndb.com/

https://periodicpresidents.com

https://president.fandom.com/

https://www.whitehouse.gov/administration/

https://womensmuseum.wordpress.com

Biography of George Washington

　　https://www.mountvernon.org/george-washington/biography/?gclid=
　　Cj0KCQiAmfmABhCHARIsACwPRAAw4AyijPvLKXgZB7T8IF7AjhY
　　7Fmso6O8YNH08s1BgrqCQ2qmVKooaAq3HEALw_wcB
　　(검색일: 2020.12.04)

Washington's Farewell Address

　　https://www.senate.gov/artandhistory/history/minute/Washingtons_F
　　arewell_Address.htm (검색일: 2020.12.13)

John Adams https://www.americaslibrary.gov/aa/adams/aa_adams_subj.html
　　(검색일: 2020.12.04)

Inaugural Address of John Adams

　　https://avalon.law.yale.edu/18th_century/adams.asp
　　(검색일: 2020.12.15)

Washington dc on map

　　https://maps-washington-dc.com/washington-dc-on-map
　　(검색일: 2020.12.17)

Thomas Jefferson https://guides.lib.virginia.edu/TJ (검색일: 2020.12.25)

First Inaugural Address

　　　https://jeffersonpapers.princeton.edu/selected-documents/first-inaugu

　　　ral-address (검색일: 2020.12.15)

The Life of James Madison

　　　https://www.montpelier.org/learn/the-life-of-james-madison

　　　(검색일: 2020.12.23)

Madison speech proposing the Bill of Rights June 8 1789

　　　https://www.let.rug.nl/usa/documents/1786-1800/madison-speech-p

　　　roposing-the-bill-of-rights-june-8-1789.php

　　　(검색일: 2020.12.27)

A Brief Biography of James Monroe

　　　https://highland.org/discover-monroe/ (검색일: 2020.12.27)

James Monroe https://www.ushistory.org/valleyforge/served/monroe.html

　　　(검색일: 2020.12.27)

John Quincy Adams https://www.masshist.org/adams/john_quincy_adams

　　　(검색일: 2020.12.29)

John Quincy Adams

　　　https://www.whitehouse.gov/about-the-white-house/presidents/john

　　　-quincy-adams/ (검색일: 2020.12.28)

Andrew Jackson https://www.biography.com/us-president/andrew-jackson

　　　(검색일: 2020.12.30)

Andrew Jackson was a slaver, ethnic cleanser, and tyrant. He deserves no place

　　　on our money.

　　　https://www.vox.com/2016/4/20/11469514/andrew-jackson-indianremoval (검색일: 2020.12.28)

미국, 20달러 지폐 인물로 흑인 여성 도입 계획이 연기돼 / KBS뉴스(News)

　　https://www.youtube.com/watch?v=riTZ-oAGbp8(KBS뉴스)

　　(검색일: 2020.12.29)

Senators urge Janet Yellen to prioritize a $20 bill redesign with Harriet Tubman.

　　https://www.nytimes.com/2021/02/11/business/harriet-tubman-20-

　　bill-redesign.html (검색일: 2021.03.11)

Van Buren, Martinfree

　　https://www.anb.org/view/10.1093/anb/9780198606697.001.0001/an

　　b-9780198606697-e-0300507 (검색일: 2021.01.02)

Martin Van Buren

　　https://www.whitehouse.gov/about-the-white-house/presidents/mart

　　in-van-buren/ (검색일: 2021.01.03)

William Henry Harrison Ninth President

　　http://www.presidentsgraves.com/william%20henry%20harrison%20n

　　inth%20president.htm (검색일: 2021.01.04)

William Henry Harrison

　　https://www.whitehouse.gov/about-the-white-house/presidents/willi

　　am-henry-harrison/ (검색일: 2021.01.03)

망하 조약[望廈條約]

　　https://dic.daum.net/word/view.do?wordid=kkw000084046&supid=k

　　ku000104314 (검색일: 2021.01.04)

John Tyler https://www.history.com/topics/us-presidents/john-tyler

　　(검색일: 2021.01.05)

John Tyler

https://www.whitehouse.gov/about-the-white-house/presidents/john
-tyler/ (검색일: 2021.01.04)

Who is James K. Polk? https://jameskpolk.com/history/james-k-polk/
(검색일: 2021.01.08)

James Knox Polk
https://library.uta.edu/usmexicowar/item?bio_id=14&nation=US
(검색일: 2021.01.08)

U.S. Presidents / Zachary Taylor https://millercenter.org/president/taylor
(검색일: 2021.01.02)

Zachary Taylor
https://www.pbs.org/wgbh/americanexperience/features/presidents-ta
ylor/ (검색일: 2021.01.06)

Millard Fillmore https://www.biography.com/us-president/millard-fillmore
(검색일: 2021.01.10)

Millard Fillmore's Family and Descendants
https://criticsrant.com/millard-fillmores-family-and-descendants(검
색일: 2021.01.11)

Franklin Pierce https://www.britannica.com/biography/Franklin-Pierce
(검색일: 2021.01.12)

Franklin Pierce
https://www.history.com/topics/us-presidents/franklin-pierce
(검색일: 2021.01.13)

James Buchanan https://www.answers.com/t/james-buchanan
(검색일: 2021.01.15)

10 Interesting Facts About James Buchanan

https://www.thoughtco.com/things-to-know-about-james-buchana
n-104730 (검색일: 2021.01.16)

Abraham Lincoln Online http://www.abrahamlincolnonline.org/
(검색일: 2021.01.15)

Abraham Lincoln
https://www.biography.com/us-president/abraham-lincoln
(검색일: 2021.01.07)

Andrew Johnson
https://www.battlefields.org/learn/biographies/andrew-johnson
(검색일: 2021.01.11)

Andrew Johnson https://www.biography.com/us-president/andrew-johnson
(검색일: 2021.01.09)

Ulysses S. Grant
https://www.thefamouspeople.com/profiles/hiram-ulysses-grant-310
2.php (검색일: 2021.01.11)

Ulysses S. Grant https://www.whitehousehistory.org/bios/ulysses-s-grant
(검색일: 2021.01.12)

RutherfordBirchard Hayes
http://all-biographies.com/presidents/rutherford_birchard_hayes.htm
(검색일: 2021.01.14)

Rutherford B. Hayes
https://www.thefamouspeople.com/profiles/rutherford-b-hayes-4107.
php (검색일: 2021.01.17)

James Garfield https://www.biography.com/us-president/james-garfield
(검색일: 2021.01.18)

James A. Garfield

    https://www.history.com/topics/us-presidents/james-a-garfield

    (검색일: 2021.01.18)

Chester Arthur: A Resource Guide

    https://www.loc.gov/rr/program/bib/presidents/arthur/memory.html

    (검색일: 2021.01.18)

Chester Alan Arthur, 20th Vice President (1881)

    https://www.senate.gov/about/officers-staff/vice-president/VP_Chest

    er_Arthur.htm (검색일: 2021.01.21)

Benjamin Harrison

    https://www.biography.com/us-president/benjamin-harrison

    (검색일: 2021.01.17)

Benjamin Harrison https://bhpsite.org/learn/benjamin-harrison/

    (검색일: 2021.01.17)

Worst Presidents: Benjamin Harrison (1889-1893)

    https://www.usnews.com/news/special-reports/the-worst-presidents/

    articles/worst-presidents-benjamin-harrison-1889-1893

    (검색일: 2021.01.21)

Gov. Steven Grover Cleveland

    https://www.nga.org/governor/steven-grover-cleveland/

    (검색일: 2021.01.21)

Grover Cleveland Home Westland New Jersey

    https://www.nps.gov/nr/travel/presidents/grover_cleveland_home.html

    (검색일: 2021.01.22)

William McKinley

https://www.biography.com/us-president/william-mckinley

(검색일: 2021.01.23)

William McKinley Biography

https://www.historyhop.com/famous-people/william-mckinley/bio

(검색일: 2021.01.23)

Theodore Roosevelt Biographical

https://www.nobelprize.org/prizes/peace/1906/roosevelt/biographical/

(검색일: 2021.01.10)

Theodore Roosevelt Association https://www.theodoreroosevelt.org/

(검색일: 2021.01.24)

Theodore Roosevelt

https://www.whitehousehistory.org/bios/theodore-roosevelt

(검색일: 2021.01.26)

William Howard Taft

https://www.history.com/topics/us-presidents/william-howard-taft

(검색일: 2020.12.15)

William Taft https://mtsu.edu/first-amendment/article/1363/william-taft

(검색일: 2021.01.15)

The Racist Legacy of Woodrow Wilson

https://www.theatlantic.com/politics/archive/2015/11/wilson-legacy-
racism/417549/ (검색일: 2021.01.19)

About Woodrow Wilson

https://www.wilsoncenter.org/about-woodrow-wilson

(검색일: 2021.02.03)

Warren G. Harding

https://www.pbs.org/wgbh/americanexperience/features/presidents-harding/ (검색일: 2021.01.31)

Knowing the Presidents: Warren G. Harding

https://www.si.edu/spotlight/warren-g-harding

(검색일: 2021.02.02)

Calvin Coolidge https://www.biography.com/us-president/calvin-coolidge

(검색일: 2021.01.03)

President Calvin Coolidge https://www.calvincoolidge.org/

(검색일: 2021.02.03)

Herbert Hoover https://www.biography.com/us-president/herbert-hoover

(검색일: 2021.01.10)

Herbert Hoover

https://www.whitehouse.gov/about-the-white-house/presidents/herbert-hoover/ (검색일: 2021.01.26)

President Franklin D. Roosevelt https://www.franklindroosevelt.org/

(검색일: 2021.01.07)

Franklin D. Roosevelt https://www.historynet.com/franklin-d-roosevelt

(검색일: 2021.02.04)

Franklin D. Roosevelt http://www.u-s-history.com/pages/h1578.html

(검색일: 2021.01.13)

Harry S. Truman, 33rd President of the USA

https://www.geni.com/people/Harry-S-Truman-33rd-President-of-the-USA/6000000000264958780 (검색일: 2021.01.10)

Welcome to the Harry S. Truman Presidential

https://www.trumanlibrary.gov/ (검색일: 2021.01.19)

Dwight D. Eisenhower https://www.historynet.com/dwight-d-eisenhower
　　(검색일: 2021.01.31)

Dwight Eisenhower http://presidenteisenhower.net/ (검색일: 2021.02.01)

또 다시 '케네디가의 저주'…로버트 케네디 손녀, 약물 과다복용 추정 사망
　　https://www.chosun.com/site/data/html_dir/2019/08/02/2019080202
　　078.html?utm_source=daum&utm_medium=original&utm_campaign=
　　news (검색일: 2021.01.15)

President John F. Kennedy https://www.johnfkennedy.org/
　　(검색일: 2021.01.14)

John F. Kennedy
　　https://www.whitehouse.gov/about-the-white-house/presidents/john
　　-f-kennedy/ (검색일: 2021.01.21)

Lyndon Baines Johnson
　　https://www.cbsnews.com/pictures/lyndon-baines-johnson/1/
　　(검색일: 2021.01.26)

Lyndon Baines Johnson, An American Original
　　https://people.com/archive/lyndon-baines-johnson-an-american-ori
　　ginal-vol-27-no-5/ (검색일: 2021.01.27)

Lyndon B. Johnson
　　https://www.whitehouse.gov/about-the-white-house/presidents/lynd
　　on-b-johnson/ (검색일: 2021.01.31)

Richard Nixon https://www.britannica.com/biography/Richard-Nixon
　　(검색일: 2021.01.26)

RICHARD MILHOUS NIXON Biography
　　http://findbiography.tuspoemas.net/royalty-rulers-leaders/richard-mi

lhous-nixon (검색일: 2021.02.03)

President Gerald R. Ford

https://www.experiencegr.com/about-grand-rapids/president-ford-b
etty-ford/president-ford/ (검색일: 2021.01.11)

Gerald R. Ford Biography

https://www.fordlibrarymuseum.gov/museum/EduCenter09/bio_geral
dford.html (검색일: 2021.01.11)

Jimmy Carter https://www.biography.com/us-president/jimmy-carter
(검색일: 2020.12.10)

https://www.cartercenter.org/ (검색일: 2020.12.13)

Jimmy Carter Fast Facts

https://edition.cnn.com/2013/01/08/us/jimmy-carter---fast-facts/in
dex.html (검색일: 2021.01.05)

Ronald Reagan Quotes

https://www.brainyquote.com/quotes/ronald_reagan_183965
(검색일: 2021.01.07)

조 바이든 美 대통령 공식 취임... 역대 최고령 기록

https://www.getnews.co.kr/news/articleView.html?idxno=510778
(검색일: 2021.01.15)

Ronald Reagan https://www.reaganfoundation.org/ (검색일: 2021.01.25)

George Herbert Walker Bush

https://china.usembassy-china.org.cn/tag/george-herbert-walker-bush/
(검색일: 2021.01.02)

George Herbert Walker Bush

http://www.patriotortraitor.com/george-herbert-walker-bush/

(검색일: 2021.01.04)

Bill Clinton https://www.history.com/topics/us-presidents/bill-clinton

(검색일: 2021.01.23)

Bill Clinton https://www.historynet.com/bill-clinton (검색일: 2021.01.28)

George W. Bush https://www.answers.com/t/george-w-bush

(검색일: 2021.01.13)

George W. Bush

https://www.whitehouse.gov/about-the-white-house/presidents/geor

ge-w-bush/ (검색일: 2021.01.23)

Welcome to the Office of Barack and Michelle Obama

https://barackobama.com/ (검색일: 2020.12.15)

The Real Story Of Barack Obama

https://www.buzzfeednews.com/article/bensmith/the-real-story-of-b

arack-obama (검색일: 2021.02.03)

Barack Obama https://www.ft.com/barack-obama (검색일: 2021.02.02)

Together, we are rebuilding our nation https://www.donaldjtrump.com/

(검색일: 2021.01.07.)

Donald Trump

https://www.whitehouse.gov/about-the-white-house/presidents/don

ald-j-trump/ (검색일: 2021.01.23)

Donald J. Trump https://www.whitehousehistory.org/bios/donald-j-trump

(검색일: 2021.01.22)

Joe Biden News https://www.joebiden.news/ (검색일: 2021.01.24)

Latest Joe Biden Stories https://www.mediaite.com/tag/joe-biden/

(검색일: 2021.01.26)

Joe Biden https://www.politico.com/news/joe-biden (검색일: 2021.01.28)

Kamala Harris https://www.biography.com/political-figure/kamala-harris
　　　(검색일: 2021.01.28)

Takeaways from Kamala Harris' CNN town hall
　　　https://edition.cnn.com/2019/04/22/politics/kamala-harris-cnn-tow
　　　n-hall-takeaways/index.html (검색일: 2021.01.23)

Abigail Adams https://www.biography.com/us-first-lady/abigail-adams
　　　(검색일: 2020.12.10)

Abigail Adams https://www.history.com/topics/first-ladies/abigail-adams
　　　(검색일: 2021.01.26)

Phillis Wheatley, the First African American Published Book of Poetry
　　　http://www.americaslibrary.gov/jb/revolut/jb_revolut_poetslav_1.html
　　　(검색일: 2020.12.27)

Phillis Wheatley Biography
　　　https://www.biography.com/writer/phillis-wheatley
　　　(검색일: 2021.01.27)

Deborah Sampson https://www.nndb.com/people/689/000269879/
　　　(검색일: 2021.01.26)

Deborah Sampson https://www.yanjep.org/program/deborah-sampson/
　　　(검색일: 2021.01.24)

History of American Women
　　　https://www.womenhistoryblog.com/wp-content/uploads/2017/03/9
　　　6193abe463a080860bb2c6fa7efcbd12f491bd7.jpg
　　　(검색일: 2021.01.29)

Martha Washington Died May 22, 1802

http://www.americaslibrary.gov/jb/nation/jb_nation_martha_1.html

(검색일: 2021.01.10)

Martha Washington

https://www.biography.com/us-first-lady/martha-washington

(검색일: 2021.01.23)

Mercy Otis Warren

https://www.battlefields.org/learn/biographies/mercy-otis-warren

(검색일: 2021.01.03)

Mercy Otis Warren

https://www.britannica.com/biography/Mercy-Otis-Warren

(검색일: 2021.01.04)

공봉진: 부산외국어대학교 G2융합학과와 부경대학교 중국학과의 강사로 재직하고 있으며, 국제지역학(중국 지역학)을 전공하였다. 중국 민족·정치·사회·문화 등에 관심이 많고, 중국 민족정체성에 주된 관심을 갖고 있다. 중국 민족·정치·문화 등을 주제로 한 책과 논문을 집필하고 있다. 주요 저서로는 『중국지역연구와 현대중국의 이해』, 『중국공산당 CCP 1921~2011』, 『시진핑 시대, 중국 정치를 읽다』, 『중국민족의 이해와 재해석』, 『한 권으로 읽는 중국문화』(공저), 『중국문화의 이해』(공저), 『중국 발전과 변화! 건국 70년을 읽다』(공저), 『키워드로 여는 현대 중국』(공저) 등이 있다.

김혜진: 부산외국어대학교 G2융합학과 강의초빙교수로 재직하고 있다. 영문학 박사를 취득하였으며, 세부 전공으로는 미국문화(미국소수인종소설)이다. 미국의 문화와 사회 및 역사에 관심이 많다. 특히 미국 소수 인종(아프리카계 미국인 또는 아시아계 미국인) 여성의 '침묵 깨트리기(breaking silence)'에 주된 관심을 갖고 있다.

G2시대, 중국과 미국을 이끈 지도자들

© 공봉진·김혜진, 2021

1판 1쇄 인쇄__2021년 05월 25일
1판 1쇄 발행__2021년 06월 05일

지은이__공봉진·김혜진
펴낸이__양정섭

펴낸곳__경진출판
　　　등록__제2010-000004호
　　　이메일__mykyungjin@daum.net
　　　사업장주소__서울특별시 금천구 시흥대로 57길(시흥동) 영광빌딩 203호
　　　전화__070-7550-7776　팩스__02-806-7282

값 22,000원
ISBN 978-89-5996-817-6 03340